ESTEREOTIPOS DE GÉNERO EN PROCESOS POR VIOLENCIA SEXUAL

tirant lo blanch
Valencia, 2024

En caso de erratas y actualizaciones, la Editorial Tirant lo Blanch publicará la pertinente corrección en la página web www.tirant.com.

Edita: TIRANT LO BLANCH y PUBLICACIONS DE LA UNIVERSITAT DE VALÈNCIA
C/ Artes Gráficas, 14 - 46010 - Valencia
TELFS.: 96/361 00 48 - 50
FAX: 96/369 41 51
Email:tlb@tirant.com
www.tirant.com
Librería virtual: www.tirant.es
Depósito Legal: V-2028-2023
ISBN: 978-84-1169-425-4 (Tirant lo Blanch)
ISBN: 978-84-1118-337-6 (PUV)
MAQUETA: Tink Factoría de Color

Si tiene alguna queja o sugerencia, envíenos un mail a: *atencioncliente@tirant.com*. En caso de no ser atendida su sugerencia, por favor, lea en *www.tirant.net/index.php/empresa/politicas-de-empresa* nuestro procedimiento de quejas.

Responsabilidad Social Corporativa: http://www.tirant.net/Docs/RSCTirant.pdf

Índice

***ACCESO GRATIS** a la Lectura en la Nube*

Para visualizar el libro electrónico en la nube de lectura envíe junto a su nombre y apellidos una fotografía del código de barras situado en la contraportada del libro y otra del ticket de compra a la dirección:

ebooktirant@tirant.com

En un máximo de 72 horas laborales le enviaremos el código de acceso con sus instrucciones.

ESTEREOTIPOS DE GÉNERO EN PROCESOS POR VIOLENCIA SEXUAL

ESTEREOTIPOS DE GÉNERO EN PROCESOS POR VIOLENCIA SEXUAL

ELISA SIMÓ SOLER

tirant lo blanch
Valencia, 2024

Edita: TIRANT LO BLANCH y PUBLICACIONS DE LA UNIVERSITAT DE VALÈNCIA
C/ Artes Gráficas, 14 - 46010 - Valencia
TELFS.: 96/361 00 48 - 50
FAX: 96/369 41 51
Email:tlb@tirant.com
www.tirant.com
Librería virtual: www.tirant.es
Depósito Legal: V-2028-2023
ISBN: 978-84-1169-425-4 (Tirant lo Blanch)
ISBN: 978-84-1118-337-6 (PUV)
MAQUETA: Tink Factoría de Color

Índice

Agradecimientos

Decía Eloy viendo un atardecer junto al mar que todo el trabajo, el esfuerzo y el tiempo dedicado a la tesis doctoral era parte de mi legado. Sería injusto entonces no agradecer a aquellas personas que me han acompañado en esta etapa y son partícipes de mis logros.

Debo dar las gracias a la Universitat de València, mi *alma mater*, y al Departamento de Derecho Administrativo y Procesal. Gracias al Ministerio de Ciencias, Innovación y Universidades y a la Fundación Manuel Serra Domínguez por los recursos puestos a disposición. Agradezco también a las personas que conocí en el Max Planck Institute for Comparative Public Law and International Law (Mariela Morales, Zulima Sánchez, María Jesús García y Carmen Martínez) porque gracias a ellas soy mejor investigadora.

Gracias a mi directora de tesis, la catedrática Elena Martínez, por la confianza depositada en mí, así como por exigirme asertividad y convicción personal para lidiar con la Universidad. A Silvia Barona, por devenir ese manual abierto del que extraer buenos consejos y recobrar serenidad. A mis compañeras, por haberme apoyado durante estos años. Con especial cariño doy las gracias a Ana Montesinos, Elena de Luis y Ana Isabel García por hacer de las paredes de la facultad un refugio.

A Paolo Rosso, Reynier Ortega, Rocío Beneyto y María Almiñana por apostar y colaborar en esta investigación. En particular, a Paolo Rosso le debo el comprobar que se puede alcanzar la excelencia sin perder el sentido del humor.

Gracias a Ángel Martínez porque con su ayuda aprendí a desprenderme de quien no me hacía bien y supe priorizarme.

A mi familia, especialmente a mi padre, por ser un ejemplo a seguir y no permitirme ceder. A mi hermano, por estar a mi lado. A María por su cercanía. Gracias también a mi familia elegida: a Carmen i Maite perquè estar amb elles és “tocar mare”, a Toñi y Juan por acogerme con tanta dulzura y a Jose por saber que tengo un ángel de la guarda.

A mis amigas, con las que he debatido sobre mi tesis, las que me han rescatado de los libros, con las que he criticado la precariedad laboral, las que han confiado en mí y han estado siempre. Gracias. A Joan Marc i Mery perquè sabem d'on venim i on anem. A Carmen por ser mi principio de realidad. A Marta por enseñarme a vivir con fortaleza. A Alba y Gemma por las puestas al día desde la ternura. A Marta, Marina, Silvia y Cristina por los años vividos. A Ana María por tanta vitalidad. A Anna per no deixar que el temps passe. A Julia y María por los cuidados en el tiempo. A Fiti y Eder por la calidez de cada momento y cada lugar.

Y a Eloy, por el amor que me ha permitido recuperar una parte de mí muy valiosa. Por cuidarme despacio y creer en mí. Sería difícil pensar esta obra sin él.

Abreviaturas

AGNU	Asamblea General de Naciones Unidas
CE	Constitución Española de 1978
BOE	Boletín Oficial del Estado
CEDAW	Convención sobre la Eliminación de todas las formas de Discriminación contra la Mujer de Naciones Unidas
CENDOJ	Centro de Documentación Judicial
CGPJ	Consejo General del Poder Judicial
CEDH	Convenio Europeo de Derechos Humanos
Corte IDH	Corte Interamericana de Derechos Humanos
CP	Código Penal
EVD	Ley 4/2015, de 27 de abril, del Estatuto de la víctima del delito
FFCCSE	Fuerzas y Cuerpos de Seguridad del Estado
FJ	Fundamentos jurídicos
GREVIO	Grupo de Expertos en la Lucha contra la Violencia contra la Mujer y la Violencia Doméstica
IA	Inteligencia Artificial
LECRIM	Ley de Enjuiciamiento Criminal
LOGILS	Ley Orgánica 10/2022, de 6 de septiembre, de Garantía Integral de la Libertad Sexual
LOPJ	Ley Orgánica 6/1985, de 1 de julio, del Poder Judicial
LOVG	Ley Orgánica 1/2004, de 28 de diciembre, de Medidas de Protección Integral contra la Violencia de Género
LOIEMH	Ley Orgánica 3/2007, de 22 de marzo, para la Igualdad Efectiva de Mujeres y Hombres
ML	Machine Learning
NNUU	Organización de las Naciones Unidas
OJ	Ordenamiento Jurídico
op. cit.	Obra citada
PAD	Promotor de la Acción Disciplinaria
PEVG	Pacto de Estado contra la Violencia de Género
PLN	Procesamiento del Lenguaje Natural
SAP	Sentencia de Audiencia Provincial

STC	Sentencia del Tribunal Constitucional
STEDH	Sentencia del Tribunal Europeo de Derechos Humanos
STS	Sentencia del Tribunal Supremo
STSJ	Sentencia del Tribunal Superior de Justicia
TS	Tribunal Supremo
UNFPA	Fondo de población de las Naciones Unidas
UVFI	Unidades de Valoración Forense Integral
VFS	Violencia física y sexual
VFSEM	Violencia física, sexual, emocional o sentimiento de miedo
Vol.	Volumen

Prólogo

El mundo está cambiando mucho y rápidamente. Lo veo en las aulas y en la investigación, en las personas y en las calles, en los gobiernos y gobernanzas, en las redes y en los libros. Es interesante poder asistir a este momento tan distópico y sorprendente, entre la cruda realidad, la utopía y la esperanza. Sobre este contraste versa el libro que hoy prologo. Permítanme contextualizar esta obra, explicando el momento de transición en el que vivimos, tal y como yo lo veo.

La disciplina del derecho procesal en el que se enmarca este trabajo de investigación no se encuentra ajena a dicho movimiento o inercia transformadora. Asistimos, por ejemplo, a una incipiente y revolucionaria digitalización de la Justicia, dando sus primeros giros hacia el uso de la inteligencia artificial como forma de asistencia al juez —a sabiendas que nuestra imaginación de ahora no alcanza a la realidad del mañana—. Igualmente, comienza a vislumbrarse por la propia Justicia la falsa neutralidad con la que actúa el tercer Poder del Estado, que hereda y que responde a una sociedad en evolución en sus valores y forma de ver el mundo, donde hasta hace bien poco no se contemplaba la realidad de las mujeres ni como sujeto de tutela ni como hacedoras del Derecho. Esta forma de reinterpretar el derecho procesal, introducida por el Tribunal Supremo 2003/2018, de 24 de mayo (Ponente D. Vicente Magro Servet), sirve para romper toda una perspectiva de poder que, al desmaquillarla de su aparente neutralidad, pasamos a liberar a la Justicia y a la sociedad —a través del poder transformador de las sentencias— de estereotipos que llevan a discriminaciones de la mujer, pero también sirve para ver la realidad de otros muchos grupos históricamente oprimidos, tales como, el colectivo LGTBI+, entre otros. Pero éste no es el único instrumento de interpretación novedosa para nuestros órganos jurisdiccionales, sino que los cambios de valores llegan incluso al ecocentrismo, al hecho de tomar las decisiones que protejan la vida y el planeta lo mejor posible. También los derechos de los animales han pasado a un primer plano dentro de este movimiento ecosocial. Es decir, asistimos a la inauguración de la era del Antropoceno, época geológica donde se ha evidenciado que el *homo sapiens* es el homo destructor del entorno en el que vive, de la naturaleza, de ahí que la entrada en esta etapa haya venido de la toma de conciencia de las necesidades de cambios epistemológicos desde todas las áreas de conocimiento y todos los aspectos de la vida.

En este sentido, recordemos que la misión de la Universidad está enfocada a responder ante la sociedad sobre dos aspectos principalmente, como son, por un lado, la formación idónea de sus futuras y futuros profesionales y, en segundo término, a investigar haciendo siempre avanzar el conocimiento. Esta misión debe, a su vez, estar comprometida con el avance del discernimiento que nos haga crecer como seres humanos. La Universidad, entendida como cuna de conocimiento, —en palabras de Ortega y Gasset— ha asumido la encomienda de profundizar y atesorar el avance del conocimiento crítico, pero con un enfoque ético y político comprometido en la actualidad con los valores democráticos. Esta función epistemológica queda renovada hoy desde Naciones Unidas, cuando se nos pide que la docencia universitaria se enfoque a los valores pactados en la Agenda 2030, aprobada por dicho organismo internacional. Ello nos obliga a reorientar la docencia e investigación hacia un planteamiento ético, político y transformador, que genere transiciones a través de las profesiones y de la Academia. Y, como veremos, esta tesis representa estos cambios y compromisos en la forma y objeto de investigación.

En palabras de Bauman y Byung Chul Han, vivimos en un mundo lleno de exigencias que nos genera cansancio y hastío, donde el maquillaje de esta opresión se reviste de puro entretenimiento dirigido a no pensar y reflexionar demasiado sobre lo que está ocurriendo. Las redes sociales nos invitan a participar con grandes dosis de narcisismo a una visión del mundo reducida, donde creemos que el mundo es "mi mundo", y nos engañan y alejan de la realidad: el mundo está lleno de desigualdades (económica, de género, discriminaciones de origen, cultura, sexo, etc.). A ello añadimos que, para nuestra juventud, saber buscar información no parece importante o es un valor, pues se vive a golpe de Twitter, como fuente de información fidedigna: El Gran Hermano de Orwell nos informa y manipula. Por eso, ahora más que nunca, la labor docente e investigadora es importantísima para dirigir un "desaprendizaje" que nuestra sociedad alimenta de forma líquida y encubierta. Esta idea aparece como telón de fondo en este trabajo que presenta hoy la Dra. Elisa Simó en esta monografía.

Otra característica central de esta nueva época en que vivimos, también en la Universidad, es la relativa a la urgencia de trabajar con objetos de estudios y equipos transversales. En nuestra sociedad los problemas y sus soluciones ya no son lineales o sencillos porque las relaciones humanas, jurídicas, o del tipo que fueren, tampoco lo son. No podemos explicar en las aulas versiones sencillas y edulcoradas de lo que no van a encontrar en la sociedad nuestros futuros profesionales. No podemos crear conocimiento *naiv* y miope, que no responda a la vida real de las personas. Da igual el área de la ciencia de que se trate. Las futuras generaciones de profesionales deben de atender a su profesión desde la inteligencia artificial, el derecho, el bienestar de las personas, el planeta, etc. En conclusión, también la investigación debe tener esta naturaleza, con un relato de nuestras disciplinas acorde a la sostenibilidad social, económica y medioambiental. Nuevamente, el presente trabajo de investigación atiende a este objetivo y metodología de trabajo, lo que le dota de un sentido vanguardista.

El ecofeminismo tiene las respuestas a algunas de las dudas que el Derecho y su aplicación presentan. Cuidar el medio ambiente requiere renunciar a privilegios y éstos son los mismos privilegios que han justificado históricamente la opresión de las mujeres para que contribuyeran a un sistema económico creado por el hombre y para el hombre —desde la perspectiva del antroponcentrismo y del adrocentrismo—, privilegios que explican la pobreza y desigualdad, así como un modelo de producción y de consumo que agota el planeta. Una reelaboración igualitaria de la sociedad pasa por incluir los postulados feministas que son respetuosos con el medioambiente y conllevan necesariamente un reenfoque económico muy diverso al existente, que podría ser capitalista y humanista al tiempo. Así se deduce de una u otra manera en los enfoques holísticos que desarrollan la Ley Europea sobre el Clima, Discapacidad, Convenio de Estambul, la propuesta de recomendación del Consejo de la UE relativa al aprendizaje para la sostenibilidad ambiental, la recién aprobada Resolución de Naciones Unidas sobre derechos de la naturaleza, o la recién dotación de personalidad jurídica al Mar Menor, entre otros muchos. Es el momento de lograr un nuevo contrato social que contenga de forma holística las garantías jurídicas que protejan y reconozcan a todas las personas, animales y el planeta. En términos de Ferrajoli, necesitamos una *Constitución para la Tierra* (Trotta 2022). Y este hilo conductor debiera ayudar a reinterpretar el Derecho con el fin de que las próximas generaciones tengan futuro y puedan disfrutar, como mínimo, de los mismos derechos que hemos tenido hasta ahora.

Todo esta explicación y contextualización la entiendo necesaria para observar este trabajo en su justa valía, es decir, las notas de valentía y el rigor son las dos características de esta investigación doctoral que aquí se presenta.

La doctora Elisa Simó comenzó su andadura a mi lado en el marco del I+D 2015_70568-R "La construcción de Europa a través de la Cooperación Judicial en materia de Víctimas de Violencia de Género", financiado por el Ministerio de Ciencia e Innovación. La vida salió a nuestro encuentro y, como respuesta a una gran andadura nunca exenta de dificultades, defendió su tesis en julio 2022 en la Universitat de València con la máxima calificación. Fruto de este gran trabajo, donde tuve la oportunidad de saber que se puede "domesticar" un algoritmo para que localice estereotipos de género en un gran número de sentencias de Audiencias Provinciales, la Dra. Simó presenta hoy dos monografías que, doy por sentado, que revolucionarán la forma de impartir y aplicar el derecho procesal. La presente monografía "Estereotipos de género en los procesos por violencia sexual" constituye la primera parte de su tesis doctoral. Esperamos que pronto podamos poner en escena el resto de su trabajo bajo el título "Diálogo feminista en el proceso penal". Ambas monografías abanderan la nueva andadura que debe tomar el derecho procesal y van a abrir un debate necesario en la Academia.

Centrándonos ya en sus contenidos, con este trabajo Elisa Simó Soler aborda de una forma excelente y con un método riguroso la situación de la Justicia donde, aunque nos cueste reconocerlo, existe estereotipia por la razón de que los juzgadores —y demás personal de la administración de Justicia— son personas que se integran en el sistema donde hemos nacido, vivimos y evolucionamos. Es lo natural, avanzar como sociedad en unos valores y, por tanto, en la forma de ver el mundo, en sus derechos y obligaciones. Para llegar a tal conclusión y proponer remedios jurídicos, la autora procede en un primer capítulo a una profundización desde una perspectiva sociológica de la situación de la mujer en el Derecho y en nuestra sociedad. Con ello, aporta datos objetivos sobre los que construir su discurso científico. A continuación, en un segundo capítulo se enfrenta a conceptualizar los estereotipos en la función jurisdiccional para que el lector o lectora pueda entender que son una realidad presente en nuestra justicia y reconocerlos. En este marco apuesta por evidenciar la necesidad de "desestructurar" dicha estereotipia en el sistema relativo a la prueba y formación de la convicción judicial, todo ello para a continuación introducirse en un pormenorizado análisis de los sesgos cognitivos que se dan, según su estudio, en el ejercicio de la función jurisdiccional, presentando esta aportación de conocimiento como una garantía adicional a la imparcialidad del juez y aportando un elenco de buenas prácticas de gran utilidad. Esta visión es un elemento novedoso para el derecho procesal constitucional. A partir de ahí, la Doctora Simó presenta datos, a través de un muy significativo e interesantísimo estudio de campo de la jurisprudencia, donde pone de manifiesto la realidad distorsionada de uno de los elementos más importantes de esta violencia: la víctima y su declaración. Las evidencias a las que llega son impresionantes y requiere pensar bien el sistema ante el que nos encontramos, cuántos otros sesgos habrá y nunca se han estudiado... Se abre una puerta para el abordaje de la estereotipia desde ámbitos diferentes al de la mujer y el género. Por último, para acabar de significarse y marcar la calidad de su trabajo, asume el reto de introducirse en inteligencia artificial y aventurar cómo esta podría ayudar en esta materia si las cosas se hacen bien.

Querida Elisa, te auguro un camino largo y lleno de éxitos fruto del trabajo constante y estudio permanente. Espero disfrutar este camino a tu lado y verte crecer.

Valencia 19 de octubre 2022

ELENA MARTÍNEZ GARCÍA
Catedrática de Derecho Procesal
Universitat de València

Introducción

Los estereotipos son atajos cognitivos, mapas mentales, que facilitan la comprensión de una realidad desbordante. Siendo evidente su funcionalidad como primer filtro de esquematización de un entorno complejo, no pueden convertirse en el fundamento único para la toma de decisiones, en este caso, de decisiones transcendentales como la condena o absolución a un presunto agresor sexual. Habiendo sido conceptualizados como uno de los factores causantes de la violencia, los estereotipos no han recibido la correspondiente atención política y jurídica.

El objetivo de esta obra consiste en reflexionar acerca de la incidencia de la estereotipación de género en los procesos por violencia sexual que permite revelar la invisibilización de las mujeres y las víctimas en el derecho, su posterior inclusión desde patrones idealizados, la permeabilidad de los imaginarios colectivos sesgados en el sistema de justicia y el ejercicio de violencia institucional cuando la formulación del estereotipo proviene de operadores jurídicos. Todo ello, tomando en consideración una doble premisa: la mejor protección de los derechos de las mujeres con la adopción de una perspectiva de género interseccional y la relevancia procesal de la imparcialidad como uno de los pilares centrales que inspiran la actuación de los tribunales y sobre el cual descansa la voluntad de las mujeres de acceder a los tribunales.

Para poder desvelar la presencia de estereotipos en sede judicial la monografía sigue el siguiente recorrido. El primer capítulo persigue ubicar las bases conceptuales que sostienen la investigación. La importancia de esta parte reside en su capacidad definitoria debido a la concreción terminológica que precisan las discusiones sobre temáticas complejas. Lejos de solventar la cuestión apostando por incorporar una ambigua mirada violeta al derecho procesal, este primer capítulo constituye una revisión crítica del androcentrismo jurídico dado que condiciona las normas y las políticas públicas que se diseñan con el objetivo de erradicar la violencia contra las mujeres.

Para ello, se cuestiona la naturaleza propia del Derecho, su pretendida objetividad, neutralidad y racionalidad y se analiza la exclusión de las mujeres, desde su pluralidad intrínseca, como sujetos jurídico-políticos cuando el sujeto universal para el desarrollo normativo ha sido el hombre. Ello supone interrogarse sobre la consideración del Derecho como un dispositivo generador de respuestas sesgadas y estereotipadas. Una vez identificada la ausencia de las mujeres en la norma, se estudia el modo en que se ha procurado su incorporación.

El tránsito desde el olvido a la centralidad de las mujeres-víctimas en el proceso ha traído consigo el reconocimiento de "la mujer" como un todo monolítico, tras asumir que todas las mujeres precisan de la misma atención, tienen las mismas necesidades y experimentan una misma vivencia de la violencia sexual. Un modelo de inclusión carente de enfoque interseccional y desconocedor de los distintos procesos de autopercepción como víctimas de violencia, frente al que se propone la conformación de la figura de la mujer-víctima desde una identidad colmena, aquella que proyecta hacia el exterior a un colectivo pero que internamente reconoce la individualidad de cada una. De manera gráfica, cada una de las celdas de la colmena representaría a cada una de las mujeres con sus propias vivencias e intersecciones, mientras que la colmena representaría el sujeto Mujer con mayúsculas.

En concreto, se evidencia la configuración de un ideal de víctima de violencia sexual en un proceso de mutua retroalimentación por parte del sistema judicial y la sociedad. Los jueces, por su doble condición de ciudadanos y jueces, introducen en la Administración de Justicia los prejuicios sociales hacia las mujeres víctimas y la ciudadanía ve reforzadas y validadas las ideas preconcebidas cuando se dicta una sentencia con sesgos debido al carácter performativo de las decisiones judiciales y la posición de autoridad de los jueces. Según dicho modelo ideal, para ser víctima de una agresión sexual las mujeres deben tener lesiones, estar traumatizadas, haber sido agredidas por un extraño en la calle oponiendo resistencia y no deben reclamar una indemnización. La permeación de este patrón de víctima en la Administración de Justicia permite iniciar un análisis de la estereotipación de género en los siguientes capítulos.

Abordar este trabajo de identificación de estereotipos requiere precisar el marco teórico, normativo y jurisprudencial de la estereotipación y, posteriormente, extrapolarlo al ámbito judicial a partir de la definición e implementación de un enfoque antiestereotipación. Cabe anticipar que es escasa la literatura científica al respecto y que no se dispone en la actualidad de una norma dirigida, en particular, a la existencia de estereotipos en sede judicial. La visibilización y la problematización proceden, como se manifiesta en el capítulo segundo, de la jurisprudencia supranacional, capaz de nombrar los estereotipos y conceptualizarlos como una de las causas de actuación deficiente del Estado.

Una vez definido el estereotipo, en el tercer capítulo se atiende a su despliegue en sede judicial. Las notas características, y pareciera inmutables, de los juzgadores se desdibujan cuando desde la psicología de la cognición social y la psicología jurídica se advierte la permeabilidad de los sesgos y las ideas preconcebidas en las decisiones judiciales. Lejos de suponer la existencia de un juez deshumanizado que se limita a aplicar la ley, se espera de él que cumpla con las cualidades de imparcialidad, independencia, integridad, pero también escucha, prudencia, diligencia, seriedad o lealtad. La humanización de los jueces junto a la normalización de los sesgos conlleva, en ocasiones, su aplicación a los casos que llegan a los tribunales, especialmente, en fase probatoria lo que tendrá una repercusión evidente en el fallo de la sentencia. De ahí que la perspectiva de género interseccional se proponga como garantía para la correcta aplicación de las normas entendiendo que la función del juez es la de aplicar la ley no como un autómata sino tras un proceso de reflexión que se plasmará en una sentencia motivada. Una motivación que, como requisito constitucional (art. 120.3 Constitución Española), deberá desde la norma contextualizar cada caso concreto. La perspectiva de género favorece, incluso fuerza, la toma en consideración del contexto en el que se producen las agresiones sexuales y, con ello, permite prevenir el empleo de estereotipos.

La aplicación del paradigma de la estereotipación al espacio de los tribunales no se formula únicamente desde un enfoque teórico, sino que una de las contribuciones de esta investigación es la presencia en el cuarto capítulo de un doble análisis empírico para la detección de estereotipos de género en 500 sentencias de la Audiencia Provincial de Valencia: un primer estudio estadístico convencional que permite extraer perfiles, patrones de conducta, características mayoritarias y rasgos testimoniales y un segundo análisis para el que se ha empleado Inteligencia Artificial, en concreto, dos modelos de aprendizaje automático supervisado para predecir la presencia de estereotipos y el fallo de la sentencia. La importancia que se le otorga a esta parte cuantitativa deriva de la posibilidad de corroborar o refutar una hipótesis a través de un conjunto de datos, lo cual concede solidez y rigurosidad tanto a las narrativas teóricas como a las propuestas posteriores, ya que la recogida de información cumple una finalidad de diagnóstico y de justificación para la adopción de medidas jurídico-políticas. Por su parte, la existencia de estereotipos de género en sentencias o, dicho de otro modo, de ciertos patrones repetitivos identificables, permite evaluar técnicas de detección haciendo uso de modelos de aprendizaje automático. Cabe advertir que la utilización de Inteligencia Artificial no aspira, en el marco actual, a suplantar la figura del juez, sino que se entiende como un instrumento de auxilio para la mejora del abordaje de la violencia sexual.

Por último, si bien el fenómeno de la segunda experiencia victimal ha sido abordado parcialmente en el ordenamiento jurídico español, no basta con referenciar la faceta pasiva, esto es, el efecto que la intervención en el proceso puede tener en algunas mujeres, sino que se debe focalizar la atención en el agente, en el Estado. Son las acciones de los titulares de la potestad jurisdiccional las que, si no se redefinen, pueden causar un sufrimiento adicional a las mujeres. De este modo, la monografía finaliza con una nueva propuesta de conceptualización, la de entender el uso de estereotipos por parte de los operadores jurídicos no solo como una de las causas de victimización secundaria sino también como un ejercicio de violencia institucional.

El reconocimiento pleno de los derechos de las mujeres y su efectividad reclaman una revisión del Derecho desde la igualdad material entre mujeres y hombres. La perspectiva de género interseccional contribuye en esta tarea de actualización del modo en que se legisla y aplican las normas, ya que solo desde el cuestionamiento a un orden político-social y jurídico que históricamente ha invisibilizado y negado la capacidad de agencia de las mujeres es como se consigue avanzar. Esta obra pretende ser una contribución en estos términos, comprendiendo el valor de la crítica como motor de emancipación.

Capítulo primero

Mujeres y derecho: contra el inmovilismo jurídico

En 1986, SCALES asignaba al compromiso con la igualdad, la realización de una investigación sobre la *genderization* del mundo en la que ningún espacio quedara al margen. Para esta autora el principio de objetividad no es más que una ficción porque la realidad ha quedado definida desde la racionalidad masculina[1] que describe un entorno dicotómico. Se puede observar en los atributos históricamente asociados a hombres y a mujeres. La clasificación binaria del género en un paradigma patriarcal conlleva la construcción de subjetividades desde la fractura nosotros-ellas. La socialización diferenciada y desigualitaria ha normalizado la asignación del espacio público a lo masculino y el espacio privado a lo femenino. Este reparto espacial por géneros determina el carácter y las expectativas de las personas que componen cada uno.

Siguiendo la clasificación que se recoge en la obra de la filósofa DE MIGUEL "Neoliberalismo sexual. El mito de la libre elección" se aprecia que las cualidades impuestas a hombres y mujeres son opuestas y complementarias, etiquetan y encasillan, no son intercambiables y las de las mujeres están infravaloradas[2].

No partir de la igualdad material en la diferencia supone la insuficiencia de la igualdad formal[3]. De acuerdo con el artículo 14 de la Constitución Española (en adelante, CE), "los españoles son iguales

---

1 SCALES, Ann C., "The Emergence of Feminist Jurisprudence: An Essay", *Yale Law Journal*, Vol. 9, 1986, pp. 1382, 1383, 1378 y 1379.

2 A las mujeres se las define por el deseo, el cuerpo, la pasión o el sentimiento, pero su sexualidad es estrictamente funcional al papel reproductivo y materno. Expresarla con otra finalidad que no sirva a los sistemas capitalista y patriarcal es todavía criticada. DE MIGUEL, Ana, *Neoliberalismo sexual. El mito de la libre elección*, Madrid, Ediciones Cátedra, 10ª ed., 2018, p. 233.

3 BODELÓN GONZÁLEZ, Encarna, "El análisis del género en los tribunales de justicia", en: RAMOS ULGAR, Miguel Angel y DOMÍNGUEZ FIGUEIRIDO, José

ante la ley, sin que pueda prevalecer discriminación alguna por razón de sexo", pero un subsistema político-social sujeto a una macroestructura patriarcal hace disfuncional cualquier proclamación de derechos[4]. Sin una realidad material igualitaria, el reconocimiento formal de que hombres y mujeres son iguales en dignidad y derechos perdura como desiderátum.

La epistemología feminista procura una revisión de los esquemas conceptuales de la ciencia jurídica y de sus principios fundacionales. Así se tiene en cuenta la influencia del sistema sexo-género en la construcción jurídica, su incidencia en el corpus normativo, en la finalidad que persigue la norma y en la práctica en los juzgados. Exige repensar a las mujeres en y desde el Derecho.

Anuncia SMART que "[l]a llegada de feministas al mundo del derecho ha convertido a éste en el lugar de lucha, en vez de considerarlo solamente como un instrumento de lucha"[5]. El Derecho aparece como un espacio que alberga componentes de injusto. La teoría feminista señala el modo en que la división de género se crea, fija y consolida desde la institución jurídica. Frente a la idea del Derecho como un orden incuestionable, se descubre su carácter modificable desde las exigencias de igualdad formal y material entre mujeres y hombres. Comprender cómo el Derecho se ha estructurado a partir de una neutralidad sexo-género impostada es fundamental para impugnar la ausencia de las mujeres en la norma. El recorrido analítico para desentrañar el género del Derecho consiste en una aproximación al reconocimiento tardío e incompleto de la mujer como sujeto político y jurídico. Una vez nombradas a las mujeres en el Derecho, se critica la pretendida objetividad, racionalidad y universalidad del mismo desde los planteamientos propios de la Teoría Crítica del

---

Luis (Coord.), *La joven sociología jurídica en España: aportaciones para una consolidación,* Francia, Oñati: International institute for the sociology of law, 1998, p. 100.

4 BALAGUER CALLEJÓN, María Luisa, "La reversibilidad de los derechos El género", en: CORTS VALENCIANES (Ed.), *Igualdad y democracia: el género como categoría de análisis jurídico. Estudios en homenaje a la profesora Julia Sevilla Merino,* Valencia, Corts Valencianes, 2014, p. 126.

5 SMART, Carol, "La mujer del discurso jurídico", en: LARRAURI PIJOAN, Elena (Comp.), *Mujeres, Derecho Penal y Criminología,* Madrid, Siglo Veintiuno, 1994, p. 168.

Derecho y la *Feminist Jurisprudence* y desde la perspectiva de género como herramienta metodológica.

I. BREVE REFLEXIÓN SOBRE LA (NO) HISTORIA DE LAS MUJERES EN EL DERECHO

El sistema heteropatriarcal ha hecho uso del dimorfismo sexual para subordinar a las mujeres. La construcción discriminatoria del género binario les ha asignado unas cualidades silenciosas y silenciadas, apartándolas de cualquier consideración como individuos de pleno derecho. La pretendida inferioridad biológica de la mujer y la división sexual del trabajo se instituyen como aforismos legitimadores de su opresión. La historia del Derecho no es ajena a esta configuración patriarcal. La travesía de las mujeres por el texto jurídico ha sido y es un proceso de constante reivindicación para constituirse como sujeto cognoscible en su multiplicidad intrínseca. Debido a que su reconocimiento no siempre parte de una postura feminista, determinadas formulaciones legislativas replican pautas discriminatorias. Un análisis con perspectiva de género exige una inclusión garantista de las mujeres *de iure* y *de facto.*

1. *Damnatio feminis memoriae: hombres, mujeres e historia*

Los postulados de la teoría política feminista y el feminismo jurídico identifican un nuevo sistema objeto de interpretación que cuestiona supuestas certidumbres y dota de un nuevo significado a instituciones y dispositivos. En oposición a la deriva historicida en la construcción de las biografías de los sujetos oprimidos[6], permite, en palabras de AMORÓS PUENTE, generar "un sentido común alternativo"[7].

---

6 COBO BEDÍA, Rosa, "El género en las Ciencias Sociales", en: LAURENZO COPELLO, Patricia, MAQUEDA ABREU, María Luisa y RUBIO CASTRO, Ana (Coords.), *Género, violencia y derecho,* Valencia, Tirant lo Blanch, 2008, pp. 57-58.

7 AMORÓS PUENTE, Celia, "Conceptualizar es politizar", en: LAURENZO COPELLO, Patricia, MAQUEDA ABREU, María Luisa y RUBIO CASTRO, Ana (Coords.), *Género, violencia y derecho,* Valencia, Tirant lo Blanch, 2008, p. 19.

Dicho marco interpretativo es el patriarcado que, en un intento de síntesis definitoria, queda enunciado por FACIO MONTEJO como "el poder de los padres; un sistema familiar, social, ideológico y político mediante el cual los hombres, por la fuerza, usando la presión directa o por medio de símbolos, ritos, tradiciones, leyes, educación, el imaginario popular o inconsciente colectivo, la maternidad forzada, la heterosexualidad obligatoria, la división sexual del trabajo y la historia robada, determinan qué funciones podemos o no podemos desempeñar las mujeres"[8].

La utilidad analítica de esta conceptualización del patriarcado reside en la mención a una serie de elementos como "poder", "fuerza", "leyes", "inconsciente colectivo" e "historia robada" que posibilitan el entendimiento de la ausencia de las mujeres en la historia jurídica.

Así, "el problema de las mujeres en las sociedades patriarcales es un problema de poder y no de "diferencia" y la lucha por la igualdad es una lucha por el poder, además de ser una lucha por los derechos"[9]. La ontologización del patriarcado ha derivado en una asunción de la realidad dicotómica del género como inmanente. El Derecho no cuestiona esa realidad y las mujeres quedan invisibilizadas si no violentadas —simbólica y corporalmente— como manifestación de la relación de dominación patriarcal y como mecanismo de anulación y sustracción de cualquier narrativa autodefinitoria en un eje histórico-temporal.

Pese a la heterogeneidad propositiva y finalista del movimiento feminista, y de la teoría jurídica feminista en particular, se debe partir de una doble premisa. Primera: apelar al sistema sexo-género es apelar al sistema de dominación heteropatriarcal. Segunda: el género se configura como principio de ordenación en dicho sistema.

---

8 FACIO MONTEJO, Alda, "El Derecho como producto del patriarcado", en: CAMACHO GRANADOS, Rosalía y FACIO MONTEJO, Alda (Eds.), *Sobre patriarcas, jerarcas, patrones y otros varones (Una mirada género sensitiva del Derecho)*, San José, ILANUD, 1993, p. 20.

9 MESTRE I MESTRE, Ruth, "Mujeres, Derechos y Ciudadanías", en: MESTRE I MESTRE, Ruth (Coord.), *Mujeres, Derechos y Ciudadanías*, Valencia, Tirant lo Blanch, 2008, p. 23. Tesis compartida por MacKinnon cuando afirma que "el feminismo tiene una teoría del poder". MACKINNON, Catharine, *Hacia una teoría feminista del Estado*, Valencia, Ediciones Cátedra, 1995, p. 277.

Se entiende por sistema de dominación patriarcal la organización sociopolítica y cultural cimentada en una supuesta subordinación esencial de las mujeres frente a los hombres. A partir de las diferencias biológicas entre hombres y mujeres se construyen y asignan unas prácticas y funcionalidades antagónicas para cada sexo-cuerpo-genitalidad. En esta estructura jerárquica, los hombres ostentan una posición de poder que validan con medios pacíficos –aunque discriminatorios– o ejerciendo violencia. Añadir el prefijo hetero a patriarcado permite identificar la heterosexualidad como una norma impuesta para definir una masculinidad hegemónica. La heteronormatividad patriarcal sería, en exclusiva, el modelo de comportamiento y de relación sexoafectiva reconocido y aceptado socialmente.

La pretendida confusión entre sexo y género y su correspondencia impuesta —sexo masculino y género varón frente a sexo femenino y género mujer— ha provocado la naturalización[10] heredada de la inferioridad de la mujer. A través del contrato sexual que subyace al contrato social, en la bifurcación espacio público-espacio privado, las mujeres quedan relegadas a la esfera de la domesticidad y su reconocimiento como sujetos de derechos resulta limitado[11].

---

10 ASTOLA MADARIAGA, Jasone, "Las mujeres y el Estado constitucional: un repaso al contenido de los grandes conceptos del Derecho Constitucional", en: ASTOLA MADARIADA, Jasone (Coord.), *Mujeres y Derecho, pasado y presente*, País Vasco, Universidad del País Vasco, 2008, pp. 234-235 y 240-241; CAMPOS RUBIO, Arantza, "Aportaciones iusfeministas a la revisión crítica del Derecho y a la experiencia jurídica", en: ASTOLA MADARIADA, Jasone (Coord.), *Mujeres y Derecho, pasado y presente*, País Vasco, Universidad del País Vasco, 2008, p. 186; GALLEGOS ARGÜELLO, María del Carmen, "La identidad de género: masculino versus femenino", en: SUÁREZ-VILLEGAS, Juan Carlos, LIBERIA VAYÁ, Irene y ZURBANO-BERENGUER, Belén (Coords.), *I Congreso Internacional de Comunicación y Género. Libro de* Actas, Sevilla, Facultad de Comunicación, 2012, p. 706; PITCH, Tamar, "Libertad femenina y derechos", en: MESTRE I MESTRE, Ruth (Coord.), *Mujeres, Derechos y Ciudadanías*, Valencia, Tirant lo Blanch, 2008, p. 121; MARTÍNEZ SAMPERE, Eva, "Ciudadanía democrática, voluntad política y Estado social", en: CORTS VALENCIANES (Ed.), *Igualdad y democracia: el género como categoría de análisis jurídico. Estudios en homenaje a la profesora Julia Sevilla Merino*, Valencia, Corts Valencianes, 2014, p. 445.

11 ESQUEMBRE VALDÉS, Mª del Mar, "Género y ciudadanía, mujeres y Constitución", *Feminismo/s*, núm. 8, 2006, p. 36.

Tal y como afirma PATEMAN, "la dominación de los varones sobre las mujeres y el derecho de los varones a disfrutar de un igual acceso sexual a las mujeres es uno de los puntos en la firma del pacto original. El contrato social es una historia de libertad, el contrato sexual es una historia de sujeción"[12]. Es decir, la política sexual del heteropatriarcado revela el vínculo entre el contrato social y el contrato sexual o, dicho en otros términos, entre la libertad cívico-política de los hombres y la violencia y el control de la sexualidad de las mujeres[13], uno como prerrequisito del otro.

Entender la disposición de las mujeres en la sociedad supone, por tanto, establecer una relación de subordinación intersubjetiva, respecto del hombre, pero también una relación de subordinación sistémica, respecto del modelo económico neoliberal y de la configuración institucional del Estado de Bienestar.

Según la categorización propuesta por ESPING-ANDERSEN[14], el Estado de Bienestar español ha sido clasificado como "modelo mediterráneo o conservador no puro" cuyo rasgo fundamental es el familismo y, respecto a la posición que ocupa la mujer, responde al paradigma de organización del trabajo de cuidados "male-breadwinner". Así, la familia es la unidad central, principal proveedora e implementadora de la prestación de servicios, dejando al Estado en un segundo

---

12 PATEMAN, Carole, *El contrato sexual*, Barcelona, Editorial Anthropos, 1995, p. 10.

13 Es preciso apuntar la tesis de PITCH respecto a la importancia del control de la sexualidad y de la capacidad reproductiva por parte de las mujeres, a saber: "El control de la sexualidad femenina está en la base de la separación entre esfera privada y esfera pública, una separación que a su vez no sólo confina a las mujeres al ámbito privado y los hombres al público, sino que sobre todo tiende a diseñar una esfera pública asfixiante, identificada cada vez más con el funcionamiento del estado y sus instituciones. De esto se deriva que el paso necesario hacia la igualdad es reconocimiento a las mujeres del pleno control de su sexualidad y capacidad reproductiva". PITCH, Tamar, "Libertad femenina y derechos", *op. cit.*, p. 126. A partir de dicha afirmación podría reflexionarse acerca de cómo la violación deviene recordatorio y reclusión al espacio que deben ocupar las mujeres en un sistema patriarcal, así como del elevado porcentaje de mujeres asesinadas a manos de sus parejas o exparejas puesto que este dato redirige el foco de atención nuevamente a la esfera íntima y privada.

14 ESPING-ANDERSEN, Gøsta, *Los tres mundos del Estado de Bienestar*, Valencia, Edicions Alfons el Magnànim, 1993.

plano —como dicta el principio de subsidiariedad— y al mercado en un rol marginal[15].

A su vez, este triángulo de macroestructuras interdependientes se cimenta en el modelo "male-breadwinner". Se fundamenta en la idea de que es el varón quien asume la posición de cabeza de familia y de recaudador de ingresos. La mujer permanece en el ámbito doméstico en una situación de dependencia del hombre, puesto que no recibe reconocimiento ni remuneración por su trabajo. Por tanto, a la función primordial que cumple la familia como garantista de los servicios básicos y de las necesidades de la vida diaria, se superpone la figura del "male-breadwinner".

Habitando el espacio de la no-ciudadana, no-trabajadora, no-ser sintiente y definidas desde la negación y la exclusión[16], las mujeres devienen la mano de obra de los cuidados y el sostén necesario para la explotación capitalista y el sexismo institucionalizado, por extensión.

Las mujeres siempre han estado presentes pero negadas dada la centralidad del trabajo productivo en el desarrollo económico del capitalismo neoliberal y la consideración del ámbito profesional como un rasgo identitario más. Las personas seremos médicas, abogadas, ingenieras, magistradas, periodistas, pero nunca diremos que somos limpia-cristales, friega-suelos, quita-polvo, plancha-camisas, cocina-tápers o arregla-cuartos. Una verdadera presencia invisible que las convierte, en palabras de MARTÍNEZ SAMPERE, en "el *Estado de*

---

15 Para un conocimiento más extenso se recomienda la lectura de MORENO FERNÁNDEZ, Luis, "La «vía media» española del modelo de bienestar mediterráneo", *Papers: revista sociología,* núm. 63-64, 2001, pp. 67-82 y de FERNÁNDEZ CORDÓN, Juan Antonio y TOBÍO SOLER, Constanza, "Conciliar las responsabilidades familiares y laborales: políticas y prácticas sociales", *Documentos de trabajo (Laboratorio de alternativas),* núm. 79, 2005, pp. 1-90.

16 ABA CATOIRA, Ana, "Construcción del Estado constitucional desde las relaciones de género: discursos políticos, normas de exclusión y participación femenina", en: GONZÁLEZ DE SANDE, Estela y GONZÁLEZ DE SANDE, Mercedes (Eds.), *Mujeres en guerra/guerra de mujeres en la sociedad, el arte y la literatura,* Sevilla, Arcibel editores, 2014, p. 325; COLLADO MATEO, Concepción, "Mujeres, poder y derecho", *Feminismo/s,* núm. 8, 2006, p. 241 y COBO BEDÍA, Rosa, "La democracia moderna y la exclusión de las mujeres", *Cuadernos del Guincho,* núm. 5-6, 1998, p. 192.

Bienestar del resto de la población"[17] y, por tanto, partícipes en la manutención de su propia opresión[18].

2. *Sinécdoque identitaria: La Mujer por las mujeres*

La concepción segregacionista hombre-mujer sustentada en una incapacidad connatural de la mujer para gobernarse supuso la consideración del hombre como "sujeto de Derecho" y la adscripción de la mujer como "sujeta al Derecho"[19].

El progresivo reconocimiento histórico de las mujeres como sujetos político-jurídicos[20] muestra cómo el Derecho ha servido y sirve de instrumento de normalización y normativización de relaciones de

---

17 MARTÍNEZ SAMPERE, Eva, "Ciudadanía democrática, voluntad política y Estado social", *op. cit.*, p. 446.

18 FACIO MONTEJO, Alda, "El Derecho como producto del patriarcado", *op. cit.*, pp. 10-11 y PATEMAN, Carole, "El estado de bienestar patriarcal", *Contextos*, núm. 5, 2000, pp. 13-14.

19 ASTOLA MADARIAGA, Jasone, "El sujeto de derecho y las sujetas a derecho: la lengua del derecho y sus consecuencias" en: CORTS VALENCIANES (Ed.), *Igualdad y democracia: el género como categoría de análisis jurídico. Estudios en homenaje a la profesora Julia Sevilla Merino*, Valencia, Corts Valencianes, 2014, pp. 113-114.

20 Si es que ha sido alcanzado, puesto que son varias las constitucionalistas que plantean la necesidad de efectuar una reforma, desde el feminismo, de la Constitución Española de 1978 para procurar un nuevo pacto constituyente. SALAZAR BENÍTEZ, Octavio, "Género, poder y ciudadanía", *Cuadernos Manuel Giménez Abad*, núm. Extra 5, 2017, pp. 58-74. Para un estudio en profundidad del progresivo reconocimiento de la mujer como sujeto político y, por consiguiente, de sus derechos, así como de la insuficiencia de la igualdad formal y del necesario alcance de la igualdad material se recomienda la lectura de: ASTOLA MADARIAGA, Jasone, "El sujeto de derecho y las sujetas a derecho: la lengua del derecho y sus consecuencias", *op. cit.*, pp. 105-116; BODELÓN GONZÁLEZ, Encarna, "El moviment feminista i la construcción dels drets de les dones", *L'Avenç: Revista de història i cultura*, núm. 248, 2000, pp. 32-37; COLLADO MATEO, Concepción, "Mujeres, poder y derecho", *op. cit.*, pp. 23-27; CASTELLS OLIVÁN, Irene y FERNÁNDEZ GARCÍA, Elena, "*Las mujeres y el primer constitucionalismo español (1810-1823)*", *Historia constitucional: Revista Electrónica de Historia Constitucional*, núm. 9, 2008, pp. 163-180; SERNA VALLEJO, Margarita, "La reivindicación de la igualdad entre mujeres y hombres en los siglos XVIII y XIX", en: PACHECO CABALLERO, Francisco Luis (Coord.), *Mujeres y derecho. Una perspectiva histórico-jurídica. Encuentro de Historiadores del Derecho*, Barcelona,

dominación al tiempo que constituye un espacio de posibilidad para la ruptura y la transformación. Esta doble naturaleza se corresponde con el estado de ambivalencia del Derecho como ente opresor y liberador[21].Valorar en qué términos se hace efectiva la faceta liberadora requiere formular un doble interrogante: ¿le concierne el género al Derecho? y ¿debería considerarlo?[22]

La primera pregunta podría responderse de forma afirmativa dada la consideración en la norma del género desde el binarismo sexual y los mandatos de subordinación. La segunda cuestión es más compleja puesto que supone asumir o no el género como categoría de análisis en el ámbito jurídico y determinar de qué finalidad se le quiere dotar a la conjunción género-Derecho. Para que dicha unión sea emancipadora debería enunciarse desde el concepto de equipotencia definido por ASTOLA MADARIAGA y que se sintetiza en la proposición "diferentes y, sin embargo, iguales"[23].

Associació Catalana d'História del Dret Jaume de Montjuic, 2015, pp. 65-126 y PATEMAN, Carole, *El contrato sexual, op. cit.*, pp. 162-213.

21 BARRÈRE UNZUETA, Mª Ángeles, "Iusfeminismo y derecho antidiscriminatorio: hacia la igualdad por la discriminación", en: MESTRE I MESTRE, Ruth (Coord.), *Mujeres, Derechos y Ciudadanías*, Valencia, Tirant lo Blanch, 2008, pp. 66-67; MESTRE I MESTRE, Ruth, "Mujeres, Derechos y Ciudadanías", *op. cit.*, p. 23, BODELÓN GONZÁLEZ, Encarna, "Feminismo y Derecho: mujeres que van más allá de lo jurídico", en: BERGALLI, Roberto y RIVERA BEIRAS, Iñaki (Coords.), *Género y dominación. Críticas feministas del derecho y el poder*, Barcelona, Anthropos Editorial, 2009, p. 109, MARTÍN LÓPEZ, Mª Teresa, "Derecho Penal de Género", en: DE LA SIERRA, Susana y ORTIZ PRADILLO, Juan Carlos (Dirs.), *El Derecho y la Economía ante las mujeres y la igualdad de género*, Valladolid, Lex Nova, 2011, p. 148, JARAMILLO, Isabel Cristina, "La crítica feminista al derecho", en: ÁVILA SANTAMARÍA, Ramiro, SALGADO, Judith y VALLADARES, Lola (Coords.), *El género en el derecho. Ensayos críticos*, Quito, Ministerio de Justicia y Derechos Humanos, 2009, p. 121 y DA SOUSA SANTOS, Boaventura, "El uso contra-hegemónico del Derecho en la lucha por una globalización desde abajo", *Anales de la Cátedra Francisco Suárez*, núm. 39, 2005, p. 388.

22 Sobre esta cuestión es interesante acudir a SMART para quien el Derecho no solo tiene género, sino que es un ente creador del mismo. SMART Carol, "La mujer del discurso jurídico", *op. cit.*, pp. 177-182.

23 ASTOLA MADARIAGA, Jasone, "Las mujeres y el Estado constitucional: un repaso al contenido de los grandes conceptos del Derecho Constitucional", *op.cit.*, p. 289.

Retomando las palabras de la autora, "[m]ientras no concibamos la igualdad como equipotencia, es decir, como esa relación de equivalencia jurídica de los diferentes valores de las personas iguales —las mujeres y los hombres son iguales—, y sigamos concibiéndola como isonomía, es decir, como la existencia de una igualdad de valores en las personas consideradas iguales, estamos definiendo la igualdad como identidad —las mujeres son iguales a los hombres e incluso, las mujeres son hombres—"[24].

La presencia de las mujeres en el Derecho no puede idearse desde la concesión masculina, el asimilacionismo o la inclusión acrítica sin cambio estructural en un marco normativo androcéntrico[25]. Al contrario, debería considerarse la viabilidad de "redefinir el contenido de los derechos de mujeres y hombres, posibilitando la participación real de las mujeres y haciendo presentes sus necesidades y deseos"[26].

Siendo necesaria y legítima la reivindicación por reconocer un nuevo sujeto de derecho, su configuración resulta conflictiva. Frente a la asignación heteropatriarcal de una identidad concreta a la mujer como un todo monolítico —mujer-esposa, mujer-madre, mujer-cuidadora, mujer-objeto, mujer-sumisa, mujer-indefensa, mujer-conquista, mujer-vagina—, se apuesta por la delimitación de ese sujeto desde una doble dimensión, asumiendo su naturaleza como si de una colmena se tratara. Es decir, un sujeto conformado por una identidad colectiva proyectada hacia el exterior pero que, a su vez y de manera inevitable, encierra pluralidades corporales diversas que deben ser

24 Ibídem, p. 282.

25 Aquel que promulga leyes y las interpreta desde una visión masculina que, en un sistema heteropatriarcal, conlleva la primacía de los postulados que privilegian a los hombres en detrimento de las mujeres.

26 BODELÓN GONZÁLEZ, Encarna, "Feminismo y Derecho: mujeres que van más allá de lo jurídico" *op. cit.*, p. 113. Con el feminismo se vehicula la reivindicación del reconocimiento de la mujer como sujeto político y, por tanto, de manera inevitable, surge la correlativa demanda de ser sujeto jurídico. Si desde el constitucionalismo se asume la necesidad de "construir nuestros espacios jurídico-políticos en igualdad" el área del Derecho que se encarga del proceso no puede ser ajeno a dicha transformación. ASTOLA MADARIAGA, Jasone, "Las mujeres y el Estado constitucional: un repaso al contenido de los grandes conceptos del Derecho Constitucional", *op. cit.*, p. 261.

leídas desde su individualidad[27]. De manera gráfica, cada una de las celdas de la colmena representaría a cada una de las mujeres con sus propias vivencias e intersecciones, mientras que la colmena representaría el sujeto Mujer con mayúsculas. De este modo, se hallaría una correspondencia dialéctica entre la dimensión externa y la opresión junto a la dimensión interna y las discriminaciones múltiples.

Son clarificadoras las palabras de COBO BEDÍA cuando expone que "[l]a identidad debe ser entendida instrumentalmente como el fundamento de la lucha contra la opresión, pero nunca como el enquistamiento en la diferencia o la exaltación de una esencia. [...] Puede parecer paradójico, pero un movimiento emancipador y vindicativo tiene que construirse una identidad contingente, afirmarla hasta que se conquisten los derechos de los individuos de ese colectivo y, al mismo tiempo, tiene que negar ontológicamente esa identidad si aspira a la realización de la universalidad. Y es que un sujeto político colectivo es una noción política y no un dato biológico o étnico. Por ello, el rasgo de esta identidad es su carácter provisional y contingente. La afirmación de la identidad colectiva es un paso necesario en la constitución de las mujeres como sujetos individuales"[28].

Siguiendo a la autora, la conformación feminista de un sujeto político-jurídico tendría una identidad colectiva pasajera con el objetivo de no anular la individualidad una vez alcanzadas las metas. Dotada de un carácter contextual y dinámico, el reconocimiento de dicha identidad supondría la promulgación de leyes género-específicas transitorias, al margen de la pervivencia de la identidad en términos históricos. Si la identidad es instrumental, la ley que reconoce derechos también debería serlo. De otra forma, la norma quedaría desfasada al atender a un sujeto y ofrecer una respuesta sin correspondencia con la realidad material.

El término "opresión" conecta con el relato de alteridad que narra las biografías de las mujeres. Permite entender que las experien-

---

27 BARRÈRE UNZUETA, Mª Ángeles, "La interseccionalidad como desafío al *mainstreaming* de género en las políticas públicas", *Revista Vasca de Administración Pública*, núm. 87-88, 2010, p. 250.

28 COBO BEDÍA, Rosa, "Sexo, democracia y poder político", *Feminismo/s*, núm. 4, 2004, pp. 27-28.

cias —atomizadas, particulares e íntimas— de violencia multiforme que sufren las mujeres se insertan en un sistema global configurado para subordinarlas[29]. Sin embargo, y dada la imposibilidad fáctica de pensar a las mujeres como una unidad colectivizable y homogénea, un patrón sin fisuras, la cuestión se problematiza y se articula desde la interseccionalidad[30].

Se debe tener presente que "los sujetos, en cuanto categorías sociales y políticas, son contingentes, construidos, parciales, heterogéneos y contestables"[31] y, por este motivo, una visión comprensiva requiere admitir la existencia individual de estratificación[32].

Desde un enfoque interseccional se toman en consideración otros ejes que, junto al sexo-género, definen, moldean y condicionan la vida de las mujeres. Puede enumerarse la clase social, la nacionalidad, la edad, la raza, la etnia, la orientación sexual, la religión, la

---

29 FACIO MONTEJO, Alda, "Metodología para el análisis de género del fenómeno legal", en: ÁVILA SANTAMARÍA, Ramiro, SALGADO, Judith y VALLADARES, Lola (Coords.), *El género en el derecho. Ensayos críticos*, Quito, Ministerio de Justicia y Derechos Humanos, 2009, p. 201. BODELÓN GONZÁLEZ delimita el marco conceptual de la "opresión" por oposición al paradigma de la "discriminación" dado que, según la autora, "definir la exclusión de género en términos de «discriminación» y no de opresión, plantea muchas insuficiencias: la discriminación es un concepto que individualiza el problema, que lo convierte en un problema de las personas excluidas; el concepto de discriminación trata a las mujeres como víctimas de situaciones individuales y no como el ejemplo del fracaso de un modelo, como ejemplos de las insuficiencias de la ciudadanía liberal y de la existencia de opresiones no abordadas". BODELÓN GONZÁLEZ, Encarna, "Las leyes de igualdad de género en España y Europa: ¿Hacia una nueva ciudadanía?", *Anuario de filosofía del derecho*, núm. 26, 2010, p. 88.

30 GUZMÁN ORDAZ, Raquel y JIMÉNEZ RODRIGO, María Luisa, "La Interseccionalidad como Instrumento Analítico de Interpelación en la Violencia de Género", *Oñati Socio-legal Series*, Vol. 5, núm. 2, 2015, p. 600 y LA BARBERA, María Caterina, "Interseccionalidad", *Economía. Revista en Cultura de la Legalidad*, núm 12, 2017, p. 194.

31 IGAREDA GONZALEZ, Noelia y CRUELLS LÓPEZ, Marta, "Críticas al derecho y el sujeto "mujeres" y propuestas desde la jurisprudencia feminista", *Cuadernos electrónicos de filosofía del derecho*, núm. 30, 2014, p. 5.

32 COBO BEDÍA, Rosa, "El género en las Ciencias Sociales", *op. cit.*, p. 50; PITCH, Tamar, "Libertad femenina y derechos", *op. cit.*, p. 120 y CAMPOS RUBIO, Arantza, "Aportaciones iusfeministas a la revisión crítica del Derecho y a la experiencia jurídica", *op. cit.*, pp. 185-186.

(dis)capacidad, pero también situaciones más específicas como el estado civil, el idioma, el territorio, la situación administrativa, el derecho a la vivienda o el estado de salud[33]. Así, el Comité para la Eliminación de la Discriminación contra la Mujer de Naciones Unidas (CEDAW, por sus siglas en inglés) en sus Observaciones finales a los informes periódicos séptimo y octavo elaborados por España, remarca la necesidad de que las instituciones españolas tomen en consideración la realidad de las mujeres que viven en el medio rural, las mujeres migrantes, las mujeres romaníes, las madres solteras, las mujeres mayores y las mujeres con discapacidad[34].

Adoptar una perspectiva de género desde el feminismo interseccional permite reconocer la mayor precariedad y las resistencias plurales que deben enfrentar las mujeres que sufren discriminaciones múltiples[35].

Cabe advertir la urgencia por (re)definir a las mujeres como sujetos políticos y de derecho desde la propuesta de identidad colmena contingente. La designación femenina prototípica en la norma y en la práctica judicial no se ajusta a la diversidad intrínseca que conforma a las mujeres como sujeto colectivo histórico[36]. Este desfase

---

33 MACKINNON, Catherine, "Intersectionality as Method: A Note", *Signs: Journal of Women in Culture and Society*, Vol. 38, núm. 4, 2013, pp. 1020 y 1024; LA BARBERA, María Caterina, "Interseccionalidad", *op. cit.*, p. 195 y SALES GELABERT, Tomeu, "Repensando la interseccionalidad desde la Teoría Feminista", *AGORA*, Vol. 36, núm. 2, 2017, p. 231.

34 Comité para la Eliminación de la Discriminación contra la Mujer, *Observaciones finales sobre los informes periódicos séptimo y octavo combinados de España*, CEDAW/C/ESP/CO/7-8, 29 de julio de 2015.

35 Naciones Unidas, Asamblea General, *Declaración sobre la eliminación de la violencia contra la mujer*, Resolución 48/104 (23 de febrero de 1993), párr. 32 y la *Plataforma de Acción* párr. 46 adoptadas en la *Cuarta Conferencia Mundial sobre la Mujer* celebrada en Beijing en septiembre de 1995. En este punto es interesante resaltar la noción de *intersectionality-plus* propuesta por WELDON, ya que observa cómo las diferentes estructuras sociales pueden variar sus efectos en diferentes contextos, lo cual hace que el análisis político comparativo sea fundamental para entender la política de género. WELDON, S. Laurel, "Intersectionality", en: GOERTZ, Gary and MAZUR, Amy G. (Eds.), *Politics, Gender, and Concepts*, New York, Cambridge University Press, 2008, p. 208.

36 Como afirma BARRÈRE UNZUETA, "las mujeres no necesitan ni definirse ni ser definidas sino, más bien, poner en cuestión el poder de quienes las definen

conduce a la formulación de una respuesta legal y judicial estereotipada[37] y anuncia la necesaria actualización transformadora de la academia para acompañar estas modificaciones sustanciales dignificantes.

3. Derecho patriarcal: contradicciones y contraderechos

Esta lógica heteropatriarcal que, o bien olvida a las mujeres o bien las retrata como réplicas, también afecta a los hombres. Es posible identificar normas que han adoptado como modelo de comportamiento al varón, cisgénero, heterosexual, blanco, con recursos económicos, urbanita, sin discapacidad y con capacidades reproductivas plenas. Este sujeto ha sido utilizado como referente interpretativo del marco normativo. Por consiguiente, desde la teoría jurídica feminista se niega la universalidad, objetividad y racionalidad del Derecho[38].

Tal y como revela OLSEN, "[s]e supone que el derecho es racional, objetivo, abstracto y universal, tal como los hombres se consideran a sí mismos. Por el contrario, se supone que el derecho *no* es irracional, subjetivo o personalizado, tal como los hombres consideran que son las mujeres"[39]. Sin embargo, la paradoja resulta obvia: la ex-

---

o les exigen tal definición (que, precisamente, por detentar el poder, no necesitan definirse)". BARRÈRE UZUETA, María Ángeles, "Género, discriminación y violencia contra las mujeres", en: LAURENZO COPELLO, Patricia, MAQUEDA ABREU, María Luisa y RUBIO CASTRO, Ana (Coords.), *Género, violencia y derecho*, Valencia, Tirant lo Blanch, 2008, p. 29.

37 Como bien reflexiona CAMPOS RUBIO, "han creado imágenes unificadas de la Mujer como oposición a los discursos dominantes pero, al fin y al cabo, imágenes unificadas que se alejaban igualmente de las mujeres reales. Es decir que, de alguna manera, se reproduce el mismo esquema del derecho cuando se empeña en una versión específica de la diferenciación de género". CAMPOS RUBIO, Arantza, "Aportaciones iusfeministas a la revisión crítica del Derecho y a la experiencia jurídica", *op. cit.*, p. 204.

38 MESTRE I MESTRE, Ruth, "Mujeres, Derechos y Ciudadanías", *op. cit.* pp. 21-22.

39 OLSEN, Frances, "El sexo del derecho" en: ÁVILA SANTAMARÍA, Ramiro, SALGADO, Judith y VALLADARES, Lola (Coords.), *El género en el derecho. Ensayos críticos*, Quito, Ministerio de Justicia y Derechos Humanos, 2009, p. 140. En el mismo sentido se pronuncia MACKINNON cuando denuncia que "Quienes detentan el poder en la sociedad civil, que no son las mujeres, diseñan sus normas y sus instituciones, que se convierten en statu quo. Quienes detentan el poder,

clusión de las mujeres convierte al Derecho en un cuerpo irracional, subjetivo y personalizado[40]. Se descubre así una Justicia que desde un inicio presenta la balanza decantada.

No sólo hay que apelar al valor normativo de lo masculino como problemático, sino que cabe reconsiderar que el Derecho disciplina, en este caso las relaciones de género, instituyéndose como un sistema de legitimación y potenciando un proceso de retroalimentación[41].

COBO BEDÍA identifica la religión, la filosofía, la política y la historia como sistemas de legitimación encargados de impedir que las estructuras de dominación y de subordinación se desactiven[42]. Con una capacidad performativa equiparable, podría ser considerado el Derecho como régimen capaz de "dotar a algunas realidades de un estatus ontológico"[43] que refuerza una doble inmutabilidad: el orden natural instaurado por el heteropatriarcado se reivindica como inmutable y el Derecho asume como inmutables ciertos caracteres para su pervivencia inalterable[44].

En el mismo sentido, se pronuncia RUIZ cuando expresa que "[e]l discurso jurídico encubre, desplaza y distorsiona el lugar del conflicto

---

que normalmente no son las mujeres, escriben constituciones, que se convierten en el patrón más elevado de la ley. Quienes detentan el poder en unos sistemas políticos que no diseñaron las mujeres y de los que se ha excluido a las mujeres escriben la legislación, que establece los valores dominantes" MACKINNON, Catharine, *Hacia una teoría feminista del Estado, op. cit.* p. 429.

40 Sobre la falsa objetividad de la ciencia, se recomienda la lectura del capítulo de HARAWAY Donna, "Conocimientos situados: la cuestión científica en el feminismo y el privilegio de la perspectiva parcial" en: HARAWAY Donna, *Ciencia, cyborgs y mujeres. La reinvención de la naturaleza,* Valencia, Ediciones Cátedra, 1995, pp. 313-346.

41 PITCH, Tamar, "Sexo y género de y en el derecho: el feminismo jurídico", *Anales de la Cátedra Francisco Suárez,* núm. 44, 2010, p. 440.

42 COBO BEDÍA, Rosa, "El género en las Ciencias Sociales", *op. cit.*, p. 54; CAMPOS RUBIO, Arantza, "Aportaciones iusfeministas a la revisión crítica del Derecho y a la experiencia jurídica", *op. cit.*, p. 168 y COLLADO MATEO, Concepción, "Mujeres, poder y derecho", *op. cit.*, p. 20.

43 COBO BEDÍA, Rosa, "El género en las Ciencias Sociales", *op. cit.*, p. 54.

44 "Permite pensar en el derecho como una *tecnología del género*. El derecho puede ser visto como una estrategia que produce *género*". CAMPOS RUBIO, Arantza, "Aportaciones iusfeministas a la revisión crítica del Derecho y a la experiencia jurídica", *op. cit.*, p. 203.

social, se instala como legitimador del poder, al que disfraza y torna neutral"[45]. Según COLLADO MATEO, "incluso cuando el derecho protege a los intereses y necesidades de las mujeres e introduce su punto de vista, en su aplicación por instituciones e individuos, moldeados por la ideología patriarcal, ha desfavorecido a las mujeres"[46].

Esta tipología de derechos podría conceptualizarse como "contraderechos", esto es, derechos que subordinan en lugar de generar espacios de posibilidad. Los cambios normativos demandados por las mujeres se convierten "en unos procedimientos que acaban por traicionarlas o en cualquier caso desatenderlas"[47]. La forma en la que un "contraderecho" ahonda en la situación de subordinación de las mujeres está relacionada con la promulgación masculinizada de las normas. CAMPOS RUBIO señala dos motivos: "1) porque parten de las necesidades y experiencias del sexo masculino, regulando aquello que les afecta a los varones básicamente; 2) porque promulgan normas "protectoras" para la Mujer, que responden a las necesidades que tienen los hombres de que ésta se mantenga en la posición social que ellos consideran la adecuada"[48].

---

45 RUIZ, Alicia, "Cuestiones acerca de mujeres y derecho" en: ÁVILA SANTAMARÍA, Ramiro, SALGADO, Judith y VALLADARES, Lola (Coords.), *El género en el derecho. Ensayos críticos*, Quito, Ministerio de Justicia y Derechos Humanos, 2009, p. 159. Sin embargo, de inmediato surge el siguiente interrogante: ¿se debe aspirar a calificar al Derecho como neutral? Si el Derecho representa y acoge realidades múltiples deja de ser neutral o aséptico. En lugar de ser un Derecho neutro, desde una perspectiva feminista podría esbozarse su adjetivación como Derecho equidistante, es decir, en el que el sujeto hombre y el sujeto mujer equidistan de la argumentación jurídica basada en el principio de igualdad, están a la misma distancia de ese ideal igualitario. Una reflexión en este sentido se encuentra en el texto de BERRÈRE UNZUETA cuando afirma que "Criticar al Derecho —por ejemplo— por su falta de neutralidad no tiene mayor sentido cuando el Derecho se concibe irremediablemente unido a valores (como es el caso de la Feminist jurisprudence)". BARRÈRE UNZUETA, Mª Ángeles, "Feminismo y garantismo: ¿Una teoría del derecho feminista?", *Anuario de Filosofía del Derecho*, núm. 9, 1992, p. 87.

46 COLLADO MATEO, Concepción, "Mujeres, poder y derecho", *op. cit.*, p. 20.

47 PITCH, Tamar, "Sexo y género de y en el derecho: el feminismo jurídico", *op. cit.* p. 437.

48 CAMPOS RUBIO, Arantza, "Aportaciones iusfeministas a la revisión crítica del Derecho y a la experiencia jurídica", *op. cit.*, p. 196. A modo de ejemplo pueden enunciarse los derechos de conciliación de la vida familiar, laboral y personal. Tras la expectativa de liberar a la mujer de la dedicación exclusiva a los cui-

La Asamblea General de Naciones Unidas (en adelante, AGNU) ya previó esta perversión en la Resolución 52/86 relativa a "Medidas de prevención del delito y de justicia penal para la eliminación de la violencia contra la mujer". No considera su conceptualización, pero sí comparte el núcleo del contenido cuando "[i]nsta a los Estados Miembros a que examinen o evalúen su legislación y sus principios, procedimientos, políticas y prácticas legales vigentes en materia penal, en forma consonante con su propio ordenamiento jurídico, a fin de determinar si tienen un efecto negativo en la mujer y, de ser así, los modifiquen para que la mujer reciba un trato imparcial en el sistema de justicia penal"[49]. En el Anexo, en materia de Derecho Penal, exhorta a los Estados Miembros en el numeral 6 a que "[r]evi sen, evalúen y enmienden periódicamente sus leyes, códigos y procedimientos, especialmente su legislación penal, para cerciorarse de su utilidad y eficacia en lo que respecta a la eliminación de la violencia contra la mujer y supriman toda disposición que permita o condone la violencia contra la mujer"[50].

---

dados, la perpetúan en su función asistencial, ya que son las mujeres quienes mayoritariamente solicitan los permisos y las excedencias. El reconocimiento de derechos a las mujeres, si se procura desde una visión paternalista, les niega la autonomía individual y la capacidad decisoria. Por último, en el terrero de la sexualidad, el Derecho ha incidido en la delimitación de aquello que se considera socialmente aceptable. El proteccionismo patriarcal ha vinculado la sexualidad de las mujeres a la reproducción, el matrimonio, la familia y el amor romántico, penalizando como conductas desviadas el resto de prácticas.

49 Naciones Unidas. Asamblea General. Resolución sobre *Medidas de prevención del delito y de justicia penal para la eliminación de la violencia contra la mujer*, A/RES/52/86, (2 de febrero de 1998), p. 2. Disponible en: https://undocs.org/pdf?symbol=es/A/RES/52/86

50 Ibídem, p. 5. Por su parte, el Convenio del Consejo de Europa sobre prevención y lucha contra la violencia contra la mujer y la violencia doméstica ratificado por España en 2014 se aleja de la revisión *ad intra* propuesta por NNUU y mantiene una formulación en positivo y a futuro, previendo la adopción de medidas pertinentes para prevenir todas las formas de violencia contra las mujeres (art. 7.1 y 12-2) y para garantizar una investigación y procedimiento efectivos (art. 49.2). Consejo de Europa. *Convenio del Consejo de Europa sobre prevención y lucha contra la violencia contra la mujer*. Estambul, 2011. Disponible en: https://rm.coe.int/1680462543

Frente al sexismo en la construcción del Derecho[51] cabe articular contrapropuestas feministas que impliquen su democratización[52]. Este proceso conllevaría el replanteamiento del modelo de Justicia[53]. Cuanto más inclusivo sea el discurso jurídico, mayor poder de representatividad social tendrá, mayor será su capacidad para detectar y, en su caso, desafiar las jerarquías, estereotipos o creencias existentes. Para ello, se debe falsear la neutralidad y objetividad dadas y definir una universalidad compartida.

II. DE LA PRETENDIDA INMUTABILIDAD DEL DERECHO

El Derecho nace con vocación de regular las relaciones sociales desde el permiso y la prohibición. Por ello, son constantes los intentos por alterar su naturaleza material y/o procedimental. Sin embargo, o quizá justamente por el evidente poder corrector que entraña el Derecho, las resistencias se tornan más presenten cuando la modificación se pretende desde la teoría feminista[54].

Se propugna un nuevo marco interpretativo tendente a la introducción de nuevos razonamientos y metodologías para una justicia igualitaria porque "lo que distingue al feminismo es su vocación in-

---

51 Advierte FACIO MONTEJO sobre que "no hay que olvidar que el sexismo es constitutivo del Derecho y no una aberración, por lo que pequeñas críticas que tienden a reformas parciales podrían no tener ningún efecto, o podrían hasta reforzar las estructuras patriarcales de género. Recordemos que muchas leyes que se han promulgado para el supuesto mejoramiento de la condición jurídica de las mujeres, con el tiempo han producido otras discriminaciones hacia algunas o muchas de nosotras. Esto es así porque las leyes son más reflexivas que constitutivas de realidades sociales y generalmente siguen la huella de los lineamientos existentes del poder". FACIO MONTEJO, Alda, "Hacia otra teoría crítica del Derecho" en: HERRERA, Gioconda (Coord.), *Las fisuras del patriarcado, Reflexiones sobre Feminismo y Derecho*, Quito, FLACSO-CONAMU, 2000, p. 17.

52 BERGER, Linda, CRAWFORD, Bridget, and STANCHI, Kathryn, "Using Feminist Theory to Advance Equal Justice Under Law", *Nevada Law Journal*, Vol. 17, 2017, p. 542.

53 BODELÓN GONZÁLEZ, Encarna, "Feminismo y Derecho: mujeres que van más allá de lo jurídico", *op. cit.*, p. 114.

54 FACIO MONTEJO, Alda, "Hacia otra teoría crítica del Derecho", op. cit., pp. 35-36 y SCALES, Ann C., "The Emergence of Feminist Jurisprudence: An Essay", *op. cit.*, p. 1399.

terdisciplinar, o sea, la vocación de forzar los paradigmas disciplinares tradicionales, de no dejarse contener en ellos y de volverlos confusos e inciertos"[55]. El Derecho no puede ser ajeno a las necesidades de un sujeto que ha sido históricamente excluido, estereotipado y limitado, tanto en su diversidad como en su actuar[56].

La base enunciativa que fundamenta dicha crítica viene conformada por dos elementos. La rigidez positivista del Derecho —que se pretende cuestionar— y la invisibilidad del género —al que se pretende integrar— [57]. Su detección y verificación es posible a través del empleo de la "Feminist Jurisprudence" y el "Gender Mainstreaming" como herramientas de análisis y reinterpretación del derecho material y procesal[58].

---

55 PITCH, Tamar, "Sexo y género de y en el derecho: el feminismo jurídico", *op. cit.* p. 438 y DRAKOPOULOU, Maria, "Revisiting Feminist Jurisprudence: A Rehabilitation", *feminists@law*, Vol. 3, núm. 2, 2013, p. 8. Para SCALES, el feminismo no pretende ser objetivo ni abstracto, porque la objetividad es la base de la desigualdad y la abstracción, cuando se institucionaliza, protege al *statu quo* de la crítica. De modo que el feminismo está orientado a los resultados. SCALES, Ann C., "The Emergence of Feminist Jurisprudence: An Essay", *op. cit.*, p. 1385.

56 Siguiendo las palabras de BARRÈRE UNZUETA, "al cambiar los derechos fundamentales objeto de tutela cambian también las técnicas normativas que les han de servir de garantías". Así, al incorporar a las mujeres como sujetos de derechos, la configuración de los mismos se ve alterada (al menos en cuanto al ámbito subjetivo) y guarda coherencia la exigencia de considerar al género como una categoría de análisis. BARRÈRE UNZUETA, Mª Ángeles, "Feminismo y garantismo: ¿Una teoría del derecho feminista?", *op. cit.* p. 79.

57 POYATOS I MATAS, Glória, "Juzgar con perspectiva de género: una metodología vinculante de justicia equitativa", *iQUAL. Revista de Género e Igualdad*, núm. 2, 2019, p. 14 y NICOLÁS LAZO, Gemma, "Debates en epistemología feminista: del empiricismo y el *standpoint* a las críticas postmodernas sobre el sujeto y el punto de vista", en: BERGALLI, Roberto y RIVERA BEIRAS, Iñaki (Coords.), *Género y dominación. Críticas feministas del derecho y el poder*, Barcelona, Anthropos Editorial, 2009, pp. 27-28.

58 El reto al que se enfrentan es que el género, "cuando mejor funciona, como todas las instituciones sociales, es invisible" y, en consecuencia, en el horizonte analítico de la perspectiva de género "no hay normas escritas que sean abiertamente discriminatorias [...] [hay] discriminaciones veladas tras normas abiertamente neutras o abiertamente escritas para beneficiar a grupos discriminados". PITCH, Tamar, "Sexo y género de y en el derecho: el feminismo jurídico", *op. cit.* p. 437 y CÉSPEDES, Lina, "Género y Derecho" en: BERNAL ACEVEDO, Gloria Lucía (Comp.), *Visibilizar la violencia de género. Sistematización de la experien-*

1. *La reescritura del Derecho desde el no-lugar*

Desde finales de la década de 1970 y los primeros años de la siguiente se establecen las bases teórico-prácticas para la promulgación institucionalizada del pensamiento jurídico feminista. Desde el ámbito universitario estadounidense se cataloga como nuevo espacio de producción académica bajo el nombre de "feminist jurisprudence". Combina una vertiente práctica al articular estrategias de litigación y pronunciamientos judiciales que provocan transformaciones a favor de los derechos de las mujeres[59]. El razonamiento práctico toma en consideración la experiencia de las mujeres ante el fenómeno jurídico en y desde la norma: en la promulgación y en la posterior aplicación e interpretación.

Para MACKINNON, "[e]l marxismo y el feminismo ofrecen explicaciones de cómo las disposiciones sociales de disparidad pautada y acumulativa pueden ser internamente racionales y sistemáticas, pero injustas. Ambos son teorías del poder, de sus consecuencias sociales y de su injusta distribución. Ambos son teorías de la desigualdad social"[60].

El capitalismo y el patriarcado son considerados macroestructuras interdependientes, dúctiles ante el cambio de circunstancias y con capacidad de condicionar y determinar las decisiones individuales[61].

---

cia en género, Bogotá, Deutsche Gesellschaft Für Internationale Zusammenarbeit (GIZ), 2011, p. 21.

59 Esta doble enfoque es relevante porque, tal y como indica RÉAUME, "After all, courts are usually pretty good at assembling their facts and arguments to make them look like they arrive at the only sensible conclusion". RÉAUME, Denise, "Turning Feminist Judgments into Jurisprudence: The Women's Court of Canada on Substantive Equality", *Oñati Socio-legal Series*, núm. 9, 2018, p. 1313.

60 MACKINNON, Catharine, *Hacia una teoría feminista del Estado, op. cit.* p. 24. Esta idea se apoya en un segundo texto en el que la autora efectúa un análisis marxista de la situación de opresión de las mujeres a partir de la equiparación de los términos sexualidad y trabajo como elementos que dotan de valor a los sujetos y, por tanto, susceptibles de expropiación capitalista y patriarcal, respectivamente. MACKINNON, Catharine, "Feminism, Marxism, Method, and the State: An Agenda for Theory", *Signs: Journal of Women in Culture and Society*, Vol. 7, núm. 3, 1982, pp. 515-516.

61 Cuando HARAWAY se refiere a la capacidad del patriarcado capitalista blanco en convertir todo elemento en recurso susceptible de ser apropiado anuncia

Mientras no se cuestiona al capitalismo neoliberal como sistema vigente, se discute la existencia del patriarcado. Esta objeción de reconocimiento —o su simple ignorancia— dificulta la apreciación del sistema judicial como espacio generador de desigualdad y discriminación. El proceso de codificación legislativa y los procedimientos aparentemente neutrales para impartir justicia tendrían un efecto discriminador para las mujeres similar[62] al originado por los sistemas políticos, económicos y sociales[63].

Puede convenirse que la dogmática jurídica es complementaria y compatible con la sociología jurídica[64]. La confluencia de ambas disciplinas evidencia la prevalencia tradicional de los estudios basados en abstracciones que minusvaloran el contexto –patriarcal– para estimar la experiencia de las mujeres y comprender el significado de la igualdad sustantiva[65].

Una formulación emancipadora del Derecho adoptaría como estrategia metodológica elemental el concepto de "conocimiento situado" propuesto por HARAWAY. Para esta autora "[l]a única manera de encontrar una visión más amplia es estar en algún sitio en particu-

---

como inevitable la lógica produccionista en las tradiciones binarias occidentales. HARAWAY Donna, *Ciencia, cyborgs y mujeres. La reinvención de la naturaleza, op. cit.*, pp. 340-341.

62 COSTA, Malena, "El pensamiento jurídico feminista en los confines del Siglo XX", *Asparkía*, núm. 26, 2015, pp. 36-37.

63 SCOTT, Joan W., "El género: una categoría útil para el análisis histórico", en: LAMAS, Marta (Comp.), *El género. La construcción cultural de la diferencia sexual*, México D.F., M.A. Porrúa, 4ª ed., 2013, pp. 290-291.

64 NICOLÁS LAZO, Gemma, "Algunas reflexiones sobre la investigación jurídica desde los feminismos. ¿Existen valores epistemológicos feministas?", en: HEIM, Daniela y BODELÓN GONZÁLEZ, Encarna (Coords.), *Derecho, Género e Igualdad. Cambios en las estructuras jurídicas androcéntricas*, Barcelona, Universitat Autònoma de Barcelona, Grupo Antígona, Vol. II, 2010, pp. 80-81.

65 BERGER, CRAWFORD y STANCHI, apuntan que uno de los objetivos de la reescritura de resoluciones judiciales desde una perspectiva feminista es demostrar que los jueces pueden aplicar la teoría feminista y utilizar métodos feministas para promover los objetivos de la justicia equitativa, sin dejar de decidir los asuntos de manera coherente con sus funciones judiciales, así como manifestar los estereotipos arraigados en el momento de juzgar. BERGER, Linda, CRAWFORD, Bridget, and STANCHI, Kathryn, "Methods, Impact, and Reach of the Global Feminist Judgments Projects", *Oñati Socio-legal Series*, núm. 9, 2018, p. 1219.

lar. La cuestión de la ciencia en el feminismo trata de la objetividad como racionalidad posicionada. Sus imágenes no son el producto de la huida y de la trascendencia de los límites de la visión desde arriba, sino la conjunción de visiones parciales y voces titubeantes en una posición de sujeto colectivo que prometa una visión de las maneras de lograr una continua encarnación finita, de vivir dentro de límites y contradicciones, de visiones desde algún lugar"[66].

La problematización de HARAWAY se traduce en un firme rechazo a la objetividad científica surgida del no-lugar[67]. Su universalización queda cuestionada cuando se formulan los interrogantes relativos a quién habla y desde dónde en los procesos de producción de conocimiento[68]. En los sistemas de conocimiento hegemónicos occidentales se evidencian testimonios colectivos desde la otredad que han sido desplazados[69].

En el caso de la ciencia jurídica, se manifiesta en el reconocimiento de las mujeres desde una subjetividad subalterna. A través de la consideración de las mujeres como objetos de estudio y como sujetos cognoscentes[70] se alcanza un conocimiento racional. Lejos de restar validez, el conocimiento situado permite "avanzar hacia un trabajo

---

66 HARAWAY Donna, *Ciencia, cyborgs y mujeres. La reinvención de la naturaleza, op. cit.*, p. 339.

67 PIAZZINI SUÁREZ, Carlo Emilio, "Conocimientos situados y pensamientos fronterizos", *Geopolítica(s)*, Vol. 5, núm. 1, 2014, pp. 12-13. Comparte esta idea del anonimato SCALES cuando argumenta que "con la imagen supuestamente anónima de la humanidad que refleja una representación que los hombres han pintado de sí mismos, las mujeres no son más que la subjetividad masculina glorificada, objetivada, elevada al estatus de realidad". Traducción no oficial de la autora. Texto original disponible en: SCALES, Ann C., "The Emergence of Feminist Jurisprudence: An Essay", *op. cit.*, p. 1378.

68 DRAKOPOULOU, Maria, "Revisiting Feminist Jurisprudence: A Rehabilitation", *op. cit.*, p. 9. Puntualiza en este punto HARDING sobre la ausencia de autoreflexión en los estratos de poder privilegiado. HARDING, Sandra, "Rethinking Standpoint Epistemology: What is «Strong Objectivity»?", en: ALCOFF, Linda and POTTER, Elizabeth (Eds.), *Feminist Epistemologies.* New York, Routledge, 1993, p. 54.

69 SCALES, Ann C., "The Emergence of Feminist Jurisprudence: An Essay", *op. cit.*, p. 1382 y BARONA VILAR, Silvia, "Retrato de la justicia desde el pensamiento dialógico feminista ¿por una ruptura del petrificado discurso androcéntrico?", en: BARONA VILAR, Silvia (Ed.), *Claves de la justicia penal. Feminización, Inteligencia Artificial, Supranacionalidad, Seguridad*, Valencia, Tirant lo Blanch, 2019, p. 55.

70 Se consigue a través de una estrategia de procesamiento de información *bottom-up* y desde una sinergia relacional.

crítico y reflexivo informado por una lectura de las coordenadas políticas, sociales, culturales y geohistóricas que definen su lugar [el de las mujeres] en redes de poder"[71].

Siguiendo esta línea de desarrollo teórico se pronuncia HARDING al señalar que la marginalidad de los discursos disidentes pone en cuestión la neutralidad y objetividad de las metodologías y sistemas de saber convencionales. En oposición a las disciplinas que entendieron como fórmula de valor añadido la abstracción de los proyectos históricos particulares, presenta "la posición social de las mujeres o de otros grupos oprimidos, que podría ser la fuente de reivindicaciones de conocimiento esclarecedoras no sólo sobre ellas mismas, sino también sobre el resto de la naturaleza y las relaciones sociales"[72]. Esta concepción creativa del conocimiento jurídico que se autodefine contextual y asume la realidad concreta de los sujetos oprimidos tiene su traslación práctica con la implementación del "gender mainstreaming" o transversalización de género.

2. *"Gender mainstreaming" o la ocupación de espacios negados*

La consolidación del concepto "gender mainstreaming" tuvo lugar con la aprobación de la Declaración y Plataforma de Acción de Beijing con motivo de la celebración de la IV Conferencia Mundial sobre la Mujer en 1995[73]. Los Estados participantes asumieron el compromiso de "garantizar que todas nuestras políticas y programas reflejen una perspectiva de género"[74]. En la Plataforma la perspec-

---

71 HARAWAY Donna, *Ciencia, cyborgs y mujeres. La reinvención de la naturaleza, op. cit.*, p. 26.

72 Traducción no oficial de la autora. Texto original disponible en: HARDING, Sandra, "Introduction: Standpoint Theory as a Site of Political, Philosophic, and Scientific Debate", en: HARDING, Sandra (Ed.), *The Feminist Standpoint Theory Reader. Intellectual and Political Controversies*, New York, Routledge, 2004, p. 4.

73 SEVILLA MERINO, Julia, "Transversalidad (mainstreaming)", en: FREIXES SANJUÁN, Teresa y SEVILLA MERINO, Julia (Coords.), *Género, constitución y estatutos de autonomía*, Madrid, Instituto Nacional de Administración Pública, 2005, p. 502.

74 ONU Mujeres. *Declaración de Beijing aprobada en la Cuarta Conferencia Mundial sobre la Mujer de 1995*, 2014, párr. 38. Disponible en: https://www.acnur.org/fileadmin/Documentos/Publicaciones/2015/9853.pdf

tiva de género se define como corriente principal y transversal "en las legislaciones, políticas, programas y proyectos estatales" y "en las reformas jurídicas de las políticas y los programas"[75]. En el octavo objetivo estratégico se introduce la perspectiva de género como un "mecanismo institucional para el adelanto de la mujer"[76] dado que, con carácter previo a la adopción de cualquier decisión vinculante, se deberá analizar su impacto en las mujeres y los hombres, respectivamente.

Naciones Unidas ya se ha pronunciado a este respecto en la esfera concreta de la violencia contra la mujer. Tanto el Informe del Secretario General "Estudio a fondo sobre todas las formas de violencia contra la mujer"[77] presentado a la AGNU el 6 de julio de 2006 como el "Manual de legislación sobre la violencia contra la mujer"[78] publicado seis años después, recogen la importancia de legislar en esta materia incluyendo un enfoque de género.

En el ámbito de la Unión Europea, el Tratado de Ámsterdam modifica el Tratado constitutivo de la Comunidad Europea al añadir

---

75 ONU Mujeres. *Plataforma de Acción aprobada en la Cuarta Conferencia Mundial sobre la Mujer de 1995*, 2014, párr. 205, c). Disponible en: https://www.acnur.org/fileadmin/Documentos/Publicaciones/2015/9853.pdf

76 Ibídem, objetivo H2.

77 "La legislación que tiene en cuenta cuestiones de género reconoce las desigualdades entre la mujer y el hombre, así como las necesidades específicas de la mujer y el hombre. Un enfoque de la legislación en materia de violencia contra la mujer que tenga en cuenta cuestiones de género reconoce que las experiencias que las mujeres y los hombres tienen de la violencia son distintas y que la violencia contra la mujer es una manifestación de la desigualdad histórica de las relaciones de poder entre el hombre y la mujer y de la discriminación contra la mujer". Naciones Unidas. Asamblea General. *Informe del Secretario General: Estudio a fondo sobre todas las formas de violencia contra la mujer*, A/61/122/Add.1 (6 de julio de 2006), p. 13. Disponible en: https://www.acnur.org/fileadmin/Documentos/BDL/2016/10742.pdf

78 "El Estado desempeña un papel fundamental en la construcción y el mantenimiento de los roles de género y las relaciones de poder. La inacción del Estado permite que subsistan leyes y políticas discriminatorias en contra de las mujeres, que debilitan sus derechos humanos y las desempoderan". ONU Mujeres. *Manual de legislación sobre la violencia contra la mujer*, Nueva York, Entidad de las Naciones Unidas para la Igualdad de Género y el Empoderamiento de las Mujeres, 2012, p. 39. Disponible en: ttps://www.unwomen.org/sites/default/files/Headquarters/Attachments/Sections/Library/Publications/2012/12/UNW_Legislation-Handbook_SP1%20pdf.pdf

un segundo párrafo en el artículo 3. Se establece que "[e]n todas las actividades contempladas en el presente artículo, la Comunidad se fijará el objetivo de eliminar las desigualdades entre el hombre y la mujer y promover su igualdad"[79], por lo que estos ámbitos de actuación[80] serán diseñados, sus acciones serán aplicadas y sus resultados evaluados desde un enfoque garantista y potenciador de la igualdad entre mujeres y hombres.

De forma equivalente, el Tratado de Lisboa[81] modifica el Tratado constitutivo de la Comunidad Europea y pasa a denominarse Tratado de Funcionamiento de la Unión Europea. Se dispone en el artículo 8 que "En todas sus acciones, la Unión se fijará el objetivo de eliminar las desigualdades entre el hombre y la mujer y promover su igualdad". Además, la Carta de los Derechos Fundamentales de la Unión Europea[82] proclama como valor fundacional la igualdad (Título III)

---

79 Parlamento Europeo. *Tratado de Ámsterdam por el que se modifican el Tratado de la Unión Europea, los Tratados constitutivos de las Comunidades Europeas y determinados actos conexos,* Diario Oficial núm. C 340 (10 de noviembre de 1997). Disponible en: https://eur-lex.europa.eu/legal-content/ES/TXT/?uri=CELEX:11997D/TXT

80 Tales como el comercio común, la libre circulación de mercancías, personas, servicios y capitales, la agricultura y la pesca, los transportes, el empleo, la cohesión económica y social, el medio ambiente, la industria, la investigación y el desarrollo tecnológico, la salud, la enseñanza, la protección de personas consumidoras, la energía o el turismo.

81 Tras el fracaso por crear una Constitución Europea, el 13 de diciembre de 2007 se adoptó el Tratado de Lisboa que modifica el Tratado de la Unión Europea y el de la Comunidad Europea el cual es rebautizado como Tratado de Funcionamiento de la Unión Europa. El Tratado de Lisboa entró en vigor el 1 de diciembre de 2009. *Tratado de Lisboa por el que se modifican el Tratado de la Unión Europea y el Tratado constitutivo de la Comunidad Europea,* Diario Oficial de la Unión Europea, C 306, (17 de diciembre de 2007). Disponible en: https://eur-lex.europa.eu/legal-content/ES/ALL/?uri=OJ%3AC%3A2007%3A306%3ATOC

82 En el año 2000 el Parlamento, el Consejo y la Comisión proclamaron solemnemente la Carta en Niza. Tras ser revisada, fue anunciada de nuevo en 2007. Sin embargo, la Carta solo tuvo efecto directo tras la adopción del Tratado de Lisboa el 1 de diciembre de 2009, como establece el artículo 6, apartado 1, del TUE, convirtiéndose así en una fuente vinculante de Derecho primario. *Tratado de Niza por el que se modifican el Tratado de la Unión Europea, los Tratados Constitutivos de las Comunidades Europeas y determinados actos conexos,* Diario Oficial núm. C 080 (de 10 de marzo de 2001). Disponible en: https://eur-lex.europa.eu/legal-content/ES/TXT/?uri=CELEX:12001C/TXT

y reconoce la no discriminación por razón de sexo (artículo 21) y la igualdad entre mujeres y hombres (artículo 23).

De la actividad reciente del Consejo de Europa[83], de la Comisión Europea[84] y del Parlamento Europeo[85] se puede presumir que la integración de la perspectiva de género se va a instaurar como una estrategia nuclear multinivel. De acuerdo con el "Informe sobre la integración de la perspectiva de género en el Parlamento Europeo" de 2018, este enfoque "proporciona herramientas clave para la consideración sistemática de las diferencias entre las condiciones, las situaciones y las necesidades de todas las políticas y acciones, así como el avance de la igualdad de género y la promoción de la igualdad de derechos y una representación equilibrada desde el punto de vista del género en los diferentes niveles administrativos, políticos, sociales y económicos y en la toma de decisiones"[86].

En cuanto a la legislación nacional, siguiendo las directrices supranacionales, la Ley Orgánica 3/2007, de 22 de marzo, para la igualdad efectiva de mujeres y hombres (en adelante, LOIEMH) acoge de forma explícita la aplicación transversal del principio de igualdad de trato entre mujeres y hombres (artículo 15). Informará la actuación de todos los Poderes Públicos —incluido el Judicial— así como la adopción y ejecución de las disposiciones normativas, la definición y presupuestación de políticas públicas y el desarrollo del conjunto de todas las actividades. En concreto, el artículo 4 confiere a la perspectiva de género la naturaleza de principio informador del ordenamiento jurídico (OJ) al establecer que "la igualdad de trato y de oportunidades entre mujeres y hombres es un principio informador

---

83 Consejo de Europa. *Estrategia de Igualdad de Género 2018-2023*. Disponible en: https://rm.coe.int/estrategia-de-igualdad-de-genero-del-coe-es-msg/16808ac960Una

84 European Commission. *Strategic Engagement for Gender Equality 2016-2019*. Disponible en: https://ec.europa.eu/anti-trafficking/strategic-engagement-gender-equality-2016-2019_en

85 Parlamento Europeo. Comisión de Derechos de la Mujer e Igualdad de Género. *Informe sobre la integración de la perspectiva de género en el Parlamento Europeo* (2018/2162(INI)). Disponible en: https://www.europarl.europa.eu/doceo/document/A-8-2018-0429_ES.pdf

86 Ibídem, considerando K.

del ordenamiento jurídico y, como tal, se integrará y observará en la interpretación y aplicación de las normas jurídicas".

Sentada la base normativa que permite la inclusión y el desarrollo de la perspectiva de género en el Derecho, se asevera que interpretar y aplicar las leyes utilizando el género como categoría de análisis no es una cuestión caprichosa. Constituye la materialización de un mandato legal y la traducción práctica de los postulados del conocimiento situado feminista. Postula AVILÉS PALACIOS que el Estado "tiene la obligación de hacer leyes —normas jurídicas— que garanticen la igualdad. Y las leyes deben aplicarse también con una perspectiva igualitaria. Las leyes son el paradigma del estado de Derecho y de la democracia"[87].

GIL RUIZ advierte que "a partir de ahora el derecho no se sustentará en una razón universal (neutras respecto al sexo-género), sino que responde a una manifestación de poder (patriarcal, según la lógica de la teoría crítica feminista del derecho). De este modo, no bastará con equiparar los derechos de mujeres y hombres, ni la solución a tanta desigualdad descansa en leyes de igualdad sectoriales, incapaces de desactivar el componente masculino del derecho"[88].

Frente a esta visión optimista, BARRÈRE UNZUETA contraargumenta y relativiza su funcionalidad. Apunta que "la amplia difusión del mainstreaming de género no conlleva uniformidad en el contenido de las políticas (es decir, en lo que se incorpora, integra o incluye en todas las esferas político-normativas). Dicho de otro modo, el concepto de mainstreaming resulta un concepto puramente instrumental que carece de alcance significativo mientras no se determine qué igualdad de género se ha de incorporar transversalmente a las políticas públicas"[89].

Adoptando una postura ecléctica ambos planteamientos pueden converger. Si bien es cierto que no se pueden descuidar los progra-

---

87 AVILÉS PALACIOS, Lucía, "La perspectiva de género como técnica jurídica e instrumento necesario para una justicia igualitaria", en: VV.AA., *Análisis de la justicia desde la perspectiva de género,* Valencia, Tirant lo Blanch, 2018, p. 291.

88 GIL RUIZ, Juana María, "El derecho internacional de los derechos humanos y su apertura al principio del Gender Mainstreaming: el caso español", *IUS: revista del Instituto de Ciencias Jurídicas de Puebla,* núm. 28, 2011, p. 245.

89 BARRÈRE UNZUETA, Mª Ángeles, "La interseccionalidad como desafío al *mainstreaming* de género en las políticas públicas", *op. cit.*, pp. 243-244.

mas, recursos y normas diseñados de manera específica para mujeres, si a la transversalidad se le dota de contenido como paradigma, estrategia y herramienta, tiene la capacidad de "modificar las relaciones de poder y la jerarquía sexual que ordenan la vida social"[90]. Además, favorece la actuación conjunta en disciplinas tradicionalmente estancas pero interconectadas. Lejos de la fragmentación y reparcelación de problemáticas, permite el diálogo y la puesta en común[91].

3. *Incorporando la perspectiva de género: reconsiderar no es desmantelar*

El carácter dialógico de la transversalización de género es fundamental en problemas multifactoriales como la violencia de género. Queda patente cuando la propia Ley Orgánica 1/2004, de 28 de diciembre, de Medidas de Protección Integral contra la Violencia de Género (en adelante, LOVG) en su artículo 2 letra k) apuesta por "[g]arantizar el principio de transversalidad de las medidas, de manera que en su aplicación se tengan en cuenta las necesidades y demandas específicas de todas las mujeres víctimas de violencia de género" como principio rector. La LOVG condena una violencia específica y es en sí misma una ejemplificación de la adopción del "gender mainstreaming" en la legislación nacional.

Se incorpora la perspectiva de género en la promulgación de leyes, en la jurisprudencia y en la propuesta de la modificación de la Ley de Enjuiciamiento Criminal (LECRIM). De acuerdo a las pautas de la "Guía práctica de la Ley Orgánica 1/2004, de 28 de diciembre, de Medidas de Protección Integral contra la Violencia de Género" elaborada por el Consejo General del Poder Judicial (en adelante, CGPJ), "la interpretación de la realidad y de las normas desde la perspectiva de género [...] exige al Poder Judicial razonar con una lógica

---

90 MESTRE I MESTRE, Ruth, "Mujeres, Derechos y Ciudadanías", *op. cit.*, pp. 26-28.

91 FLETCHER, Ruth, "Feminist Legal Theory", en: BANAKAR, Reza and TRAVERS, Max (Eds.), *An Introduction to Law and Social Theory*, Oxford, Hart, 2002, p. 138.

distinta de la de épocas pasadas y que resulte útil para remover los obstáculos que dificulten la igualdad efectiva"[92].

Son pioneras las sentencias en supuestos de violencia contra las mujeres dictadas por el magistrado ponente MAGRO SERVET. En ellas se explicita que el empleo de la perspectiva de género como pauta interpretativa "debe presidir estos casos que se diferencian claramente de otros actos de atentados contra la vida de las personas"[93]. Este criterio le permite ajustar el discurso jurídico a una realidad concreta (el presupuesto de hecho), de forma que la respuesta jurídico-penal queda sometida con rigor al principio de legalidad previsto en el artículo 106 de la Constitución Española[94].

En consecuencia, en materia de violencia ejercida contra las mujeres la perspectiva de género guía el quehacer judicial y "permite actuar de una manera global sobre el conflicto jurídico. Permite actuar sobre las personas, sobre los hechos y sobre la norma jurídica, aplicando una visión crítica de la realidad"[95]. Es posible apreciar la circunstancia agravante de alevosía[96], eliminar la existencia del débito conyugal[97], considerar a la víctima testigo cualificado[98], sistematizar los criterios para valorar la declaración de la víctima cuando es

---

92 Consejo General del Poder Judicial. Grupo de Expertos en Violencia Doméstica y de Género. *Guía práctica de la Ley Orgánica 1/2004, de 28 de diciembre, de Medidas de Protección Integral contra la Violencia de Género*, Madrid, 2016, pp. 286 y 288. Disponible en: https://www.poderjudicial.es/cgpj/es/Temas/Violencia-domestica-y-de-genero/Actividad-del-Observatorio/Guias-practicas/Guia-practica-de-la-Ley-Organica-1-2004--de-28-de-diciembre--de-Medidas-de-Proteccion-Integral-contra-la-Violencia-de-Genero--2016-

93 STS, Sala de lo Penal, Sección 1ª, núm. 282/2018, de 13 junio (Roj: 2182/2018).

94 Destacan la importancia de esta jurisprudencia autoras como SCALES, Ann C., "The Emergence of Feminist Jurisprudence: An Essay", *op. cit.*, p. 1382 y BARONA VILAR, Silvia, "La necesaria deconstrucción del modelo patriarcal de justicia", en: VV.AA., *Análisis de la justicia desde la perspectiva de género,* Valencia, Tirant lo Blanch, 2018, p. 65.

95 AVILÉS PALACIOS, Lucía, "La perspectiva de género como técnica jurídica e instrumento necesario para una justicia igualitaria", *op. cit.*, p. 307.

96 STS, Sala de lo Penal, Sección 1ª, núm. 247/2018, de 24 mayo (Roj: 2003/2018).

97 STS, Sala de lo Penal, Sección 1ª, núm. 254/2019, de 21 de mayo (Roj: 1516/2019).

98 STS, Sala de lo Penal, Sección 1ª, núm. 282/2018, de 13 junio (Roj: 2182/2018).

la única prueba de cargo y evitar su revictimización[99], no exigir el ánimo de dominación en la prueba a practicar[100], no cuestionar la credibilidad en retraso de la víctima en denunciar[101] o incorporar el concepto de resiliencia[102].

Por lo que respecta a la revisión de la Ley de Enjuiciamiento Criminal desde una perspectiva de género, por Acuerdo del Consejo de Ministros se creó en 2018 un Consejo Asesor con un perfil multidisciplinar. Su objetivo principal era el asesoramiento al Ministerio de Justicia y la proposición de reformas legales "a fin de que el texto normativo que se impulse tenga en cuenta la realidad social actual, y sea sensible y atienda adecuadamente a esta dimensión"[103].

Todo ello en virtud de la previsión de la igualdad entre mujeres y hombres como fuente del derecho y principio informador del ordenamiento jurídico (art. 1.4 del Código Civil y art. 4 de la LOIEMH) que repercute sobre los criterios de interpretación de las normas presentes en el artículo 3.1 del Código Civil. Las mismas deben interpretarse por los tribunales "según el sentido propio de sus palabras, en relación con el contexto, los antecedentes históricos y legislativos y la realidad social del tiempo en que han de ser aplicadas, atendiendo fundamentalmente al espíritu y finalidad de aquéllas". Asimismo, los artículos 14, 9.2 y 1 CE dan sentido fundamental a esta obligación.

Para MARTÍNEZ GARCÍA, la interpretación contextualizada del Derecho está intrínsecamente vinculada con el derecho de las mujeres a "una legislación (civil, penal, administrativa y laboral) específica

---

99 STS, Sala de lo Penal, Sección 1ª, núm. 779/2018, de 6 de marzo (Roj: 678/2019).

100 STS, Sala de lo Penal, Sección 1ª, núm. 677/2018, de 20 de diciembre (Roj: 4353/2018).

101 STS, Sala de lo Penal, Sección 1ª, núm. 184/2019, de 2 de abril (Roj: 7071/2019).

102 STS, Sala de lo Penal, Sección 1ª, núm. 658/2019, de 8 de enero de 2010 (Roj: 1/2020).

103 Ministerio de Justicia. *Orden JUS/902/2018, de 31 de agosto, por la que se publica el Acuerdo del Consejo de Ministros de 31 de agosto de 2018, por el que se crea un Consejo Asesor para la revisión de la Ley de Enjuiciamiento Criminal desde una perspectiva de género.* BOE núm. 212, de 1 de septiembre de 2018. Disponible en: https://www.boe.es/diario_boe/txt.php?id=BOE-A-2018-12014

y adecuada para transformar la sociedad y proteger a la mujer frente a la discriminación y la violencia"[104]. Marca un punto de inflexión para definir el derecho de las mujeres a vivir una vida a salvo de la violencia de género, tal y como reza el artículo 4 del Convenio del Consejo de Europa sobre prevención y lucha contra la violencia contra la mujer y la violencia doméstica ratificado en 2014 por España (en adelante, Convenio de Estambul)[105].

Por tanto, el propósito que acompaña a los textos internacionales y nacionales es claro: tender hacia una hermenéutica y una aplicación de los conceptos jurídicos "dinámica, concreta, relacional" sin ceder en favor de la subjetividad irracional[106].

Tanto FACIO MONTEJO como BARRÈRE UNZUETA coinciden en mantener vivos y sólidos valores jurídicos como la racionalidad o la objetividad. En palabras de esta última autora "«[r]econceptualizar el Derecho» no quiere decir, por tanto, suplir una serie de valores jurídicos (como la racionalidad, la imparcialidad, la consistencia, etc.) por otros, sino «deconstruir» críticamente una serie de conceptos jurídicos (sexistas) y «reconstruirlos» o, en ciertos casos, construir otros. La deconstrucción y reconstrucción conceptual es, por lo demás, un trabajo perfectamente encuadrable en esa actividad conocida como «dogmática jurídica» a la que, en este caso, quedaría

---

104 MARTÍNEZ GARCÍA, Elena, "Análisis de la Justicia *procesal* desde la perspectiva de género", en: VV.AA., *Análisis de la justicia desde la perspectiva de género,* Valencia, Tirant lo Blanch, 2018, p. 26.

105 MARTÍNEZ GARCÍA, Elena, "Los deberes del Estado en la protección de los derechos de las víctimas de violencia de género y la garantía de acceso a la justicia", *Teoría y derecho: revista de pensamiento jurídico,* núm. 22, 2017, p. 101. Consejo de Europa. *Convenio del Consejo de Europa sobre prevención y lucha contra la violencia contra la mujer.* Estambul, 2011. Disponible en: https://rm.coe.int/1680462543

106 FACIO MONTEJO, Alda, "Hacia otra teoría crítica del Derecho", *op. cit.,* pp. 20 y 36. Desde la epistemología localizada también se advierte de este riesgo, el de "romantizar y/o de apropiarse de la visión de los menos poderosos al mismo tiempo que se mira desde sus posiciones. [...]. Las posiciones de los subyugados no están exentas de re-examen crítico, de descodificación, de deconstrucción ni de interpretación, es decir, de los dos modos hermenéuticos y semiológicos de investigación crítica. Los puntos de vista de los subyugados no son posiciones «inocentes» [...] Debemos ser hostiles a los relativismos fáciles y a los holismos construidos a base de destacar y subsumir las partes". HARAWAY Donna, *Ciencia, cyborgs y mujeres. La reinvención de la naturaleza, op. cit.* pp. 328-329.

incorporada la perspectiva y sensibilidad crítica inherentes a la ideología feminista"[107].

Puntualiza BODELÓN GONZÁLEZ, que "[n]o se trata de legislar *para las mujeres*, sino de legislar para poner fin a los modelos que han excluido a las mujeres, de abrazar aquello que han pensado las diversas mujeres para poder vivir en un mundo mejor y más justo"[108].

Compartiendo la necesidad de revisar los textos y la práctica jurídica, resulta pertinente formular dos reservas. La primera, a modo de recordatorio, para matizar que la utilización del género como eje de teorización se realiza desde una óptica crítica y controvertida con el propio concepto, rechazando cualquier interpelación esencialista y apostando por la interseccionalidad en la interacción entre el Derecho y las mujeres[109]. El género deviene así una categoría explicativa, posibilista y politizadora[110] compatible con un entramado de ejes de subordiscriminación a través del cual leer los cuerpos y determinar su posición en la jerarquía social[111]. En segundo lugar,

---

107 BARRÈRE UNZUETA, Mª Ángeles, "Feminismo y garantismo: ¿Una teoría del derecho feminista?", *op. cit.* pp. 87-88.

108 BODELÓN GONZÁLEZ, Encarna, "Feminismo y Derecho: mujeres que van más allá de lo jurídico" *op. cit.*, p. 113. Continúa en la misma línea MACKINNON al problematizar que "[e]l feminismo reivindica la voz del silencio de las mujeres, la sexualidad de nuestra desexualización erotizada, la plenitud de la "falta", la centralidad de nuestra marginalidad y exclusión, el carácter público de la privacidad, la presencia de nuestra ausencia. Este enfoque es más complejo que la transgresión, más transformador que la transvaloración, más profundo que la resistencia reflejada en el espejo, más afirmativo que el rechazo de nuestra negación". MACKINNON, Catharine, "Feminism, Marxism, Method, and the State: Toward Feminist Jurisprudence", *Signs: Journal of Women in Culture and Society*, Vol. 8, núm. 4, 1983, p. 639.

109 MANTILLA FALCÓN, Julissa, "La importancia de la aplicación del enfoque de género al Derecho: asumiendo nuevos retos", *THEMIS: Revista de Derecho*, núm. 63, 2013, p. 134.

110 BARRÈRE UZUETA, María Ángeles, "Género, discriminación y violencia contra las mujeres", *op. cit.*, p. 45.

111 BARRÈRE UNZUETA, Mª Ángeles, "La interseccionalidad como desafío al mainstreaming de género en las políticas públicas", *op. cit.* p. 251 y NICOLÁS LAZO, Gemma, "Debates en epistemología feminista: del empiricismo y el *standpoint* a las críticas postmodernas sobre el sujeto y el punto de vista", *op. cit.*, pp. 37-39.

la contribución del feminismo como Teoría Crítica del Derecho[112] debe ser garantista y no favorecer postulados ultrapunitivistas[113]. Se comparte la capacidad transformadora de las leyes, pero a partir de un análisis que no sobrevalora su performatividad y proclama la condición de *ultima ratio* del Derecho Penal, propia de una forma de organización del gobierno democrática.

---

112 FACIO MONTEJO, Alda, "Hacia otra teoría crítica del Derecho", *op. cit.* pp. 16-17.

113 BARRÈRE UNZUETA, Mª Ángeles, "Feminismo y garantismo: ¿Una teoría del derecho feminista?", *op. cit.* p. 88. Una certera reflexión sobre este aspecto se encuentra en BARONA VILAR, Silvia, "La necesaria deconstrucción del modelo patriarcal de justicia", *op. cit.*, pp. 40-43.

Capítulo segundo

Estereotipos de género en la función jurisdiccional: aproximación a su conceptualización

La idealización de la mujer-víctima no es un fenómeno ajeno a la existencia de estereotipos de género en el Derecho. La modelización de una víctima de agresión sexual a partir de la creación de un arquetipo basado en lo que culturalmente se espera de una mujer que ha sufrido un ataque a su libertad sexual revela la siguiente paradoja. Se critica el reduccionismo que conlleva la traslación de la violencia contra las mujeres al ámbito penal al perder la dimensión de la opresión colectiva en favor de la responsabilidad individual[114], pero en cambio, la visión colectiva de las mujeres sí se introduce acríticamente con la utilización de los estereotipos de género para juzgar un caso concreto. Si se compara su posición con la del presunto agresor sexual, el mismo es reconocido en su singularidad para castigar un suceso, mientras que la mujer queda adscrita al grupo de víctimas de delitos sexuales y se le atribuye un rol que se pondrá a prueba en el proceso.

Este recurso del todo por la parte ya fue debatido en relación con el principio de culpabilidad y se zanjó con la férrea posición garantista basada en que "las penas han de ser determinadas en función de los hechos cometidos; la existencia de hechos realizados con anterioridad por el mismo sujeto no pueden servir para conformar el juicio de culpabilidad sobre un hecho posterior, menos aún si los hechos anteriores no han sido cometidos por el autor; y, en tercer lugar, la culpabilidad no puede venir dada pues necesariamente ha de ser entendida en un sentido dinámico, que se adapte a las característi-

---

114 LAURENZO COPELLO, Patricia, "¿Hacen falta figuras género específicas para proteger mejor a las mujeres?", *Estudios Penales y Criminológicos*, Vol. XXXV, 2015, p. 797.

cas del caso concreto"[115]. Se trata de eliminar cualquier presunción absoluta y de no anticipar comportamientos para juzgar cada caso en su individualidad. Una máxima que no siempre impera cuando intervienen mujeres víctimas de violencia.

El problema que conlleva la normalización del ideal de víctima es que se inserta en lo que se denomina "sentido común", reforzando la dicotomía que presenta un modo de actuar bueno, sensato, coherente frente a un comportamiento equivocado, imprudente y desmesurado. En consecuencia, si ese sentido común no está debidamente formado desde las pautas que propone la perspectiva de género, es posible que quede envuelto de una racionalidad patriarcal. Es entonces cuando surgen preguntas como por qué no acudió al hospital, por qué no llamó a la policía, por qué no se lo contó a alguien, por qué durmió con su pareja después de que la violara o por qué no cogió a sus criaturas y se fue a casa de su madre. La visión parcial de la violencia sexual convierte a las mujeres en sujetos susceptibles de descrédito al no comprender la irracionalidad de sus acciones[116].

La adopción de un enfoque antiestereotipación responde a una doble finalidad preventiva. Por un lado, se pretende evitar el uso de estereotipos que puedan suponer una vulneración de derechos, en especial, de aquellos vinculados al proceso, garantes de una tutela de los tribunales efectiva e imparcial. Por otro lado, se aspira a contribuir a un objetivo más amplio como es la erradicación de la violencia contra las mujeres. Alcanzar dicha meta requiere de una evaluación previa de los estereotipos de género. La violencia expresa y reproduce relaciones de género desiguales basadas en roles estereotipados[117] y, aunque necesite de acciones no jurídicas, también este espacio recobra relevancia.

---

115 ACALE SÁNCHEZ, María, "Análisis del Código penal en materia de violencia de género contra las mujeres desde una perspectiva transversal", *REDUR*, núm. 7, 2009, p. 70.

116 SMITH, Olivia and SKINNER, Tina, "Observing Court Responses to Victims of Rape and Sexual Assault", *Feminist Criminology*, núm. 7(4), 2012, p. 315.

117 PERONI, Lourdes and TIMMER, Alexandra, "Gender stereotyping in domestic violence cases. An Analysis of the European Court of Human Rights' Jurisprudence", in: BREMS, Eva and TIMMER, Alexandra, *Stereotypes and Human Rights Law*, Cambridge, Intersentia, 2016, p. 46.

De esta forma, se procura una conceptualización de los estereotipos, desde un marco teórico, normativo y jurisprudencial, proponiendo una tipología que se ajusta a la estereotipación de género y analizando el impacto que ocasiona en el ejercicio de la función jurisdiccional.

I. MARCO TEÓRICO: ¿QUÉ ES UN ESTEREOTIPO DE GÉNERO?

Los estereotipos funcionan como reductores cognitivos en el procesamiento de la información. Frente a un medio complejo, multivariable, que puede ser abordado desde distintos enfoques y con detalles que pueden marcar diferencias sustanciales, la tendencia del ser humano, por una cuestión de facilitación y agilización de la comprensión del mundo, es a categorizar y confiar en primeras intuiciones.

Junto a la elaboración de un concepto operativo se propone una tipología de estereotipos para su detección, también en sede judicial. De este modo se cumple con una finalidad pedagógica, puesto que su entendimiento permite su posterior cuestionamiento y, con ello, poder exponer cuáles son los fundamentos ideológicos y culturales que sostienen la estereotipación de género y cuál es su alcance[118].

1. La estereotipación como dispositivo de interacción social

El estereotipo es un facilitador para entender una realidad compleja. Ante el exceso de información y el acceso limitado a la misma, el estereotipo juega un papel adaptativo, simplificador y predictivo[119]. Instalado en una suerte de economía cognitiva sirve de puente para comprender el mundo que nos rodea. Tal y como advierte LIPPMANN, quizá la imagen que ofrecen del mundo es incompleta, pero

---

118 L'HEUREUX-DUBÉ, Claire, "Beyond the myths: Equality, impartiality, and justice", *Journal of Social Distress and the Homelessness*, Vol. 1, núm. 10, 2001, p. 91.

119 GONZÁLEZ GAVALDÓN, Blanca, "Los estereotipos como factor de socialización en el género", *Comunicar*, núm. 12, 1999, p. 81.

son la imagen de un mundo posible en el que cada persona, animal y objeto ocupa un lugar, permitiendo anticipar los comportamientos[120].

La estereotipación se compone de dos elementos: categorización y generalización. Recuperando la definición de COOK y CUSACK, "un estereotipo es una visión generalizada o una preconcepción sobre los atributos o características de los miembros de un grupo en particular o sobre los roles que tales miembros deben cumplir"[121]. Una vez que la persona es incluida en una categoría se produce una extrapolación de su contenido. El individuo queda investido de los caracteres del grupo sin necesidad de comprobar su correspondencia[122], generando una sensación ficticia de conocimiento sobre una persona. Como parte integrante de un grupo, se le aplica toda la información previa de la que se dispone sobre ese conjunto de personas[123]. En consecuencia, las circunstancias personales, las habilidades, los intereses, las apetencias o necesidades quedan desplazadas. El estereotipo desdibuja y resta importancia a la singularidad[124].

---

120 LIPPMANN, Walter, *La opinión pública*, Madrid, Cuadernos de Langre, 2003, pp. 102, 121 y 166. El simple detalle de la vestimenta convierte a una persona con rastas y piercings en una defensora de la ideología de izquierdas, mientras que una que viste polo y mocasines sostiene pensamientos de derechas. Llevar chándal y cadenas le hace ser una cani. Ser de etnia gitana presupone una actitud tramposa y opaca cuando se es asiática. Persiste la puntualidad alemana, el analfabetismo murciano y la delincuencia rumana. La profesión también conforma la identidad de modo que haber estudiado Medicina sitúa socialmente a una persona como aplicada, conservadora si ha optado por graduarse en Derecho, elitista si prefirió Administración y Dirección de Empresas y antisocial cuando eligió una carrera de Ciencias. La histeria, la dulzura y los cuidados es propia de las mujeres mientras que la razón, la productividad y la dureza es innata a los hombres. A las mujeres lesbianas se las identifica como camioneras y a los hombres gays por tener pluma. Son ejemplos que pueden parecer toscos, pero justamente por eso sirven para reconocer que toda persona en algún momento ha hecho uso de ellos.

121 COOK, Rebecca y CUSACK, Simone, *Estereotipos de Género. Perspectivas legales y Transnacionales*, Bogotá, Profamilia, 2010, p. 11.

122 ARENA, Federico José, "Los estereotipos normativos en la decisión judicial. Una exploración conceptual", *Revista de Derecho*, Vol. XXIX, núm. 1, 2016, p. 57

123 GONZÁLEZ GAVALDÓN, Blanca, "Los estereotipos como factor de socialización en el género", *op. cit.*, p. 81.

124 COOK, Rebecca y CUSACK, Simone, *Estereotipos de Género. Perspectivas legales y Transnacionales, op. cit.*, pp. 11 y 13.

Este proceso de catalogación es funcional al sistema y a las personas. Su potencial adaptativo, al simplificar desde la coherencia e intentar predecir actitudes y situaciones, contrarresta la incertidumbre. Ofrece seguridad frente a lo desconocido. Esto beneficia al sistema porque mantiene la estabilidad social y ahorra tiempo a las personas al descargarlas de un análisis ininterrumpido e inabarcable del entorno. Si todo objeto de consumo trae consigo un manual de instrucciones —desde el cristal templado del móvil, una monodosis de alimentos precocinados, un mueble de IKEA, hasta hacerlo extensivo a un prospecto de un medicamento, la sinopsis de una película, la contraportada de un libro o la guía docente de una asignatura—, si lo inexplorado produce miedo, ¿qué ocurriría si cada mañana nos enfrentáramos a un mundo sin bocetos?

Además de esta finalidad estratificadora que recuerda a la sociedad cohesionada artificialmente de Alfas, Betas, Gammas, Deltas y Epsilones de la obra de HUXLEY "Un Mundo Feliz"[125], los estereotipos también imprimen una serie de comportamientos en la personalidad del individuo y conforman su identidad. Anuncian quién eres o quién puedes llegar a ser si cumples con los patrones que te convierten en miembro de la tribu. Un factor beneficioso si el sujeto se siente pleno en el rol asignado, pero si no se da dicho acoplamiento, puede dar lugar a un trato discriminatorio. El estereotipo puede afectar negativamente en términos de reconocimiento social, de distribución de bienes materiales y de bienestar individual[126]. No cumplir con las pautas establecidas para cada género lleva aparejado una penalización cuya forma más brutal es la violencia. Este segundo supuesto lleva a analizar si es posible desligarse de los estereotipos, en especial de aquellos que generan efectos negativos en las personas.

La dificultad para desprenderse de ellos reside en su arraigo. Su origen y permanencia derivan del contexto y de su imposición. Surgen del medio social como elemento de ordenación. Su aprendizaje

---

125 HUXLEY, Aldous, *Un Mundo Feliz*, Distrito Federal, Editores Mexicanos Unidos, 2010.

126 PERONI, Lourdes and TIMMER, Alexandra, "Gender stereotyping in domestic violence cases. An Analysis of the European Court of Human Rights' Jurisprudence", *op. cit.*, p. 41.

por procesos de socialización y su transmisión intergeneracional los acercan al terreno de la biología como rasgos innatos[127].

Ello provoca que pase desapercibido que no provienen de intentos de autodefinición. Se configuran a partir de decisiones arbitrarias sobre lo que una tercera persona es o debe ser[128]. Su dependencia al contexto conlleva que incluso los estereotipos que puedan ser considerados como un atributo positivo para la persona, puedan generar consecuencias negativas cuando interactúan con el medio[129]. El ejemplo clásico lo conforman los roles asignados a las mujeres. La idea en torno a la sensibilidad, la empatía y la predisposición a los cuidados ha estado asociada a una negación histórica de derechos y oportunidades (infravaloradas en entornos laborales masculinizados) y les ha otorgado determinadas cargas (trabajo reproductivo no remunerado).

Otro aspecto problemático es su naturalización, ya que impide identificar los que son perjudiciales. Si una actitud, comportamiento o personalidad es normal no puede ser dañina. Sin embargo, los estereotipos son un factor que contribuye a la violencia contra las mujeres. La violencia de género es causal y no casual y, a su vez, es un mecanismo de control que perpetúa los roles. A modo de ejemplo, el estereotipo que considera a los hombres como cabeza de familia y sostenedores económicos de los hogares, coloca a las mujeres en una situación de dependencia y subordinación. Con ello, afianza su visión como propiedad de los hombres y permite que éstos puedan disciplinarlas a través de la violencia si no obedecen las normal sociales asignadas. Señalan COOK y CUSACK que "[i]ncluso cuando los estereotipos que sustentan la violencia de género contra las mujeres han sido identificados, la historia ha demostrado una resistencia social a abandonar los estereotipos de género generalizados y persistentes, particularmente aquellos que reflejan modos reales de organización social y comportamiento"[130].

---

127 LIPPMANN, Walter, *La opinión pública, op. cit.*, p. 100.

128 MOREAU, Sophia Reibetanz, "The Wrongs of Unequal Treatment", *The University of Toronto Law Journal*, Vol. 54, núm. 3, 2004, pp. 301-302.

129 GONZÁLEZ GAVALDÓN, Blanca, "Los estereotipos como factor de socialización en el género", *op. cit.*, p. 80.

130 COOK, Rebecca y CUSACK, Simone, *Estereotipos de Género. Perspectivas legales y Transnacionales, op. cit.*, p. 57.

La firmeza con la que operan se plasma también en la Administración de Justicia. A modo de preludio, conviene apuntar el problema adicional descrito por L'HEUREUX-DUBÉ. Su naturaleza irracional como relatos no científicos usados por los seres humanos para explicar aquello que no comprenden en su totalidad, es incompatible con la función de búsqueda de la verdad del sistema judicial[131]. La permeabilidad de los estereotipos en los tribunales les aleja de la noción de Justicia.

2. *La estereotipia y su taxonomía: justificación de su utilidad*

Dada su funcionalidad en términos legales (categorías) y psicológicos (autoidentificación), los estereotipos no se pueden eliminar por completo. La tarea consiste en descubrir cuáles son los estereotipos perjudiciales, es decir, aquellos que suponen una vulneración de derechos humanos y libertades fundamentales o son un factor que contribuye a que se produzca dicha vulneración[132]. Pueden ser utilizados por particulares, pero también pueden guiar o impactar en la respuesta estatal contra la violencia de género[133]. La propia acción del Estado para erradicar esta violencia puede contener estereotipos sobre las mujeres produciendo un efecto contraindicado.

El proceso a seguir se compone de las siguientes actuaciones: nombrar, identificar la tipología, examinar la afectación a los derechos, responder desde la modificación o abstención y reparar. Una vez conceptualizado, corresponde ahora analizar su clasificación para discriminar los que son dañinos para las mujeres y determinar la forma en que lo son. Las obligaciones de los Estados son en sentido negativo y positivo. Negativo porque no cabe legislar o actuar sobre la base de estereotipos. Positivo porque deben implementar

---

131 L'HEUREUX-DUBÉ, Claire, "Beyond the myths: Equality, impartiality, and justice", *op. cit.*, p. 89.

132 BREMS, Eva and TIMMER, Alexandra, "Introduction", in: BREMS, Eva and TIMMER, Alexandra, *Stereotypes and Human Rights Law*, Cambridge, Intersentia, 2016, pp. 3-4.

133 PERONI, Lourdes and TIMMER, Alexandra, "Gender stereotyping in domestic violence cases. An Analysis of the European Court of Human Rights' Jurisprudence", *op. cit.*, p. 49.

acciones que eviten que la sociedad, en general, y el funcionariado que actúa en materia de violencia de género, en particular, conduzcan su trabajo y su comportamiento desde la estereotipación[134]. En último término, si la vulneración se ha producido, las instituciones deben reparar la lesión producida. La atención no debe centrarse en el daño directo del estereotipo en la persona, sino en su rol de potenciador de violaciones de otros derechos humanos. Es decir, no es tanto la afectación personal del estereotipo, sino que inhabilita el ejercicio de un derecho, su reconocimiento o el correcto desarrollo de la función de juzgar y hacer ejecutar lo juzgado[135].

Si bien el Comité de la CEDAW ha mantenido su preocupación sobre los estereotipos de género, se ha focalizado en el ámbito educativo[136]. En los últimos informes presentados por España y en las observaciones formuladas, las acciones encomendadas al Estado siguen circunscribiéndose a la educación y los medios de comunicación[137]. En el artículo 14 del Convenio de Estambul se incluyen en el temario de la educación formal y no formal "los papeles no estereotipados de los géneros" y en su Informe explicativo se llama a la no estereotipación en las campañas de sensibilización (art. 13) y en los sectores de las tecnologías de la información y la comunicación y los medios de comunicación de masas (art. 17)[138].

Ocurre también en el desarrollo normativo del Estado español. La LOVG establece como estrategia de fomento de la igualdad que el

---

134 BREMS, Eva and TIMMER, Alexandra, "Introduction", *op. cit.*, p. 4.

135 Ibídem, p. 6.

136 En 1987 es la primera vez que se hace mención. CEDAW. *Recomendación General núm. 3: Programas de educación e información pública*, A/42/38 (1987). Disponible en: https://tbinternet.ohchr.org/Treaties/CEDAW/Shared%20Documents/1_Global/INT_CEDAW_GEC_5825_S.pdf y CEDAW. *Recomendación General núm. 25: Párrafo 1 del artículo 4 de la Convención sobre la eliminación de todas las formas de discriminación contra la mujer-Medidas especiales de carácter temporal*, A/59/38 (2004), párr. 38. Disponible en: https://tbinternet.ohchr.org/Treaties/CEDAW/Shared%20Documents/1_Global/INT_CEDAW_GEC_3733_S.pdf

137 CEDAW, *Observaciones finales sobre los informes periódicos séptimo y octavo combinados de España*, CEDAW/C/ESP/CO/7-8 (29 de julio de 2015), párr. 18-19.

138 Council of Europe. *Explanatory Report to the Council of Europe Convention on preventing and combating violence against women and domestic violence*, CETS 210 (2011), parr. 91, 107 and 109. Disponible en: *https://rm.coe.int/16800d383a*

material educativo no contenga estereotipos sexistas (art. 6). En virtud de la DA 6ª se modificó el artículo 3 de la Ley 34/1988, de 11 de noviembre, General de Publicidad para que los anuncios muestren una imagen de la mujer no estereotipada. La LOIEMH persiste en ambos campos (arts. 24 y 36), pero amplía a los estudios estadísticos y la salud. Revisar que las definiciones estadísticas no escondan estereotipos negativos de determinados colectivos de mujeres (art. 20 f.) y evitar que los estereotipos sociales limiten el acceso al derecho a la salud de las mujeres en igualdad de condiciones con los hombres (art. 27.2). La Ley Orgánica 10/2022, de 6 de septiembre, de garantía integral de la libertad sexual (LOGILS) apuesta por la fórmula de la prevención de la estereotipación desde tres entornos. En primer lugar, impulsando campañas de concienciación generales para combatir los estereotipos de género y las creencias que sostienen las violencias sexuales y, específicas, dirigidas a hombres, adolescentes y niños para erradicar los prejuicios basados en roles estereotipados de género (art. 9.1). En segundo lugar, garantizando que desde el ámbito digital y de la comunicación se ofrece información sobre las violencias sexuales con objetividad, sin estereotipos de género. Para ello, la formación de su personal (tanto en el puesto de trabajo como durante el grado universitario) sobre estereotipos de género es imprescindible (art. 10). Igualmente, en el ámbito publicitario se considerará ilícita la publicidad que utilice estereotipos de género que fomenten o normalicen las violencias sexuales contra las mujeres, niñas, niños y adolescentes (art. 11). En tercer lugar, formando a todo el equipo de profesionales que interactúan con víctimas, así como a docentes, sanitarios y sociosanitarios sobre estereotipos de género (art. 23).

Sin embargo, cada vez la preocupación es creciente acerca de la presencia e influencia de los estereotipos negativos en la Administración de Justicia. El análisis jurisprudencial de las resoluciones emanadas del Comité de la CEDAW, la Corte Interamericana de Derechos Humanos, el Tribunal Europeo de Derechos Humanos y del Tribunal Supremo español pone de relieve la necesidad de incluir como espacio de detección de prejuicios el ámbito judicial.

El Informe de la Relatora Especial Gabriela Knaul sobre la independencia de los magistrados y abogados de 29 de abril de 2011 atribuye a los tribunales nacionales la competencia de ser los garantes de eliminar los prejuicios y cambiar las prácticas basadas en la inferioridad de las mujeres o en funciones estereotipadas, bien tomando medidas positivas, bien imponiendo sanciones[139]. De ahí que recomiende impartir formación para sensibilizar a todos los operadores jurídicos sobre estrategias para evitar los estereotipos de género[140].

En un segundo informe de 10 de agosto de 2011, la misma relatora marca como objetivo analizar el vínculo entre independencia y sistema de justicia penal con mujeres víctimas en torno a tres pilares: estereotipos negativos, discriminación de género y perspectiva de género. La causa del trato discriminatorio de la mujer en el sistema penal se encuentra, según el documento, en la existencia generalizada y la persistencia de ideas estereotipadas sobre los géneros[141]. De nuevo, reitera la necesaria capacitación para eliminar estereotipos y prejuicios con base en la Observación núm. 32 del Comité de Derechos Humanos que interpreta el derecho a un juicio imparcial y a la igualdad ante los tribunales y cortes de justicia previsto en el artículo 14 del Pacto Internacional de Derechos Civiles y Políticos. En ella se fija que "los jueces no deben permitir que su fallo esté influenciado por sesgos o prejuicios personales, ni tener ideas preconcebidas en cuanto al asunto sometido a su estudio, ni actuar de manera que indebidamente promueva los intereses de una de las partes en detrimento de los de la otra"[142]. Insiste en la recomendación de adoptar medidas para frenar estereotipos, ideas, tendencias, prejuicios de género en la investigación, el enjuiciamiento, el interrogatorio y la protección de las víctimas y los testigos, así como en la imposición de la pena, mediante la capacita-

---

139 Naciones Unidas. Asamblea General. *Informe de la Relatora Especial sobre la independencia de los magistrados y abogados*, Gabriela Knaul, A/HRC/17/30 (de 29 de abril de 2011), párr. 28. Disponible en: https://undocs.org/es/A/HRC/17/30

140 Ibídem, párr. 93.

141 Naciones Unidas. Asamblea General. *Informe provisional de la Relatora Especial sobre la independencia de los magistrados y abogados*, Gabriela Knaul, A/66/289 (de 10 de agosto de 2011), párr. 5 y 83.

142 Ibídem, párr. 35 y Naciones Unidas. Comité de Derechos Humanos. *Observación General núm. 32. Art. 14 el derecho a un juicio imparcial y a la igualdad ante los tribunales y cortes de justicia.* CCPR/C/GC/32 (23 de agosto de 2003), párr. 21. Disponible en: https://www.refworld.org.es/type,GENERAL,478b2b602,0.html

ción del funcionariado[143]. Apuesta por una reformulación holística con perspectiva de género del sistema de justicia penal.

En 2014 CUSACK presentó al Alto Comisionado de las Naciones Unidas para los Derechos Humanos un instrumento a modo de informe para sensibilizar sobre la existencia de estereotipos judiciales en el ámbito de la violencia de género. Perseguía revelar los estereotipos empleados y su afectación a los derechos y al acceso a la justicia de las mujeres, destacar las obligaciones de los Estados y diseñar estrategias y buenas prácticas que sirvan de guía de actuación institucional[144].

Subdividido en cinco secciones, en la cuarta se analizan las repercusiones que los estereotipos judiciales pueden tener en el derecho a la tutela judicial efectiva de las mujeres víctimas de violencia de género. Los estereotipos pueden "comprometer la imparcialidad, influir en la comprensión de la naturaleza del delito, afectar las opiniones judiciales sobre la credibilidad de la víctima, los testigos y el investigado o imputado, favorecer las absoluciones e impedir el acceso a los derechos y medidas de protección"[145]. Una vez identificados los riesgos que entrañan, en la última sección se traza una estrategia poliédrica para evitar su interferencia en sede judicial. Se requieren estudios empíricos sobre los daños de los estereotipos judiciales, impulsar reformas legales y políticas públicas prohibitivas y sancionadoras, crear órganos o herramientas de supervisión de los razonamientos judiciales en busca de casos de estereotipación, generar sistemas de impugnación de estereotipos al tiempo que se premian las buenas prácticas judiciales y se promueve la formación del personal al servicio de la Administración de Justicia[146].

Ello supone, en definitiva, integrar en la función jurisdiccional un enfoque antiestereotipación. Tomando como precedente el modelo antidiscriminación, quedaría garantizado por un marco normativo y

---

143 Naciones Unidas. Asamblea General. *Informe provisional de la Relatora Especial sobre la independencia de los magistrados y abogados*, Gabriela Knaul, A/66/289 (de 10 de agosto de 2011), párr. 93.

144 CUSACK, Simone, *Eliminating judicial stereotyping: Equal access to justice for women in gender based violence cases*, OHCHR, 2014, p. 2.

145 Traducción no oficial de la autora. Texto original disponible en: Ibídem, p. 22.

146 Ibídem, p. 29.

por un conjunto de medidas políticas tendentes a promover entornos libres de estereotipos. Dado que la actuación de un estereotipo judicial deriva en un supuesto de discriminación de género[147], podría entenderse como subcategoría teórica integrada en el paradigma del derecho a la igualdad y a la no discriminación. Como principio de actuación sería a su vez una materialización de la perspectiva de género.

Dicho enfoque debería estar conformado por una tipología de estereotipos para saber sus efectos y los espacios de funcionamiento. Tal y como se observa en la Tabla 1, se propone una formulación conjunta a partir de la combinación de dos clasificaciones. Una primera, que los divide en descriptivos y normativos, y la segunda, que diferencia entre estereotipos de sexo, sexuales, sobre los roles sexuales y compuestos[148].

Tabla 1: Tipología de estereotipos.

Estereotipo	**Estadístico**	**No estadístico**	**Mixto**
Descriptivo	Biológico	Cultural	Compuesto
Normativo	Roles	Sexualidad	

Fuente: *Elaboración propia*

Los estereotipos descriptivos se corresponden con la esfera del ser. Ofrecen información sobre las características de un grupo y sus componentes. Lo hacen desde el esencialismo de sus atributos

147 COOK, Rebecca y CUSACK, Simone, *Estereotipos de Género. Perspectivas legales y Transnacionales, op. cit.*, p. 156.

148 APPIAH distingue entre estereotipos estadísticos, falsos y normativos. PERONI y TIMMER diferencian entre prescriptivo y descriptivo, estereotipos falsos y de roles, positivos y negativos. ARENA profundiza en la separación entre el carácter descriptivo y el normativo. Por último, COOK y CUSACK comparten dicha dualidad e incorporan la segunda clase de estereotipos. APPIAH, Anthony K., "Stereotypes and the Shaping of Identity", *California Law Review*, Vol. 88, núm. 1, 2000, pp. 47-49; PERONI, Lourdes and TIMMER, Alexandra, "Gender stereotyping in domestic violence cases. An Analysis of the European Court of Human Rights' Jurisprudence", *op. cit.*, pp. 40-41; ARENA, Federico José, "Los estereotipos normativos en la decisión judicial. Una exploración conceptual", *op. cit.*, pp. 56 y 62-64 y COOK, Rebecca y CUSACK, Simone, *Estereotipos de Género. Perspectivas legales y Transnacionales, op. cit.*, pp. 16-19 y 26-36.

y pueden tener un respaldo estadístico o no[149]. La menor fuerza de las mujeres o su mayor longevidad son estereotipos descriptivos con base estadística. Representan nociones generalizadas sobre características biológicas ligadas al sexo masculino y femenino. Parten de un fundamento exacto para el gran grupo, pero amplio, lo que implica que dicho carácter no siempre va a constituir un fiel reflejo de la situación exacta de un individuo[150]. En términos generales, la fuerza física de las mujeres es menor que la de los hombres, pero puede darse el caso de una mujer con un potencial físico que invalide esta preconcepción. En ese caso, cuando el sujeto no satisface el estereotipo se debe descartar para el caso particular[151]. Los estereotipos descriptivos sin base estadística son también denominados estereotipos falsos porque surgen directamente de una creencia sobre el grupo sin un trabajo empírico sólido[152]. No aparecen en la división propuesta por COOK y CUSACK y quedan calificados como culturales al vincular su origen a

---

149 ARENA, Federico José, "Los estereotipos normativos en la decisión judicial. Una exploración conceptual", *op. cit.*, p. 56.

150 Las condiciones extremas en las que se desarrollan algunas actividades productivas han supuesto la exclusión de las mujeres. La minería en Chile, con una participación del 8,4% de mujeres en 2019 es una de estas profesiones que no resultan adecuadas para las mujeres. En enero de 2021 por primera vez Rusia permitió a las mujeres acceder el puesto de maquinista de metro porque ya no se asociaba con el esfuerzo físico. Consejo de Competencias Mineras. *Mujer y Minería: Evolución en la última década y desafíos futuros*, Alder Comunicaciones, 2020, p. 4, Disponible en: https://fch.cl/wp-content/uploads/2021/04/mujer-mineriaccm_02-09-2020.pdf y artículo de prensa ARAGONÉS, Gonzalo, (6 de enero de 2021). Un trabajo vetado a las mujeres, *La Vanguardia*. Disponible en: https://www.lavanguardia.com/internacional/20210106/6168975/mujeres-maquinistas-metro-moscu.html

151 COOK, Rebecca y CUSACK, Simone, *Estereotipos de Género. Perspectivas legales y Transnacionales*, *op. cit.*, p. 29, PERONI, Lourdes and TIMMER, Alexandra, "Gender stereotyping in domestic violence cases. An Analysis of the European Court of Human Rights' Jurisprudence", *op. cit.*, p. 40 y ARENA, Federico José, "Los estereotipos normativos en la decisión judicial. Una exploración conceptual", *op. cit.*, p. 58.

152 APPIAH, Anthony K., "Stereotypes and the Shaping of Identity", *op. cit.*, p. 48 y PERONI, Lourdes and TIMMER, Alexandra, "Gender stereotyping in domestic violence cases. An Analysis of the European Court of Human Rights' Jurisprudence", *op. cit.*, p. 41.

un mito sociocultural. El estereotipo según el cual las mujeres son mentirosas sería de este tipo[153].

Aunque la línea divisoria es borrosa[154] —¿son porque deben serlo o deben serlo porque son?— a partir de una estructura similar se explican los estereotipos normativos. Se sustentan en afirmaciones de deber ser y tienen poder prescriptivo. Definen el comportamiento del grupo y sus miembros[155]. Los que responden a una muestra estadística se vinculan a los roles sexuales de hombres y mujeres. Debido al hecho de que tradicionalmente y de forma casi absoluta las mujeres se han encargado del trabajo reproductivo, se mantiene la suposición y la expectativa de que son ellas quienes deben encargarse de los cuidados[156]. En este ejemplo, el sustrato histórico que confirma la presencia mayoritaria de las mujeres en el hogar sirve para imponer un rol social. Aquellos que no cuentan con apoyo estadístico son los llamados estereotipos sexuales. Se refieren a los comportamientos esperados y socialmente aceptables de mujeres y hombres en su interacción sexual. Los estereotipos normativizan la sexualidad. Pautan los encuentros sexuales y dotan de contenido a elementos integradores como la atracción, el deseo, el consentimiento, la intimidad, la posesión e incluso los límites con la violencia sexual. Dado que rigen el modo de actuar de hombres y mujeres, se ilustrarían con la preconcepción de que una agresión sexual la respuesta de la mujer debe ser oponer resistencia[157].

---

153 ARENA, Federico José, "Los estereotipos normativos en la decisión judicial. Una exploración conceptual", *op. cit.*, p. 55 y COOK, Rebecca y CUSACK, Simone, *Estereotipos de Género. Perspectivas legales y Transnacionales, op. cit.*, p. 19.

154 APPIAH, Anthony K., "Stereotypes and the Shaping of Identity", *op. cit.*, p. 49 y ARENA, Federico José, "Los estereotipos normativos en la decisión judicial. Una exploración conceptual", *op. cit.*, pp. 55-56.

155 APPIAH, Anthony K., "Stereotypes and the Shaping of Identity", *op. cit.*, p. 48, PERONI, Lourdes and TIMMER, Alexandra, "Gender stereotyping in domestic violence cases. An Analysis of the European Court of Human Rights' Jurisprudence", *op. cit.*, p. 40 y ARENA, Federico José, "Los estereotipos normativos en la decisión judicial. Una exploración conceptual", *op. cit.*, p. 73.

156 COOK, Rebecca y CUSACK, Simone, *Estereotipos de Género. Perspectivas legales y Transnacionales, op. cit.*, p. 33.

157 Ibídem, pp. 31 y 80-81.

Al margen se sitúan los estereotipos compuestos porque su posición en la tabla va a depender de la forma en que se produzca la intersección con otros estereotipos. En estos casos la estereotipación es multifactorial, dado que al género se le adhieren otros rasgos de la personalidad basados en ejes como la clase social, la edad, la raza, la etnia, la capacidad, la orientación sexual, la religión, las creencias, el estado civil, la localización rural o el estado de salud. Según se acople y articule cada eje, dará lugar a un estereotipo diferente. A modo de ejemplo, en el caso Atala Riffo y niñas c. Chile[158], la orientación sexual determina la aptitud para desarrollar una maternidad responsable. Como estereotipo descriptivo sin base estadística se establecería que las mujeres lesbianas no son buenas madres y la definición de la conducta debida para cumplir con una maternidad apta constituiría un estereotipo normativo.

En todo caso se debe realizar una última ordenación. Cada uno de los estereotipos será subdivido en favorable o perjudicial según el contexto en el que opere. Este propósito de identificar los perjudiciales conecta con dos aspectos objeto de debate.

De una parte, puede ocurrir que un estereotipo sea favorable en lo particular, pero perjudicial para el colectivo. Ocurre cuando una víctima encaja con el estereotipo de género que se está empleando en sede judicial. Le beneficia para ganar credibilidad, pero en esencia, su uso perjudica al conjunto de mujeres al perpetuar modelos estereotipados de víctima que alejan el análisis del caso concreto.

De otra parte, se retoma la idea que aboga por la no eliminación de los estereotipos sino por su evaluación rigurosa. El motivo que justifica su permanencia es que, en ocasiones, será necesario hacer uso de ellos para preservar derechos y proteger a colectivos minoritarios y/o vulnerables. ARENA circunscribe su empleo a supuestos muy excepcionales en los que el estereotipo es una manifestación de la identidad del grupo. En concreto, el rol de mediador del *werken* o *lonko* mapuche en supuestos de violencia intrafamiliar y el rol de madre de una pastora Aymara a los que podría sumarse el rol de

158 Corte IDH. Caso Atala Riffo y niñas c. Chile, de 24 de febrero de 2012.

cuidadoras de las mujeres en los caracoles zapatistas[159]. Se permite su empleo porque reconocen derechos sobre la base de estereotipos que han sido conformados por sus portadores y sirven para construir una individualidad dignificada[160].

Como institución dotada de legitimidad y autoridad, los tribunales cumplen una función social esencial. Con sus decisiones instruyen a la población sobre qué conductas están permitidas y cuáles son reprochables legalmente. Por ello, su función de interpretar y aplicar las leyes debe regirse por criterios no estereotipados. La reproducción de estereotipos en sede judicial lesiona la dignidad de las mujeres, limita su acceso a derechos y agrava su situación de discriminación al anunciar a la sociedad que los estereotipos negativos encuentran amparo judicial[161].

Evitar una respuesta ineficiente del Estado en estos términos requiere la creación de un marco normativo y jurisprudencial capaz de acomodar las exigencias de la tutela judicial efectiva, la imparcialidad y la no discriminación al paradigma de la estereotipia judicial de género.

II. MARCO JURÍDICO: LA (DES)REGULACIÓN DE LOS ESTEREOTIPOS

La evolución y adaptación ambiental que caracteriza a la estereotipación permite su supervivencia. Los estereotipos se normalizan y, pese a saber que están y que son uno de los factores causales de la violencia contra las mujeres, la intervención peca de inconsistente. Su etiquetamiento como estereotipo perjudicial —vulnerador de derechos de las mujeres— es esencial para visibilizar las creencias y las

---

159 ARENA, Federico José, "Los estereotipos normativos en la decisión judicial. Una exploración conceptual", *op. cit.*, p. 70-71. En todo caso, son estereotipos en la medida en que son leídos desde una lógica occidental que no encaja con la cosmovisión de esos modos de organización social.

160 Ibídem, p. 72 y APPIAH, Anthony K., "Stereotypes and the Shaping of Identity", *op. cit.*, p. 51.

161 COOK, Rebecca y CUSACK, Simone, *Estereotipos de Género. Perspectivas legales y Transnacionales*, *op. cit.*, pp. 83-86.

prácticas que deben modificarse y para focalizar esfuerzos, atención y recursos públicos[162].

Como se pudo comprobar con la aprobación de la LOVG, el derecho es una herramienta de poder constitutivo fundamental. Las leyes y las sentencias tienen la capacidad de enunciar públicamente y con autoridad qué comportamientos, prácticas y normas están permitidas y cuáles prohibidas[163]. Su reconocimiento por la colectividad permite una transformación social —al menos del imaginario—, de ahí que sea necesario sistematizar la legislación existente en materia de estereotipos de género en el sistema de justicia[164]. En este caso, ante la dispersión normativa para guiar la actuación de los Estados, la jurisprudencia se toma como un primer marco de referencia[165]. Los tribunales, especialmente las Cortes supranacionales, asumen una visión colectiva que agita el constructo patriarcal que (re)produce los estereotipos. Se materializa cuando incorporan vocabulario que nombra los estereotipos, cuando piden al Estado que emprenda políticas públicas dirigidas a deconstruir las jerarquías de género y cuando crean artificialmente espacios simbólicos de igualdad que dignifican a las víctimas y sus familiares[166].

No obstante, se debe retomar la advertencia de que el Derecho también puede perpetuar los estereotipos, desde la ley o desde la práctica judicial. Aunque sea una perpetuación no intencional por una supuesta neutralidad de la ley o un estereotipo profundamente

---

162 CUSACK, Simone, "Building momentum towards change. How the UN's Response to Stereotyping is Evolving", in: BREMS, Eva and TIMMER, Alexandra, *Stereotypes and Human Rights Law*, Cambridge, Intersentia, 2016, p. 32.

163 COOK, Rebecca y CUSACK, Simone, *Estereotipos de Género. Perspectivas legales y Transnacionales*, *op. cit.*, pp. 54-55.

164 SÁNCHEZ BUSSO, Mariana, "La perspectiva de género en las decisiones judiciales. Su relevancia en los conflictos de violencia contra la mujer", *Nómadas: Critical Journal of Social and Juridical Sciences*, núm. Extra 0, 2012 p. 65.

165 CUSACK, Simone, "Building momentum towards change. How the UN's Response to Stereotyping is Evolving", *op. cit.*, p. 37 en referencia al Informe provisional de la Relatora Especial sobre la independencia de los magistrados y abogados, Gabriela Knaul, (A/66/289, de 10 de agosto de 2011), párr. 40.

166 UNDURRAGA, Verónica, "Gender stereotyping in the case law of the Inter-American Court of Human Rights", in: BREMS, Eva and TIMMER, Alexandra, *Stereotypes and Human Rights Law*, Cambridge, Intersentia, 2016, pp. 81 y 83.

arraigado en el inconsciente del juzgador, se genera una diferencia de trato entre hombres y mujeres, anulando derechos a estas últimas. Se advierte así la necesidad de realizar un análisis de impacto para reprimir ese efecto indeseado[167].

1. *Por la norma*

La inexistencia de un corpus normativo específico no supone el desconocimiento de mecanismos vinculantes ligados a la prohibición de estereotipación. El Estado español ratificó la Convención sobre la Eliminación de Discriminación contra la Mujer en 1983 y en 2014 el Convenio de Estambul por lo que las disposiciones presentes son de aplicación directa. El estudio multinivel muestra el respaldo normativo que obliga a los Estados a adoptar medidas para frenar la estereotipación judicial que perjudica a las mujeres[168].

Según CUSACK, de los artículos 2(f) y 5(a) de la CEDAW se desprende una obligación triple para los Estados y para los órganos jurisdiccionales en particular. La primera de respeto, de abstenerse de emplear estereotipos en leyes, políticas, normas, programas o procedimientos. Una segunda de protección, de velar por que la estereotipación no conlleve una infracción de derechos humanos (una barrera frente a los estereotipos de género negativos). Por último, una

---

167 COOK, Rebecca y CUSACK, Simone, *Estereotipos de Género. Perspectivas legales y Transnacionales*, *op. cit.*, pp. 153 y 155.

168 Aunque no sea de aplicación al ordenamiento jurídico español, en la Convención Belém do Pará se protege el derecho de la mujer a ser valorada libre de patrones estereotipados de comportamiento y prácticas sociales y culturales basadas en conceptos de inferioridad o subordinación. Esta valoración al margen de estereotipos integra el derecho a una vida libre de violencia. Se establece también la obligación estatal de erradicar los estereotipos de género. La letra e) del artículo 7 considera la adopción de medidas, incluidas las legislativas, para modificar prácticas jurídicas que respaldan la persistencia o la tolerancia de la violencia contra la mujer. El artículo 8 letra b) se refiere a la modificación de patrones socioculturales, de prejuicios y de papeles estereotipados que, con base en la inferioridad de las mujeres, legitiman la violencia contra ellas. Asamblea General de la Organización de los Estados Americanos. *Convención Interamericana para Prevenir, Sancionar y Erradicar la Violencia contra las Mujeres*, A-6 (6 de septiembre de 1994). Disponible en: https://www.oas.org/es/mesecvi/docs/BelemDoPara-ESPANOL.pdf

obligación de cumplimiento, de garantía del derecho de las mujeres a que no se les apliquen estereotipos de género erróneos y puedan disfrutar *de iure* y *de facto* del pleno ejercicio de sus derechos[169]. Todo ello bajo la advertencia de que los estereotipos constituyen una de las causas de la violencia por razón de género contra las mujeres y pueden llegar a justificar la violencia como una forma de protección o dominación[170].

El análisis de este tratado internacional se realiza a partir de una lectura entrelazada de los preceptos y siguiendo las Recomendaciones Generales[171].

Los artículos 2 y 3 establecen una obligación amplia de eliminar la discriminación en todas sus formas y en todas las esferas. Autorizan, por tanto, a eliminar los estereotipos negativos de género presentes en la justicia[172]. La letra f) del artículo 2 fija el compromiso de los Estados por "[a]doptar todas las medidas adecuadas, incluso de carácter legislativo, para modificar o derogar leyes, reglamentos, usos y prácticas que constituyan discriminación contra la mujer". En la Recomendación General núm. 28 relativa al artículo 2 de la CEDAW, el Poder Judicial aparece como institución capaz de cometer actos de discriminación contra las mujeres y al tiempo se le impone el deber de proteger frente a la discriminación proveniente de autoridades públicas, órganos propios del Poder Judicial, organizaciones, empre-

---

169 CUSACK, Simone, *Eliminating judicial stereotyping: Equal access to justice for women in gender based violence cases*, OHCHR, 2014, p. 7.

170 CEDAW. *Recomendación General núm. 19 sobre la violencia contra la mujer*, A/47/38 (1993), párr. 11. Disponible en: https://tbinternet.ohchr.org/Treaties/CEDAW/Shared%20Documents/1_Global/INT_CEDAW_GEC_3731_S.pdfy CEDAW. *Recomendación General núm. 35 sobre la violencia por razón de género contra la mujer, por la que se actualiza la recomendación general núm. 19*, CEDAW/C/GC/35 (26 de julio de 2017), párr. 26. Disponible en: https://tbinternet.ohchr.org/_layouts/15/treatybodyexternal/Download.aspx?symbolno=CEDAW/C/GC/35&Lang=en

171 COOK, Rebecca y CUSACK, Simone, *Estereotipos de Género. Perspectivas legales y Transnacionales*, *op. cit.*, p. 99.

172 CEDAW. *Recomendación General núm. 28 relativa al artículo 2 de la Convención sobre la eliminación de todas las formas de discriminación contra la mujer*, CEDAW/C/GC/28 (16 de diciembre de 2010), párr. 8, 15, 25. Disponible en: https://documents-dds-ny.un.org/doc/UNDOC/GEN/G10/472/63/PDF/G1047263.pdf?OpenElement

sas o particulares, de la esfera pública y privada[173]. Ante esta naturaleza polarizada como agente discriminador y protector y, dado que el artículo 5 de la CEDAW prevé la modificación de "los patrones socioculturales de conducta de hombres y mujeres, con miras a alcanzar la eliminación de los prejuicios y las prácticas consuetudinarias y de cualquier otra índole que estén basados en la idea de la inferioridad o superioridad de cualquiera de los sexos o en funciones estereotipadas de hombres y mujeres", los Estados deben formular políticas que capaciten al funcionariado de justicia en esta materia.

Ya en la Recomendación General núm. 19 sobre la violencia contra la mujer de 1993 se encuentra como medida jurídica específica en el ámbito de la prevención la activación de programas de formación[174]. En la Recomendación General núm. 28 se propone el establecimiento de códigos de conducta y la realización de programas específicos de educación y formación[175]. La Recomendación General núm. 35 sobre la violencia por razón de género contra la mujer, por la que se actualiza la Recomendación General núm. 19, detalla el tipo de programa de concienciación que el Comité recomienda desarrollar con los miembros del Poder Judicial.

Respecto a las unidades de contenido: "1) abordar la estigmatización que sufren las víctimas; 2) desmantelar la creencia generalizada sobre la culpabilización de las víctimas por la que las mujeres son responsables de su propia seguridad y de la violencia que sufren; 3) comprender la forma en que los estereotipos y prejuicios de género conducen a la violencia por razón de género contra la mujer y las respuestas inadecuadas a la misma". Mayor concreción presenta la Recomendación General núm. 33 sobre el acceso de las mujeres a la justicia en la que se proponen temáticas de trabajo como: la credibilidad de la mujer como parte y testigo, las normas inflexibles sobre el comportamiento apropiado de las mujeres, los efectos negativos de los estereotipos y la necesidad de mejorar los resultados de la justi-

---

173 Ibídem, párr. 17.

174 CEDAW. *Recomendación General núm. 19 sobre la violencia contra la mujer*, A/47/38 (1993), párr. 24 t) ii).

175 CEDAW. *Recomendación General núm. 19 sobre la violencia contra la mujer*, A/47/38 (1993), párr. 38.

cia para las mujeres víctimas, instrumentos jurídicos internacionales, jurisprudencia y leyes sobre derechos humanos y prohibición de la discriminación contra la mujer.

En cuanto a la modalidad, "obligatorio, periódico y efectivo. Abierto a una pluralidad de destinatarios, de la carrera judicial, pero también abogados, funcionariado de la Administración de Justicia, personal médico forense, legisladores y profesionales de la salud [...] y a todo el personal educativo, social y de bienestar que trabaja con mujeres"[176].

Seguidamente, se pone en conexión directa la estereotipación con la imparcialidad judicial[177]. Declara la Recomendación General núm. 33 que "las mujeres tienen que poder confiar en un sistema judicial libre de mitos y estereotipos y en una judicatura cuya imparcialidad no se vea comprometida por esos supuestos sesgados. La eliminación de los estereotipos judiciales en los sistemas de justicia es una medida esencial para asegurar la igualdad y la justicia para las víctimas y las supervivientes"[178]. Junto a esta revisión se suma aquella que busca asegurar sistemáticamente que los mecanismos judiciales sean física, económica, social y culturalmente accesibles a todas las mujeres[179].

De ahí que para garantizar que las mujeres disponen de un acceso sin restricciones a la justicia y que pueden hacer valer los derechos que les reconoce la Convención[180], conviene que los Estados aseguren: "a) que los derechos y la protección jurídica correlativa se reconozcan y estén incorporados en la ley, mejorando la sensibilidad del

---

176 CEDAW. *Recomendación General núm. 35 sobre la violencia por razón de género contra la mujer, por la que se actualiza la recomendación general núm. 19*, CEDAW/C/GC/35 (26 de julio de 2017), párr. 30 a), b) ii), e) i), i).

177 Ibídem, párr. 26.

178 CEDAW. *Recomendación general núm. 33 sobre el acceso de las mujeres a la justicia*, CEDAW/C/GC/33 (3 de agosto de 2015), párr. 28. Disponible en: https://tbinternet.ohchr.org/_layouts/15/treatybodyexternal/Download.aspx?symbolno=CEDAW/C/GC/33&Lang=en

179 Ibídem, párr. 3.

180 En la Recomendación General núm. 33 se conoce como "justiciabilidad" y es uno de los seis componentes que conforman el pleno acceso a la justicia. Disponibilidad, accesibilidad, buena calidad, rendición de cuenta de los sistemas de justicia y suministro de recursos a las víctimas son los restantes. Ibídem, párr. 14.

sistema de justicia a las cuestiones de género; c) que los profesionales de los sistemas de justicia tramiten los casos teniendo en cuenta las cuestiones de género; d) la independencia, imparcialidad, integridad y credibilidad de la judicatura y la lucha contra la impunidad"[181].

Una de las formas de articular estas modificaciones la permite la propia Convención, como medida especial de carácter temporal. El artículo 4.1 las recoge como medio para acelerar la igualdad material entre hombres y mujeres. La Recomendación General núm 25 especifica que "deberán adoptarse para acelerar la modificación y la eliminación de prácticas culturales y actitudes y comportamientos estereotípicos que discriminan a la mujer o la sitúan en posición de desventaja"[182]. La persistencia de estereotipos negativos de género en las estructuras e instituciones jurídicas y la obligación de eliminación que impone la Convención habilita su aplicación. De la literalidad del precepto se extrae que el cese tendrá lugar cuando se alcance el objetivo de igualdad marcado. Los paquetes de medidas para dar cumplimiento a la CEDAW podrían gestionarse como un sistema de administración por objetivos cuya vigencia finalizaría cuando pudiera determinarse que en la situación ha revertido y se han obtenido los resultados previstos.

En segundo lugar, el mecanismo empleado por Naciones Unidas a través del Comité de la CEDAW para visibilizar y penalizar el uso de estereotipos de género han sido las Comunicaciones Individuales. Siendo efectivas, podría plantearse la posibilidad de impulsar una Recomendación General en la que se abordara la deconstrucción de los estereotipos en todas las áreas, en aquellas que ya se ha apuntado la necesidad de hacerlo como educación, medios de comunicación o sanidad, ampliando a otras en la que todavía no se ha trabajado como justicia. Desde un enfoque integral, la Recomendación General sobre estereotipos negativos de género debería aportar una definición de estereotipo e identificar cuándo suponen una violación de la CEDAW. Debería enumerar todos los espacios en los que se reproducen y la forma en que lo hacen (cuándo se da la estereotipación, quién la realiza, cómo afecta a las mujeres...) para determinar la naturaleza

181 Ibídem, párr. 15.
182 CEDAW. Recomendación general núm 25, *op. cit.*, párr. 38.

y el alcance de las obligaciones del Estado presentes en los artículos 2(f), 5 y 10(c) de la Convención y los vínculos de estas obligaciones con el cumplimiento del objetivo principal que es la eliminación de todas las formas de discriminación contra las mujeres. Para cada área de actuación se redactarían unas medidas tendentes a la erradicación de la estereotipación[183].

En el ámbito de la Unión Europea, el artículo 12 del Convenio de Estambul es el único que se puede enmarcar en la normativa antiestereotipación. Contiene una obligación general de adopción de medidas "para promover los cambios en los modos de comportamiento socioculturales de las mujeres y los hombres con vistas a erradicar los prejuicios, costumbres, tradiciones y cualquier otra práctica basada en la idea de la inferioridad de la mujer o en un papel estereotipado de las mujeres y los hombres". Se entiende como una disposición para prevenir la violencia contra las mujeres y se deja a discreción de los Estados el modo de consecución[184] por lo que la actuación en la Administración de Justicia con base en dicho precepto estaría justificada.

Sin estar contenido en el texto del Convenio, hay una doble mención a los estereotipos judiciales. La primera en relación con el artículo 36 sobre violencia sexual. En el Informe explicativo del Convenio se aclara que la evaluación de las pruebas sobre la comisión de estos delitos no se basará en supuestos de comportamiento típico. Tampoco se puede aceptar una interpretación de la ley ni un enjuiciamiento de los hechos influenciadas por estereotipos de género y mitos sobre la sexualidad masculina y femenina[185]. La misma apreciación se realiza respecto del artículo 54 sobre la fase de investigación y pruebas. El artículo reza que las pruebas relativas a los antecedentes sexuales y al comportamiento de la víctima no serán admitidas salvo que sea pertinente y necesario. Según el Informe "presentar este tipo de pruebas puede reforzar la perpetuación de los estereotipos perju-

---

183 COOK, Rebecca y CUSACK, Simone, *Estereotipos de Género. Perspectivas legales y Transnacionales, op. cit.*, p. 182.

184 Council of Europe. *Explanatory Report to the Council of Europe Convention on preventing and combating violence against women and domestic violence*, CETS 210 (2011), parr. 43 and 85. Disponible en: *https://rm.coe.int/16800d383a*

185 Ibídem, parr. 192.

diciales de las víctimas [...] y esto llevar a supuestos de desigualdad *de facto*"[186]. Es decir, de manera indirecta a través del Informe se introduce una medida contra los estereotipos en la función jurisdiccional.

En todo caso, tal y como concluyen PERONI y TIMMER, lo más relevante para los presentes propósitos es que el Convenio de Estambul vincula de manera similar la violencia de género contra la mujer con los estereotipos de género. La violencia de género contra la mujer se considera "tanto la causa como el resultado de relaciones de poder desiguales basadas en diferencias percibidas entre mujeres y hombres"[187].

Hasta el año 2022 en España no se hacía mención al ámbito judicial. Las alusiones a los estereotipos se circunscribían a educación, medios de comunicación, estudios estadísticos y sanidad presentes en la LOVG y la LOIMH, pero con la aprobación de la Ley 15/2022, de 12 de julio, integral para la igualdad de trato y la no discriminación y la LOGILS se observa una ampliación hacia los tribunales como espacio de (re)producción de estereotipos.

La Ley 15/2022, de 12 de julio, integral para la igualdad de trato y la no discriminación, establece en su artículo 19 sobre derecho a la igualdad de trato y no discriminación en la administración de justicia que "[l]os poderes públicos, en el ámbito de sus respectivas competencias, velarán por la supresión de estereotipos y promoverán la ausencia de cualquier forma de discriminación en la administración de justicia por razón de las causas previstas en esta ley". Se señala directamente en el precepto la posibilidad de que en el proceso de impartición de justicia puedan irrumpir estereotipos.

Asimismo, en la LOGILS el empleo de estereotipos de género que sustentan la violencia sexual aparece en la Exposición de Motivos como una realidad a corregir por parte de España. Partiendo de dicho compromiso, se incluye en el artículo 2 letra c) el enfoque de género como principio rector "fundamentado en la comprensión de

---

186 Ibídem, parr. 227.

187 PERONI, Lourdes and TIMMER, Alexandra, "Gender stereotyping in domestic violence cases. An Analysis of the European Court of Human Rights' Jurisprudence", *op. cit.*, p. 45.

los estereotipos y las relaciones de género, sus raíces y sus consecuencias en la aplicación y la evaluación del impacto de las disposiciones de la presente ley orgánica". De este modo, el despliegue normativo de la ley debe contemplar la identificación y prevención de estereotipos relacionados con la violencia sexual lo que supone su conceptualización como uno de los factores condicionantes del ejercicio de violencia sexual y de la respuesta institucional. Además, el art. 23 apela de forma genérica a la especialización de todos los sectores que intervienen en la prevención y respuesta de la violencia sexual a través de un programa marco que incluye "los estereotipos de género, el trauma y sus efectos y la responsabilidad en la reducción de la victimización secundaria. Se prestará particular atención a la situación y necesidades de las víctimas de discriminación interseccional".

En todo caso, tal y como señala MARTÍNEZ GARCÍA, de no darse la inclusión expresa de las leyes y los tribunales en el área de afectación de la estereotipación, el deber de diligencia debida del Estado responsabiliza igualmente al Poder Legislativo y Judicial de la promulgación de legislación y de su posterior aplicación orientadas a prevenir, detectar, proteger y castigar los actos de violencia contra las mujeres, así como a remover los obstáculos que impiden la consecución de la igualdad efectiva entre mujeres y hombres, entre los que se encuentran los estereotipos de género[188].

2. *Por la jurisprudencia*

Existe un precedente jurisprudencial respecto a la existencia de estereotipos de género en resoluciones judiciales sobre violencia sexual. Su estudio permite evidenciar la forma en que los prejuicios se encuentran institucionalizados en la sociedad a través de leyes, políticas públicas y decisiones judiciales. Estos fallos dictados por el Comité de la CEDAW, la Corte Interamericana de Derechos Humanos, el Tribunal Europeo de Derechos Humanos son el marco teórico que permite extrapolar el análisis antidiscrimación a nuevos supuestos

---

[188] MARTÍNEZ GARCÍA, Elena, "Los deberes del Estado en la protección de los derechos de las víctimas de violencia de género y la garantía de acceso a la justicia", *op. cit.*, p. 102.

que no alcanzan esas instancias supranacionales. En ellos se recogen los hechos que motivaron recurrir a un órgano superior, se especifican los estereotipos empleados, se enumeran las disposiciones vulneradas y se imponen las medidas reparatorias. De esta forma, es posible sistematizar el criterio jurisprudencial asentado que debería vehicular la acción judicial en los Estado nación.

En el plano nacional se revisa en exclusiva el caso de "La Manada" de Pamplona. Su elección no es casual, dado que supuso un punto de inflexión para la reforma de los delitos contra la libertad sexual. En primer lugar, el Derecho ha incidido sobre el comportamiento sexual de hombres y mujeres, estableciendo en la norma qué forma de ejercer la sexualidad es aceptable socialmente. En segundo lugar, este caso obtuvo una gran repercusión social y mediática derivada de varios factores. La discusión jurídica surgida en torno a la diferencia entre abuso y agresión. Una distinción injustificada para un sector de la sociedad y de la doctrina que derivó en la elaboración de un informe por parte de la sección de Derecho Penal de la Comisión General de Codificación, así como en la promulgación de la LOGILS. No solo fue criticada la calificación jurídica sino también el contenido del voto particular presente en la Sentencia de la Audiencia Provincial de Navarra y varias de las pruebas aportadas por la acusación que ponían en duda la credibilidad de la versión de la víctima y cuestionaban la acomodación de su conducta a la de una "verdadera" víctima de una agresión sexual. En tercer lugar, evidenció que se mantiene vigente el debate en torno a la necesidad de ampliar el concepto de violencia de género presente en el artículo 1.1 LOVG. Pese a que podría aplicarse la agravante de género del artículo 22.4 del Código Penal, sólo podría considerarse como un acto de violencia de género, la agresión sexual que se cometiera "por parte de quienes sean o hayan sido sus cónyuges o de quienes estén o hayan estado ligados a ellas por relaciones similares de afectividad, aun sin convivencia".

En definitiva, este estudio de casos multinivel permite que las propuestas, dirigidas a erradicar la perpetuación y reproducción de los estereotipos y a salvaguardar el principio de imparcialidad, sean acordes a la urgencia, la dimensión y la causalidad del problema. Permite que los planteamientos partan de una realidad material conocida de forma rigurosa.

2.1. Juris I: Comité para la Eliminación de la Discriminación contra la Mujer

El Comité para la Eliminación de la Discriminación contra la Mujer se pronunció en dos dictámenes respecto al Estado de Filipinas. En el primero de ellos, Karen Tayag Vertido c. Filipinas, una mujer, Directora Ejecutiva de la Cámara de Comercio e Industria de la ciudad de Davao, denuncia una violación por parte del Presidente de dicha Cámara de 60 años de edad en un motel en el que se encontraba alojado[189]. En el segundo, R. P. B. c. Filipinas, una menor de diecisiete años de edad que pertenece a una familia empobrecida de Metro Manila es violada en su domicilio por su vecino de diecinueve años de edad[190].

En ambos casos la denuncia y la valoración médica es inmediata —a diferencia de la respuesta de la justicia que tardó en llegar ocho y cinco años respectivamente— y en ambos casos el tribunal asumió tres principios extraídos de la jurisprudencia del Tribunal Supremo filipino para dudar de la credibilidad del testimonio de la víctima, a saber: "a) es fácil formular una acusación de violación; es difícil probarla, pero es más difícil para el acusado, aunque sea inocente, desmentirla; b) habida cuenta de la naturaleza intrínseca del delito de violación, en el que normalmente solo intervienen dos personas, el testimonio de la demandante debe considerarse con máxima cautela; y c) las pruebas de cargo deben sostenerse o sucumbir por sí mismas y no pueden hallar fuerza en la debilidad de las pruebas de la defensa"[191].

La sistemática empleada por las demandantes es similar. Alegan la vulneración de los artículos 2 c), d) y f) y 5 a) de la CEDAW y la Recomendación núm. 19 y señalan los estereotipos en los que incurre el tribunal sentenciador. En el caso de Vertido c. Filipinas son ocho los estereotipos de género descritos: "1) que la víctima de una violación debe intentar escapar a la menor oportunidad"; 2) la idea de que, para ser violada mediante intimidación, la víctima debe ser

---

189 CEDAW. Vertido c. Filipinas (CEDAW/C/46/D/18/2008), párr. 2.2.
190 CEDAW. R.P.B. c. Filipinas (CEDAW/C/57/D/34/2011), párr. 2.1.
191 CEDAW. Vertido c. Filipinas, párr. 2.9 y R. P. B. c. Filipinas, párr. 2.5.

tímida o atemorizarse fácilmente; 3) para concluir que se ha producido una violación mediante amenaza, debe haber pruebas claras de una amenaza directa; 4) el hecho de que el acusado y la víctima se conozcan "más que de vista" hace que el acto sexual sea consentido; 5) que se considere problemático que una víctima de violación pueda reaccionar ante la agresión resistiéndose y también atemorizarse hasta someterse por miedo; 6) la víctima de violación no puede haberse opuesto a la agresión sexual si el acusado logró eyacular; 7) es increíble que un sexagenario sea capaz de perpetrar una violación; 8) una acusación de violación no es fácil de formular y que carece de justificación afirmar que tal acusación es más difícil de desmentir por el acusado"[192]. En R. P. B. c. Filipinas la demandante enuncia tres prejuicios consistentes en que: "1) la víctima debía haber utilizado todos los medios imaginables para evadir los avances del perpetrador y su resistencia debía quedar demostrada; 2) solo la fuerza física o el uso de un arma mortífera puede negar el consentimiento de la víctima a los avances del perpetrador; 3) una víctima filipina de violación recurre 'a toda su fuerza y su valor para frustrar todo intento de profanar su honor y su pureza'"[193]. Además, apunta a que se produce una intersección entre los estereotipos por motivos de género, edad y discapacidad. El hecho de ser una mujer, menor de edad y sordomuda restó credibilidad a la versión de la víctima.

El Comité advierte la presencia de estereotipos de género en relación a la conducta que debe realizar una mujer para ser considerada víctima de una agresión sexual referentes al comportamiento esperado y la afectación al derecho a un juicio justo e imparcial[194]. Sostiene

---

192 CEDAW. Vertido c. Filipinas, párr. 3.5.

193 CEDAW. R.P.B. c. Filipinas, párr. 3.4, 3.5, 3.6.

194 En concreto, afirma que "[e]stá claro que en la evaluación de la credibilidad de la versión de los hechos presentada por la autora habían influido varios estereotipos, puesto que la autora no había mostrado en esta situación el comportamiento esperado de una víctima ideal y racional, o lo que la magistrada consideraba la respuesta racional e ideal de una mujer en una situación de violación" y "pone de relieve que la aplicación de estereotipos afecta el derecho de la mujer a un juicio imparcial y justo, y que el poder judicial debe ejercer cautela para no crear normas inflexibles sobre lo que las mujeres y las niñas deberían ser o lo que deberían haber hecho al encontrarse en una situación de violación basándose únicamente en nociones preconcebidas de lo que define a una víctima

que dichos pronunciamientos judiciales estereotipados suponen una vulneración de los derechos reconocidos a las mujeres en la Convención y, por tanto, un incumplimiento de las obligaciones positivas del Estado.

Impone medidas a las autoridades filipinas para reparar a las víctimas y evitar que dichos perjuicios por parte de instituciones públicas se reproduzcan. Entre ellas, "[a]segurar que todos los procedimientos penales relacionados con actos de violación y otros delitos sexuales sean imparciales y justos y no se vean afectados por prejuicios o nociones estereotipadas en relación con el género, la sexualidad femenina y masculina, la edad y la discapacidad de la víctima"[195]. Además, recomienda "[i]mpartir capacitación apropiada y periódica sobre la Convención, su Protocolo Facultativo y las recomendaciones generales del Comité. También sobre los delitos de violación de una forma que los profesionales que intervienen con las víctimas tengan en cuenta las diferencias entre los géneros, a fin de evitar volver a victimizar a las mujeres que han denunciado casos de violación y asegurar que las costumbres y los valores personales no afecten a la toma de decisiones"[196].

En 2012 el Comité de la CEDAW aprobó su dictamen para el caso S. V. P. c. Bulgaria (CEDAW/C/53/D/31/2011) y constató la vulneración del artículo 2 letras a), b), c), e), f) y g), junto con los articulos 1, 3 y 5, párrafos a) y b), el artículo 12 y el artículo 15, párrafo primero de la Convención con base en los siguientes hechos.

La hija de la autora de la comunicación, una menor de siete años, fue víctima de un acto de violencia sexual en 2004 por parte de un vecino de la localidad que le causó una discapacidad psíquica diagnosticada. Transcurridos dos años se dictó auto de procesamiento por un delito de abuso sexual, pese a que de la declaración de la menor y de acuerdo con el Código Penal búlgaro los intentos de penetración podrían haberse subsumido en el tipo penal más grave de intento de violación. Sin embargo, la causa fue archivada en virtud

---

de violación o de violencia basada en el género en general". CEDAW. Vertido c. Filipinas, párr. 8.4 y 8.5.

195 CEDAW. Vertido c. Filipinas, párr. 8.9 y R. P. B. c. Filipinas, párr. 9

196 Ibídem.

de una transacción penal entre la Fiscalía y el acusado. Se suspendió la ejecución de la sentencia y se desestimó la solicitud de indemnización. Cuatro años después de la comisión de los hechos, la madre de la menor consiguió que un tribunal civil, en un procedimiento separado, dictara una sentencia que obligaba al acusado al pago de una indemnización por los daños morales. No obstante, el Estado no garantizó la ejecución del fallo que tuvo que ser reclamado por la demandante. Tampoco garantizó la protección de la víctima dado que tras la agresión el hombre siguió viviendo en unos apartamentos próximos a la vivienda de la menor[197].

Atendiendo al paradigma del deber de diligencia debida de los Estados, el Comité considera que el Estado parte no adoptó medidas positivas destinadas a castigar con eficacia la violación y la violencia sexual y aplicarlas en la práctica mediante una investigación eficaz y el procesamiento del culpable. Tampoco adoptó medidas legislativas que pudiesen entrañar un apoyo y una protección para la víctima de esa violencia, desde una orden de alejamiento, la efectiva indemnización por los daños causados y el tratamiento psicológico para la menor[198].

Por todo ello, las acciones que recomienda el Comité al Estado búlgaro suponen una reconfiguración del sistema de prevención, protección, castigo y reparación en supuestos de violencia sexual.

---

197 CEDAW. S.V.P. c. Bulgaria (CEDAW/C/53/D/31/2011), párr. 2.1-2.5.

198 Ibídem, párr. 9.5. Respecto a las modificaciones legislativas agravando los delitos, el Comité consideró que debían adaptarse a la normativa internacional y a la propia CEDAW para dejar de ser perseguidos como actos de "libertinaje". En este punto cabe precisar que, en el momento en que se cometió el delito, la legislación búlgara contemplaba que en los delitos de "abusos sexuales y violación, incluido el coito con una menor, el agresor no será castigado ni cumplirá la pena que se le haya impuesto si, antes de la ejecución de la sentencia, contraen matrimonio el hombre y la mujer". Para la autora de la comunicación la posibilidad de que el matrimonio subsanara la comisión de una infracción penal contra la libertad y la indemnidad sexual demuestraba que "toda la actitud del Estado frente a las graves violaciones de los derechos de la mujer que representa la violencia sexual está condicionada por los arraigados estereotipos ideológicos de los delitos sexuales, considerados actos de "libertinaje", enmarcados dentro de los delitos contra el honor". De este modo, sostenía que esta solución "recompensa al agresor en lugar de castigarlo y pone de manifiesto la "ideología patriarcal" de la ley" (párr. 3.7 y 9.6)

Insta a 1) modificar la legislación penal en relación a los tipos penales y las medidas de protección tras el cumplimiento de la sentencia por parte del agresor; 2) garantizar mecanismos de reparación económica y de asistencia letrada para la ejecución de sentencias que impongan el pago de una indemnización; 3) implantar protocolos sanitarios para supuestos de violencia sexual contra mujeres y niñas[199].

2.2. Juris II: Corte Interamericana de Derechos Humanos

Se resumen cuatro sentencias de la Corte Interamericana de Derechos Humanos en la que se determina la responsabilidad internacional de los Estados por no haber actuado con la diligencia debida en supuestos de violencia sexual contra mujeres. En ellos se reúnen dos elementos que conviene remarcar. Para la Corte, una de las causas que predetermina la acción insuficiente de las autoridades nacionales es el empleo de estereotipos de género negativos. Su presencia en la toma de decisiones de las autoridades nacionales y del personal al servicio de la Administración de Justicia tiene un efecto discriminatorio sobre las mujeres y condiciona, en perjuicio de la víctima, el desarrollo del proceso[200].

La segunda consideración es que el análisis que la Corte realiza de cada supuesto es contextual. Para determinar la responsabilidad del Estado, valorar la prueba, circunscribir puntualmente los hechos, así como para disponer las medidas de reparación y sopesar la fijación de estándares específicos respecto de las obligaciones de prevenir e investigar violaciones de los derechos humanos, la Corte no efectúa una evaluación aislada sino situada en el contexto feminicida de los Estados[201].

---

199 Ibídem, párr. 10.

200 Corte IDH. Caso González y otras ("Campo Algodonero") c. México, de 16 de noviembre de 2009, párr. 401. Caso Veliz Franco y otros c. Guatemala, de 19 de mayo de 2014, párr. 213. Caso Velásquez Paiz y otros c. Guatemala, de 19 de noviembre de 2015, párr. 180. Caso López Soto y otros c. Venezuela, de 26 de septiembre de 2018, párr. 136.

201 A modo de ejemplo práctico, entiende la Corte IDH que el examen sobre la comisión de un delito de homicidio no puede llevarse a cabo como si de un homicidio más se tratara, sino que es imprescindible aplicar un enfoque de

El primer caso estudiado, referente en el ámbito de la dejación de funciones por parte de las autoridades públicas, es el de González y otras ("Campo Algodonero") c. México, de 16 de noviembre de 2009. La demanda se relaciona con la supuesta responsabilidad internacional del Estado mexicano por la desaparición y el homicidio de tres jóvenes de Ciudad Juárez: Esmeralda Herrera Monreal de quince años de edad, desaparecida el 29 de octubre de 2001; Laura Berenice Ramos Monárrez desaparecida el 22 de septiembre de 2001 con diecisiete años y Claudia Ivette González que tenía 20 años cuando desapareció el 10 de octubre de 2001. El 6 de noviembre se hallaron los cuerpos de las tres mujeres en un campo algodonero[202]. Por el estado en el que se encontraban los cuerpos, se concluyó que las víctimas permanecieron secuestradas y que sufrieron violencia física y sexual con excesiva crueldad antes de su muerte[203].

Tras la denuncia, y conscientes del contexto de violencia contra las mujeres que se vivía en Ciudad Juárez[204], las autoridades mexicanas no adoptaron medidas efectivas. Pese a que el Estado conocía el patrón existente en los feminicidios[205], se realizaron meras formalidades, tomas de declaración, pero ninguna actuación tendente a

---

género que integra las condiciones materiales en las que se suceden los hechos. Corte IDH. Caso González y otras ("Campo Algodonero") c. México, de 16 de noviembre de 2009, párr. 195, 231 y 293. Caso Veliz Franco y otros c. Guatemala, de 19 de mayo de 2014, párr. 65, 129 y 223. Caso Velásquez Paiz y otros c. Guatemala, de 19 de noviembre de 2015, párr. 43, 50 y 133. Caso López Soto y otros c. Venezuela, de 26 de septiembre de 2018, párr. 28 y 143.

202 Corte IDH. Caso González y otras ("Campo Algodonero") c. México, de 16 de noviembre de 2009, párr. 2, 122, 165, 166, 167, 176, 209.

203 Ibídem, párr. 212 y 220.

204 "Los tres homicidios por razones de género del presente caso ocurrieron en un contexto de discriminación y violencia contra la mujer. No corresponde a la Corte atribuir responsabilidad al Estado sólo por el contexto, pero no puede dejar de advertir la gran importancia que el esclarecimiento de la antedicha situación significa para las medidas generales de prevención que debería adoptar el Estado a fin de asegurar el goce de los derechos humanos de las mujeres y niñas en México e invita al Estado a considerarlo". Ibídem, párr. 463.

205 "las mujeres son secuestradas y mantenidas en cautiverio, sus familiares denuncian su desaparición y luego de días o meses sus cadáveres son encontrados en terrenos baldíos con signos de violencia, incluyendo violación u otros tipos de abusos sexuales, tortura y mutilaciones". Ibídem, párr. 125.

reducir el riesgo, ya de por sí elevado, de ser víctima de agresiones extremas[206].

Destaca la Corte que la minimización del riesgo, la estereotipación, la respuesta ineficiente y la indiferencia de las autoridades en cuanto a la investigación de los crímenes permite la perpetuación de la violencia en Ciudad Juárez, genera un clima de impunidad especialmente en delitos de violencia sexual e impide un acceso igual de las mujeres a la justicia[207]. Para la Corte "cuando los estereotipos se reflejan, implícita o explícitamente, en políticas y prácticas, particularmente en el razonamiento y el lenguaje de las autoridades de policía judicial"[208] se agrava la situación de discriminación que sufren las mujeres y son causa y consecuencia de la violencia de género.

Por unanimidad declara la Corte que la actitud negligente de las autoridades mexicanas constituye una vulneración de los derechos a la vida, la integridad y la libertad personal y del deber de no discriminación de las tres jóvenes (reconocidos en los artículos 4.1, 5.1, 5.2 y 7.1 de la Convención Americana, en relación con el artículo 7 b) y c) de la Convención Belém do Pará) y de los derechos de acceso a la justicia y protección judicial de sus familiares (los artículos 8.1 y 25.1 de la Convención Americana, en relación con el artículo 7 b) y c) de la Convención Belém do Pará). En consecuencia, el Estado mexicano debió adoptar una serie de medidas reparatorias. La inclusión de la perspectiva de género en la continuación de las indagaciones y la creación de una línea específica de investigación para la violencia sexual. La perspectiva de género debe ser una temática en los programas y cursos de formación del funcionariado para la superación de los estereotipos sobre la conducta de las mujeres. Las familias de-

---

206 Ibídem, párr. 194 y 279. De hecho, obviaron las primeras horas de búsqueda tras ser informadas de las desapariciones por las madres de las jóvenes a quienes indicaron que debía transcurrir un plazo de setenta y dos horas para dar por desaparecidas a sus hijas. Además, a todas se les justificó la ausencia de sus hijas con que posiblemente se encontraran con sus novios o eran "voladas", trasladando la responsabilidad de lo ocurrido directamente a las víctimas. (párr. 176, 208 y 419).

207 Ibídem, párr. 164 y 400.

208 Ibídem, párr. 401.

berán ser indemnizadas y recibir atención médica por servicios especializados de forma gratuita e inmediata[209].

Los supuestos que siguen son dos denuncias de desaparición en las que se juzga la actuación de las autoridades estatales de Guatemala. En ambas se determina una ausencia de perspectiva de género para abordar los hechos que condiciona la suficiencia de las investigaciones.

En la sentencia de 19 de mayo de 2014, caso Veliz Franco y otros c. Guatemala, la madre de María Isabel Veliz Franco el 17 de diciembre de 2001 denunció ante la Policía Nacional Civil la desaparición de su hija después de que el día anterior, la menor de quince años, saliera a las ocho de la mañana de casa para ir a trabajar y no volviera después de finalizar su turno. El 18 de diciembre fue encontrado el cuerpo sin vida de María Isabel[210], momento en el que los funcionarios policiales iniciaron la investigación pese al anuncio de la Corte sobre la existencia de un deber de garantía de especial intensidad en relación con las niñas[211]. La puesta en conocimiento de la desaparición y el contexto de violencia contra las mujeres que vivía el Estado guatemalteco eran indicios suficientes para iniciar una pronta investigación. El cuerpo de María Isabel presentaba señales de violencia que indicaban que podría tratarse de un homicidio por razones de género[212] pero no consta en el expediente que se realizaran pruebas para averiguar si pudo ser víctima de una agresión sexual. Omisión

---

209 Ibídem, párr. 602.

210 Corte IDH. Caso Veliz Franco y otros c. Guatemala, de 19 de mayo de 2014, párr. 1 y 93. Con la denuncia las autoridades fueron informadas de que habían transcurrido aproximadamente veinte horas desde que la madre viera a su hija por última vez, habiendo realizado la progenitora una primera búsqueda sin resultados y valorando la posibilidad de que su hija hubiera tenido contacto con un hombre desconocido la tarde anterior (párr. 146).

211 Niñez y género femenino interseccionan posicionando a las niñas como "particularmente vulnerables a la violencia". El Estado debe "actuar con la mayor y más estricta diligencia para proteger y asegurar el ejercicio y goce de los derechos de las niñas frente al hecho o mera posibilidad de su vulneración por actos que, en forma actual o potencial implicaren violencia por razones de género o pudieren derivar en tal violencia". Ibídem, párr. 134.

212 La descripción recoge "señales de ahorcamiento, una herida en el cráneo, una cortadura en la oreja y mordiscos en las extremidades superiores; su cabeza estaba envuelta por toallas y una bolsa, y tenía alimentos en su boca y su nariz

esta que fue calificada de "desafortunada" por parte de los funcionarios públicos encargados[213].

Aún más, durante la fase de investigación –que duró más de doce años[214]– se recurrió al historial sexual de la víctima para encontrar los motivos del homicidio desviando la causalidad del mismo hacia la conducta de la víctima, lo que para la Corte constituye una manifestación de actuaciones indagatorias basadas en estereotipos y un incumplimiento del deber de no discriminación[215]. Se abrieron varias líneas de investigación recabando informes en los que constaba que "el alias de María Isabel era "LA LOCA" y se recababan aspectos de su comportamiento, como su forma de vestir, su vida social y nocturna, sus creencias religiosas, la falta de vigilancia por parte de su familia", citando simultáneamente a la madre para indagar y confirmar estos extremos de la vida privada de la menor. Se apuntó a que el móvil del homicidio había sido la "posible infidelidad con algún novio" y que la víctima presentaba "inestabilidad emocional al andar con varios novios y amigos"[216].

La presencia de estos estereotipos de género obliga a la Corte a dedicar un epígrafe sobre "discriminación y falta de investigación con perspectiva de género" dado que su empleo impidió el avance de la instrucción. Se establece que "cuando existan indicios o sospechas concretas de violencia de género, la falta de investigación por parte de las autoridades de los posibles móviles discriminatorios que tuvo un acto de violencia contra la mujer, puede constituir en sí misma una forma de discriminación basada en el género. En consecuencia, el Estado tiene un especial deber de protección frente prácticas de terceros que, bajo su tolerancia o aquiescencia, creen, mantengan o favorezcan las situaciones discriminatorias"[217].

(supra párr. 99), además, la blusa y el bloomer que llevaba estaban rotos en la parte inferior (supra párr. 110)". Ibídem, párr. 178.

213 Ibídem, párr. 111 y 196 b) y g).

214 Lapso de tiempo que desprende una sensación de impunidad por parte del Estado y que impone a la familia una vivencia de dolor prolongada durante años. Ibídem, párr. 222.

215 Ibídem, párr. 209 y 212.

216 Ibídem, párr. 118.

217 Ibídem, párr. 206 y 208.

Esta ausencia de perspectiva de género en la investigación de los homicidios de mujeres deriva en la imputación de responsabilidad al Estado[218]. En concreto, Guatemala fue condenada a reabrir el caso, implementar programas de capacitación para el funcionariado, sufragar un tratamiento médico a la madre de la María Isabel y al pago de una indemnización por haber vulnerado los artículos 1.1, 2, 4.1, 5.1, 8.1, 19, 24, 25.1 de la Convención Americana sobre Derechos Humanos y las obligaciones presentes en el artículo 7 letras b) y c) de la Convención Belém do Pará.

En el caso Velásquez Paiz y otros c. Guatemala, de 19 de noviembre de 2015, al ver que su hija de 19 años no regresaba a casa por la noche, la madre y el padre de Claudina Isabel Velásquez Paiz denunciaron su desaparición. A pesar del contexto de violencia contra las mujeres en Guatemala, los funcionarios no admitieron la interposición de la denuncia hasta pasadas veinticuatro horas. Pese a no existir una norma que indicara expresamente dicho tiempo de espera, no adoptaron medidas inmediatas de búsqueda y protección durante las primeras horas. Con ayuda de familiares y amigos buscaron a su hija durante la madrugada, sustituyendo al Estado en sus funciones. Al día siguiente el cuerpo de la presunta víctima fue encontrado sin vida y con signos de haber sido sometida a actos de violencia[219].

Respetar y garantizar los derechos que la Convención Americana sobre Derechos Humanos y la Convención Belém do Pará reconoce a las mujeres impone a los Estados obligaciones negativas (respeto) y positivas (garantía)[220]. En particular, declara la Corte que una investigación, como obligación de medios, debe contar con las notas de seriedad, imparcialidad y efectividad[221]. Caracteres que no se dieron

---

218 Ibídem, párr. 223.

219 Una herida de proyectil de arma de fuego en la frente, lesiones causadas con posterioridad a la muerte e indicios de violencia sexual por la forma en que se encontraba la ropa (un brasier manchado de sangre que tenía colocado entre el pantalón y la cadera, el zipper del pantalón estaba abajo, el cincho estaba removido, un calzón rosa manchado de sangre y la blusa estaba puesta al revés y la presencia de semen en la cavidad vaginal de la víctima). Corte IDH. Caso Velásquez Paiz y otros c. Guatemala, de 19 de noviembre de 2015, párr. 1, 51, 52, 56, 67, 102, 127 y 129.

220 Ibídem, párr. 10.

221 Ibídem, párr. 143.

ni antes de la desaparición de Claudina Velásquez ni tras confirmar su muerte. Por ello, concluyó por unanimidad que el Estado contravino su deber de preservar el derecho a la vida e integridad personal, a las garantías judiciales y a la protección judicial, a la igualdad ante la ley, al respeto de la honra y el reconocimiento de la dignidad. Derechos consagrados en los artículos 4.1, 5.1, 8.1, 11, 25.1 de la Convención Americana sobre Derechos Humanos y en el artículo 7 de la Convención Interamericana para Prevenir, Sancionar y Erradicar la Violencia contra la Mujer.

Desarrolla la Corte un epígrafe dedicado a la discriminación por aplicación de estereotipos e investigación sin enfoque de género. Frente a justificaciones de crimen pasional o de un perfil victimológico de mujer imprudente e impulsiva[222], "[l]a Corte reconoce, visibiliza y rechaza el estereotipo de género por el cual en los casos de violencia contra la mujer las víctimas son asimiladas al perfil de una pandillera y/o una prostituta y/o una "cualquiera", y no se consideran lo suficientemente importantes como para ser investigados, haciendo además a la mujer responsable o merecedora de haber sido atacada". En este sentido, afirma –y es corroborado por dos peritos– que "fue víctima de estereotipos por ser joven, por haberse encontrado su cuerpo en una zona de pocos recursos, por la forma de vestir y por llevar un aro en el ombligo, y que como resultado se justificó la violencia contra ella y no se investigó su muerte debidamente"[223]. La virtualidad de los estereotipos condujo a una ineficiente, o incluso inexistente, investigación y comportó la invisibilización e impunidad de unos actos constitutivos de violencia de género[224].

Diez años después de que ocurrieran los hechos, la Comisión solicitó al Estado guatemalteco que "adoptara políticas públicas y programas institucionales integrados destinados a eliminar los estereotipos discriminatorios sobre el rol de las mujeres y que promoviera la erradicación de patrones socioculturales discriminatorios que impiden su acceso pleno a la justicia, que incluyeran programas de capacitación para funcionarios públicos en todos los sectores del Estado,

---

222 Ibídem, párr. 186-189.
223 Ibídem, párr. 137, 181 y 182.
224 Ibídem, párr. 197.

incluyendo el sector educación, las ramas de la administración de la justicia y la policía, y políticas integrales de prevención"[225].

En el siguiente caso, López Soto y otros c. Venezuela, de 26 de septiembre de 2018, una mujer de dieciocho años de edad fue secuestrada por un desconocido cuando salía de su residencia en marzo de 2001[226]. Durante cuatro meses estuvo retenida en hoteles y apartamentos sufriendo actos de violencia física, psicológica y sexual[227]. El 19 de julio, encontrándose sola y sin amarres debido a su estado de desvalimiento, salió al balcón a pedir ayuda. Fue rescatada por el cuerpo de policías y bomberos y precisó once meses de ingreso hospitalario para curar las lesiones. Necesitó someterse a quince intervenciones quirúrgicas de reconstrucción de labios, nariz, mandíbula, pabellón auricular y vagina, presentando signos de violencia sexual. Recibió tratamiento psicológico-psiquiátrico y fue diagnosticada de trastorno de estrés postraumático[228].

---

225 Ibídem, párr. 259.

226 La hermana de Linda recibió una llamada telefónica de una persona desconocida diciendo que "Linda no iba a regresar a la casa". Intentó denunciar la desaparición de su hermana en seis ocasiones, pero no fue admitida por las autoridades que consideraban que "seguro ellos eran pareja". Finalmente, la denuncia fue tramitada como delito de amenazas de muerte, pero la familia nunca tuvo conocimiento de ninguna acción adoptada tras la interposición de la denuncia pese a conocer la identidad de la persona denunciada. Era hijo del rector de la Universidad Nacional Abierta, conocedor éste último de las actuaciones de su hijo.

227 Durante los meses del secuestro, Linda fue sometida a actos de violencia sexual diarios y reiterados, malos tratos físicos (zonas del rostro, los pabellones auriculares, el tórax y el abdomen, la nariz y la mandíbula, mordeduras en los labios, mamas y pezones, quemaduras con cigarrillos en la cara y el cuerpo), amenazas con arma de fuego, consumo de estupefacientes y medicamentos. Además, el agresor la obligó a visionar películas pornográficas, a cocinar y a permanecer desnuda bajo amenazas de muerte sobre su familia. Durante las noches y cuando se quedaba sola la esposaba para evitar que escapara. En ocasiones fingían ser pareja y los gritos que el vecindario escuchaba se justificaban como problemas de pareja. El acusado llamaba a la hermana de Linda para decirle que todo iba bien e imponía los contactos telefónicos o escritos que la víctima debía tener con su familia, normalmente en forma de insultos y notas de desprecio. Hubo algún intento de rescate por parte de la hermana, pero manipulado por el agresor que apareció en el lugar acordado sin la víctima.

228 Corte IDH. Caso López Soto y otros c. Venezuela, de 26 de septiembre de 2018, párr. 59-75 y 114.

Por irregularidades en el proceso en 2004 tuvo lugar el primer juicio en el que el tribunal consideró que Linda había sido objeto de abuso sexual, dadas las características que presentaba su vagina, pero que su testimonio no había podido ser confirmado por corroboraciones periféricas ("no se había establecido el responsable de los delitos imputados, ni las circunstancias de tiempo y modo en que habrían sucedido") por lo que dictó sentencia absolutoria[229]. También fue absolutorio el fallo por delito de violación en el segundo juicio por lo que fue finalmente condenado por los delitos de privación ilegítima de libertad y lesiones personales gravísimas.

Sin embargo, la Corte calificó lo sucedido como esclavitud sexual[230]. Consideró que la actuación del Estado venezolano suponía una vulneración de los deberes de prevención, de las obligaciones estatales frente a la prohibición absoluta de la tortura y de tratos crueles, inhumanos y degradantes y de la obligación de investigar en un plazo razonable. Siendo, por tanto, internacionalmente responsable de la infracción de los delitos reconocidos en los artículos 3, 5.1, 5.2, 6.1, 8,1, 7.1, 11.1, 11.2, 22 y 24 de la Convención Americana sobre Derechos Humanos, en relación con el artículo 1.1 de la misma, el artículo 7.a) y 7.b) de la de la Convención Belém do Pará y los artículos 1, 6 y 8 de la Convención Interamericana para Prevenir y Sancionar la Tortura, en perjuicio de Linda Loaiza López Soto. Desde un enfoque multidisciplinar dispuso un conjunto de veintisiete medidas consistentes en la reapertura del caso, la depuración de responsabilidades públicas, el tratamiento médico psicológico-psiquiátrico a la víctima y sus familiares de manera gratuita e inmediata, el otorgamiento de becas de estudios para la víctima y sus hermanos, la mejora del funcionamiento de la Administración de Justicia (protocolización y capacitación), incorporación de un programa de educación permanente bajo el nombre de "Linda Loaiza" en el Sistema Nacional de Salud dedicado a la igualdad y la violencia de género, la creación de una base de datos estadística y la indemnización por los daños sufridos[231].

---

229 Ibídem, párr. 89.

230 Ibídem, párr. 176-182.

231 Ibídem, párr. 396.

Además, en su escrito la Corte realiza dos apreciaciones que cabe resaltar. La primera de ellas podría enmarcarse en las obligaciones positivas del Estado tanto sustantivas, para garantizar que no se ponga en peligro la vida de la persona (penalizar la conducta lesiva), como procesales, encaminadas a determinar la responsabilidad de la persona que ha privado o ha puesto en peligro el derecho a la vida o a la integridad psicofísica de otra persona y sancionarla (asegurar una instrucción inmediata, rápida y efectiva). En este sentido, en los delitos de violación la legislación venezolana preveía la cesación de los procesos penales en trámite y la suspensión de la ejecución de la condena si la víctima y el agresor contraían matrimonio después de que el delito se hubiera cometido. Si no lo hacían, el autor del delito era condenado por la vía civil a la a la entrega de una dote, siempre y cuando aquella fuera viuda, soltera u honesta[232]. Esta exoneración de la responsabilidad por la celebración de un matrimonio podría considerarse un incumplimiento de las obligaciones sustantivas del Estado.

En segundo lugar, la Corte advierte que “la falta de formación y de conocimiento en materia de género por parte de los operadores estatales de las instituciones relacionadas con la investigación y administración de justicia, y la vigencia de estereotipos que restan credibilidad a las declaraciones de las mujeres víctimas, constituyen factores fundamentales que, junto a los altos índices de impunidad en casos de esta naturaleza, conllevan a que las mujeres decidan no denunciar hechos de violencia o no proseguir con las causas iniciada”[233].

La sentencia contiene un epígrafe específico sobre la “utilización de estereotipos de género perjudiciales durante la investigación y juzgamiento”. Se inicia con la definición de estereotipo de género mostrando cómo su uso es causa y consecuencia de la violencia de género que puede verse agravada cuando los prejuicios se manifiestan, de forma implícita o explícita, en el discurso de las autoridades estatales[234]. En este caso, el discurso adopta la forma de sentencia judicial y los estereotipos se refieren a la posible relación de pareja entre

[232] Ibídem, párr. 108.
[233] Ibídem, párr. 220.
[234] Ibídem, párr. 235.

la víctima y el agresor por lo que, como problema privado, podría quedar al margen de la intervención pública, a una supuesta promiscuidad de la víctima y al recurso a la historia sexual de la víctima para comprobar sus antecedentes y otorgar mayor o menor credibilidad a su declaración[235]. Reconoce la Corte "que los prejuicios personales y los estereotipos de género afectan a la objetividad de los funcionarios estatales encargados de investigar las denuncias que se les presentan, influyendo en su percepción para determinar si ocurrió o no un hecho de violencia, en su evaluación de la credibilidad de los testigos y de la propia víctima. [...] Cuando se utilizan estereotipos en las investigaciones de violencia contra la mujer se afecta el derecho a una vida libre de violencia, más aún en los casos en que su empleo por parte de los operadores jurídicos impide el desarrollo de investigaciones apropiadas, denegándose, además, el derecho de acceso a la justicia de las mujeres. A su vez, cuando el Estado no desarrolla acciones concretas para erradicarlos, los refuerza e institucionaliza, lo cual genera y reproduce la violencia contra la mujer"[236].

2.3. Juris III: Tribunal Europeo de Derechos Humanos

Por lo que respecta a la jurisprudencia del Tribunal Europeo de Derechos Humanos, en la STEDH B. c. República de Moldavia, núm. 61382/09, de 16 de julio de 2013 se estudia un caso de violencia de género en el seno de una pareja con dos criaturas que, tras divorciarse, mantienen la convivencia en el domicilio de la mujer. Se denuncian actos continuados de violencia física y psicológica, así como dos intentos de agresión sexual no consumados por la resistencia opuesta por la víctima, corroborados por informes médicos. De estos hechos tuvieron conocimiento las autoridades policiales y judiciales, imponiendo sanciones administrativas y monitorizando al hombre como "family trouble-maker" en las bases del sistema. Se adoptó una orden de alejamiento, prohibiendo contactar o aproximarse a la víctima a una distancia mínima de 200 metros. Sin embargo, el Tribunal rechazó la petición de la mujer y mantuvo que el agresor permaneciera en

---

235 Ibídem, párr. 237-238.
236 Ibídem, párr. 236.

el domicilio familiar, vaciando de contenido la medida de protección dado que no había quedado acreditado que el padre ejerciera violencia física y/o psicológica sobre los menores[237]. Tampoco investigó las referidas agresiones sexuales tras la retirada de la denuncia de la víctima, hecho que condicionó la valoración del riesgo por parte de las autoridades[238]. Por todo ello, la mujer denunció la vulneración de los artículos 3 y 8 del Convenio Europeo de Derechos Humanos (CEDH) y el Tribunal Europeo de Derechos Humanos (TEDH) lo confirma. Para la Corte, las autoridades eran conocedoras de la realidad de maltrato que sufría la denunciante y, pese a intervenir, no acordaron las medidas suficientes para proteger y prevenir los siguientes actos de violencia que se sucedieron[239]. Por tanto, el Estado incumplió las obligaciones positivas relativas a la prohibición de la tortura y de tratos inhumanos o degradantes y al respeto a la vida privada y familiar por lo que la víctima debe ser indemnizada[240].

El mismo Tribunal se ha pronunciado en dos ocasiones en contra del Estado de Bulgaria por vulnerar los preceptos 3 y 8 del CEDH. En M.C. c. Bulgaria, núm. 39272/98, de 16 de julio de 2003, la demandante alegó haber sido violada por dos jóvenes, amigos entre sí y conocidos por ella, en dos días consecutivos cuando tenía catorce años. Frente a dicha acusación, los demandados fundamentaron su defensa en el consentimiento de la víctima para mantener relaciones sexuales. Uno de ellos llegó a pedir matrimonio a la madre de la joven como muestra de aquiescencia. Ella, en cambio, argumentó que en todo momento mostró su negativa, se resistió y, pese a ello, no pudo evitar los hechos[241]. El tribunal búlgaro, en cambio, paralizó la investigación al considerar que no quedaba probado el uso de la fuerza, las amenazas ni la resistencia por parte de la víctima y, por

---

237 STEDH. Caso B. c. República de Moldavia, núm. 61382/09, de 16 de julio de 2013, párr. 7-20.

238 Ibídem, párr. 54.

239 Ibídem, párr. 51 y 74.

240 Ibídem, párr. 60 y 78.

241 STEDH. Caso M.C. c. Bulgaria, núm. 39272/98, de 16 de julio de 2003, párr. 10-43.

tanto, no podía confirmarse la plena negativa a mantener relaciones sexuales[242].

Respecto a la existencia de preconcepciones sobre qué es o cómo debería ser una agresión sexual y sobre la sexualidad de las mujeres por parte de las autoridades judiciales es particularmente ilustrativa la siguiente cita que se recoge del tribunal búlgaro: "[l]o que es decisivo en el presente caso es que no se ha establecido, más allá de toda duda razonable, que se haya utilizado la fuerza física o psicológica contra la demandante y que las relaciones sexuales hayan tenido lugar contra su voluntad y a pesar de su resistencia. No hay rastros de fuerza física como moretones, ropa desgarrada, etc… Es cierto que no es habitual que una chica menor de edad y virgen tenga relaciones sexuales dos veces en un corto espacio de tiempo con dos personas diferentes, pero este hecho por sí solo no es suficiente para establecer que se produjo un acto delictivo, ante la falta de otras pruebas y ante la imposibilidad de reunir más pruebas"[243]. La configuración de un patrón de conducta en las agresiones sexuales conlleva la inexistencia de una investigación efectiva y la paralización del proceso.

El fallo del TEDH no solo reconoce el incumplimiento de los artículos 3 y 8 del Convenio y una indemnización en favor de la demandante, sino que apuntala la definición de violación de acuerdo al marco jurídico internacional. Desplaza la atención sobre la resistencia física activa de la víctima hacia la ausencia de consentimiento y sostiene que la inexistencia de una investigación sensible al contexto en el que ocurrieron los hechos impidió valorar adecuadamente la reacción de la menor y cuestionar los testimonios de los hombres[244].

En el segundo supuesto, S.Z. c. Bulgaria, núm. 29263/12, de 3 de marzo de 2015, la demandante es una mujer que con veintidós años de edad fue víctima de un secuestro y una detención ilegal por parte de un grupo de siete hombres —entre ellos dos policías— que

---

242 Ibídem, párr. 65

243 Traducción no oficial de la autora. Texto original disponible en: STEDH. Caso M.C. c. Bulgaria, núm. 39272/98, de 16 de julio de 2003, párr. 65.

244 Ibídem, párr. 156, 159, 171, 177 y 180.

pertenecía a una red prostitución[245]. La demandante sustenta la vulneración del artículo 3 del CEDH en la ineficacia de los tribunales nacionales para conocer su caso que duró catorce años y en el que se celebraron veintidós audiencias, diez de las cuales fueron aplazadas por irregularidades en las citaciones de los acusados o testigos. Dicha dilación indebida, considerada como actuación negligente del Estado por parte del TEDH, supuso la prescripción de algunos delitos[246].

Es relevante señalar que, por lo que respecta al delito de violación, la fiscalía rechazó su investigación al considerar que no disponía de elementos de prueba suficientes, solo la declaración de la víctima[247], desconociendo el contexto de clandestinidad en el que se cometen dichos actos. Para el TEDH "[l]a obligación de llevar a cabo una investigación efectiva es una obligación de medios y no de resultados. Si bien este requisito no significa, por lo tanto, que todos los procedimientos penales deban dar lugar a una condena o incluso a una sentencia concreta, las autoridades judiciales nacionales no deben estar dispuestas en ningún caso a permitir que las violaciones de la integridad física y moral de las personas queden impunes. La limitación de las actuaciones penales debido a la inactividad de las autoridades competentes puede, por tanto, haber llevado a la Corte a la conclusión de que no se han respetado las obligaciones positivas del Estado"[248]. Por ello, condenó al Estado búlgaro a indemnizar a la demandante por los daños morales y en concepto de costas.

2.4. Juris IV: Tribunal Supremo

Por último, resulta imprescindible acudir al caso de "La Manada" en España. Tras una primera sentencia de condena por abusos

---

245 Durante 48 horas que fue retenida en un apartamento donde sufrió agresiones físicas y sexuales. Consiguió escapar y desde una casa vecina avisar a la policía. Fue internada en un centro psiquiátrico, ya que durante la primera declaración ante la policía intentó suicidarse. STEDH. Caso S.Z. c. Bulgaria, núm. 29263/12, de 3 de marzo de 2015, párr. 6-21.

246 Ibídem, párr. 49.

247 Ibídem, párr. 12.

248 Ibídem, párr. 46.

sexuales en la Audiencia Provincial de Navarra[249] que contó con un voto particular y una sentencia que confirma la condena por abusos sexuales con prevalimiento del Tribunal Superior de Justicia de Navarra[250] con dos votos particulares, el Tribunal Supremo falló que los hechos probados eran constitutivos de un delito continuado de violación de los artículos 178 y 179 CP, con las agravaciones específicas del art. 180.1. 1ª y 2ª[251]. Esta calificación enmendó las de las resoluciones anteriores, aunque siguió sin aplicarse la agravante de género del artículo 22.4 CP.

La magistrada ponente previene de la posible existencia de estereotipos en los delitos contra la libertad sexual, ya que "han sido un exponente claro de la función de las normas jurídicas en la recreación de los estereotipos y roles sociales que han definido durante siglos la distribución desigual de derechos y obligaciones, discriminando las posibilidades de las mujeres"[252]. Ideas preconcebidas que no solo interfieren en la valoración de la prueba sino en la construcción de los hechos probados.

Sobre la importancia del relato fáctico se pronuncia el Tribunal Supremo en dos ocasiones. En ambas para criticar de inexplicable la ausencia de determinados elementos determinantes en el *factum* de la sentencia recurrida. En primer lugar, sobre la situación en la que se hallaba la víctima. La mujer había consumido bebidas alcohólicas y se encontraba bajo sus efectos en el momento de la agresión. Los vídeos grabados por los acusados que forman parte del acervo probatorio muestran que "la denunciante estaba agazapada, acorralada contra la pared por dos de los procesados y gritando"[253]. En segundo lugar, para describir el trato vejatorio y humillante que agrava el tipo penal. Hace constar el Tribunal Superior de Justicia de Navarra que "en más de una ocasión, se practicaron por los acusados de forma simultánea, penetra-

---

249 SAP de Navarra, Sección 2ª, núm. 38/2018, de 20 de marzo de 2018 (Roj: 86/2018).

250 STSJ de Navarra, Sala de lo Civil y Penal, núm. 7/2018, de 30 de noviembre (Roj: 473/2018).

251 STS, Sala de lo Penal, Sección 1ª, núm. núm. 344/2019, de 4 de julio (Roj: 2200/2019).

252 Ibídem, FJ 5º-3.

253 Ibídem, FJ 5º-8.

ciones por vía vaginal, anal o bucal sobre la denunciante". También se hace referencia a las fotografías en la que el gesto de algunos de los procesados "manifiesta, jactancia, ostentación y alarde, por la actuación que está realizando, con desprecio y afrenta a la dignidad de la denunciante", incluso revela una actitud triunfadora[254].

Los hechos objeto de enjuiciamiento sintetizan que en la madrugada del 7 de julio de 2016 la víctima de dieciocho años conoció en las fiestas de Pamplona a un grupo de cinco hombres de entre veinticuatro y veintisiete años. Sobre las tres de la madrugada la denunciante les informó que quería descansar en su coche y ellos se ofrecieron a acompañarla. De camino al vehículo dos de los procesados se acercaron al Hotel Europa y le pidieron al encargado de controlar el acceso "una habitación por horas para follar", sin que la denunciante escuchara esa petición al encontrarse alejada. Siguieron caminando cuando uno de los procesados incomodó a la víctima cogiéndola del hombro y de la cadera.

En ese momento uno de los procesados vio que una mujer accedía a un portal y simulando que vivía allí entraron al mismo. Mientras, uno de los procesados y la víctima estaban besándose, pero ante la invitación de entrar, él y otro de los jóvenes la apremiaron a hacerlo cogiéndola de las manos de forma repentina sin violencia. Le dijeron que no hablara, la guiaron hasta un habitáculo de tres metros cuadrados y la rodearon[255]. Aprovechándose de la situación la víctima fue penetraba bucal, vaginal y analmente mientras era grabada y se

254 Ibídem, FJ 6º-4.

255 Según recoge la sentencia, "[a]l encontrarse en esta situación, en el lugar recóndito y angosto descrito, con una sola salida, rodeada por cinco varones, de edades muy superiores y fuerte complexión, conseguida conforme a lo pretendido y deseado por los procesados y querida por estos, "la denunciante" se sintió impresionada y sin capacidad de reacción. En ese momento notó como le desabrochaban la riñonera que la llevaba cruzada, como le quitaban el sujetador sin tirantes abriendo un clip y le desabrochaban el jersey que tenía atado a la cintura; desde lo que experimentó la sensación de angustia, incrementada cuando uno de los procesados acercó la mandíbula de la denunciante para que le hiciera una felación y en esa situación, notó como otro de los procesados le cogía de la cadera y le bajaba los leggins y el tanga. "La denunciante", sintió un intenso agobio y desasosiego, que le produjo estupor y le hizo adoptar una actitud de sometimiento y pasividad, determinándole a hacer lo que los procesados le decían que hiciera, manteniendo la mayor parte del tiempo los ojos cerrados". Ibídem, FJ 4.

le tomaban fotografías. Según quedó registrado en uno de los vídeos, en 1 minuto y 38 segundos llegaron a agredirla sexualmente en diez ocasiones. Actuaron de mutuo acuerdo y se marcharon escalonadamente. Uno de los procesados se apoderó del móvil de la víctima. La joven se vistió y salió a la calle llorando. Fue encontrada por una pareja en un banco que llamó al 112. Se personó una patrulla de la Policía Municipal y fue trasladada a un centro hospitalario. A la mañana siguiente los cinco hombres fueron detenidos.

Para apreciar cómo la narración condiciona el resultado puede comprobarse la incompatibilidad de estos hechos probados con los que recoge el voto particular de la Sentencia de la Audiencia Provincial de Navarra.

Para el Magistrado, la víctima escuchó la conversación de los procesados con el portero del Hotel Europa en la que buscaban "una habitación para follar" muestra de su complacencia con la situación. Seguidamente, "entró en compañía de los cinco acusados al portal" y en "una especie de rellano [...] mantuvieron una serie de relaciones sexuales consistentes en la práctica de felaciones a todos los varones, penetraciones vaginales realizadas por José Ángel Prenda, Alfonso Jesús Cabezuelo y Jesús Escudero quien la penetró también analmente; asimismo José Ángel Prenda practicó "un beso negro" a la denunciante y esta otro a él, sin que dicha denunciante les expresase ni de palabra ni con gestos, ni de ninguna manera, su disconformidad, creyendo en todo momento, los dichos cinco acusados, que ella estaba conforme con los actos sexuales que entre ellos mantuvieron, ni, por lo demás, conste acreditado que la denunciante durante las referidas relaciones sexuales se encontrase en una situación de shock o bloqueo que le hubiese impedido comunicar a los cinco acusados, si así lo hubiere querido, que su deseo no era el de mantenerlas"[256].

Para argumentar jurídicamente la absolución el Magistrado mantiene que: 1) "el deseo de aquella noche no era irse al coche, tal y como ella misma reiteradamente afirmó en juicio, sino continuar la fiesta; que pudiendo haber localizado a A. a través de WhatsApp no

---

256 Voto particular, hechos probados. SAP Navarra, núm. 38/2018, de 20 de marzo, pp. 137-138.

llegó ni siquiera a intentarlo y que el resultado de la llamada de teléfono fue retrasar la cita que habían convenido para después del concierto posponiéndola hasta la hora del encierro" y 2) que "al margen de cuales fueran las motivaciones o las intenciones de los demás, el ambiente que había entre ellos era en apariencia cuanto menos amigable y sin asomo de hostilidad o conminación por parte de los cinco acusados"[257]. Se pronuncia sobre el estado de la víctima para resaltar que "la innegable expresión relajada, sin asomo de rigidez o tensión, de su rostro que impide sostener cualquier sentimiento de temor, asco, repugnancia, rechazo, negativa, desazón, incomodidad…, y que resulta incompatible con la situación que dice estar viviendo y que según afirma la dejó paralizada"[258].

Lo significativo en el caso de La Manada es que la construcción de los hechos y, por tanto, el convencimiento sobre lo ocurrido no proviene en exclusiva del relato de la víctima y de los acusados como ocurre en la mayoría de los casos de agresiones sexuales. En esta ocasión hay fotografías y vídeos. Lo importante entonces es que, tras el visionado de unas grabaciones y unas imágenes el proceso interno de interpretación de los hechos y su ajuste al derecho penal los lleva a armar relatos y, en consecuencia, fallos incompatibles en derecho: absolución y condena.

La discrepancia se concreta en si las relaciones sexuales mantenidas fueron consentidas o no. La defensa de los procesados sostiene que hubo un acuerdo previo y los actos sexuales se realizaron con la aquiescencia de la víctima. Se apoyan en la ausencia de lesiones como prueba de descargo. La Audiencia Provincial rechaza tal posicionamiento y, pese a considerar que no actuaron de manera intimidatoria, estima "que los procesados conformaron de modo voluntario una situación de preeminencia sobre la denunciante, objetivamente apreciable, que les generó una posición privilegiada sobre ella, aprovechando la superioridad así generada, para abusar sexualmente de la denunciante quien de esta forma no prestó su

---

257 Voto particular, fundamentos jurídicos. SAP Navarra, núm. 38/2018, de 20 de marzo, FJ 2, letra e) pp. 197-220.

258 Voto particular, fundamentos jurídicos. SAP Navarra, núm. 38/2018, de 20 de marzo, FJ 2, letra e) p. 222.

consentimiento libremente, sino viciado, coaccionado o presionado por tal situación"[259].

Mantienen el argumento de la voluntariedad de la víctima en sede de apelación ante el Tribunal Superior de Justicia llegando a alegar la incondicionalidad del consentimiento de la mujer en los siguientes términos: "[l]os acusados también tenían inhibidas sus facultades cognitivas por el alcohol, y en un estado de euforia han podido creer legítimamente en el consentimiento incondicional y en la participación activa de la denunciante"[260]. En un sentido similar se pronuncia el magistrado en el voto particular para el que la no exteriorización de una negativa explícita o implícita invita a aceptar las relaciones sexuales[261].

Planteamientos como este llevan al Tribunal Supremo a diferenciar entre consentimiento y sometimiento y a recuperar el marco legislativo presente en el Convenio de Estambul. Según el Alto Tribunal, "la intimidación hizo que la víctima adoptara una actitud de sometimiento, que no de consentimiento, lo que según el relato de hechos probados los procesados conocían, y además aprovecharon la situación de la denunciante metida en el citado cubículo al que la habían conducido para realizar con ella diversos actos de naturaleza sexual, con ánimo libidinoso y actuando de común acuerdo. Sin que el relato de hechos describa situación alguna previa de prevalimiento, por lo que en definitiva el mismo es inexistente"[262]. Partiendo de la referencia que en el artículo 36.2 del Convenio de Estambul se hace al consentimiento —que "debe prestarse voluntariamente como manifestación del libre arbitrio de la persona considerado en el contexto de las condiciones

---

259 SAP Navarra, núm. 38/2018, de 20 de marzo, FJ 3, letra c) p. 99.

260 STSJ Navarra, Sala de lo Civil y Penal, núm. 7/2018, de 30 de noviembre, FJ 9 pp. 31-32.

261 "Lo que sin duda resulta de ella [de la declaración de la víctima] en cuanto al hecho nuclear de la acusación es que su voluntad de no mantener las relaciones sexuales que tuvieron lugar en el portal quedó completamente silenciada en su fuero interno y no fue transmitida, insinuada, ni comunicada de ninguna manera en absoluto. Ni siquiera tácitamente, porque su sometimiento, si fue tal, se tradujo en tal apariencia de aceptación que no permite establecer que pudiera siquiera ser percibido o intuido por los acusados". Voto particular, fundamentos jurídicos. SAP Navarra, núm. 38/2018, de 20 de marzo, FJ 2º, letra e) p. 223.

262 STS, núm. 344/2019, de 4 de julio, FJ 5º 7.

circundantes"— concluye el Tribunal Supremo que es imposible entender como voluntad la ausencia de resistencia física.

Los hechos probados se subsumen en un tipo penal y la forma en que son interpretados permite reconocer en los mismos la concurrencia de violencia o intimidación que delimita la frontera entre un delito de agresiones sexuales o de abusos sexuales. Ni la Audiencia Provincial ni el Tribunal Superior de Justicia de Navarra encuentran en los hechos elementos que determinen que hubo violencia o intimidación, tampoco intimidación ambiental. Sin embargo, dos magistrados del TSJ en su voto particular y el Tribunal Supremo sí consideran que los cinco procesados intimidaron a la víctima. Recuperan fragmentos de la sentencia de la Audiencia Provincial de Navarra que describen ese ambiente intimidatorio que anuló a la mujer.

Sobre el estado de la víctima en el momento de los hechos, la sentencia reconoce que "[e]s inocultable que la denunciante, se encontró repentinamente en el lugar recóndito y angosto descrito, con una sola salida, rodeada por cinco varones, de edades muy superiores y fuerte complexión; al percibir esta atmósfera se sintió impresionada y sin capacidad de reacción. En ese momento notó como le desabrochaban la riñonera que la llevaba cruzada, como le quitaban el sujetador sin tirantes abriendo un clip y le desabrochaban el jersey que tenía atado a la cintura; desde lo que experimentó la sensación de angustia, incrementada cuando uno de los procesados acercó la mandíbula de la denunciante para que le hiciera una felación y en esa situación, notó como otro de los procesados le cogía de la cadera y le bajaba los leggins y el tanga. Sintió un intenso agobio y desasosiego, que le produjo estupor y le hizo adoptar una actitud de sometimiento y pasividad, determinándole a hacer lo que los procesados le decían que hiciera, manteniendo la mayor parte del tiempo los ojos cerrados"[263].

Del visionado de los vídeos se describe a la víctima con "rictus ausente, ojos cerrados, ausencia, embotamiento de sus facultades superiores, pasividad, sometimiento, sumisión, ausencia de fuerza y vigor, acorralada, agazapada, gritando"[264]. Incluso hacen referencia al

263 SAP Navarra, núm. 38/2018, de 20 de marzo, FJ 3, letra b) p. 56.

264 SAP Navarra, núm. 38/2018, de 20 de marzo, FJ 3, letra b) pp. 60, 63, 68 y 73.

fenómeno de inmovilidad tónica que experimentan muchas mujeres en supuestos de violencia sexual. Una respuesta cerebral involuntaria ante una situación de peligro que bloquea la capacidad de raciocinio y disminuye la capacidad de movimiento para reducir las probabilidades de daño ante un ataque. En palabras de los magistrados, "frente a una situación en la que la persona siente que su vida corre peligro, se obvió la actuación de pensamiento racional, del cerebro superior en la que se ponderan las diversas posibilidades y se actúa con el cerebro primitivo donde está el sistema límbico"[265].

Hace una mención a la victimización secundaria que ha padecido la víctima tanto por la mediatización del caso, como por la existencia de las grabaciones que podían facilitar que otras personas la identificaran y por el desarrollo mismo del proceso. Pese a que los informes no fueron empleados como medio probatorio, la víctima fue objeto de seguimientos por detectives privados de los acusados lo que para el Tribunal Supremo supone una intromisión en la intimidad[266].

---

265 SAP Navarra, núm. 38/2018, de 20 de marzo, FJ 3, letra b) p. 75.

266 El Juzgado de Instrucción número 40 de Madrid archivó la denuncia presentada acusando a las detectives por un delito de revelación de secretos contra la intimidad personal. Sin embargo, la Audiencia Provincial de Madrid (sección 14) sí aprecia "indicios de delito" en los seguimientos realizados cuando ella trataba de rehacer su vida utilizados para desacreditar a la joven.

Capítulo tercero

Estereotipos en los tribunales y miopía judicial

Como se ha visto en los casos que preceden, la estereotipación antepone el adverbio de negación a las funciones de los tribunales: no investigación, no evitación, no castigo, no reparación.

No toda narrativa de opresión importa al Derecho, pero sí aquellas que directamente tienen lugar en su área de influencia. Tal y como anotó CUGAT MAURI ya en 1993, "si estos estereotipos contradicen los valores constitucionales, como el de igualdad y no discriminación por razón de sexo (art. 1 y 14 de la Constitución), [...] el juez, en virtud del artículo 9.2 del mismo texto legal, está obligado a "promover las condiciones para que la libertad y la igualdad del individuo y de los grupos en que se integra sean reales y efectivas", a lo que se opondría una utilización de estereotipos "inconstitucionales" que además por la fuerza del "precedente", acaban elevándose a la categoría de "elementos típicos de hecho", o "presunciones *iure et de iure*", con efectos tan reales como discriminatorios"[267].

Esta apreciación dirige la mirada analítica a la fase probatoria, momento del procedimiento en el que corresponde revestir los posicionamientos (acusatorio, condenatorio o absolutorio) con los argumentos jurídicos y la relación de hechos. Para cada postura se elabora un discurso fundamentado en pruebas, pero en el que pueden aparecer ideas preconcebidas, patrones y sesgos cognitivos que orienten esos mismos elementos de prueba y la formulación misma de la acusación, la defensa y la decisión final. Como bien recuerdan DE LA ROSA RODRÍGUEZ y SANDOVAL NAVARRO, "a fin de cuentas, cuando termina sus labores, en el momento en que el juez se retira la toga, solo queda un individuo más, con afectos, carencias,

---

[267] CUGAT MAURI, Miriam, "La ambivalencia de la protección de la libertad sexual. Jurisprudencia del Tribunal Supremo sobre el delito de violación", *Jueces para la democracia*, núm. 20, 1993, p. 83.

angustias, pensamientos propios y una vasta lista de características personales"[268].

Los planteamientos en torno a la naturaleza de los juzgadores han descartado la representación del juez como ser autómata en su función de interpretar y aplicar las normas. La mutabilidad de la sociedad, la multiplicidad de conflictos y la fluctuación de las valoraciones humanas imponen un ejercicio adaptativo de la legislación al caso concreto alejado de expresiones taxativas[269]. Además, el Derecho no es ajeno a la existencia de sesgos cognitivos fácticos y normativos, condicionando tanto la apreciación de los hechos como la posterior interpretación y aplicación de la norma[270], lo que descarta de nuevo la resolución mecánica de los asuntos.

Las preconcepciones, al tratarse de elementos naturalizados, son difícilmente modificables por lo que resulta necesario proceder a un ejercicio de identificación. Su reconocimiento previo permite descartar de la argumentación jurídica mitos y generalizaciones que homogeinizan a las mujeres con efectos perjudiciales. Dada la inevitabilidad del estereotipo por su funcionalidad como atajo cognitivo, el esfuerzo debe dirigirse a realizar un ejercicio de autoconciencia, para que los operadores jurídicos sean capaces de localizar la presencia de estereotipos e intentar articular las herramientas disponibles para su bloqueo.

I. ¿CUÁNDO LOS ESTEREOTIPOS SON RELEVANTES EN SEDE JUDICIAL?

Al nacer a las niñas se les perforan las orejas, se las viste de color de rosa y se les tiene preparada una muñeca y una cocina de juguete.

---

268 DE LA ROSA RODRÍGUEZ, Paola y SANDOVAL NAVARRO, Víctor David, "Los sesgos cognitivos y su influjo en la decisión judicial. Aportes de la psicología jurídica a los procesos penales de corte acusatorio", *Revista Derecho Penal y Criminología*, Vol. 37, núm. 102, 2016, p. 152.

269 VIVES ANTÓN, Tomás Salvador, "La responsabilidad de los jueces en el proyecto de Ley Orgánica del Poder Judicial", *Estudios Penales y Criminológicos*, Vol. IX, núm. 40, 1986, p. 264.

270 MUÑOZ ARANGUREN, Arturo, "La influencia de los sesgos cognitivos en las decisiones jurisdiccionales: el factor humano. Una aproximación", *Indret: Revista para el Análisis del Derecho*, núm. 2, 2011, p. 16.

A los niños se les dejan las orejas intactas, se les combina la ropa en tonos azules y se les guarda un coche y un bláster para cuando sean más mayores. En las guarderías cuando la profesora avisa a *los niños* para ir al recreo, algunas niñas permanecen inmóviles. Ellos tienen un mayor control del espacio y en el colegio ocupan el patio con un campo de fútbol en el centro. Las niñas no juegan a la pelota, ellas habitan la periferia de los recreos. Ellos no lloran, ellas sí. Ellas no gritan, ellos sí. La socialización de las mujeres en el deseo, la pasión y el culto al cuerpo conlleva unos cánones de belleza deshumanizadores y una exigencia real de querer-ser a través de la imagen que en ocasiones puede llevar a la frustración. La mujer delgada, elevada por unos tacones, maquillada y sin vello es una opción de entre muchas, pero amplificada por determinados medios de comunicación. El mito romántico crea en las mujeres una personalidad mutilada. Al alcanzar solo la plenitud con la pareja ideal y desvivirse por ella como una fusión del todo, las mujeres pierden parte de su identidad. La invisibilización de las mujeres, su presencia en el rol de cuidados, la razón como virtud masculina fuerza la ausencia de referentes femeninos: ¿Quién conoce a Roussau y quién conoce a Olympe de Gouges? ¿Quién conoce a Marx y quién conoce a Rosa Luxemburg? ¿Quién conoce a Martin Luther King y quién conoce a Rosa Parks? Las mujeres no vindican, limpian. Las mujeres no teorizan, asienten. Las mujeres no protestan, obedecen.

Estos ejemplos son muestra de la sutil socialización diferenciada a través de la que el heteropatriarcado impone determinadas conductas a hombres y mujeres. Pese a ser la base de la estereotipación de género, son legalmente intrascendentes. No le corresponde al Derecho inicialmente su regulación y penalización y deben quedar al margen de la disciplina de los tribunales. La judicialización de los estereotipos debe darse cuando involucre una vulneración de derechos[271], cuando se menoscaba o anula el reconocimiento, goce o ejercicio de los derechos humanos y libertades fundamentales de las mujeres. En este caso, los estereotipos judiciales lesionan la garantía de imparcialidad y el derecho a la tutela judicial efectiva.

---

271 COOK, Rebecca y CUSACK, Simone, *Estereotipos de Género. Perspectivas legales y Transnacionales*, *op. cit.*, pp. 167-168.

Por tanto, la relevancia jurídica proviene de la causación de un daño, pero ¿cómo determinar que el daño es significativo? En primer lugar, los supuestos deberán estar determinados por una ley con rigurosa claridad expositiva[272]. En segundo lugar, surgirán de la experiencia al aplicar la ley al caso concreto teniendo en cuenta el contexto específico[273]. Este proceso requiere prestar atención a dos limitaciones consustanciales a la función jurisdiccional sugeridas por UNDURRAGA.

"Lo más importante es que el razonamiento jurídico sólo es posible si se basa en generalizaciones, y las consideraciones individuales en la adjudicación durante mucho tiempo se han considerado más un riesgo para la igualdad de derechos que una condición para su reconocimiento"[274]. Según la autora, los jueces hacen uso de generalizaciones para concluir su convicción y la falta de tiempo y de recursos les obliga a recurrir al precedente y la probabilidad, a riesgo de que ambas puedan contener un trasfondo estereotipado. En consecuencia, es necesario que la ley identifique cuándo es perjudicial emplear estereotipos en una situación concreta, si es preciso, con una relación de supuestos, ya que serviría de apoyo frente a una dinámica de trabajo que impide investigaciones en profundidad.

Sumado a ello se encuentra "el marco restringido del procedimiento judicial, con un conocimiento limitado de las realidades culturales y sociológicas que subyacen a los casos y cuya información sobre los casos se reduce a lo que los representantes de las partes presentan ante el Tribunal"[275]. Si los jueces no reciben la formación suficiente es posible que no identifiquen ni el estereotipo ni el daño que provoca. La ley perdería toda eficacia y el estereotipo permanecería inalterado.

---

272 CUSACK, Simone, "Building momentum towards change. How the UN's Response to Stereotyping is Evolving", *op. cit.*, p. 32.

273 COOK, Rebecca y CUSACK, Simone, *Estereotipos de Género. Perspectivas legales y Transnacionales, op. cit.*, p. 169.

274 UNDURRAGA, Verónica, "Gender stereotyping in the case law of the Inter-American Court of Human Rights", *op. cit.*, p. 84.

275 Ibídem, p. 85.

La identificación de estereotipos en sede judicial recibe el máximo interés no solo porque los propios jueces son portadores de estereotipos sino porque pueden ser agentes de detección de su uso por otros sujetos. A esta función de fiscalización se añade la de identificar las causas de la violencia de género cuando nombran y penalizan argumentos estereotipados. No se limitan a imputar la responsabilidad penal a un individuo, sino a señalar las causas estructurales de la violencia contra las mujeres[276]. Es en sí mismo una materialización del enfoque antiestereotipación que se demanda a la Administración de Justicia.

II. YOÍSMO EN EL PODER JUDICIAL: LOS SESGOS COGNITIVOS DE SUS SEÑORÍAS

Pese a la aparente robustez, lejanía y altivez que transmiten los muros de la Administración de Justicia, en el interior de ellos la impermeabilidad emocional se quiebra. La incertidumbre marca a cada una de las personas que intervienen. A ese estado emocional derivado de la falta de certeza sobre el resultado, se unen las circunstancias individuales: el estrés postraumático de una víctima, la amonestación a un investigado, la confesión de otro, la reprobación de un testigo, la presión de y sobre las criaturas, el dolor de una familia, las preguntas incisivas de la fiscalía y las representaciones letradas, la culpabilidad de la víctima, su reparación... Ejemplos de emociones que se viven en un juzgado y que su titular tiene que lidiar con ellas y con las suyas propias[277].

En las fórmulas heterocompositivas de resolución de conflictos, la tercera persona ajena e imparcial que resuelve no alberga ningún interés en la causa. Esa desconexión presupone que la decisión judicial se adopta con sujeción exclusiva a la ley, la jurisprudencia y las reglas del proceso. Sin embargo, desde la Psicología de la Cognición

---

276 PERONI, Lourdes and TIMMER, Alexandra, "Gender stereotyping in domestic violence cases. An Analysis of the European Court of Human Rights' Jurisprudence", *op. cit.* pp. 60-65.

277 MARONEY, Terry A., "The emotionally intelligent judge: A new (and realistic) ideal", *Court Review 100,* Vol. 49, núm. 2, 2013, p. 101.

social se ha evidenciado que el proceso de toma de decisiones no es tan aséptico, sino que en él intervienen elementos extralegales con mayor o menor grado de consciencia[278].

"Para la Cognición social los individuos son procesadores activos de la información capaces de integrar informaciones nuevas con conocimientos previos. Además, en este proceso de integración de diferentes informaciones tienen un papel fundamental aspectos que hasta hace muy poco tiempo se consideraba que distorsionaban la racionalidad humana"[279]. Se refiere al empleo de heurísticos[280] y la permeación de motivos, afectos y emociones que son la condición de posibilidad para el éxito adaptativo de la racionalidad humana[281] porque optimizan los recursos y simplifican el procesamiento de la información. Siendo imprescindible, incluso irrenunciable, su presencia en sede judicial[282], se analiza su interacción y se propone su mantenimiento desde la autoconciencia de su uso.

---

278 DANZIGER, Shai, LEVAV, Jonathan and AVNAIM-PESSO, Liora, "Extraneous factors in judicial decisions", *PNAS*, Vol. 108, núm. 17, 2011, p. 6889; KASSIN, Saul M., DROR, Itiel E. and KUKUCKA, Jeff, "The forensic confirmation bias: Problems, perspectives, and proposed solutions", *Journal of Applied Research in Memory and Cognition*, núm. 2, 2013, p. 45 y DE LA ROSA RODRÍGUEZ, Paola y SANDOVAL NAVARRO, Víctor David, "Los sesgos cognitivos y su influjo en la decisión judicial. Aportes de la psicología jurídica a los procesos penales de corte acusatorio", *op. cit.*, pp. 147-148.

279 RODRÍGUEZ PÉREZ, Armando y BETANCOR RODRÍGUEZ, Verónica, "La Cognición social", en: MORALES DOMÍNGUEZ, J. Francisco, MOYA MORALES, Miguel C., GAVIRIA STEWART, Elena y CUADRADO GUIRADO, Isabel (Coords.), *Psicología Social*, Madrid, McGraw-Hill, 2007, p. 165.

280 Entendidos como "atajos mentales o soluciones rápidas a problemas que se nos plantean cuando tenemos limitaciones de tiempo, de capacidad de procesamiento o de información. Aunque a veces dan lugar a decisiones o juicios erróneos, lo cierto es que la mayoría de las veces funcionan. Si no fuera así, no serían adaptativos y no habrían persistido como característica de la cognición humana". Ibídem, p. 141.

281 Ibídem, p. 147. Baste recordar el entorno clandestino en el que se cometen estos delitos que conlleva la reducción de los elementos de prueba más allá de la declaración de la mujer y apuntar la celeridad con la que se celebran los juicios y se realizan las investigaciones.

282 Tal y como advierte Silvia Barona en su obra sobre algoritmos, derecho y justicia, "el componente subjetivo de la emotividad, la afección, la sensibilidad, va a jugar un papel, aun cuando se pretenda objetivizarlo (aunque esto no se diga

1. La inevitabilidad del sesgo: parcialidad e indefensión

El ser humano, como perceptor de innumerables estímulos ambientales fruto de una realidad desbordante, utiliza hábilmente operaciones mentales de simplificación para la predicción y la evaluación de probabilidades. Este escrutinio, tamizado por principios heurísticos y sesgos cognitivos, es de gran utilidad, especialmente cuando el tiempo, la capacidad de procesamiento o de información es limitado[283], pero no es infalible[284]. Con su uso se puede incurrir en errores sistemáticos que, en el proceso penal por delitos contra la libertad sexual, pueden ser evidenciados como estereotipos perjudiciales o favorables sobre las víctimas[285] y pueden señalarse como una vulneración de la imparcialidad e, incluso, como causa de indefensión[286].

El fundamento de esa estereotipación se debe a la activación de dos sesgos cognitivos, en particular de confirmación y representación, desmantelando la idea de que el sistema de justicia es inmune a los mismos. Según varios estudios, ser un profesional experto en Derecho no invalida o mitiga su aparición, no implica que el juicio o la argumentación vaya a contener una menor carga emocional[287]. De

---

en la ley)". BARONA VILAR, Silvia, *Algoritmización del Derecho y de la Justicia. De la Inteligencia Artificial a la Smart Justice*, Valencia, Tirant lo Blanch, 2021, p. 620.

283 RODRÍGUEZ PÉREZ, Armando y BETANCOR RODRÍGUEZ, Verónica, "La Cognición social", *op. cit.*, p. 141.

284 TVERSKY, Amos and KAHNEMAN, Daniel, "Judgment under Uncertainty: Heuristics and Biases", *Science*, Vol. 185, núm. 4157, 1974, p. 1124 y MARONEY, Terry A., "The emotionally intelligent judge: A new (and realistic) ideal", *op. cit.*, p. 104.

285 RAMÍREZ ORTIZ, José Luis, "El testimonio único de la víctima en el proceso penal desde la perspectiva de género", *Quaestio facti. Revista internacional sobre razonamiento probatorio*, núm. 1, 2020, p. 229.

286 BARONA VILAR, Silvia, *Algoritmización del Derecho y de la Justicia. De la Inteligencia Artificial a la Smart Justice*, *op. cit.*, p. 622.

287 TVERSKY, Amos and KAHNEMAN, Daniel, "Judgment under Uncertainty: Heuristics and Biases", *Science*, *op. cit.*, p. 1130; GUTHRIE, Chris, RACHLINSKI, Jeffrey J. and WISTRICH Andrew J., "Judging by heuristic. Cognitive illusions in judicial decision making", *Judicature*, Vol. 86, núm. 1, 2002, p. 40; O'BRIEN, Barbara, "Prime suspect: an examination of factors that aggravate and counteract confirmation bias in criminal investigations", *Psychology, Public Policy, and Law*, Vol. 15, núm. 4, 2009, p. 330; DANZIGER, Shai, LEVAV, Jonathan and AVNAIM-PESSO, Liora, "Extraneous factors in judicial decisions", *op. cit.*, p. 6892 y KAS-

hecho, en una investigación en la que se trabajaba sobre la hipótesis de si la experiencia podía atenuar los sesgos de género en las decisiones judiciales, desvela que no solo no consigue reducirlos, sino que en algunos casos incluso se incrementa su uso[288]. Es indispensable, por tanto, comprender la incidencia de cada uno de estos sesgos en el marco de la función decisoria judicial.

Aunque la mayoría de la literatura especializada trata el sesgo de confirmación en relación con el sospechoso culpable[289], es claro que su aplicabilidad teórico-práctica puede dirigirse hacia la supuesta víctima. El esquema es el mismo, la tendencia a reforzar una hipótesis previamente mantenida, infravalorando o excluyendo los escenarios alternativos. Se busca la congruencia entre la idea preconcebida y la decisión resultante del juicio. El sesgo de confirmación opera al margen de la consciencia e implica la selección e interpretación involuntaria de pruebas para apoyar una convicción previamente sostenida[290]. Se opta preferiblemente por aquellos elementos que confir-

---

SIN, Saul M., DROR, Itiel E. and KUKUCKA, Jeff, "The forensic confirmation bias: Problems, perspectives, and proposed solutions", *op. cit.*, p. 45.

288 MILLER, Andrea L., "Expertise Fails to Attenuate Gendered Biases in Judicial Decision-Making", *Social Psychological and Personality Science*, Vol. 10, núm. 2, 2019, pp. 227-234.

289 KASSIN, Saul M., DROR, Itiel E. and KUKUCKA, Jeff, "The forensic confirmation bias: Problems, perspectives, and proposed solutions", *op. cit.*, pp. 42-52; O'BRIEN, Barbara, "Prime suspect: an examination of factors that aggravate and counteract confirmation bias in criminal investigations", *op. cit.*, pp. 315-334; RASSIN, Eric, EERLAND Anita and KUIJPERS Isle, "Let's Find the Evidence: An Analogue Study of Confirmation Bias in Criminal Investigations", *Journal of Investigative Psychology and Offender Profiling*, núm. 7, 2010, pp. 231-246 y TVERSKY, Amos and KAHNEMAN, Daniel, "Judgment under Uncertainty: Heuristics and Biases", *op. cit.*, pp. 1124-1131.

290 Se interroga NICKERSON sobre las razones de su prevalencia, tratando de averiguar si "se trata de una cuestión de protección del propio ego, de una simple reticencia a considerar la posibilidad de que una creencia que se tiene o una hipótesis que se maneja sea errónea, si es una consecuencia de limitaciones cognitivas específicas, si refleja una falta de comprensión de la lógica o si persiste porque tiene algún valor funcional. Es decir, ¿proporciona ciertos beneficios que son tan importantes, o en algunas situaciones más importantes, que lo sería un intento de determinar la verdad de forma imparcial?". Traducción no oficial de la autora. Texto original disponible en: NICKERSON, Raymond S., "Confirmation Bias: A Ubiquitous Phenomenon in Many Guises", *Review of General Psychology*, Vol. 2, núm. 2, 1998, pp. 175 y 197.

man la suposición primera como muestra de cierto conservadurismo cognitivo que va a regir la resolución del caso.

Por su parte, el sesgo de representación precipita la realización de juicios categóricos de probabilidad[291]. Partiendo de unas categorías, que pueden ser erróneas o acertadas, el tribunal subsume a las partes en función de su grado de representatividad respecto a esas categorías. Es decir, se juzga la probabilidad de que una persona pertenezca a una categoría según las evidencias evaluadas. A modo de ejemplo, si se analiza el comportamiento de la mujer que denuncia, si presenta lesiones, su relato se interrumpe por el llanto y sigue un tratamiento por los hechos, mayor es la probabilidad de que verdaderamente haya sufrido un ataque a su libertad sexual porque se inserta perfectamente en la categoría mujer-víctima de una agresión sexual. En cambio, si no hay parte de lesiones, ha tardado en formular la denuncia y no acudió en primer lugar a la policía, cabe dudar de la verosimilitud del hecho. Cuanto más típico es el caso que se presenta, mayor es la probabilidad de que se cumplan las creencias previas. Y a la inversa, si la prueba que se está analizando no es representativa, se cuestiona la probabilidad de que haya ocurrido el evento[292]. En definitiva, a partir de unas evidencias (comportamiento en juicio), se trata de ponderar la probabilidad de que la persona (mujer) responda a una categoría (víctima) de acuerdo con un patrón establecido.

En ambos sesgos cognitivos existe una correlación percibida entre la pertenencia a un grupo y el comportamiento, que puede ser real o ilusoria[293], pero que marca el nivel de credibilidad que se le otorga a las mujeres. El sesgo de confirmación tenderá a encontrar en el juicio la ratificación de una premisa y el sesgo de representación descartará cualquier evidencia que no sea característica de la categoría preconfigurada.

---

291 MUÑOZ ARANGUREN, Arturo, "La influencia de los sesgos cognitivos en las decisiones jurisdiccionales: el factor humano. Una aproximación", *op. cit.*, p. 4.

292 TVERSKY, Amos and KAHNEMAN, Daniel, "Judgment under Uncertainty: Heuristics and Biases", *op. cit.*, p. 1131 y RODRÍGUEZ PÉREZ, Armando y BETANCOR RODRÍGUEZ, Verónica, "La Cognición social", *op. cit.*, p. 138.

293 NICKERSON, Raymond S., "Confirmation Bias: A Ubiquitous Phenomenon in Many Guises", *op. cit.*, p. 183.

En el proceso penal, la inmediación, siendo principio rector, es un potenciador del despliegue de este tipo de sesgos. Es sencillo advertir la relevancia que revestirá la presencia de las partes y la valoración directa de las pruebas por el órgano jurisdiccional[294] si la premisa o la categoría han sido formuladas de forma equivocada. El órgano sentenciador "valora las miradas, los gestos, las actitudes, el nerviosismo y las reacciones de cuantos intervienen en las audiencias"[295], elementos no regulados por la norma, para los que no existe un criterio orientativo de tasación, pero que inevitablemente influyen en la deliberación[296].

La problemática surge cuando la intervención de estos elementos extrajurídicos pone en duda la garantía de imparcialidad, cuando existen dudas razonables sobre el peso específico otorgado a los estereotipos, las intuiciones y las ideas preconcebidas en la resolución del asunto, ya que como advierten GUTHRIE, RACHLINSKI y WISTRICH, "la legitimidad institucional del poder judicial depende de la calidad de las sentencias que dictan los jueces"[297].

2. *Justicia transhumana y estereotipia: ¿juez robotizado o juez sintiente?*

Una resolución fundamentada en ideas estereotipadas permite recuperar el análisis crítico sobre la algoritmización de la justicia. Existe un paralelismo entre estereotipación y robotización, dándose la paradoja de que cuando los jueces emplean estereotipos se asemejan a las máquinas y, simultáneamente, cuando se pretende su anulación también. Bien por exceso (cuando infieren automáticamente

---

294 GÓMEZ COLOMER, Juan-Luis, "Cuestiones generales", en: GÓMEZ COLOMER, Juan-Luis y BARONA VILAR, Silvia (Coords.), *Derecho Procesal I. Introducción*, Valencia, Tirant lo Blanch, 2021, p. 252.

295 DE LA ROSA RODRÍGUEZ, Paola y SANDOVAL NAVARRO, Víctor David, "Los sesgos cognitivos y su influjo en la decisión judicial. Aportes de la psicología jurídica a los procesos penales de corte acusatorio", *op. cit.*, p. 148.

296 Ibídem, BARONA VILAR, Silvia, *Algoritmización del Derecho y de la Justicia. De la Inteligencia Artificial a la Smart Justice*, *op. cit.*, p. 658.

297 Traducción no oficial de la autora. Texto original disponible en: GUTHRIE, Chris, RACHLINSKI, Jeffrey J. and WISTRICH Andrew J., "Judging by heuristic. Cognitive illusions in judicial decision making", *op. cit.*, p. 44.

de acuerdo a reglas lógicas), bien por defecto (cuando bloquean la intromisión de elementos no jurídicos), se desdibujan las diferencias ser humano vs. máquina, enfrentándonos a los temores que actualmente se plantean respecto al advenimiento de la Inteligencia Artificial (IA) en sede judicial. En concreto, son dos los puntos discutidos: la motivación y la caja negra.

Una argumentación jurídica que responde a parámetros reiterativos, automatizados e intercambiables en una multitud de casos[298], podría provenir de técnicas como el Procesamiento del Lenguaje Natural (PLN o NLP en inglés)[299]. No obstante, un juez podría reproducir esa misma argumentación como exteriorización de frases estereotipadas para la valoración de la prueba[300]. La similitud en la conformación de los argumentos conllevaría que la versión genuina de motivación que se persigue cuando se concibe la asistencia de IA (art. 120.3 CE), pudiera reclamarse de los razonamientos humanos.

---

298 BARONA VILAR, Silvia, *Algoritmización del Derecho y de la Justicia. De la Inteligencia Artificial a la Smart Justice, op. cit.*, pp. 561 y 627.

299 El Procesamiento del Lenguaje Natural se interesa por las interacciones entre la máquina y el ser humano para el procesamiento y análisis de textos, extracción de información y su reformulación. Para su desarrollo se conjugan los conocimientos sobre IA y lingüística y actualmente tiene múltiples aplicaciones como la traducción automática, el reconocimiento del habla, la extracción de información de redes sociales, la identificación de sentimientos y emociones hacia productos y servicios o la interpretación de textos. BRILL, Eric, MOONEY, Raymond J., "An overview of empirical natural language processing", *AI magazine*, Vol. 18, núm. 4, 1997, pp. 13-24; CONNEAU, Alexis, et al. "Very deep convolutional networks for natural language processing", 2016, pp. 1-9, arXiv preprint *arXiv:1606.01781*; ANZOVINO, Maria, FERSINI, Elisabetta and ROSSO, Paolo "Automatic identification and classification of misogynistic language on twitter", *International Conference on Applications of Natural Language to Information Systems*, 2018, pp. 57-64, DANILEVSKY, Marina, et al. "A survey of the state of explainable AI for natural language processing", 2020, pp. 1-13, *arXiv preprint arXiv:2010.00711.* CHOWDHURY, Gobinda G., "Natural language processing", *Annual review of information science and technology*, Vol. 37, núm. 1, 2003, p. 51; HIRSCHBERG, Julia and MANNING, Christopher D., "Advances in natural language processing", *Science*, Vol. 349, núm. 6245, 2015, pp. 261-262 y NADKARNI, Prakash M., OHNO-MACHADO, Lucila and CHAPMAN, Wendy W., "Natural language processing: an introduction", *Journal of the American Medical Informatics Association*, Vol. 18, núm. 5, 2011, p. 544.

300 MUÑOZ ARANGUREN, Arturo, "La influencia de los sesgos cognitivos en las decisiones jurisdiccionales: el factor humano. Una aproximación", *op. cit.*, p. 21.

Frente al automatismo y los juicios de probabilidad que se critica a la IA, se presenta un ser humano que, mediado por estereotipos, se robotiza. El encasillamiento al que le empuja el estereotipo le lleva a formular modelos asociativos de organización de la información. La estructura de conocimiento adopta la forma de red en la que cada nodo es un atributo que se enlaza unidireccionalmente con el núcleo o categoría. La categoría central "víctima de agresión sexual" se conecta a un conjunto de atributos nodales con diferentes grados de fuerza[301]. Esta estructuración asociativa no solo facilita la extrapolación de una motivación tipo, sino que esconde una suerte de predeliberación. La modelización podría suponer la creación de supuestos estereotipados a partir de generalizaciones estadísticas y la resolución de casos por asimilación o preclasificación. De acuerdo con la representación abstracta de "víctima de agresión sexual", se anticipa el proceso de evaluación de las pruebas, valorándose *ab initio* los elementos estereotípicos que deben concurrir para dictar una sentencia condenatoria o absolutoria. Como en el caso de un algoritmo heurístico se siguen un conjunto de instrucciones para obtener un resultado.

Ligado a este examen mental se alza la controversia sobre la caja negra, o más concretamente, sobre el desconocimiento del funcionamiento interno del algoritmo (o del cerebro). Tal y como previene BARONA VILAR, "[l]os algoritmos de Deep Learning no pueden explicar el porqué de sus resultados y eso, hablando de decidir sobre la condena de un ser humano, es inaceptable. No podemos tolerar de ningún modo que un software tome decisiones tan importantes sin que sepamos por qué lo ha hecho"[302].

Por su parte, HABA recrea ese entorno opaco en la reflexión jurídica con las siguientes palabras: "[e]l mundo «exterior» no nos es cognoscible sino en la *medida* en que, y sólo de las *maneras* cómo, nuestra «caja negra» mental presenta *para nosotros* (*output*) los «insumos» (*input*) que ella misma consiga «pescar» de ese «exterior».

---

301 RODRÍGUEZ PÉREZ, Armando y BETANCOR RODRÍGUEZ, Verónica, "La Cognición social", *op. cit.*, p. 142.

302 BARONA VILAR, Silvia, *Algoritmización del Derecho y de la Justicia. De la Inteligencia Artificial a la Smart Justice, op. cit.*, p. 660.

La imagen «caja negra» no alcanza aquí a significar exactamente lo mismo que en sus usos habituales, pues en cuanto a nuestro asunto no nos es conocido sino uno solo de los dos extremos con que se contacta esa «caja»: vemos lo que «sale» (*output*) de esta, pero no lo que originariamente haya «entrado» (*input*) en ella para terminar «transformándose» en cuanto se presenta como ese resultado (tal *output*) que son nuestros estados de conciencia correspondientes. Pase lo que pase, no se sabe bien *dónde* termina esta «caja» en uno de sus dos extremos, el del *input*, ni tenemos idea de *qué* haya allí mismo"[303].

Existe una caja negra artificial y una caja negra humana frente a las que es complejo discernir las operaciones que han permitido arrojar un resultado concreto[304]. Si es inadmisible negar a la ciudadanía que conozca el proceso llevado a cabo por una red neuronal para ofrecer un resultado, ¿lo es también respecto del proceso mental de un juzgador?

Continuando con la discusión de BARONA VILAR, "lo que sí es de vital importancia para garantizar la transparencia y además favorecer el ejercicio de la función jurisdiccional de manera imparcial, individualizada y proporcionada al caso concreto, es conocer los inputs que se han incorporado a los efectos de comprobar la integración o no de sesgos. Es más, la posible evaluación de los mismos, debiera efectuarse de forma periódica y a la vista de los resultados que arrojan, permitiéndose, de este modo, su posible realgoritmización o su

---

303 HABA, Enrique P., "¿Qué es «realidad» jurídica? De cómo aprehenderla en cuanto a los discursos de los juristas (también con respecto a la evasión argumentativa hacia una generalidad indiscriminada y sobre cómo «probar» las tesis de Teoría del Derecho)", *Revista Telemática de Filosofía del Derecho*, núm. 18, 2015, p. 77.

304 Cabe mencionar que el paradigma de las cajas negras es limitado. Se están encontrando técnicas para entender el comportamiento de redes neuronales como ocurre con el estudio de *OpenAI* de las neuronas multimodales *CLIP* preentrenadas para contrastar imagen con texto. Se empieza a romper la barrera de opacidad de la IA lo cual nos lleva a preguntarnos en cuál de las dos *black box* sería más sencillo remediar los sesgos. RADFORD, Alec, et al., "Learning transferable visual models from natural language supervision", 2021, pp. 1-16, *arXiv preprint arXiv:2103.00020.* Sobre las cajas negras en la justicia analógica se recomienda la lectura de SIMÓ SOLER, Elisa y ROSSO, Paolo, "Inteligencia artificial y derecho: entre el mito y la realidad", *Diario La Ley*, Sección Tribuna, núm. 9982, p. 5.

no empleabilidad en sede judicial"[305]. En este sentido, es un reclamo generalizado la realización de auditorías y la programación de algoritmos con código abierto como garantía del derecho a la tutela judicial efectiva[306]. Fusionándose en este extremo ambos paradigmas, es obligatorio preguntarse sobre cómo acceder al "código" humano, si es posible y deseable la reprogramación humana y si mayor objetividad significa mejor-mayor justicia[307].

No se pretende una Administración de Justicia regida por la insensibilidad y la indiferencia. Despojar de sus pasiones a jueces y magistrados los deshumaniza (e incluso transhumaniza). Como MARONEY manifiesta, "[n]ecesitamos un nuevo ideal: el del juez emocionalmente inteligente. El juez emocionalmente inteligente es consciente de sí mismo y es capaz de pensar coherentemente sobre sus emociones y de controlar su expresión. Está dispuesto a buscar las opiniones y el apoyo de los demás y aborda los retos emocionales del trabajo con franqueza y flexibilidad"[308].

---

305 BARONA VILAR, Silvia, *Algoritmización del Derecho y de la Justicia. De la Inteligencia Artificial a la Smart Justice, op. cit.*, p. 640.

306 Esta cuestión tampoco permanece exenta de controversia debido a que habrá que garantizar la independencia de las entidades auditoras y decidir hasta qué punto la publicidad del código cumple con el requisito de transparencia tratándose de un lenguaje que la ciudadanía no emplea de ordinario. Respecto al primer punto, según XENIDIS, el Instituto Europeo de la Igualdad de Género (EIGE en sus siglas en ingles) y la Agencia de Derechos Fundamentales (FRA en inglés) podrían liderar esas funciones de auditoría como órganos independientes y especializados. AHN, Sophia and COSTIGAN, Amelia, "Trend Brief: *How AI Reinforces Gender Stereotypes", Catalyst, 2019.* Disponible en: https://www.catalyst.org/research/ai-gender-stereotypes/ y XENIDIS, Raphaële and SENDEN, Linda, "EU non-discrimination law in the era of artificial intelligence: Mapping the challenges of algorithmic discrimination", in ULF BERNITZ et al (Eds), *General Principles of EU law and the EU Digital Order,* Kluwer Law International, 2020, p. 27.

307 GUZMÁN FLUJA, Vicente, "Sobre la aplicación de la inteligencia artificial a la solución de conflictos (Reflexiones acerca de una transformación tan apasionante como compleja)", en: BARONA VILAR, Silvia (Coord.), *Justicia civil y penal en la era global,* Valencia, Tirant lo Blanch, 2017, p. 98.

308 Traducción no oficial de la autora. Texto original disponible en: MARONEY, Terry A., "The emotionally intelligent judge: A new (and realistic) ideal", *op. cit.*, p. 111.

3. *Identificación: (des)activación consciente e intersección multidisciplinar*

La consecución del tándem emoción-inteligencia, requiere de una fase previa de identificación. En ella, se trata de que los jueces sean conscientes del empleo de sesgos cognitivos y no se abstraigan de los efectos negativos que comportan. Así lo confirman DE LA ROSA RODRÍGUEZ y SANDOVAL NAVARRO cuando afirman la participación activa de la intuición y el sentimiento en la función de juzgar de todo juez, incluido el más severo, y la necesidad de sustraerse de los sesgos cognitivos para proceder con rectitud, garantizando la imparcialidad que debe regir su proceder[309].

El objetivo es evitar la arbitrariedad del sesgo desde la autoconsciencia de la interferencia de los estereotipos en la resolución del caso[310]. El saber que están, que su uso es indispensable, pero que pueden conllevar equívocos difícilmente reparables, es la antesala de su desactivación[311].

Esta sería la primera medida a adoptar y la que más responsabilidad deposita en los jueces y magistrados. Depende de ellos y de los recursos que para su capacitación ponga a disposición la Administración Pública. A este respecto, cabe puntualizar que el aprendizaje de la dialéctica en el sistema educativo ha tendido hacia la búsqueda únicamente de argumentos que justifiquen un posicionamiento, tentando a arraigar los sesgos cognitivos y las prácticas de *cherry picking*[312]. En consecuencia, en el proceso de desmantelamiento de

---

309 DE LA ROSA RODRÍGUEZ, Paola y SANDOVAL NAVARRO, Víctor David, "Los sesgos cognitivos y su influjo en la decisión judicial. Aportes de la psicología jurídica a los procesos penales de corte acusatorio", *op. cit.*, p. 162.

310 LIPPMANN, Walter, *La opinión pública, op. cit.*, pp. 127 y 135 y NAVARRO, María G., "Dudas razonables, sesgos cognitivos y emociones en la argumentación jurídica. El caso de Doce hombres sin piedad", *BAJO PALABRA. Revista de Filosofía*, núm. 5, 2010, p. 207.

311 GÓMEZ JIMÉNEZ, Ángel, "Estereotipos", en: MORALES DOMÍNGUEZ, J. Francisco, MOYA MORALES, Miguel C., GAVIRIA STEWART, Elena y CUADRADO GUIRADO, Isabel (Coords.), *Psicología Social*, Madrid, McGraw-Hill, 2007, p. 233.

312 Baste recordar cualquier prueba de evaluación en la que a cada pregunta se apostilla con "Justifique su respuesta". En muy pocas ocasiones se acompaña de

estereotipos se replantea también la mecánica de conformación de opiniones propias, sabiendo que la función jurisdiccional descansa en las certezas y no en las creencias[313].

La segunda medida, siguiendo con el paralelismo tecnológico, es la instalación de cortafuegos o sistemas para impedir accesos no autorizados. Un conjunto de normas procesales y sustantivas dirigidas a obstaculizar la intromisión de estereotipos en la toma de decisiones judiciales[314].

Hay ejemplos de buenas praxis, de resoluciones dictadas sobre la base de fundamentos fácticos y jurídicos. De hecho, son la mayoría. Sin embargo, eso no impide "reconocer que la tarea de impartir justicia es un asunto multidisciplinar, al que están llamadas a participar todas las ciencias que puedan aportar teoría, tecnología y técnicas para así subsanar las carencias a las que como individuos o como grupos estamos destinados"[315]. No se trata de reemplazar ni minusvalorar la función jurisdiccional, sino de admitir que la complejidad de algunos fenómenos sociales requiere la mirada conjunta desde visiones complementarias -derecho, psicología, neurociencia, criminología, medicina, ingeniería computacional, biología– para que el valor del diagnóstico de una situación de violencia sexual no disminuya en un juicio por la intervención de sesgos cognitivos.

III. PRINCIPIO DE ¿LIBRE? APRECIACIÓN DE LA PRUEBA

La violencia contra las mujeres se ejecuta en unas circunstancias que dificultan la recopilación del acervo probatorio óptimo para una investigación y enjuiciamiento de los delitos aparentemente ágil y

---

un comentario que incite la búsqueda de opiniones contrarias para finalmente reforzar la opinión personal. NICKERSON, Raymond S., "Confirmation Bias: A Ubiquitous Phenomenon in Many Guises", *op. cit.*, p. 205.

313 BARONA VILAR, Silvia, *Algoritmización del Derecho y de la Justicia. De la Inteligencia Artificial a la Smart Justice, op. cit.*, p. 608.

314 GUTHRIE, Chris, RACHLINSKI, Jeffrey J. and WISTRICH Andrew J., "Inside the Judicial Mind", *Cornell Law Review*, Vol. 86, núm. 4, 2001, p. 828.

315 DE LA ROSA RODRÍGUEZ, Paola y SANDOVAL NAVARRO, Víctor David, "Los sesgos cognitivos y su influjo en la decisión judicial. Aportes de la psicología jurídica a los procesos penales de corte acusatorio", *op. cit.*, p. 162.

sencilla. En general, se comete en el entorno íntimo del domicilio familiar, sin la presencia de terceras personas cuya declaración podría servir de prueba testifical directa. La ocultación de lo sucedido se amplifica con la inexistencia de marcas psicofísicas y de documentos como denuncias previas, informes de servicios sociales o partes de lesiones que puedan corroborar los malos tratos.

Además, entre la víctima y el agresor existe un nexo emocional que no se da necesariamente en el resto de delitos. Quien menosprecia, coacciona, golpea, amenaza y agrede sexualmente es una persona cercana y, para el caso de los tipos penales de violencia de género, con la que se mantiene o ha mantenido una relación sentimental. Este vínculo provoca un fenómeno de silenciamiento en el que las mujeres por vergüenza, por miedo, por amor romántico o por desconocimiento y desconfianza en las medidas de las instituciones públicas no relatan lo ocurrido. El ejercicio de la violencia por alguien querido o, como mínimo, conocido genera unos procesos psicológicos traumáticos que no siempre siguen la linealidad de la actividad en sede judicial.

Para MONTESINOS GARCÍA, las circunstancias en las que se perpetra la violencia vuelven compleja la acreditación de determinados elementos de los tipos penales[316]. Por ello, es necesario incrementar las posibilidades de recabar datos, desde la exhaustividad y amplitud probatoria. Revela la Macroencuesta de Violencia contra la Mujer de 2019 que "[e]l 96,9% de las mujeres que han sufrido violencia física y/o violencia sexual de alguna pareja actual o pasada, manifiestan haber sufrido también algún tipo de violencia psicológica (emocional, control, económica o miedo). [...] Es decir, la violencia psicológica siempre está presente en las relaciones en las que también hay violencia física y/o violencia sexual"[317]. La prevalencia de esta tipología,

---

316 MONTESINOS GARCÍA, Ana, "Especificidades probatorias en los procesos por violencia de género", *Revista de Derecho Penal y Criminología*, núm. 17, 2017, p. 128.

317 Delegación del Gobierno para la Violencia de Género. *Macroencuesta de Violencia contra la Mujer 2019*, p. 80. Disponible en: https://violenciagenero.igualdad.gob.es/violenciaEnCifras/macroencuesta2015/pdf/Macroencuesta_2019_estudio_investigacion.pdf

que de por sí podría ser denunciada y castigada[318], permite hablar de un continuum de maltrato que durante años puede mantenerse como una violencia de baja intensidad, pero que puede tender hacia una escalada más contundente e incluso letal. Esta dinámica, con incrementos graduales y cíclicos de violencia, abre la posibilidad de iniciar una actividad indagatoria del contexto de vida violentada de la mujer que denuncia. Una búsqueda de largo alcance y omnicomprensiva que abarca la esfera policial, médica, familiar, asistencial, educativa y laboral.

Al eliminar el carácter repentino de la violencia contra las mujeres, la búsqueda de la prueba de contexto permite ampliar los márgenes de la investigación y encontrar elementos relevantes. Valorar, en efecto, los hechos de un día y una hora determinados, pero acudiendo de forma complementaria a las denuncias previas, a los informes de servicios sociosanitarios, al historial clínico, a los tratamientos psicológicos o psiquiátricos, a familiares y amistades, incluso, atender a la dinámica laboral o a la información que se pudiera obtener de un centro educativo si la denunciante tenía criaturas menores a su cargo[319].

En principio, la base de la práctica de la prueba será escasa. Contará con dos versiones contradictorias que deberán ser reforzadas por elementos periféricos que ofrezcan un convencimiento justificado de lo sucedido. A esta dificultad inicial se añade la acción de los estereotipos de género durante el procedimiento probatorio.

Los estereotipos de género pueden interferir en diferentes momentos y de la mano de diferentes operadores jurídicos. Para determinar los hechos, para recabar, admitir y valorar las pruebas y para dictar el fallo. Los pueden incorporar al procedimiento tanto las representaciones letradas como las FFCCSE, fiscalía, peritos y el propio

---

318 La complejidad de probar la violencia psicológica reside en que no deja una marca tangible de los abusos y en ocasiones se procura a través de omisiones. MONTESINOS GARCÍA, Ana, "Especificidades probatorias en los procesos por violencia de género", *op. cit.*, p. 129.

319 ARAYA NOVOA, Marcela Paz, "Género y verdad. Valoración racional de la prueba en los delitos de violencia patriarcal", *Revista de estudios de la justicia*, núm. 32, 2020, p. 41.

juez. Si se ha establecido el estereotipo según el cual las mujeres víctimas de violencia sexual deben hacer *A* y comportarse de forma *B* cuando sufren una agresión, se puede recurrir a la existencia de esos estereotipos para sostener una acusación, solicitar una absolución, iniciar una investigación o tener como probable la comisión del hecho con base en que la denunciante cumple o no con *A* y *B*[320].

Insiste Gabriela Knaul, Relatora Especial de Naciones Unidas sobre la independencia de los magistrados y abogados, en que la filtración de la estereotipación en la investigación y la argumentación jurídica puede "dar lugar a actitudes tendenciosas en los funcionarios de los tribunales y a la discriminación contra la mujer en el sistema penal en general"[321]. La toma de decisiones basada en mitos o ideas preconcebidas no solo puede suponer una interpretación errónea y una aplicación defectuosa de la ley al cribar las declaraciones, los argumentos y los testimonios con unos ideales rígidos sobre lo que se espera de una víctima, sino que puede comprometer la imparcialidad y la integridad del sistema de justicia, denegando el acceso y revictimizando a la denunciante[322].

1. Perspectiva de género como valor añadido en el marco de la garantía de imparcialidad

Si se sabe cuándo y por parte de quién puede darse la estereotipación, en esas mismas etapas y con los mismos sujetos debe operar la perspectiva de género porque entre sus reglas se encuentra la exigencia de un razonamiento jurídico libre de estereotipos de género. Poder implantarla requiere entender primero qué es juzgar con perspectiva de género y cómo se despliega en el ámbito probatorio.

---

320 ARENA, Federico José, "Los estereotipos normativos en la decisión judicial. Una exploración conceptual", *op. cit.*, p. 63.

321 Naciones Unidas. Asamblea General. *Informe provisional de la Relatora Especial sobre la independencia de los magistrados y abogados*, Gabriela Knaul, A/66/289 (de 10 de agosto de 2011), párr. 46.

322 CEDAW. *Recomendación general núm. 33 sobre el acceso de las mujeres a la justicia* CEDAW/C/GC/33,0 (de 3 de agosto de 2015), párr. 26.

La explicación de la perspectiva de género en la prueba judicial se aborda en sentido negativo, partiendo de lo que no debe entenderse que son sus pretensiones. La perspectiva de género no persigue que siempre que la persona que afirme ser víctima sea una mujer sea necesario condenar, y, además, con la máxima pena[323] ni ser utilizada como elemento auxiliar en supuestos límite de carencia probatoria (testimonio no corroborado) para fundamentar la acusación[324].Tampoco incita a la consideración de unas garantías procesales ni un estándar de prueba diferenciados[325] ni puede ni debe definirse en contraposición al catálogo de enunciados garantistas que caracterizan la esfera del Derecho Penal y el ámbito de aplicación judicial de las normas[326].

No hay una intención de rebaja de los estándares ni de flexibilización[327] porque se respeta el principio de presunción de inocencia, pero la perspectiva de género permite justamente esa mejora indagatoria para que se comprendan las circunstancias y el contexto en el que ocurren los hechos[328]. Sería injusto presuponer una in-

---

323 RUEDA SORIANO, Yolanda, "Los estereotipos de género en el proceso penal", *Juezas y Jueces para la Democracia,* Vol. I, núm. 10, 2018, p. 18.

324 RAMÍREZ ORTIZ, José Luis, "El testimonio único de la víctima en el proceso penal desde la perspectiva de género", *op. cit.*, p. 220.

325 ERICE MARTÍNEZ, Esther, "Perspectiva de género y derecho penal", *Juezas y Jueces para la Democracia,* Vol. I, núm. 10, 2018, p. 26.

326 VARELA CASTEJÓN, Xermán y FERNÁNDEZ SUÁREZ, Natalia, "Reflexiones sobre la perspectiva de género", *Juezas y Jueces para la Democracia,* Vol. I, núm. 10, 2018, p. 11.

327 Aunque es una postura marginal, la flexibilización "podría darse con una reforma legal porque el estándar de prueba es una decisión político-ética que puede ser renovada democráticamente en sede parlamentaria. Porque el derecho a la presunción de inocencia presupone que existe una estándar de prueba, pero no lo fija "más allá de toda duda razonable" requiere concreción y permite su modulación. De ahí que en delitos donde es complejo obtener pruebas se hable de esa flexibilización para evitar falsos negativos. Aunque no deja de ser controvertido porque justamente para los delitos para los que se exige la rebaja probatoria llevan aparejadas penas elevadas". La alternativa pasa por reforzar la primera etapa de la actividad probatoria para encontrar la corroboración periférica que respalde el testimonio único de la víctima. ARAYA NOVOA, Marcela Paz, "Género y verdad. Valoración racional de la prueba en los delitos de violencia patriarcal", *op, cit.*, pp. 61-63.

328 El obstáculo adicional es que, tal y como está estructurado el proceso penal, no se promueve esa tarea investigadora por la dinámica asentada ya en los juzgados y porque la dilación excesiva puede perjudicar a la víctima.

tencionalidad inconstitucional[329] cuando su objetivo es cumplir con principios esenciales del proceso y con derechos consagrados en la Constitución Española. Además, como principio informador del ordenamiento jurídico (art. 4 LOIEMH) deberá presidir la actividad probatoria junto al principio de presunción de inocencia sobre la base de una máxima teórica de no injerencia. Ambos principios serán mutuamente limitantes en el sentido de que la perspectiva de género no reducirá las exigencias derivadas del principio de presunción de inocencia ni tampoco la presunción de inocencia podrá ser antepuesta para vadear los requerimientos de una investigación con perspectiva de género.

Como apunta SUBIJANA ZUNZUNEGUI, "[a]spira a que los parámetros que utiliza el sistema de justicia para interpretar y aplicar la ley no refuercen, a través de una neutralidad axiológica vinculada a la igualdad formal, las relaciones de poder de los hombres sobre las mujeres, consolidando, de esta manera, la discriminación de estas últimas"[330]. Proyecta un razonamiento jurídico y probatorio que mantenga vigente el principio de igualdad y que excluya los estereotipos de género[331]; una investigación diligente que minimice las valoraciones sesgadas y apueste por una práctica de la prueba "sana, crítica, racional y respetuosa con los derechos de las mujeres"[332].

---

329 RAMÍREZ ORTIZ, José Luis, "El testimonio único de la víctima en el proceso penal desde la perspectiva de género", *op. cit.*, p. 244.

330 SUBIJANA ZUNZUNEGUI, Ignacio José, "La perspectiva de género en el enjuiciamiento de los delitos de violencia del hombre sobre la mujer", *Juezas y Jueces para la Democracia*, Vol. I, núm. 10, 2018, p. 27.

331 De igual modo que se adoptan una serie de prerrogativas respecto al imputado, formuladas como derecho a la presunción de inocencia dada la situación de desigualdad que supone enfrentarse a la maquinaria del Estado, ¿por qué no asumir que con la presencia de estereotipos en el proceso penal se coloca también a la mujer en posición de asimetría? ¿por qué no definir un "derecho a la presunción de individualidad" de las mujeres para garantizar que no son incorporadas al proceso de acuerdo con unos modelos de conducta estereotipados? Si "[t]odo imputado entra inocente en el juicio" toda víctima debe entrar libre de cualquier carga fruto de la estereotipación de género. GIMÉNEZ GARCÍA, Joaquín, "Tutela judicial efectiva *vs* derechos de las víctimas, dilaciones indebidas, prescripción e indultos", *EGUZKILORE*, núm, 27, 2013, pp. 34-36.

332 ERICE MARTÍNEZ, Esther, "Perspectiva de género y derecho penal", *op. cit.*, p. 26.

GAMA extiende su utilidad a: "la concepción de los hechos en el proceso, los presupuestos epistemológicos de la prueba, los problemas de percepción e interpretación de los hechos, la construcción social y normativa de los hechos jurídicamente relevantes, la calificación jurídica de los hechos, los enunciados generales empleados como máximas de la experiencia o reglas de la sana crítica, las inferencias probatorias, los poderes probatorios del juez, la valoración de las pruebas y el análisis de credibilidad, la relevancia de las pruebas, la admisibilidad y exclusión de las pruebas, las reglas de carga de la prueba, el estándar de prueba, las instituciones del derecho probatorio y las reglas de la prueba en general, la práctica de ciertas pruebas como el interrogatorio y el contrainterrogatorio, la prueba testimonial, la construcción de historias y narrativas, las pruebas periciales y científicas y la enseñanza de la prueba"[333]. Sin tratarse de un listado de *numerus clausus*, sí permite valorar su alcance y justificar su uso en cada supuesto.

En todo caso, el objetivo de la perspectiva de género es conseguir la exhaustividad en la actividad probatoria y no su flexibilización. La cuestión que sigue es la determinación del modo en que puede alcanzarse.

2. *Exhaustividad como buena práctica frente a la estereotipación judicial*

La incertidumbre fáctica en la que se desenvuelve la actividad probatoria judicial en supuestos de violencia contra la mujer[334] define tres escenarios en los que puede quedar comprometida la práctica de la prueba con la escenificación de subjetividades, ideas preconcebidas y sesgos discriminatorios.

En primer lugar, el régimen de libre valoración de la prueba más allá de toda duda razonable no es equiparable a arbitrariedad ni

---

333 GAMA, Raymundo, "Prueba y perspectiva de género. Un comentario crítico", *Quaestio facti. Revista internacional sobre razonamiento probatorio*, núm. 1, 2020, pp. 289-290.

334 ARAYA NOVOA, Marcela Paz, "Género y verdad. Valoración racional de la prueba en los delitos de violencia patriarcal", *op. cit.*, pp. 37-38.

subjetivismo[335]. Está sujeto a criterios epistémicos de lógica y racionalidad en los que opera un razonamiento probatorio inferencial para escoger la hipótesis más sólida. “En el modelo de la inferencia inductiva se asume hipotéticamente la ocurrencia de un hecho para derivar, recurriendo a los conocimientos científicos y a nuestra experiencia previa del mundo, ciertos eventos que deberían haber tenido lugar (las evidencias), si es que ese hecho (a probar) efectivamente hubiese ocurrido, de modo que la constatación de estos eventos corrobora o atribuye probabilidad inductiva a la hipótesis de que el hecho a probar sucedió”[336].

A partir de un número finito de casos se infiere una conclusión para todos los restantes. Dicha conclusión se apoya en unas premisas obtenidas por generalización tras una continuada observación de casos repetidos (experiencia) y con base en conocimientos científicos que se consideran universalmente válidos. En violencia de género serán fundamentalmente jurídicos, aunque complementados con las tesis provenientes de la criminología, la psicología y la medicina.

Se emplea el término de la probabilidad porque se mide el grado o fuerza con que las premisas apoyan la conclusión, sin alcanzar nunca el máximo nivel de certeza. Son reglas de conexión que permiten pasar del dato conocido al desconocido:

Ejemplo 1

(1) “Todas las víctimas de agresiones sexuales presentan lesiones”

(2) “Ha denunciado una agresión sexual”

(3) “Debe tener lesiones”.

Ejemplo 2

(1) “Todas las víctimas de violencia de género quieren la custodia de sus criaturas”

---

335 FERRER BELTRÁN, Jordi, “La prueba es libertad, pero no tanto: una teoría de la prueba cuasi-Benthamiana”, *Revista Jurídica Mario Alario D'Filippo*, Vol. 9, núm. 18, 2017, p. 164.

336 ARAYA NOVOA, Marcela Paz, “Género y verdad. Valoración racional de la prueba en los delitos de violencia patriarcal”, *op. cit.*, p. 46.

(2) "Denuncia a su pareja con un procedimiento de divorcio abierto"

(3) "La denuncia es falsa"

Cuando la doctrina y la jurisprudencia asentada asumen criterios interpretativos anclados en una visión estereotipada de las mujeres se requiere un control de consistencia y de arbitrariedad que se traduce en una adecuada justificación de los motivos para aceptar como probados determinados hechos[337].

El segundo escenario se conecta estrechamente con el primero. Se parte de la idea de que cuando no hay pruebas o es difícil obtenerlas, el convencimiento psicológico del juez por sí solo no es suficiente para adoptar una decisión.

Sirve a este propósito reproducir las palabras de RAMÍREZ ORTÍZ en un texto en el que cuestiona los usos de la perspectiva de género para salvar los procedimientos en los que se cuenta únicamente con la testifical de la víctima de violencia de género como prueba de cargo. Según el magistrado, "la convicción subjetiva de quien enjuicia jamás puede sustentar por sí sola la condena: si entiende que faltan pruebas para desvirtuar la presunción de inocencia, pese a que en su fuero interno entienda acreditada la hipótesis de la culpabilidad del acusado, necesariamente ha de absolver, sin que sea lícito que acuda a procedimientos que tiendan a sobrevalorar o infravalorar medios de prueba para ajustar la realidad probatoria a la convicción interior. Las certezas subjetivas que pudiera tener el juzgador sobre lo que pudo ocurrir son irrelevantes, pues el plano psicológico, al que pertenece el convencimiento, no siempre coincide con el racional, en el que se enmarca la valoración probatoria como actividad justificada sobre la base de su adecuación a criterios normativos universales y explicitables"[338].

---

337 DI CORLETO, Julieta, "Igualdad y diferencia en la valoración de la prueba: estándares probatorios en casos de violencia de género", en: DI CORLETO, Julieta, *Género y justicia penal*, Buenos Aires, Editorial Didot, 2017, p. 287.

338 RAMÍREZ ORTIZ, José Luis, "El testimonio único de la víctima en el proceso penal desde la perspectiva de género", *op. cit.*, p. 212.

Se comparte plenamente su posicionamiento, pero se aporta una versión complementaria desde la posición de la víctima en sus mismos términos: la convicción subjetiva de quien enjuicia jamás puede sustentar por sí sola *la pena más leve o la absolución*: si entiende que faltan pruebas *sobre algún elemento del tipo* o para desvirtuar la presunción de inocencia, pese a que en su fuero interno entienda *desacreditada* la hipótesis de la culpabilidad del acusado, necesariamente *ha de proseguir la investigación*, sin que sea lícito que acuda a *argumentaciones estereotipadas* que tiendan a sobrevalorar o infravalorar medios de prueba para ajustar la realidad probatoria a la convicción interior. Es decir, de igual modo que un pleno convencimiento personal, sin más pruebas, no puede derivar en una condena, tampoco puede conllevar la absolución o la aplicación de la pena menos grave irremediablemente ni la paralización de la investigación. Dotar a la perspectiva de género de esa finalidad perversa, presuponiendo que su no uso implicaría una mejor aplicación de la norma, no se corresponde con la naturaleza y el objetivo para el cual está pensada.

La diferencia se encuentra en el alcance y la virtualidad práctica que se le otorga a la perspectiva de género: el ligamen que une la perspectiva de género y la presunción de inocencia como principios informadores que influyen en el planteamiento y la extensión que se le asigna a la prueba.

Es esencial desconectar la noción de prueba de las creencias porque creer que un hecho ha ocurrido no es asimilable a considerarlo probado por los motivos que expone FERRER BELTRÁN: i) La prueba en derecho basada en una creencia elimina la posibilidad de argumentar que el juez se ha equivocado porque no se puede acceder al procedimiento mental interno que le ha llevado a tomar dicha decisión; ii) Es posible tomar decisiones sobre los hechos en contra de las creencias; iii) Las creencias son independientes del contexto y la determinación de los hechos y los elementos de prueba son, por definición, contextuales[339]. Como concluye TOMÁS Y VALIENTE,

339 FERRER BELTRÁN, Jordi, "Derecho a la prueba y racionalidad de las decisiones judiciales", *Jueces para la democracia*, núm. 47, 2003, pp. 30-31.

"el convencimiento, razonable y razonado, ha de tener como fundamento la actividad probatoria"[340].

En tercer lugar, el requisito de la inmediación como posición privilegiada para la valoración de la prueba también es objeto de análisis. Es evidente que cuando se exige estar presente en la prueba y ver la expresión de quien testifica están entrando en juego mecanismos de valoración psicológica. Entre ellos, la idea de víctima, el comportamiento proyectado y el deber ser que los envuelve para definir si se supera el umbral de la convicción del juzgador[341]. Creer o no a una víctima está estrechamente relacionado con creer o no los estereotipos que conforman su ser y hacer. En dicha interacción es posible apreciar matices ajenos a la calidad de la información verbal que puede aportar la víctima. La afectación emocional, la apariencia física, la disposición, la gestualidad son parámetros en los que se apoya el juez, pero para los que no está debidamente formado ni sobre los que se puede efectuar un control intersubjetivo[342].

Los mensajes comunicados por estos medios no verbales e incorporados a través de intuiciones o percepciones extrasensoriales pueden constituir una limitación para la víctima y para el proceso. La mujer no solo tiene que participar en un proceso penal emocionalmente exigente relatando los malos tratos sufridos, sino que debería ser advertida sobre los gestos, la apariencia y la puesta en escena que debe representar para resultar creíble[343]. Para el Tribunal Supremo, "el mito de la inmediación debe ceder ante la tutela judicial efectiva

---

340 TOMÁS Y VALIENTE, Francisco, "In dubio pro reo, libre apreciación de la prueba y presunción de inocencia", *Revista española de derecho constitucional*, núm. 20, 1987, p. 24.

341 ANDRÉS IBÁÑEZ, Perfecto, *Prueba y convicción judicial en el proceso penal*, Buenos Aires, Hammurabi, 2009, pp. 56-57.

342 GONZÁLEZ MONJE, Alicia, "La declaración de la víctima de violencia de género como única prueba de cargo: últimas tendencias jurisprudenciales en España", *Revista Brasileira de Direito Processual Penal*, núm. 3, vol. 6, p. 1648 y RAMÍREZ ORTIZ, José Luis, "El testimonio único de la víctima en el proceso penal desde la perspectiva de género", *op. cit.*, p. 214.

343 GONZÁLEZ MONJE, Alicia, "La declaración de la víctima de violencia de género como única prueba de cargo: últimas tendencias jurisprudenciales en España", *op. cit.*, pp. 1653-1654.

que sólo es posible mediante la racional, metódica y analítica disección de las pruebas interrelacionadas de forma lógica"[344].

El único método para incorporar estos elementos consiste en recurrir a conocimiento experto por dos vías. La primera, y reiterada en varias ocasiones, es la capacitación de los juzgadores en disciplinas complementarias al Derecho. La segunda, y quizá más polémica, es contar con el auxilio de profesionales expertos que puedan clarificar y explicar determinadas actitudes o comportamientos de la víctima en sede judicial. Una opción ya disponible sería el uso de las Unidades de Valoración Forense Integral (UVFI) para informar clínicamente sobre el estado de la víctima. Otra alternativa es la solicitud de una pericial sobre la credibilidad de la mujer. El problema con estos informes de credibilidad es que, aunque los realicen profesionales y sirvan para corroborar la declaración de la víctima de violencia de género, pueden fundar supuestos de victimización secundaria al sentirse cuestionada por el sistema y perpetuar estereotipos respecto a la fabulación y la mentira de las mujeres. Además, no son empleados para evaluar la declaración del acusado ni tampoco en otros delitos ni con otras víctimas.

Preocupa que la participación de peritos suponga una suplantación de la función jurisdiccional y no un apoyo. La valoración individual de la prueba y la determinación del grado de fiabilidad de la víctima corresponde al juez[345].

Como experiencia comparada, en Italia los artículos 362.1-bis, 351.1-ter y 391-bis y 5-bis del Codice di procedura penale prevén la asistencia de un psicólogo o psiquiatra cuando la fiscalía (art. 362), la policía (art. 351) o la representación letrada (art. 391-bis) pretendan obtener información de menores u otras personas vulnerables (las víctimas de violencia de género entre ellas) durante la investigación preliminar[346].

---

344 STS, Sala de lo Penal, Sección 1ª, núm. 1063/2006, de 26 de septiembre, FJ 6 (Roj: 6995/2006).

345 DI CORLETO, Julieta, "Igualdad y diferencia en la valoración de la prueba: estándares probatorios en casos de violencia de género", *op. cit.*, p. 300 y ARAYA NOVOA, Marcela Paz, "Género y verdad. Valoración racional de la prueba en los delitos de violencia patriarcal", *op. cit.*, p. 54.

346 CASELLA, Giuseppina, "Violenza di genere: la tutela della vittima nella dimensione procedimentale e processuale", *Cassazione penale*, Vol. 59, núm. 4, 2019, p. 1398.

El interrogatorio de la víctima vulnerable puede ser asumido por el juez con la ayuda de un psicólogo. En lugar de ser las partes quienes formulan las preguntas, se concentra en una única persona, en el juez asistido por un experto en psicología o psiquiatría, la potestad de plantear las cuestiones. Con la mediación de estos profesionales, podría formarse una convicción más real sobre las circunstancias personales de la víctima y dejar de comparar a las mujeres con la versión genuina de víctima que existe para juzgar su credibilidad. Sin embargo, surgen inconvenientes al no poder asegurar que se elimina el uso de estereotipos en las preguntas reproducidas por el juez a petición de las partes y al valorar la incompatibilidad de la presencia activa de los expertos con la breve duración del procedimiento[347].

En Reino Unido, la Youth Justice and Criminal Evidence Act 1999 reconoce el derecho de la víctima a que sea acompañada por una persona intermediara que facilite el entendimiento. Su función es asegurarse de que la mujer entiende las preguntas que se le formulan y de que el juez, fiscalía, acusado y su representación comprenden sus respuestas. Para ello, puede solicitar a los abogados que reformulen las preguntas demasiado complicadas[348].

En el caso español, la "Guía de buenas prácticas para la toma de declaración de víctimas de violencia de género", aprobada por el Grupo de Expertos en violencia doméstica y de género del CGPJ en noviembre de 2018 y actualizada en marzo de 2022, realiza una interpretación del artículo 5 letra a) de la Ley 4/2015, de 27 de abril, del Estatuto de la víctima del delito (EVD) por la que entiende que el derecho a la información desde el primer contacto con las autoridades competentes sobre "[m]edidas de asistencia y apoyo disponibles, sean médicas, psicológicas o materiales, y procedimiento para obtenerlas" se traduce en el derecho de la víctima a ser asistido por un psicólogo el día del juicio al "ofrecerles la opción de que un psicólogo pueda acompañarles a sus declaraciones y ofrecerles este servicio para evitar la victimización de las mismas si no quieren declarar por

---

347 PAGLIONICO, Fabrizia, "La tutela delle vittime da Codice Rosso tra celerità procedimentale e obblighi informativi", *Sistema penale*, núm. 9, 2020, p. 158.

348 SMITH, Olivia and SKINNER, Tina, "Observing Court Responses to Victims of Rape and Sexual Assault", *op.cit.*, p. 312.

videoconferencia y lo quieren hacer en la sala de juicios"[349]. Siendo una práctica beneficiosa para la víctima, su puesta en práctica no se ha extendido.

En todo caso, alarma la sustitución del juez, pero no la suerte de intrusismo que pueda darse a la inversa con serias consecuencias negativas para la víctima de violencia de género. Cabría reconsiderar la disyuntiva juez-psicólogo y plantearla como una unión beneficiosa en la que el juzgador adquiere nueva información para articular el principio de libre valoración de la prueba, consiguiendo que se trate de una verdadera evaluación (in)formada.

3. El triple canon del Tribunal Supremo como directriz

Como resultado, la probable irrupción de pensamientos estereotipados y creencias en un ámbito con una escasa capacidad inicial de producción de pruebas lleva a plantear el establecimiento de un estándar de corroboración[350]. Mientras "lo que los jueces, las juezas, consideren necesario para poder tomar la decisión, va a estar condicionado por los parámetros personales sobre suficiencia de la información para alcanzar conclusiones y por los parámetros personales de atribución de significación a la misma"[351]. Por ello, afirma FERRER BELTRÁN "son necesarios también estándares de prueba que permitan decidir cuándo una hipótesis en esos ámbitos de investigación puede ser considerada probada. En todos ellos, son las

---

349 Consejo General del Poder Judicial. Grupo de Expertos en Violencia Doméstica y de Género. *Guía de buenas prácticas para la toma de declaración de víctimas de violencia de género*, Madrid, 2018, p. 29. Disponible en: https://www.poderjudicial.es/cgpj/es/Temas/Violencia-domestica-y-de-genero/Grupos-de-expertos/Guia-de-buenas-practicas-para-la-toma-de-declaracion-de-victimas-de-violencia-de-genero

350 FUENTES SORIANO, Olga, "La perspectiva de género en el proceso penal. ¿Refutación? de algunas conjeturas sostenidas en el trabajo de Ramírez Ortiz «El testimonio único de la víctima en el proceso penal desde la perspectiva de género»", *Quaestio facti. Revista internacional sobre razonamiento probatorio*, núm. 1, 2020, p. 274.

351 ORTEGA LORENTE, José Manuel, "Breves reflexiones sobre necesidades formativas de juezas y jueces", *Juezas y Jueces para la Democracia*, Vol. I, núm. 10, 2018, p. 4.

respectivas comunidades científicas las que, de manera normalmente informal y no institucionalizada, adoptan un estándar de prueba atendiendo a la ratio entre errores positivos y negativos que se consideran aceptables en esos ámbitos"[352].

En el ámbito judicial, el Tribunal Supremo ha realizado un esfuerzo sistematizador de los elementos que deben concurrir para que la declaración de la víctima adquiera eficacia probatoria[353]. El triple canon de credibilidad está compuesto por las notas de ausencia de incredibilidad subjetiva, verosimilitud y persistencia en la incriminación.

i. Ausencia de incredibilidad subjetiva. Puede ser objeto de prueba en juicio la existencia de motivos que hagan dudar de la veracidad de la declaración de la víctima: resentimiento, enemistad, venganza, enfrentamiento. Se valora el grado de desarrollo y madurez de la declarante según sus propias características físicas y psicorgánicas y se excluye la existencia de móviles espurios. La propia naturaleza de las relaciones familiares, donde se entremezclan sentimiento e intereses de muy diversa índole, aconseja prestar especial atención al análisis de estas cuestiones.

ii. Verosimilitud del testimonio. Los datos objetivos obrantes en el proceso deben servir de corroboración periférica. Se acude a partes de lesiones y otros informes médicos que pueden acreditar la existencia de lesiones de la víctima en un momento concreto, su naturaleza y características[354], mensajes de WhatsApp, llamadas de teléfono, correos, grabaciones de voz, decla-

---

352 FERRER BELTRÁN, Jordi, "La prueba es libertad, pero no tanto: una teoría de la prueba cuasi-Benthamiana", *op. cit.*, p. 163.

353 cfr. por todas SSTS, Sala de lo Penal, Sección 1ª, núm. 204/2018, de 25 de abril (ROJ 1574/2018); núm. 217/2018, de 8 de mayo (ROJ 1743/2018) y núm. 99/2018, de 28 de febrero, (ROJ 619/2018).

354 Respecto a la acreditación de las lesiones con los informes periciales médicos, la doctrina del Tribunal Constitucional fija que los partes o informes médicos que analizan las lesiones denunciadas pueden acreditar el quebranto físico en que la lesión consiste, pero no proporcionan evidencia alguna acerca de si el investigado/acusado fue o no quien causó las lesiones, por lo que dichos partes e informes de lesiones resultan inidóneos para acreditar la autoría de las lesiones denunciadas (cfr. entre otras STC, Sala Segunda, núm. 64/2008, de 26 mayo, FJ 5 (ECLI:ES:TC:2008:64) o STC, Sala Primera, núm. 94/2004, de 24 mayo, FJ 5 (ECLI:ES:TC:2004:94).

raciones de vecinos, familiares y otros testigos directos o de referencia. Su aportación refuerza la declaración de la víctima.

iii. Persistencia en la incriminación. Debe ser prolongada en el tiempo, constante, sin ambigüedades ni contradicciones. Sin embargo, es frecuente que la víctima no mantenga una actuación procesal uniforme durante toda la tramitación del procedimiento. Los motivos que recoge el Tribunal Supremo son los siguientes[355]:

- Dificultades que puede expresar la víctima ante el Tribunal por estar en un escenario que le recuerda el hecho de que ha sido víctima y que puede llevarle a signos o expresiones de temor ante lo sucedido que trasluce en su declaración.
- Temor evidente al acusado por la comisión del hecho dependiendo de la gravedad de lo ocurrido.
- Temor a la familia del acusado ante posibles represalias, aunque estas no se hayan producido u objetivado, pero que quedan en el obvio y asumible temor de las víctimas.
- Deseo de terminar cuanto antes la declaración.
- Deseo al olvido de los hechos.
- Posibles presiones de su entorno o externas sobre su declaración.

Las inconsistencias, para ser relevantes, deben darse sobre hechos determinantes en los que basar la condena o absolución del acusado y no sobre aspectos no sustanciales que podrían olvidarse con el paso del tiempo[356]. Cabe tener en cuenta que la repetición de la declaración en sede judicial un número excesivo de veces afecta a la coherencia y a la memoria de las mujeres[357]. También lo provoca las técnicas adversariales empleadas en los interrogatorios como las

---

355 STS, Sala de lo Penal, Sección 1ª, núm. 119/2019, de 6 de marzo, FJ 3 (ROJ 678/2019).

356 RAMÍREZ ORTIZ, José Luis, "El testimonio único de la víctima en el proceso penal desde la perspectiva de género", *op. cit.*, p. 215.

357 DI CORLETO, Julieta y PIQUÉ, María L., "Pautas para la recolección y valoración de la prueba con perspectiva de género", en: HURTADO POZO, José

interrupciones frecuentes, las preguntas cerradas y la exigencia del recuerdo específico de detalles periféricos[358].

Se trata de tres criterios orientativos para valorar la declaración de la víctima que, si no se entienden correctamente, pueden blindar el modelo de víctima genuina[359]. Para confirmar la ausencia de incredibilidad subjetiva los tribunales atienden a la simultaneidad de un procedimiento de separación o divorcio pendiente y a la renuncia o no de las indemnizaciones civiles que le pudieran corresponder. Si una mujer ha sufrido maltratado habitual, el lapso de tiempo transcurrido desde que se producen los hechos hasta la presentación de la denuncia se puede considerar como un fallo en la persistencia en la incriminación[360]. En la propia STS 119/2019, de 6 de marzo en la que se atiende a los factores que permiten modular el triple test de credibilidad, se citan unos parámetros para valorar la declaración que perfilan el ideal de perfección. Se le pide seguridad, claridad y seriedad expositiva, expresividad descriptiva, declaración no fragmentada –contando tanto lo que a ella y su posición beneficia como lo que perjudica– y un lenguaje gestual de convicción[361].

A las reservas presentadas a la aplicación de estos tres requisitos se agrega la crítica a la consideración de la víctima como testigo cualificado. La sentencia del Tribunal Supremo 282/2018 de 13 junio sostiene que "se trata de llevar a cabo la valoración de la declaración de la víctima, sujeto pasivo de un delito, en una posición cualificada como testigo que no solo "ha visto" un hecho, sino que "lo ha sufrido", para lo cual el Tribunal valorará su declaración a la hora de percibir cómo cuenta el suceso vivido en primera persona, sus gestos,

---

(Dir.), *Género y derecho penal. Homenaje al Prof. Wolfgang Schöne*, Lima, Instituto Pacífico, 2017, p. 429.

358 SMITH, Olivia and SKINNER, Tina, "Observing Court Responses to Victims of Rape and Sexual Assault", *op.cit.*, p. 304.

359 GAMA, Raymundo, "Prueba y perspectiva de género. Un comentario crítico", *op. cit.*, pp. 296-297.

360 MARTÍNEZ GARCÍA, Elena, JORDÁN DÍAZ-RONCERO, Mª José y SIMÓ SOLER, Elisa, *Reflexiones y experiencias sobre la respuesta integral del sistema de justicia a las víctimas de violencia de género en el ámbito de la provincia de Valencia*, Valencia, Tirant lo Blanch, 2021, p. 41.

361 ANDRÉS IBÁÑEZ, Perfecto, *Prueba y convicción judicial en el proceso penal*, *op. cit.*, p. 59.

sus respuestas y su firmeza a la hora de atender el interrogatorio en el plenario con respecto a su posición como un testigo cualificado que es, al mismo tiempo, la víctima del delito"[362]. Aunque, seguidamente, advierte en su propia construcción jurisprudencial del testigo privilegiado que "[e]llo, sin embargo, no quiere decir que la credibilidad de las víctimas sea distinta del resto de los testigos, en cuanto al valor de su declaración, y otorgar una especie de presunción de veracidad siempre y en cualquier caso, pero sí puede apreciarse y observarse por el Tribunal con mayor precisión la forma de narrar el acaecimiento de un hecho por haberlo vivido en primera persona y ser sujeto pasivo del delito"[363].

Las reprobaciones nacen por la anticipación de la condición de víctima a un momento anterior a que se dicte sentencia condenatoria. Se es víctima postsentencia. Lo contrario impediría al acusado articular su defensa en torno la inexistencia del hecho y solo respecto a su grado de participación[364] y "sería construir un estándar de prueba específico que hace depender la suficiencia de la prueba más de quién lo dice que de la calidad cognoscitiva de lo que se dice"[365]. A su vez, se focaliza la atención en el cómo se dice, recurriendo a contenido no verbal sobre el modo de comunicación que no va a ser homogéneo en el conjunto de mujeres que acuden a declarar[366].

---

362 [...] Por ello, se trata de llevar a cabo la valoración de la declaración de la víctima, sujeto pasivo de un delito, en una posición cualificada como testigo que no solo "ha visto" un hecho, sino que "lo ha sufrido", para lo cual el Tribunal valorará su declaración a la hora de percibir cómo cuenta el suceso vivido en primera persona, sus gestos, sus respuestas y su firmeza a la hora de atender el interrogatorio en el plenario con respecto a su posición como un testigo cualificado que es, al mismo tiempo, la víctima del delito" STS, Sala de lo Penal, Sección 1ª, núm. 282/2018, de 13 junio, FJ 2 (Roj: 2182/2018).

363 STS, Sala de lo Penal, Sección 1ª, núm. 282/2018, de 13 junio, FJ 2 (Roj: 2182/2018).

364 RAMÍREZ ORTIZ, José Luis, "El testimonio único de la víctima en el proceso penal desde la perspectiva de género", *op. cit.*, p. 226.

365 SUBIJANA ZUNZUNEGUI, Ignacio José, "La perspectiva de género en el enjuiciamiento de los delitos de violencia del hombre sobre la mujer", *op. cit.*, p. 23.

366 FUENTES SORIANO, Olga, "La perspectiva de género en el proceso penal. ¿Refutación? de algunas conjeturas sostenidas en el trabajo de Ramírez Ortiz «El testimonio único de la víctima en el proceso penal desde la perspectiva de género»", *op. cit.*, p. 280.

4. Propuesta de decálogo para valorar la declaración de la víctima

Conociendo las dificultades que envuelve la fase probatoria en delitos contra las mujeres y apostando, al tiempo, por las mejoras que aporta la perspectiva de género, a modo de conclusión preliminar se presenta una propuesta de decálogo con directrices para valorar las declaraciones de las víctimas[367].

1. Las mujeres son titulares de derechos humanos, entre ellos, el derecho de acceso a la justicia, de tutela judicial efectiva y los derechos de la personalidad que deben ser disfrutados en un entorno libre de violencia de género.
2. La perspectiva de género, en equilibrio constitucional con la presunción de inocencia, es un principio informador del ordenamiento jurídico español.
3. La valoración probatoria debe basarse en exigencias de igualdad real y efectiva en la interpretación y aplicación de las normas.
4. Las víctimas de violencia de género en ocasiones persiguen objetivos y expectativas diferentes a las atribuidas a la justicia retributiva. Es fundamental contextualizar y entender el comportamiento procesal de las víctimas.
5. Las víctimas de violencia de género pueden presentar dificultades para ubicar temporalmente detalles cuando la violencia habitual se ha producido con reiteración de actos y expresiones similares en el tiempo. También para precisarlos cuando su reacción cerebral ha sido la disociación y la inmovilidad tónica.

---

[367] MARÍN LÓPEZ, Paloma, "Apuntes para una valoración de las declaraciones de las víctimas de violencia de género libre de estereotipos de género", *Boletín de Violencia de Género Jueces para la Democracia,* núm. 4. 2017, pp. 11-12, GAMA, Raymundo, "Prueba y perspectiva de género. Un comentario crítico", *op. cit.*, pp. 292 y 294 y FUENTES SORIANO, Olga, "La perspectiva de género en el proceso penal. ¿Refutación? de algunas conjeturas sostenidas en el trabajo de Ramírez Ortiz «El testimonio único de la víctima en el proceso penal desde la perspectiva de género»", *op. cit.*, pp. 273,278 y 283.

6. Las preconcepciones sobre el comportamiento esperado de las víctimas deben quedar al margen del razonamiento probatorio y no pueden silenciar la posible existencia de otros ejes de discriminación.
7. La investigación con perspectiva de género debería reducir las posibilidades de encontrarse ante el testimonio único no corroborado de una víctima. En todo caso, la perspectiva de género no podrá suplir la insuficiencia de prueba.
8. La selección y la formulación de los hechos jurídicamente relevantes debe realizarse libre de estereotipos de género.
9. Los criterios para valorar la declaración de la víctima como única prueba de cargo no deben ser excesivamente inflexibles ni reforzar el modelo de víctima ideal.
10. La valoración de la prueba que corresponde al juzgador debe estar suficientemente motivada en razones sustentadas en el proceso, distanciada de subjetivismos y creencias. El lenguaje jurídico técnico y farragoso debe ser traducido para salvar contradicciones o lagunas.

Capítulo cuarto

Dosis de realidad y ficción en la violencia sexual: análisis empírico

Como se ha avanzado, los estereotipos asisten a las personas como facilitadores para entender una realidad que es compleja, dinámica y de la cual los individuos reciben demasiados estímulos que requieren un procesamiento atendiendo a matices. Este mecanismo de simplificación y ordenación es muy útil, incluso necesario, pero sus efectos pueden ser perjudiciales cuando no se cuestiona el orden que instauran, anclado en jerarquías y lógicas de discriminación, y se convierte en el fundamento (consciente o inconscientemente) para la toma de decisiones, algunas tan importantes como condenar o absolver a un presunto agresor sexual.

En el imaginario colectivo se ha creado un modelo ideal de víctima y de agresión que ha permeado en la Administración de Justicia. Se piensa en las víctimas de agresiones sexuales a partir de unos parámetros rígidos que las sitúan, sin distinción, como mujeres que deben mostrar lesiones, estar psicológicamente traumatizadas, haber sido agredidas por un extraño, en la calle, mientras se resistían, que denuncian de manera inmediata renunciando a solicitar la indemnización derivada del delito[368]. Sin embargo, no es posible identificar un patrón único debido a que cada mujer experimenta una vivencia singular, de acuerdo con su contexto, sus expectativas y su historia de vida.

Para HOHL y STANKO, el tratamiento de las denuncias de violencia sexual no solo es importante para las víctimas, sino también para el mensaje que se quiere enviar a la sociedad[369]. En el abordaje

---

368 Rights of Women. *From Report to Court. A handbook for adult survivors of sexual violence (Sixth edition)*, London, 2018, pp. 9-10. Disponible en: https://rightsofwomen.org.uk/wp-content/uploads/2019/03/From-Report-to-Court-2018.pdf

369 HOHL, Katrin and STANKO, Elisabeth A., "Complaints of rape and the criminal justice system: Fresh evidence on the attrition problem in England and Wales", *European Journal of Criminology*, Vol. 12(3), 2015, p. 325.

de la violencia sexual en clave judicial se produce un fenómeno de retroalimentación entre la imagen que se proyecta desde los tribunales sobre lo que constituye un acto contra la libertad sexual, el prototipo de víctima de agresión sexual que se construye socialmente y la expresión de la víctima y su relato ante las autoridades y profesionales de la justicia. No obstante, este efecto retroalimentador tiene lugar, principalmente, entre la Administración de Justicia y la sociedad, siendo la relación con la víctima unidireccional (de adaptación de la mujer al marco de referencia jurídico-social), debido a que las víctimas han sido la parte olvidada del proceso judicial[370]. En esta triangulación es fundamental atender a la narrativa que se genera desde el conjunto de la sociedad. La percepción social puede moldear la realidad construyendo un discurso hegemónico en torno a la violencia sexual que no se ajusta a los relatos de las víctimas, llegando a invisibilizarlos, y que se filtra en los razonamientos en sede judicial. Por eso es relevante conocer cuál es el pensamiento predominante en la sociedad y contraponerlo a las declaraciones de las afectadas. Al combinar ambas visiones es posible apreciar la creación de un prototipo de víctima y, por consiguiente, de agresión sexual. La mayor o menor correspondencia de cada mujer con cada uno de los atributos que conforman el ideal de víctima trae consigo un mayor o menor grado de credibilidad de su testimonio ante la sociedad y, en particular, ante la justicia. Saber que se utilizan estereotipos durante el proceso judicial y poder identificarlos es una fase fundamental en el proceso de diagnóstico de problemas. Una vez recogidos y analizados los datos para evaluar la estereotipación de género judicial, los responsables políticos y los órganos de gobierno de los jueces pueden tomar decisiones para garantizar la imparcialidad de la justicia y el derecho a un juicio justo.

La producción de un ideal de víctima y de agresión sexual que se traslada a los tribunales es la hipótesis de trabajo para la realización de un estudio empírico sobre la estereotipación judicial de género a partir de la revisión de 500 sentencias de la Audiencia Provincial de

370 CASTILLEJO MANZANARES, Raquel, TORRADO TARRÍO, Cristina y ALONSO SALGADO, Cristina, "Mediación en violencia de género", *Revista de Mediación*, núm. 7, 2011, p. 40.

Valencia. Este proceso de detección de estereotipos puede ser manual a partir del análisis estadístico de sentencias (lectura, extracción de datos y explotación), pero se valora la posibilidad de tecnologizar dicha identificación haciendo uso de Inteligencia Artificial. La intención es apostar por unos algoritmos transparentes de impacto social positivo desde una lógica proteccionista de los derechos humanos. En esta propuesta se han considerado las reservas que plantea el futuro binomio tecnología-derechos humanos vinculadas a la opacidad, los problemas de rendición de cuentas, el grado de fiabilidad de los datos de entrenamiento para los modelos, las auditorías para evitar discriminaciones algorítmicas y la confianza en el sistema por parte de los usuarios finales[371]. Frente a los postulados tecnófobos y ante la constatación de sesgos humanos machistas en sede judicial, se entiende el progreso de la tecnología como una oportunidad para la protección de los derechos humanos. Una tecnología al servicio de los derechos de las mujeres para denunciar, con datos, procesos y dinámicas que no deberían reproducirse en el marco constitucional del derecho a la tutela judicial efectiva.

I. LA VERSIÓN ARQUETÍPICA DE VÍCTIMA DE VIOLENCIA SEXUAL

Como si de un disfraz o de un uniforme de trabajo se tratara, las mujeres deben de portar una serie de elementos para cumplir con el perfil de víctima de violencia sexual. La literatura especializada ha trazado el arquetipo de víctima siguiendo una serie de rasgos característicos relacionados con la violencia ejercida por el hombre y la reacción de la mujer, la afectación emocional, la experiencia sexual previa, las características del hecho y la tardanza en denunciar.

---

371 Como ocurre con las leyes, aunque sea formalmente justo, también debe ser percibido y considerado como tal. Comisión Europea. *Directrices éticas para una IA fiable del Grupo de expertos/as de alto nivel sobre inteligencia artificial*, Bruselas, 2019, p. 18. Disponible en: https://op.europa.eu/es/publication-detail/-/publication/d3988569-0434-11ea-8c1f-01aa75ed71a1 y SIAU, Keng and WANG, Weiyu, "Building trust in artificial intelligence, machine learning, and robotics", *Cutter business technology journal*, Vol. 31, núm. 2, 2018, pp. 51-52.

1. Rasgos de violencia y de resistencia

En primer lugar, respecto a las lesiones, la violencia y la resistencia, en el Informe provisional de la Relatora Especial sobre la independencia de los magistrados y abogados, Gabriela Knaul de 2011, se utiliza como primer ejemplo de estereotipo aplicado a los casos de violación el requisito de pruebas de violencia física para demostrar que no ha habido consentimiento[372]. Sin embargo, la Organización Mundial de la Salud advierte que la actividad sexual con penetración en vagina, ano o boca rara vez produce signos objetivos de lesión por lo que la ausencia de lesiones no excluye la penetración[373]. Se trataría de un acto violento y forzado contra el que la víctima genuina haría todo lo posible por escapar[374]. Esta descripción también la contempla el Comité de la CEDAW cuando enumera como estereotipos que la víctima tenga que recurrir "a toda su fuerza y su valor para resistirse a la violación" viéndose privada de credibilidad al no haber intentado escapar o que "no puede haber oposición a la violación si el acusado logró eyacular"[375].

---

[372] Naciones Unidas. Asamblea General. *Informe provisional de la Relatora Especial sobre la independencia de los magistrados y abogados*, Gabriela Knaul, A/66/289 (de 10 de agosto de 2011), párr. 48.

[373] Organización Mundial de la Salud. *Strengthening the medico-legal response to sexual violence*, WHO/RHR/15.24, World Health Organization, 2015, p. 31. Disponible en: https://apps.who.int/iris/bitstream/handle/10665/197498/WHO_?sequence=1 Sobre la existencia o no lesiones en el himen como prueba acreditativa de la violencia sexual se recomienda consultar: MISHORI, Ranit, FERDOWSIAN, Hope, NAIMER, Karen, VOLPELLIER, Muriel y MCHALE, Thomas, "The little tissue that couldn't – dispelling myths about the Hymen's role in determining sexual history and assault", *Reproductive health*, Vol. 16, núm. 1, pp. 1-9.

[374] DU MONT, Janice, MILLER, Karen-Lee and MYHR, Terri L., "The Role of "Real Rape" and "Real Victim" Stereotypes in the Police Reporting Practices of Sexually Assaulted Women", *Violence Against Women*, Vol. 9, núm. 4, 2003, p. 469 y TEMKIN Jennifer, GRAY Jacqueline M. and BARRETT Jastine, "Different functions of rape myth use in court: findings from a trial observation study", *Feminist Criminology*, Vol. 13, núm. 2, 2018, p. 11.

[375] ARAYA NOVOA, Marcela Paz, "Género y verdad. Valoración racional de la prueba en los delitos de violencia patriarcal", *op. cit.*, p. 47. Al respecto merece la pena recuperar la gráfica narración autorreferencial de DESPENTES apuntando al elemento de prueba de forma explícita: "[c]omo en la mayoría de las violaciones, imagino. Imagino que, después, ninguno de esos tres tipos se

No es objeto de esta tesis doctoral realizar un estudio exhaustivo de derecho penal sustantivo sobre la tipificación de los actos contra la libertad y la indemnidad sexual, pero sí resulta necesario precisar las conexiones existentes entre los requisitos que requiere la tipología penal y la presencia de estereotipos. La exigencia de fuerza vendría condicionada por la configuración penal del delito de agresión sexual que contempla la violencia e intimidación como elementos del tipo (art. 178 CP) y por la definición de un consentimiento reaccionario. Su manifestación a través del "no es no" predispone *a priori* a las mujeres como sujetos sexualmente pasivos disponibles para la actividad sexual mientras no se nieguen, esperando en ese caso una reacción frente a la agresión[376]. La LOGILS pretende desprenderse del requisito de la oposición y del perfilado de mujeres pasivas en estado de consentimiento permanente. En esa ley se entiende que el consentimiento se construye (y no se destruye), de ahí que la formulación para corroborar que en una agresión sexual haya habido consentimiento sea el "sólo sí es sí", entendiendo "que hay consentimiento cuando se haya manifestado libremente mediante actos que, en atención a las circunstancias del caso, expresen de manera clara la voluntad de la persona" (nueva redacción del art. 178 CP). Según el argumentario del Ministerio de Justicia y del Ministerio de Igualdad, de este modo se consigue clarificar que "el silencio o la pasividad no necesariamente significan consentimiento y que el no mostrar oposición no puede ser una excusa para actuar en contra de la voluntad de la víctima"[377],

---

identifica como violador. Puesto que lo que han hecho es otra cosa. Tres con un fusil contra dos chicas a las que han pegado hasta hacerles sangrar: no es una violación. La prueba: si verdaderamente hubiéramos querido que no nos violaran, habríamos preferido morir, o habríamos conseguido matarlos. Desde el punto de vista de los agresores, se las arreglan para creer que si ellas sobreviven es que la cosa no les disgustaba tanto". DESPENTES, Virginie, *Teoría King Kong*, Barcelona, Literatura random house, 2018, pp. 18-19.

376 RAMÍREZ ORTIZ, José Luis, "El testimonio único de la víctima en el proceso penal desde la perspectiva de género", *op. cit.*, p. 232 en referencia a la magistrada Sra. L'Heureux-Dubé's.

377 Ministerio de Justicia y Ministerio de Igualdad, (6 de julio de 2021). Nota de prensa "El Consejo de Ministros aprueba el Proyecto de Ley Orgánica de Garantía Integral de la Libertad Sexual". Disponible en: https://www.igualdad.gob.es/comunicacion/notasprensa/Documents/NdeP/NdeP_LeyLibertadSexual_060721.pdf

dando cumplimiento a las indicaciones del Grupo de Expertos en la Lucha contra la Violencia contra la Mujer y la Violencia Doméstica (GREVIO)[378] y siguiendo la definición presente en el artículo 36.2 del Convenio de Estambul.

Sin embargo, el debate sobre este modelo de consentimiento afirmativo no está cerrado, dado que para un sector del feminismo entra en colisión con la libertad sexual de las mujeres[379]. Como apunta ZUÑIGA AÑAZCO, permanece en la valoración judicial de la existencia de un delito sexual "la idea de que un "no" puede interpretarse como un "sí", o que un "sí" inicial inhabilita a la mujer para negarse posteriormente ante el avance sexual masculino"[380]. La resolución de esta problemática compleja requerirá de profundas discusiones académicas, precisiones doctrinales y matizaciones fruto de la casuística jurisprudencial e, inevitablemente, interpelará a profesionales

---

378 GREVIO anima a las autoridades españolas a que prosigan con las modificaciones del Código Penal a fin de que el delito de violación tipifique la falta de consentimiento de forma que se pueda articular en la práctica de forma eficaz por las fuerzas de seguridad, la fiscalía y el poder judicial. El objetivo pasa por garantizar la aplicación de sanciones apropiadas para todos los actos de naturaleza sexual sin consentimiento de la víctima, incluso en ausencia de resistencia de la víctima y cuando las circunstancias del caso impidan un consentimiento aceptable. A tal efecto, GREVIO anima encarecidamente a las autoridades españolas a que introduzcan formación y orientaciones para todos los integrantes del sistema de justicia penal que garanticen la comprensión del significado de lo que es la violación y la violencia sexual en tanto que delitos basados en la ausencia de consentimiento, no en la utilización de la fuerza. GREVIO. *Primer Informe de evaluación de GREVIO sobre las medidas legislativas y de otra índole que dan efecto a las disposiciones del Convenio del Consejo de Europa sobre Prevención y Lucha contra la violencia contra las Mujeres y la Violencia Doméstica (Convenio de Estambul): España*, GREVIO/Inf(2020)19 (25 de noviembre de 2020), párr. 224. Disponible en: https://violenciagenero.igualdad.gob.es/marcoInternacional/informesGREVIO/docs/InformeGrevioEspana.pdf

379 SERRA, Clara, (6 de marzo de 2021). Negar el consentimiento. A propósito de la Ley de libertades sexuales, *El Diario*. Disponible en: https://www.eldiario.es/opinion/zona-critica/negar-consentimiento-proposito-ley-libertades-sexuales_129_7267469.html

380 ZUÑIGA AÑAZCO, Yanira, "Cuerpo, Género y Derecho. Apuntes para una teoría crítica de las relaciones entre cuerpo, poder y subjetividad", *Revista Ius et Praxis*, núm. 3, 2018, p. 227.

de diferentes disciplinas y precisará de debates tendentes al consenso al interior del movimiento feminista[381].

En todo caso, académicas como ACALE SÁNCHEZ, rebajan el grado de complejidad interpretativa de la reforma advirtiendo que "no plantea ningún cambio trascendental respecto a la interpretación que están haciendo nuestros tribunales: son las circunstancias del caso las que determinan la interpretación que se merezca el comportamiento de la víctima"[382]. En un sentido similar, la Magistrada ESTEVE MALLENT, atendiendo a la conexión entre definiciones presentes en la LOGILS y el Convenio de Estambul recuerda que ya hay antecedentes jurisprudenciales que reparan en el consentimiento para valorar la existencia de violencia sexual debido a que, desde su ratificación en 2014, el Convenio es de aplicación directa en España y debe ser conocido y empleado por los titulares de la función jurisdiccional para fundamentar sus resoluciones[383].

2. *Afectación psicoemocional*

En segundo lugar, se atiende al estado anímico de la mujer denunciante. Para RANDALL, la ilustración más llamativa del ideal de víctima podría provenir de la expectativa de que las víctimas "rea-

---

381 La sentencia del Tribunal Supremo 188/2023, de 19 de enero, es una de las primeras en las que el Alto Tribunal se pronuncia sobre el consentimiento a tenor de la aprobación de la LOGILS. Descarta cualquier presunción de consentimiento perpetuo interpretando que "[n]o existe una especie de perpetuación en el consentimiento de una mujer para realizar actos sexuales, como si fuera una especie de "cheque en blanco" para realizar un acto sexual que la mujer lo haya hecho antes con esa persona, o con otra. El consentimiento para el acto sexual es renovable para cada acto sexual", de modo que "[l]a mujer tiene libertad sexual para consentir un acto sexual y para negarse al siguiente". Además, puntualiza que siguiendo la literalidad del nuevo precepto 178 CP "no se exige en estas situaciones un consentimiento expreso, sino que puede ser tácito, y dependiendo,y aquí está la clave del texto, de las "circunstancias del caso"" (FJ 2° y 11°).

382 ACALE SÁNCHEZ, María, "Valoración de los aspectos penales del Proyecto de Ley Orgánica de Medidas de Protección Integral de la Libertad Sexual de 26 de julio 2021", *Revista Sistema Penal Crítico*, núm. 2, 2021, p. 169.

383 ESTEVE MALLENT, Lara, "Consentimiento y dicotomía entre agresión y abuso en los delitos de naturaleza sexual", *El Criminalista Digital. Papeles de Criminología*, núm. 9, 2021, p. 51.

les" o "creíbles" de agresiones sexuales exhiban su angustia y dolor emocional de forma visible, incluyendo estar temblorosas, llorar y expresar su malestar de formas fácilmente reconocibles[384] como el aislamiento social tras haber sufrido el delito. Es la ausencia de correlación ideoafectiva, en palabras de ARAYA NOVOA, lo que hace dudar de la veracidad de la declaración[385], al haberse disociado la idea (el ser víctima de una agresión) del sentimiento o la emoción (la tristeza por lo ocurrido). Esta desconexión entre elementos que en el imaginario social habitualmente están asociados entre sí es lo que incrementa las dudas sobre los hechos. Además, existe la tendencia a pensar que las mujeres mienten y muchas de las denuncias son falsas[386], siendo rebatida por el Ministerio Fiscal en su Memoria Anual. Desde el año 2009 hasta el 2020, el porcentaje de procedimientos en los que se ha dictado sentencia condenatoria por denuncia falsa es de 0,0074%. Si se suman las causas en tramitación, como si fueran condenatorias, el porcentaje final máximo sería de 0,03%[387].

En ocasiones también se argumenta que la iniciación del proceso judicial responde a la búsqueda de un beneficio económico oculto. Este punto ha sido señalado por la jurisprudencia de nuestro país. Del análisis de sentencias de la Audiencia Provincial de Valencia se observa la instrumentalización de la indemnización como un argumento para minar o reforzar la versión de la víctima. En un asunto la defensa del acusado argumenta que "la mujer actuó en la forma en que lo hizo para recibir ayuda económica como víctima de violencia

---

384 RANDALL, Melanie, "Sexual Assault Law, Credibility, and "Ideal Victims": Consent, Resistance, and Victim Blaming", *Canadian Journal of Women and the Law*, Vol. 22, 2010, p. 427.

385 ARAYA NOVOA, Marcela Paz, "Género y verdad. Valoración racional de la prueba en los delitos de violencia patriarcal", *op. cit.*, p. 48.

386 TEMKIN Jennifer, GRAY Jacqueline M. and BARRETT Jastine, "Different functions of rape myth use in court: findings from a trial observation study", *op. cit.*, p. 2 y Naciones Unidas. Asamblea General. *Informe provisional de la Relatora Especial sobre la independencia de los magistrados y abogados*, Gabriela Knaul, A/66/289 (de 10 de agosto de 2011), párr. 48.

387 Ministerio Fiscal. *Memoria elevada al Gobierno de S.M. presentada al inicio del año judicial por la Fiscal General del Estado Excma. Sra. Doña Dolores Delgado García*, Madrid, 2021. Disponible en: https://www.fiscal.es/memorias/memoria2021/FISCALIA_SITE/index.html

de género"[388] mientras que en otros dos casos se valora positivamente por los magistrados que la mujer no reclamara indemnización[389] o que la cuantía fuera pequeña[390] descartando cualquier móvil de naturaleza económica y la invención de hechos tan graves. En una sentencia del año 2020, el magistrado intuye el argumento de la defensa y aclara que la reclamación de una indemnización es un derecho y no puede servir para cuestionar a la víctima con el siguiente razonamiento: "debemos recordar que es pacífica la doctrina jurisprudencial que señala que no puede cuestionarse la credibilidad de las víctimas de delitos de esta naturaleza por el mero hecho de reclamar una indemnización. Sería perverso asociar el legítimo ejercicio del derecho al resarcimiento, derivado de haber sido víctima de un delito, con un ánimo espurio que convierta en inveraz ese testimonio. Así, de igual manera que cuando la víctima renuncia a la indemnización no se produce, sin más, un aumento en su credibilidad, tampoco cuando reclama una indemnización se puede sentar apriorísticamente que su declaración esté guiada por un interés puramente crematístico y ajeno a la verdad"[391].

3. Experiencia sexual previa

En tercer lugar, la existencia de una relación previa afecta negativamente a la apreciación de violencia sexual, ya que como señalan TEMKIN, GRAY y BARRETT, "la violación conyugal, la violación por parte de una ex pareja, o la violación por parte de alguien con quien [la mujer] ha tenido previamente relaciones sexuales consentidas no es realmente una violación, y si el consentimiento estuvo ausente en una ocasión particular, no se produce un daño real"[392]. En efecto, a propósito de la inclusión de una agravante en la LOGILS (art. 180.4 CP) en los casos en que la violencia se cometa contra una víctima que

---

388 SAP Valencia, Sección 1ª, núm. 452/2014, de 21 de noviembre (Roj. 4682/2014).

389 SAP Valencia, Sección 5ª, núm. 285/2015, de 30 de abril (Roj. 1605/2015).

390 SAP Valencia, Sección 4ª, núm. 730/2018, de 13 de diciembre (Roj. 5117/2018).

391 SAP Valencia, Sección 2ª, núm. 319/2020, de 23 de julio (Roj. 2198/2020).

392 Traducción no oficial de la autora. Texto original disponible en: TEMKIN Jennifer, GRAY Jacqueline M. and BARRETT Jastine, "Different functions of rape myth use in court: findings from a trial observation study", *op. cit.*, p. 10.

sea o haya sido esposa o mujer que esté o haya estado ligada por análoga relación de afectividad, aún sin convivencia DÍEZ RIPOLLÉS contraargumenta que en las relaciones de pareja, "puede ser que el comportamiento pierda incluso su carácter contrario a la libertad sexual, pues se pueda contar con un consentimiento presunto. Y si ese no es el caso, no cabe excluir que la víctima lo experimente como menos lesivo contra su libertad sexual. Pensemos en acciones sorpresivas o para las que no consta el consentimiento que sean de escasa entidad y ocasionales, como besos o tocamientos fugaces. Incluso alguna acción sexual de cierta entidad ya realizada en otras ocasiones sobre la pareja privada temporalmente de sentido sin que entonces haya manifestado su oposición al conocerla"[393]. Es decir, la preexistencia de una relación conlleva la preexistencia del consentimiento.

4. Factores ambientales

En cuarto lugar, en relación al escenario en el que ocurren los hechos, existe la creencia de que se produce un ataque repentino por un desconocido en un lugar público y apartado[394]. Asimismo, se aprecian otras preconcepciones sobre la forma de vestir, el estado de embriaguez o el comportamiento sexual previo de la víctima[395]. Estas circunstancias que rodean el delito y conforman su grado de verosimilitud son altamente excluyentes y depositan la responsabilidad de los ataques en las mujeres "si se encuentran fuera de sus

---

393 DÍEZ RIPOLLÉS, José Luis, "Alegato contra un derecho penal sexual identitario", *Revista electrónica de ciencia penal y criminología*, núm. 21, 2019, p. 20.

394 DU MONT, Janice, MILLER, Karen-Lee and MYHR, Terri L., "The Role of "Real Rape" and "Real Victim" Stereotypes in the Police Reporting Practices of Sexually Assaulted Women", *op. cit.*, p. 469.

395 ARAYA NOVOA, Marcela Paz, "Género y verdad. Valoración racional de la prueba en los delitos de violencia patriarcal", *op. cit.*, pp. 48-50 y MARTÍNEZ VARGAS, Juan Ramón y VEGA BARBOSA, Giovanni, "La obligación estatal de prevención a la luz del *corpus iuris* internacional de protección de la mujer contra la violencia de género", *Revista Ius et Praxis*, núm. 2, 2013, p. 348. De nuevo, DESPENTES narra en primera persona su marginación como mujer violada por su estética: "[c]omo llevamos minifalda, como tenemos una el pelo verde y la otra naranja, sin duda, «follamos como perras», así que la violación que se está cometiendo no es tal cosa". DESPENTES, Virginie, *Teoría King Kong, op. cit.*, p. 18.

hogares a altas horas de la noche o en lugares solitarios o se visten de cierta manera"[396]. Siguiendo a HALL, "en la década de los noventa la Asociación Médica Americana se refirió a la violación como un virus social, calificándola de epidemia violenta silenciosa [...]. La ausencia total del violador y de sus acciones [...] hace que la violación parezca algo que una mujer puede contraer si no tiene cuidado"[397]. Esta idea del contagio si no se adoptan las medidas necesarias representa la culpabilización de la mujer y refuerza la idea de un agente violento extraño a la víctima.

5. *Demora en denunciar*

Por último, se afirma que las verdaderas víctimas son las que denuncian de manera inmediata los hechos ante la policía[398]. La tardanza en denunciar es entendida como un elemento de sospecha sobre la autenticidad de los hechos denunciados, pero según SUBIJANA ZUNZUNEGUI desde ese posicionamiento "se obvia que la puesta en conocimiento de una noticia criminal por parte de quien afirma ser víctima es un derecho, no un deber (artículo 5 EVD); se ignora que el único plazo legal para denunciar es el derivado de los tiempos de prescripción (sin perjuicio de la debilitación probatoria que puede producir la desaparición de elementos informativos incriminatorios)"[399]. Así, el Tribunal Supremo ha reiterado que "el retraso en la presentación de la denuncia no es causa o motivo que permita hacer dudar de la realidad de los hechos que son objeto de la denuncia"[400] así como que el ""silencio"

---

396 Naciones Unidas. Asamblea General. *Informe provisional de la Relatora Especial sobre la independencia de los magistrados y abogados*, Gabriela Knaul, A/66/289 (de 10 de agosto de 2011), párr. 48.

397 Traducción no oficial de la autora. Texto original disponible en: HALL, Rachel, "It Can Happen to You": Rape Prevention in the Age of Risk Management", *Hypatia*, Vol. 9, núm. 3, 2004, p. 8.

398 TEMKIN Jennifer, GRAY Jacqueline M. and BARRETT Jastine, "Different functions of rape myth use in court: findings from a trial observation study", *op. cit.*, p. 2.

399 SUBIJANA ZUNZUNEGUI, Ignacio José, "La perspectiva de género en el enjuiciamiento de los delitos de violencia del hombre sobre la mujer", *op. cit.*, p. 34.

400 STS, Sala de lo Penal, Sección 1ª, núm. 184/2019, de 2 de abril (Roj: 7071/2019).

de las víctimas no puede correr contra ellas [...] como sinónimo de faltar a la verdad"[401].

El magistrado MAGRO SERVET argumenta como posibles causas del transcurso del tiempo para presentar la denuncia que la misma "se dirige contra quien es su pareja y el padre de sus hijos, que, además, posiblemente hasta puede ser su sustento económico", la estigmatización y el sentimiento de culpabilidad que puedan sentir con la denuncia y la desconfianza en el sistema al no percibir los beneficios de poner en conocimiento de las autoridades la situación de violencia[402]. En este sentido, en la Macroencuesta de 2019 se pregunta a las mujeres que sufrieron "violencia física, sexual, emocional o sentimiento de miedo" (VFSEM) o solamente violencia física y sexual (VFS) por sus parejas los motivos para no denunciar[403]. Si la pareja es actual las razones más citadas son haberlo resuelto sola (49,1% VFSEM, 47,2% VFS) o el no dar importancia a la violencia sufrida (46,4% VFSEM, 37,3% VFS). Cuando se trata de la expareja, se repite con un porcentaje más elevado el haberlo resuelto sola (53,4% VFSEM, 48,5% VFS) y se menciona haber terminado la relación (31,8% VFSEM, 32,1% VFS). En el caso de haber sufrido violencia sexual, las mujeres responden que la razón para evitar la denuncia fue que "era menor, era una niña" (35,4%). Aparece de nuevo no conceder importancia a lo sucedido (30,5%) y se señala la vergüenza (25,9%), que la agresión haya sucedido "en otros tiempos en los que no se hablaba de estas cosas" (22,1%) y el temor a no ser creída (20,8%). Cuando la violencia sexual ha consistido en una violación los porcentajes se alteran: el 40,3% apela a la vergüenza, el 40,2% a la minoría de edad, el 36,5% al temor a no ser creída y el 23,5% al miedo al agresor[404].

Además de este esquema rígido de obligado cumplimiento para devenir víctima, se produce un doble fenómeno adicional que restringe aún más la identificación de las mujeres-víctimas: la exclusión directa de determinadas mujeres de la identidad de víctimas según su conducta sexual junto a la normalización de prácticas ordinarias que,

---

401 STS, Sala de lo Penal, Sección 1ª, núm. 247/2018, de 24 mayo (Roj: 2003/2018).

402 STS, Sala de lo Penal, Sección 1ª, núm. 184/2019, de 2 de abril (Roj: 7071/2019).

403 Siglas que se corresponden con violencia física, sexual, emocional o han sentido miedo o solamente violencia física y sexual.

404 Delegación del Gobierno para la Violencia de Género, *Macroencuesta de Violencia contra la Mujer 2019*, *op. cit.*, pp. 109-169.

constituyendo también violencia, hace aumentar el índice de brutalidad para considerar un ataque como una verdadera agresión sexual.

Según el Comisario de Derechos Humanos del Consejo de Europa, "[e]n toda Europa, la sexualidad de las mujeres sigue estando sujeta a una amplia gama de costumbres y presunciones sociales, que en muchos contextos dirigen la culpa hacia las mujeres por la violación y otras formas de violencia sexual, especialmente cuando se considera que una mujer contraviene las costumbres o expectativas sociales. Estas actitudes centran la atención en la apariencia, el comportamiento o el historial sexual de las mujeres, en lugar de en las acciones de los agresores"[405].

La auténtica víctima no es la prostituta, ni la promiscua, ni la que consume drogas o ha bebido. Tampoco la lesbiana, la psiquiatrizada, la de bajos ingresos, la que frecuenta clubes nocturnos o la que hace autostop (como en el caso de las chicas de Alcàsser)[406]. Y nunca es la mujer casada[407]. La pregunta que sigue entonces es ¿quién es la víctima de violencia sexual? Por exclusión, una mujer cis heteronormativa, de clase media-alta, con una sexualidad contenida, sin vínculo matrimonial, abstemia y estable emocionalmente. Para RANDALL, la causa del establecimiento de este cerco a un subconjunto específico de mujeres se encuentra en una respuesta judicial descontextualizada y sin perspectiva de género que focaliza la atención en la responsabilidad individual de las mujeres para la gestión del riesgo[408]. Siguiendo a la misma autora, la normalización y, por tanto, borrado

---

405 Traducción no oficial de la autora. Texto original disponible en: Council of Europe. Commissioner for Human Rights. *Issue Paper Women's sexual and reproductive health and rights in Europe*, 2017, p. 24. Disponible en: https://rm.coe.int/women-s-sexual-and-reproductive-health-and-rights-in-europe-issue-pape/168076dead

406 BARJOLA RAMOS, Nerea, *Microfísica sexista del poder: el caso Alcàsser y la construcción del terror sexual*, Barcelona: Virus Editorial i Distribuïdora, 2018.

407 RANDALL, Melanie, "Sexual Assault Law, Credibility, and "Ideal Victims": Consent, Resistance, and Victim Blaming", *op. cit.*, p. 414 y DU MONT, Janice, MILLER, Karen-Lee and MYHR, Terri L., "The Role of "Real Rape" and "Real Victim" Stereotypes in the Police Reporting Practices of Sexually Assaulted Women", *op. cit.*, pp. 469-470.

408 RANDALL, Melanie, "Sexual Assault Law, Credibility, and "Ideal Victims": Consent, Resistance, and Victim Blaming", *op. cit.*, p. 414.

de las experiencias más ordinarias, cotidianas, amenazantes, intrusivas y coercitivas conlleva la expulsión de las mujeres que las sufren como víctimas reales, ya que solo experimentan cosas "normales". La consecuencia directa de este blanqueamiento de la violencia es el recurso a lo casos extremos para demostrar que se está ante una verdadera víctima de violencia sexual[409].

Por último, atendiendo a la argumentación del Comisario de Derechos Humanos del Consejo de Europa estas "suposiciones y actitudes perjudiciales pueden tener consecuencias drásticas para la prevención, el enjuiciamiento y el castigo de la violencia contra las mujeres, y a menudo conducen a la impunidad. Influyen en la capacidad y la voluntad de las mujeres de denunciar la violencia, así como en la medida en que los funcionarios encargados de la aplicación de la ley y de la justicia penal llevan a cabo investigaciones y enjuiciamientos eficaces"[410].

Como ya se ha avanzado, el procesamiento de información siguiendo un razonamiento silogístico no deja margen al estudio individualizado de los supuestos atendiendo a las circunstancias concretas del caso. De acuerdo con HOHL y STANKO, "[c]uanto más se ajuste una denuncia de violación a las ideas de "violación real", más posibilidades hay de que el caso supere con éxito los retos del sistema de justicia penal. Cuanto menos se ajuste el caso –y la propia denunciante– a un ideal de feminidad y su violación sexual, menos posibilidades habrá de que se la crea y se considere el caso como una "violación real""[411]. En el proceso judicial se focaliza la atención no en lo que ha sucedido, sino en la ausencia de los elementos calificados como imprescindibles para considerar veraz la agresión, provocando cierta ceguera de la justicia que impide recabar información relevan-

---

409 Ibídem, p. 408.

410 Traducción no oficial de la autora. Texto original disponible en: Council of Europe. Commissioner for Human Rights. *Issue Paper Women's sexual and reproductive health and rights in Europe*, 2017, p. 24.

411 Traducción no oficial de la autora. Texto original disponible en: HOHL, Katrin and STANKO, Elisabeth A., "Complaints of rape and the criminal justice system: Fresh evidence on the attrition problem in England and Wales", *op. cit.*, pp. 333-334.

te y de calidad[412]. En este sentido, tal y como se profundizará más adelante, los estudios estadísticos descriptivos y, especialmente, los sistemas de IA por su potencial de procesamiento de datos y manifestación de correlaciones no aparentes, pueden ser un dispositivo asistencial de gran utilidad en la tarea de identificar los elementos que intervienen en la consideración de un hecho como violencia sexual. Tal y como propone GUZMÁN FLUJA, humanos e IA deben colaborar para eliminar los sesgos y las decisiones que impliquen discriminación, a partir de un enfoque ético y de un desarrollo transparente de los procesos, supervisados e incorporados en la legislación[413].

II. UNA REALIDAD DISTORSIONADA: LA VERSIÓN DE LA VÍCTIMA Y DE LA SOCIEDAD EN DISPUTA

Un recurso para desmitificar a las víctimas de violencia sexual consiste en confrontar la percepción social de la violencia sexual con el relato de las víctimas. Se ha argumentado que el sistema judicial fuerza a cumplir con una serie de requisitos conformadores de la figura de la "víctima ideal" y, además, a no desviarse del objetivo previsto que es la denuncia. La construcción estereotipada de la víctima puede generar situaciones de desprotección y desatención por dos motivos, uno personal y otro sistémico. Por un lado, no suscribir la imagen que se debería proyectar de víctima puede suponer que las mujeres duden de sí mismas, incrementando su miedo a no ser creídas y precipitando su abstención a solicitar ayuda. Por otro lado, condicionar el acceso al sistema judicial al cumplimiento de un patrón puede implicar que haya mujeres que no reciban los apoyos suficientes porque las personas de su entorno (profesionales o no) no sepan identificar la situación de violencia sexual si no se ajusta al ideal victimológico así como por las expectativas de las instituciones

412 ARAYA NOVOA, Marcela Paz, "Género y verdad. Valoración racional de la prueba en los delitos de violencia patriarcal", *op. cit.*, p. 50.

413 GUZMÁN FLUJA, Vicente, "Proceso penal y justicia automatizada", *Revista General de Derecho Procesal*, núm. 53, 2021, p. 39.

que esperan atender a un determinado perfil de víctima[414], marginando a aquellas mujeres que lo desobedecen, y exigiendo una serie de pruebas para dotar de credibilidad a la denuncia. Esto hace que sea conveniente revisar algunas de las pautas que modelan a la auténtica víctima desde la rigurosidad, alejando la impresión que se tiene de las mujeres en los discursos sensacionalistas.

1. Existencia de lesiones físicas

Uno de los puntos nucleares para cerciorarse de la certeza de la violencia es la constatación de lesiones. Según los datos de la Macroencuesta de 2019, "el 80,6% de las mujeres que han sufrido violencia física o sexual de la pareja actual y el 60,3% de quienes sufrieron esta violencia de alguna pareja pasada, manifiestan que no necesitaron asistencia sanitaria". A este respecto se aclara en el documento que los bajos porcentajes de asistencia médica no deben ser interpretados como una falta de severidad en la violencia sufrida y sus consecuencias, sino como la constatación de que la mayor parte de las relaciones sexuales forzadas no producen lesiones físicas[415]. En el caso de las mujeres de 16 años o más que han sufrido violencia sexual fuera de la pareja, el 16,2% ha presentado lesiones como consecuencia de esta violencia en algún momento de su vida. El porcentaje asciende entre las mujeres que han sido violadas hasta un 37,8%, pero sin que las lesiones tengan que ser necesariamente consecuencia de la violación. Atendiendo al tipo de lesión provocada por un hombre con el que no se mantiene ni ha mantenido una relación afectiva, en el 11,1% de los casos se trata de cortes, rasguños, moratones o dolores y el 7,0% de lesiones en los genitales. La incidencia vuelve a aumentar en los supuestos de violación: el 25,0% de las mujeres ha tenido cortes, rasguños, moratones o dolores y el 18,7% lesiones en sus genitales[416]. De nuevo se remarca de forma explícita que estas

---

414 CUBELLS, Jenny and CALSAMIGLIA, Andrea, "Do We See Victims' Agency? Criminal Justice and Gender Violence in Spain", *Critical Criminology*, núm. 26, 2018, p. 123.

415 Delegación del Gobierno para la Violencia de Género. *Macroencuesta de Violencia contra la Mujer 2019, op. cit.*, p. 87.

416 Ibídem, p. 163.

cifras contrastan con la creencia popular de que una violación tiene que dejar secuelas físicas visibles[417].

2. *Presencia de lesiones psicológicas*

Respecto a los problemas de salud mental, el 48,2% de las mujeres víctimas de VFSEM por parte de sus parejas actuales, el 74,7% de mujeres que sufrieron la violencia de parejas pasadas, el 53,0% de mujeres víctimas de violencia sexual fuera de la pareja y el 78,9% de las mujeres que fueron violadas declaran haber padecido consecuencias psicológicas. De entre los efectos negativos se destaca la pérdida de autoestima (29,3% pareja actual, 54,9% parejas pasadas, 61,0% VFS pareja, 30,8% VS fuera pareja), ansiedad (23,2% pareja actual, 40,4% parejas pasadas, 47,3% VFS pareja, 32,5% VS fuera pareja), desesperación (23,1% pareja actual, 42,7% parejas pasadas, 50,0% VFS pareja) y problemas de sueño o alimentación (22,5% pareja actual, 41,9% parejas pasadas, 48,6% VFS pareja)[418]. Aunque en algunos supuestos los porcentajes superan el 60,0% no se puede concluir que exista un patrón de afectación emocional para el conjunto de las mujeres. No obstante, dado que las mujeres encuestadas han necesitado acudir a un psicólogo, psicoterapeuta o psiquiatra en los 12 meses previos a las entrevistas, en concreto, el 20,9% de las mujeres que han sufrido violencia física o sexual a lo largo de la vida de alguna pareja, el 17,5% de las que han sufrido cualquier tipo de violencia en la pareja a lo largo de la vida, el 22,3% de las mujeres víctimas de violencia sexual y el 31,9% de las que han sido violadas[419], queda patente la conveniencia de dedicar recursos públicos para que las mujeres puedan hacer uso de estos servicios siempre que los soliciten, teniendo en cuenta además que la asistencia psicológica en algunos casos es fundamental para autopercibirse como mujer agredida sexualmente.

---

417 Delegación del Gobierno para la Violencia de Género. *Resumen ejecutivo de la Macroencuesta de Violencia contra la Mujer 2019*, Madrid, 2019, p. 105-106. Disponible en: https://violenciagenero.igualdad.gob.es/violenciaEnCifras/macroencuesta2015/pdf/Resumen_ejecutivo_Macroencuesta_2019_DEF.pdf

418 Delegación del Gobierno para la Violencia de Género. *Macroencuesta de Violencia contra la Mujer 2019*, *op. cit.*, pp. 87, 88 y 156.

419 Ibídem, pp. 93, 94 y 278.

3. Lugar y sujeto activo

En cuanto a la percepción sobre el lugar y el tipo de maltratador, se produce un desplazamiento del agresor desconocido en lugares públicos al hombre que agrede en casa. De acuerdo con la encuesta sobre Percepción Social de la Violencia Sexual elaborada por la Delegación del Gobierno para la Violencia de Género (2018), las personas entrevistadas mencionan como lugar donde ocurren con más frecuencia las agresiones sexuales "las fiestas y los festivales" en un 71,9%, los "espacios públicos" en el 44,3%, el "hogar" en un 31,2% y el "sitio de trabajo" en el 20,8%. Si se ordenan en función de si han sido seleccionados como primera o segunda opción, las fiestas y festivales son la primera opción para el 45,5% de las personas entrevistadas, el hogar para el 21,6% y los espacios públicos para el 17,0%. Como segunda opción optan por los espacios públicos el 27,4%, las fiestas y festivales el 26,5% y el hogar el 12,9% de las personas que conforman la muestra[420]. En cambio, las cifras de la Macroencuesta de 2019 ofrecen una realidad diferente. El 44,2% de las mujeres que han sufrido violencia sexual fuera de la pareja afirman que la agresión sucedió en una casa (18,5% en su propia casa, el 20,1% en casa de la persona agresora, 9,7% en la casa de otra persona), el 32% en zonas abiertas como calles o parques y el 17,8% en bares o discotecas. Cuando la mujer ha sufrido una violación (a la que podría sumarse también otras formas de violencia sexual), aumenta el porcentaje de mujeres que mencionan una casa: 59,1% (25,7% su propia casa, 28,6% la casa del agresor y 11,1% la casa de otra persona)[421].

Al interrogar a las personas entrevistadas en el estudio sobre Percepción Social de la Violencia Sexual acerca de la tipología de agresor sexual más frecuente, se les pide que manifiesten su grado de acuerdo o desacuerdo con la afirmación "Es más probable que una mujer sea violada por un desconocido que por un conocido". El 44,4% de las mujeres y el 37,6% de los hombres muestran algún grado de desacuerdo con la

---

420 Delegación del Gobierno para la Violencia de Género. *La percepción social de la violencia sexual*, Madrid, 2018, pp. 107-108. Disponible en: https://violenciagenero.igualdad.gob.es/violenciaEnCifras/estudios/colecciones/pdf/Libro_25_Violencia_Sexual.pdf

421 Delegación del Gobierno para la Violencia de Género. *Macroencuesta de Violencia contra la Mujer 2019, op. cit.*, p. 161.

afirmación mientras que el 37,3% y el 43,6%, respectivamente, están de acuerdo con la misma y un 18,1% no sabe qué responder. Tal y como se recoge en el propio texto, la respuesta a esta pregunta pone de manifiesto el desconocimiento de un elevado porcentaje de la población sobre las características de las agresiones sexuales, ya que en torno al 40,0% de las personas encuestadas sostiene que el agresor suele ser una persona ajena a la víctima[422]. Sin embargo, tal y como se destacó en la Macroencuesta del año 2015 en el apartado sobre violencia sexual fuera de la pareja o expareja[423], el 56,5% de las mujeres que han sufrido una violación y el 41,2% de las que han sufrido otra forma de violencia sexual distinta de la violación, afirman que el agresor era un conocido (amigo, compañero de trabajo o de clase, profesor…), seguido de un 23,9% de mujeres víctimas de violación y de un 17,2% que han sufrido otro tipo de violencia sexual que señalan a un familiar. El 46,8% de las mujeres violadas precisan que la agresión se produjo por parte de conocidos y amigos, el 19,9% nombra a algún familiar masculino que no es el padre ni la pareja de la madre y solo el 18,4% a un desconocido. En los casos de tocamientos, violaciones no consumadas y otras formas de violencia sexual, se reiteran en distinto orden los mismos grupos de hombres. El 39,4% de las mujeres revela que fue un hombre desconocido, el 31,2% un conocido o amigo y el 12,9% un pariente hombre diferente del padre o posible pareja de la madre[424]. Si bien el porcentaje de hombres extraños es más elevado individualmente, no alcanza una cifra que permita afirmar su prevalencia en supuestos de violencia sexual.

Por último, existen una serie de motivaciones estereotipadas que permiten descargar de culpa al agresor. Entre ellas se encuentran tener problemas mentales (34,1%), el consumo de alcohol y/o drogas (25,3%), la falta de control de los impulsos sexuales (19,7%) y la no identificación de sus acciones como una agresión sexual (14,3%)[425].

---

422 Delegación del Gobierno para la Violencia de Género. *La percepción social de la violencia sexual, op. cit.*, p. 79.

423 El diseño del cuestionario de la Macroencuesta de 2019 no permite extraer esta información.

424 Delegación del Gobierno para la Violencia de Género. *Macroencuesta de Violencia contra la Mujer 2015,* Madrid, 2015, pp. 287-288. Disponible en: https://violenciagenero.igualdad.gob.es/violenciaEnCifras/estudios/colecciones/pdf/Libro_22_Macroencuesta2015.pdf

425 Ibídem, p. 114.

Ubicar al maltratador en la esfera de la locura, el alcoholismo, los instintos y la ignorancia desplaza la explicación causal de la violencia sexual de las razones estructurales, convirtiendo el problema de la violencia contra las mujeres en un asunto privado de determinados hombres enfermos carentes de sentido común.

4. *Comportamiento previo de las mujeres*

Adicionalmente, del estudio sobre Percepción Social de la Violencia Sexual pueden extraerse algunos datos de interés sobre la aceptación de mitos modernos sobre las agresiones sexuales y la tolerancia a la violencia sexual.

Respecto al primer aspecto, se observa una evolución muy favorable que tiende a exculpar a las mujeres de una agresión con base en su comportamiento. Queda reflejado por el grado de desacuerdo expresado por el 67,0% de las mujeres y el 59,2% de los hombres a la afirmación "Si una mujer invita a un hombre a tomar una copa en su casa después de haber salido por la noche, significa que quiere sexo". Asimismo, el 85,4% de la población se posiciona en contra de la creencia de que "Cualquier mujer que sea tan poco precavida como para andar sola de noche por callejones oscuros tiene parte de culpa si es violada". En cambio, permanecen algunas consideraciones que eximen de responsabilidad al agresor. En concreto, ante el enunciado de que "El alcohol es a menudo el causante de que un hombre viole a una mujer", solamente el 50,1% de la población manifiesta algún grado de desacuerdo, mientras que el 47,7% muestra algún grado de acuerdo, lo cual implica una exoneración parcial del agresor depositando la causa de la violencia sexual en un factor coyuntural como es la ingesta de bebidas alcohólicas[426].

Se constata nuevamente un avance en relación a las actitudes que toleran la violencia sexual. Frente a la idea de que "Una mujer que vista de forma provocativa no debería sorprenderse si un hombre intenta obligarle a mantener relaciones sexuales", el

---

426 Delegación del Gobierno para la Violencia de Género. *La percepción social de la violencia sexual, op. cit.*, pp. 76-77.

82,7% de las mujeres y el 79,2% de los hombres declara algún grado de desacuerdo. De forma similar, el 83,3% de las personas entrevistadas no está de acuerdo con la afirmación "Si una mujer es agredida sexualmente estando borracha tiene parte de la culpa por haber perdido el control". Por último, se responde con una negativa ante la proposición de que "Una mujer que haya tenido muchas parejas sexuales tiene menos credibilidad si denuncia una agresión sexual" por el 73,2% de las personas entrevistadas. Es decir, existe un firme rechazo a culpar a la víctima por su comportamiento sexual previo. Sin embargo, persiste en un sector amplio de las personas encuestadas la concepción de que "Si una mujer no tiene intención de tener relaciones sexuales con un hombre no debería coquetear con él", ya que el 54,0% exhibe algún grado de desacuerdo y el 43,7% algún grado de acuerdo, asignando parcialmente a la mujer la responsabilidad de lo que pueda suceder[427].

Una vez establecido el marco teórico de referencia que describe el prototipo de víctima ideal, es posible avanzar en el estudio experimental de la estereotipación judicial de género. Esta apuesta por un enfoque cuantitativo da respuesta a las recomendaciones del Comité de la CEDAW y de GREVIO a España. El primero, insta a recopilar datos estadísticos sobre la violencia doméstica y sexual desglosados por sexo, edad, nacionalidad y relación entre la víctima y el autor[428]. El segundo, advierte del menor alcance de las investigaciones en materia de violencia sexual y anima a la adoptación de medidas para recopilar datos desagregados y sobre todas las formas de violencia contra la mujer que se generen en el contexto de cada una de las etapas de un proceso penal (desde la denuncia y la investigación hasta la apertura de procesos penales y sus resultados)[429]. Igualmente, el artículo 1.3 de la LOGILS incorpora entre los objetivos de las me-

---

[427] Ibídem, pp. 77-78.

[428] CEDAW. *Observaciones finales sobre los informes periódicos séptimo y octavo combinados de España*, CEDAW/C/ESP/CO/7-8 (29 de julio de 2015), párr. 21.

[429] GREVIO. *Primer Informe de evaluación de GREVIO sobre las medidas legislativas y de otra índole que dan efecto a las disposiciones del Convenio del Consejo de Europa sobre Prevención y Lucha contra la violencia contra las Mujeres y la Violencia Doméstica (Convenio de Estambul): España*, GREVIO/Inf(2020)19 (25 de noviembre de 2020), párr. 61 y 63.

didas de protección y prevención la mejora de la investigación, la recolección, la recopilación y la producción de datos sobre todas las formas de violencia sexual de forma sistemática y desagregada, de modo que este estudio preliminar da cumplimiento a unos de los mandatos previstos en la ley.

Cabe advertir que, frente a las impresiones y pareceres individuales, la sistematización y el tratamiento de estructuras de datos ofrecen una visión rigurosa de un problema social, condicionando el diseño e implementación de políticas públicas y dejando una impronta en la historia de violencia de las mujeres como fiel reflejo de la realidad vivida.

III. GUÍA METODOLÓGICA

La elaboración de la base de datos adopta un enfoque metodológico jurídico-técnico y persigue una doble finalidad: realizar un análisis estadístico descriptivo a partir de las principales variables sobre las que se construyen los estereotipos y explorar la viabilidad de utilizar técnicas de aprendizaje automatizado para la detección de estereotipos en resoluciones judiciales. El proceso de datificación, común a ambos métodos de análisis, cuenta con una primera fase que consiste en seleccionar las sentencias, leerlas, extraer los datos recopilando también citas textuales donde se identifican estereotipos. Se ha diseñado de forma que cada sentencia es un bloque de cuatro filas. En la primera fila se incluyen los datos, en la segunda fila aparece un fragmento de texto literal de la resolución a modo de texto explicativo o justificativo del dato anotado, la tercera fila se rellena cuando se detecta un estereotipo o una buena práctica y, por último, la cuarta fila se autocompleta con la representación vectorial normalizada que sirve para iniciar la segunda etapa del análisis con Inteligencia Artificial, tal y como se recoge en el Anexo 1 que contiene una representación reducida de los datos recopilados[430].

---

430 Véase Anexo 1. Base de datos recolectada.

1. Criterios para la búsqueda jurisprudencial

Para la construcción del conjunto de datos se ha recurrido a la base de datos del Centro de Documentación Judicial (CENDOJ) como herramienta de búsqueda por ser el órgano técnico del Consejo General del Poder Judicial encargado de la publicación oficial de la jurisprudencia (art. 619 Ley Orgánica del Poder Judicial). En los criterios de búsqueda se ha hecho uso de los operadores lógicos "agresión sexual" O "agresion sexual" O "agresiones sexuales" Y "abuso sexual" O "abusos sexuales". La jurisdicción es penal y la sentencia el tipo de resolución. El órgano judicial es la Audiencia Provincial de Valencia y el período temporal comprende desde el 2004, año en que se promulgó la LOVG, hasta el año 2020, dando como resultado un total de 500 sentencias objeto de análisis.

Se justifica esta opción de búsqueda porque las Audiencias Provinciales son los órganos encargados del enjuiciamiento de estos delitos. El requisito de desvirtuar el principio de presunción de inocencia con la práctica de los medios de prueba permite señalar el empleo de estereotipos de género para fundar la decisión de condena o absolución. Es en el momento de demostrar la credibilidad del relato de la víctima donde entran en juego los mitos y estereotipos en torno a la violencia sexual. Esto ha supuesto el descarte de las sentencias dictadas por el Tribunal Supremo dado que, en virtud del principio de inmediación como limitación al control casacional, el Tribunal no puede formar una valoración distinta a partir de unas pruebas que no presenció. Es reiterada la jurisprudencia que concreta la función del Tribunal Supremo en un control sobre la lógica y razonabilidad de la valoración de los medios de prueba que el juzgador consideró para el decaimiento de la presunción de inocencia[431]. Debido a este límite, el contenido de las sentencias del Alto Tribunal no se ajusta al examen

---

431 SSTS, Sala de lo Penal, Sección 1ª, núm. 1507/2005, de 9 de diciembre (ROJ: 7748/2005), núm. 458/2009, de 13 de abril (ROJ: 3079/2009) y núm. 131/2010, de 18 de enero (ROJ: 924/2010).

para apreciar la estereotipación de género[432]. Como señala el TS en sentencia 28 de junio de 2006, "[e]l juicio oral obliga a que la prueba se practique ante el Tribunal que ha de fallar, de manera directa, inmediata, sin intermediaciones de ningún género, y a la convicción del Tribunal contribuye decisivamente la llamada psicología del testimonio, ciencia que permite descubrir la mayor o menor credibilidad de las personas que declaran ante los Jueces y que no es reproducible en casación. Este Tribunal no ve, ni oye, ni percibe la reacción de quienes declaran, el tono de su voz, sus gestos, a veces tan expresivos, la forma misma de declarar, los titubeos, silencios, y por consiguiente, no puede reconstruir la fiabilidad del testimonio que ha llevado al Juzgador de instancia a aquella conclusión probatoria"[433].

A esta circunstancia se suma que del total de resoluciones solo podrían utilizarse aquellas cuyo recurso se centrara expresamente en la vulneración del derecho fundamental a la presunción de inocencia por no existir prueba de cargo de entidad suficiente. Según el Tribunal Supremo, cuando se denuncia la vulneración del derecho a la presunción de inocencia ha de verificarse si la prueba de cargo en base a la cual el tribunal sentenciador dictó sentencia condenatoria fue obtenida con respeto a las garantías inherentes del proceso debido y, por tanto, debe efectuarse un triple juicio: sobre la prueba, sobre la suficiencia y sobre la motivación y su razonabilidad. En otras palabras, si existió prueba de cargo legalmente obtenida y practicada, suficiente y motivada para enervar el principio de presunción de inocencia[434]. Únicamente en estos supuestos podría encontrarse el material requerido para el análisis. Cabe recordar que el estudio de las resoluciones no tiene como finalidad la compilación de los criterios doctrinales imperantes sobre una cuestión jurídica concreta, sino explorar desde un enfoque híbrido —sociológico y jurídico— la técnica interpretativa y la argumenta-

432 DE LUIS GARCÍA, Elena, "La condena *ex novo* en el proceso penal: pasado, presente y futuro", *Revista General de Derecho Procesal*, núm. 41, 2017, pp. 8-9.

433 STS, Sala de lo Penal, Sección 1ª, núm. 705/2006, de 28 de junio (ROJ: 4194/2006).

434 STS, Sala de lo Penal, Sección 1ª, núm. 251/2018, de 24 de mayo (ROJ: 1900/2018).

ción empleada para conformar la prueba que determinará el fallo del tribunal.

Ha sido preciso realizar un cribado para descartar aquellas sentencias que no se corresponden con el supuesto de hecho objeto de estudio. Esto es, aquellas en las que el sujeto pasivo es un hombre o un menor, en las que la agresión sexual sirve de explicación en la fundamentación jurídica de otra figura delictiva (lesiones, amenazas, exhibicionismo, corrupción de menores, robo, hurto, usurpación, falsificación de documento, estafa, denuncia falsa, abandono familiar, maltrato de obra, detención ilegal, entre otras). También aquellas en las que la mención a la violencia sexual se hace porque el acusado tiene antecedentes de agresión o abuso sexual, en las que el Ministerio Fiscal retira la acusación y las dictadas con conformidad o recursos de apelación que no contienen información suficiente. Asimismo, se han descartado las sentencias de agresiones grupales siendo clasificados así no solo los supuestos en los que interviene más de un agresor, conocidas como agresiones múltiples, sino también aquellos en los que hay más de una víctima.

2. *Datificación: modelo de recogida de datos y anotación*

Como se observa en la Tabla 2, la recopilación de datos se ha estructurado con base en un total de ocho categorías subdivididas cada una de ellas en variables susceptibles de estereotipación. Cabe precisar que las variables han sido seleccionadas *a priori* atendiendo a estudios teóricos con el objetivo de evaluar la presencia de estereotipos en cada caso.

Tabla 2: Categorías y sus correspondientes variables utilizadas para la anotación manual de las sentencias. Nota: Origen F = indica qué profesionales del derecho utilizan estereotipos favorables; Origen P = indica qué profesionales del derecho utilizan estereotipos perjudiciales; V = Víctima; A = Agresor.

Sentencia	Víctima	Agresor	Ex-ante	Ad momentum	Ex post	Enjuiciamiento	Estereotipación
Tribunal	Género	Género	Vestimenta	Comportamiento sexual	Lesiones	Coherencia	Favorable
Número de sentencia	Edad V Edad año V	Edad A Edad año A	Relación o parentesco	Lugar	Trauma	Inverosimilitud del testimonio de la víctima	Origen F
Género magistrado ponente	Nacionalidad V	Nacionalidad A	Drogas	Mes hechos Año hechos	Tiempo para denunciar	Tiempo transcurrido hasta la sentencia	Perjudicial
Delito	Situación administrativa V	Situación administrativa A	Historial sexual	Duración	Actitud ante profesionales	Indemnización	Origen P
Fallo	Profesión V	Profesión A		Drogas	Conducta afectivo-sexual	Testigos	Existencia de estereotipos
Mes	Discapacidad V	Discapacidad A		Consentimiento d la víctima		Género defensa	
Año	Recurrencia V	Reincidencia				Género acusación	
		Otros antecedentes					

La primera categoría "Sentencia" se completa con los datos relativos al tribunal, el número de sentencia, la identificación del magistrado ponente, su género, el delito enjuiciado, el fallo y la fecha en que se dicta la sentencia (mes y año).

Las columnas correspondientes a la "Víctima" y al "Agresor" comparten la referencia al género (siempre mujer u hombre), edad (diferenciando mayoría o minoría de edad y anotando la edad exacta cuando se contiene), nacionalidad, situación administrativa (regular o irregular), profesión y discapacidad[435]. En relación a la víctima se incluye el elemento de recurrencia para examinar si se trata de la primera agresión o no. En lo referente al agresor, se considera la posible reincidencia o la existencia de otros antecedentes penales.

Las columnas "Ex ante", "Ad momentum", y "Ex post" hacen referencia a elementos antes, durante y después del hecho enjuiciado. En concreto, con las variables que comprenden la categoría "Ex ante" se quiere precisar si en la sentencia hay alguna alusión a la vestimenta de la víctima, si existe algún tipo de relación o parentesco entre víctima y agresor, si hubo consumo previo de drogas (legales e ilegales) y si se hace referencia en algún momento del proceso al historial sexual de la mujer, entendiendo con este concepto, las relaciones anteriores o manifestaciones de la sexualidad de la víctima. En el subconjunto de variables para describir el momento de la comisión del hecho delictivo, se encuentra la conducta sexual de la víctima, el lugar, la fecha (mes y año), la duración, el posible consumo de drogas y si hubo consentimiento por parte de la mujer. La columna "Ex post" refiere la existencia de lesiones y el posible trauma consecuencia de la agresión, el tiempo que la víctima tardó en denunciar, su actitud ante los profesionales y el posible cambio de conducta afectivo-sexual tras los hechos.

La séptima categoría "Enjuiciamiento" se compone de las variables coherencia e inverosimilitud, atendiendo al triple canon fijado por el Tribunal Supremo sobre la declaración de la víctima. Le sigue

---

435 Los conceptos de víctima y de agresor se utilizan para facilitar la lectura, sin obviar el principio de presunción de inocencia por el que se convierten en presunta víctima y presunto autor del delito y sin desconocer los casos en los que la sentencia es absolutoria.

el tiempo transcurrido desde que tuvieron lugar los hechos hasta que se dictó la sentencia, el reconocimiento de una indemnización en favor de la víctima, la existencia de testigos directos y el género de la representación letrada de la defensa y la acusación.

En la octava y última columna "Estereotipación" se cifran los estereotipos favorables o perjudiciales hacia la víctima que se extraen de cada sentencia. Se considera que un estereotipo es favorable cuando afecta positivamente al testimonio de la mujer. Esto es, cuando se ajusta a la figura de víctima ideal y, por tanto, aumenta la credibilidad de su declaración. Por el contrario, es perjudicial cuando la mujer se aleja del modelo de víctima y la variable es utilizada de forma negativa para restar veracidad a los hechos denunciados. Hay que aclarar que la estereotipación puede ayudar a una mujer en un caso concreto si obedece al rol de víctima socialmente asignado, pero simultáneamente puede ser perjudicial para las mujeres como colectivo, ya que refuerza el mito de la víctima ideal y la agresión real y, en todo caso, la exigencia por un juicio justo e imparcial impulsa a la minimización de la estereotipación en sede judicial. En cuanto se identifica algún estereotipo, se determina su origen. Es decir, si provienen del relato del juez para fundamentar el fallo, de la argumentación de la defensa o de la acusación, si proceden de las conclusiones de los informes periciales médicos o psicológicos, de las declaraciones de las FFCCSE, y si un mismo estereotipo es utilizado en una misma sentencia por varios profesionales, entonces se indica la pluralidad de sujetos.

La determinación acerca de la existencia de cada uno de los estereotipos se realiza siguiendo el modelo teórico anteriormente expuesto según el cual las categorías fundadas en la vestimenta, la relación o parentesco previo, el consumo de drogas antes y durante, el historial sexual, la conducta sexual, la duración, el consentimiento, las lesiones, el trauma, el tiempo transcurrido hasta denunciar, la actitud ante profesionales, la conducta afectivo-sexual, la coherencia, el cuestionamiento, la indemnización o la existencia de pruebas testificales pueden ser consideradas de manera sesgada para conformar la decisión del juez. El ejercicio para extraer los estereotipos debe ser el más próximo posible al régimen probatorio propio del proceso penal, en el que no existe un grado de credibilidad taxativamente asignado a cada uno de los elementos probatorios[436]. El principio probatorio de valoración libre complejiza el análisis y exige un estudio integral y contextual de la sentencia para poder decidir, finalmente, si una variable ha sido valorada de manera estereotipada. No obstante, dado que el estereotipo cuenta con la ventaja de su naturalización, en ocasiones la formulación es directa y tosca, entendiendo que lo esperable (en términos estereotipados) es lo verídico. En todo caso, la especialización en materia de género permite discernir con precisión la estereotipación y no impide afirmar que pueda ocurrir que los hechos o la conducta de la mujer repliquen el mito sobre el patrón de víctima y no constituir por ello, necesariamente, un estereotipo.

Por último, la codificación se ha diseñado, en su mayoría, con elementos booleanos (por ejemplo, en Fallo: Condena 0; Absolución 1) y con valores numéricos para las variables de nacionalidad de la víctima y el agresor, drogas antes y durante los hechos, conducta sexual, lugar, actitud ante profesionales y origen de los estereotipos que presentan opciones múltiples[437]. La ausencia de información se

---

436 En el proceso penal rige el principio probatorio de valoración libre, esto es, la evaluación de las pruebas conforme a las reglas de la sana crítica. Pese a no constituir una vía a la arbitrariedad sí permite un mayor margen de discrecionalidad para el juzgador. Considerando esta posibilidad, como se ha expuesto, el Tribunal Supremo sienta un criterio doctrinal para dirimir algunas de las cuestiones probatorias controvertidas en supuestos de violencia contra las mujeres, pudiendo asimilarle a una suerte de aproximación hacia una valoración legal de la prueba. GÓMEZ COLOMER, Juan-Luis, "Los principios del proceso penal", en: GÓMEZ COLOMER, Juan-Luis y BARONA VILAR, Silvia (Coords.), *Derecho Procesal I. Introducción*, Valencia, Tirant lo Blanch, 2021, pp. 283-284.

437 Nacionalidad de las víctimas: argelina, argentina, boliviana, brasileña, búlgara, chilena, colombiana, danesa, ecuatoriana, estadounidense, guineana, lituana, marroquí, nigeriana, rumana, española y suiza: nacionalidad del autor: argelino, argentino, armenio, belga, boliviano, brasileño, búlgaro, canadiense, chileno, chino, colombiano, cubano, dominicano, ecuatoriano, egipcio, francés, ghanés, guineano, hondureño, italiano, liberiano, maliense, marroquí, mexicano, moldavo, nicaragüense, nigeriano, dominicano, ecuatoriano, maliense, nicaragüense, nigeriano, egipcio, eslovaco, esloveno, español, estadounidense, hondureño, italiano, liberiano, maliense, marroquí, mexicano, moldavo, nicaragüense, nigeriano, pakistaní, paraguayo, peruano, polaco, portugués, rumano, ruso, salvadoreño, saudí, sierraleonés, sirio, suizo, eslovaco, español, uruguayo, venezolano; Drogas: sí, no, duda; Conducta sexual: anulada, activa, resistencia,

ha codificado con "null". Únicamente no están preconfiguradas las variables correspondientes al número de sentencia, el género de la víctima y el agresor y las correspondientes a una referencia temporal. Las variables con franjas temporales como duración, tiempo para denunciar y tiempo transcurrido se han cuantificado en años.

IV. RESULTADOS DEL ANÁLISIS ESTADÍSTICO

En este apartado se presentan y examinan los resultados del análisis cuantitativo. Las ocho categorías se explican por separado para obtener una visión global de cada subconjunto de variables. La base de datos está compuesta por 500 sentencias, de las cuales 195 contienen estereotipos perjudiciales, 71 incluyen estereotipos favorables y 36 sentencias presentan ambos estereotipos simultáneamente. En el resto, hasta las 500 sentencias, no se han identificado estereotipos. Si se contabilizan los supuestos de estereotipación, del total de 415 estereotipos encontrados, 327 son perjudiciales y 88 son favorables.

1. Sentencia

Como se resume en la Tabla 3, no hay diferencias significativas entre el porcentaje de jueces y juezas (56,4% hombres, 43,6% mujeres) ni en el tipo de delito (46,0% abuso sexual, 54,0% agresión sexual). En el 64,8% de los casos se condena al autor del delito y en el 35,2% se absuelve. Se aprecian unas ligeras diferencias de género por parte de los jueces y las juezas en la forma de calificar el delito como abuso o agresión y en el fallo: los hombres y las mujeres enjuiciaron el 42,5% y el 50,5% de los casos de abuso y el 57,5% y el 49,5% de los casos de agresión, respectivamente. Si el mismo análisis de género se

---

anulada y activa, anulada y resistencia, activa y resistencia, todas; Lugar: Domicilio de la víctima, domicilio del agresor, domicilio común, espacio público, espacio privado, varios; Actitud ante profesionales: histérica, nerviosa, miedosa, insegura, calmada, segura, callada, afligida, asustada, shock; Origen de los estereotipos: magistrado, defensa, acusación, periciales, Fuerzas y Cuerpos de Seguridad, magistrado y defensa, magistrado y acusación, defensa y acusación, magistrado, defensa y acusación, magistrado y Fuerzas y Cuerpos de Seguridad.

aplica a la tipología de estereotipos se revela que son las mujeres las que emplean más estereotipos favorables en las sentencias (33,0%) que los jueces (12,0%) y que las sentencias de los jueces varones son las que presentan más estereotipos perjudiciales (88,0% frente a 67,0% de las dictadas por mujeres).

Tabla 3: Ratio de delitos, estereotipos y sentencias según el género de la jueza/juez.

Género juez/a	Sentencia	Abuso sexual	Agresión sexual	Estereotipo favorable	Estereotipo perjudicial	Condena	Absolución
Hombre	56,4%	42,5%	57,5%	12,0%	88,0%	66,3%	33,7%
Mujer	43,6%	50,4%	49,6%	33,0%	67,0%	62,8%	37,2%

Como se muestra en la Figura 1, las sentencias no se distribuyen de manera uniforme a lo largo del periodo estudiado, siendo 2007 el año con menor número de sentencias (12) y 2015 el mayor (50). La estereotipación no disminuye, siendo su línea de tendencia prácticamente plana. En el año 2006 se registró el mayor porcentaje de estereotipos en sentencias (70,6%) y el menor porcentaje de condenas (41,1%). De hecho, como se comentará seguidamente en la categoría de "Estereotipación", la proporción de absoluciones aumenta con la presencia de estereotipos perjudiciales en las sentencias. En el año 2012 sólo se detectaron casos de estereotipos perjudiciales, en 2013 la presencia de estos estereotipos se redujo a la mitad y en los últimos 3 años ha ido disminuyendo respecto a los años anteriores. El número de sentencias y condenas muestra una tendencia positiva, ya que ambas aumentan. Aunque la existencia de estereotipos perjudiciales está disminuyendo, la presencia de estereotipos en general no varía. Si bien esto podría beneficiar a las víctimas que deciden acudir a los tribunales, no representa una mejora en la calidad de la Administración de Justicia de la cual se espera que esté libre de sesgos, que sea imparcial. En este caso, dado que el número total de casos con estereotipos no varía, la disminución de los estereotipos perjudiciales significa un aumento de los estereotipos favorables.

Figura 1: Representación cronológica del número de sentencias y de los porcentajes de condenas, estereotipos perjudiciales y existencia de estereotipos en las sentencias.

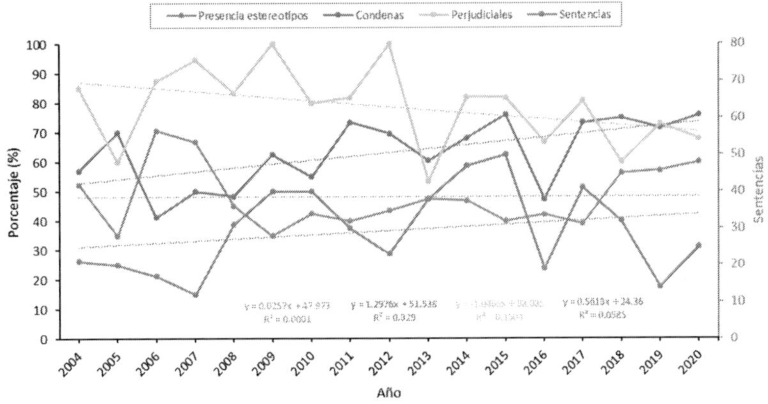

2. *Víctima y agresor*

Antes de analizar las variables que conforman las categorías de "Víctima" y "Agresor" conviene advertir que la ausencia de información sobre la víctima tiene una justificación legal. El artículo 21 de la Directiva 2012/29/UE y posteriormente el EVD en los artículos 19 y 22 establecen el derecho de la víctima a la protección de su intimidad para evitar la revictimización e impedir la difusión de cualquier información que pueda facilitar la identificación de víctimas necesitadas de especial protección, como menores o personas con discapacidad. Además, con la aprobación de la LOGILS, se incluye a las víctimas de los delitos contra la libertad sexual en el apartado 3 del artículo 681 de la LECRIM relativo a la prohibición de divulgación y publicación de información.

La edad es la primera variable que se examina. El 57,6% de las víctimas son mujeres adultas y el 41,4% son menores. Aunque en el 45,2% de las sentencias no se dispone del dato sobre la edad exacta, en las que se conoce oscila entre los 2 a los 91 años, concentrándose el mayor porcentaje en el grupo de 2 a 18 años con un 41,6%[438]. La práctica totalidad de los agresores (98,8%) tiene entre 19 y 51 años y cada uno de los respectivos años está representado con porcentajes que no superan el 3,4% individualmente, siendo una distribución generacional uniforme.

Como se muestra en la Figura 2, en los casos en los que existe una relación de parentesco entre la víctima y el agresor, la edad media de las víctimas es menor, siendo las edades más bajas de entre 6 y 7 años las que coinciden con las de los agresores de entre 54 y 66 años. La Figura 2 también revela que las menores son agredidas mayoritariamente por personas cercanas sean padres, padrastros, hermanos, tíos o abuelos, coincidiendo con el criterio de la Corte IDH según el cual "las niñas son las principales víctimas de violencia sexual y que los agresores son generalmente del sexo masculino, con algún grado de parentesco o relación con las víctimas; ya sean padres, padrastros, hermanos, primos, novios o cónyuges"[439] y con los resultados del Informe sobre delitos contra la libertad e indemnidad sexual en España 2019 del Ministerio del Interior en los que al analizar los índices de violencia por edades y en función del tipo de relación se observa que en la violencia familiar predominan los casos de víctimas menores de edad[440]. Tras haber revisado el conjunto de 500 sentencias que componen la base de datos, el análisis muestra un patrón en la

---

438 Estos porcentajes son bastante aproximados a los publicados por el Ministerio del Interior en el Informe sobre delitos contra la libertad e indemnidad sexual en España 2019, de donde se extrae que las victimizaciones de menores por estos hechos en 2019 representan el 46,2% del total, situándose a gran distancia del segundo grupo de edad con mayor número (18 a 30 años con un 28,5%). La media de víctimas menores de edad desde el año 2013 al 2018 es de 46,9%. Gabinete de Coordinación y Estudios. Secretaría de Estado de Seguridad. *Informe sobre delitos contra la libertad e indemnidad sexual en España 2019*, Madrid, Ministerio del Interior, 2019, p. 8. De forma complementaria, ya que los datos también se han clasificado de forma más amplia entre menores de edad y adultas, el 58,2% son mujeres adultas y el 41,8%, menores de edad.

439 CIDH. *Acceso a la justicia para mujeres víctimas de violencia sexual en Mesoamérica*, OEA/Ser.L/V/II. Doc. 63 (9 de diciembre de 20119, párr. 21. Disponible en: https://www.cidh.oas.org/pdf%20files/MESOAMERICA%202011%20ESP%20FINAL.pdf

440 Gabinete de Coordinación y Estudios. Secretaría de Estado de Seguridad. *Informe sobre delitos contra la libertad e indemnidad sexual en España 2019, Madrid,* Ministerio del Interior, 2019, p. 19.

comisión del delito: las menores son agredidas sexualmente por sus familiares en el domicilio familiar, principalmente en un dormitorio y por la noche, accediendo en muchas ocasiones el agresor a la cama de las niñas. En la mayoría de los casos, aunque inicialmente pueden verbalizar cierta negativa, las víctimas menores quedan completamente anuladas física y emocionalmente, participando en el acto sexual condicionadas por las órdenes de una persona de confianza y figura de autoridad, y a veces también por la amenaza de causar un daño a sus seres queridos si se niegan.

Figura 2: Histograma con la distribución por edades de los agresores y las víctimas y sus relaciones familiares. Nota: NR = agresor y víctima sin relación; R = agresor y víctima con relación.

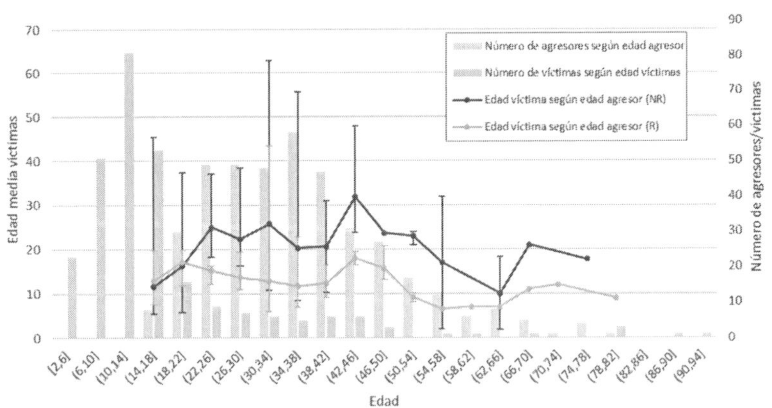

El estudio de la correlación entre las condenas y la edad de la víctima revela que el mayor porcentaje de víctimas se encuentra en el grupo de edad de 10 a 14 años[441]. Los casos de niñas de entre 2 y 18

---

441 Esto puede explicarse por el hecho de que a esa edad las niñas comienzan a desarrollarse físicamente y, mientras que los hombres pueden sexualizarlas, ellas no tienen todavía la suficiente madurez para oponerse o denunciar la violencia sexual, especialmente cuando ocurre a manos de un familiar. Dado que las mujeres se encuentran entre los colectivos más vulnerables de la sociedad y existen dificultades para denunciar, si la víctima es una menor que ha sido abusada por una persona de su confianza, la vulnerabilidad y las contradicciones emocionales podrían llegar a ser más intensas. VV.AA., *Agresores sexuales con víctima descono-*

años son los que arrojan el menor porcentaje de condenas, posiblemente por el problema de la falta de material probatorio que supone el patrón de ocultación ya destacado en el que se cometen los delitos.

En segundo lugar, la información sobre la nacionalidad de las víctimas se recoge en un porcentaje moderado de casos, ya que sólo el 63,0% de las resoluciones la especifica. En el conjunto de datos estudiados se contienen 17 nacionalidades diferentes para las mujeres, siendo las españolas el 81,3% del total, seguidas por las mujeres de Bolivia (4,4%), Marruecos (3,2%), Ecuador (2,5%), Rumanía (2,5%) y Colombia (2,2%). Aunque sólo ocho de las mujeres de la muestra se clasifican como migrantes irregulares, están sobrerrepresentadas al constituir el 2,6% de las víctimas, frente al 1,0% que representan en la población de la Comunidad Valenciana[442]. La nacionalidad de los agresores se obtiene en el 91,2% de las sentencias con un total de 44 nacionalidades de las cuales la española comprende el 53,0%, siendo los siguientes países Ecuador y Marruecos (5,0%), Bolivia (4,0%), Rumanía (3,6%), Colombia (2,8%) y Nigeria (2,2%). Como en el caso de las víctimas, aunque sólo en 41 de las 443 de las sentencias donde se especifica la nacionalidad se concreta que son migrantes irregulares, están sobrerrepresentados con un 9,2% frente al 4,0% de la migración irregular en la Comunidad Valenciana. La información sobre las nacionalidades se ajusta a la presente en el informe del Ministerio del Interior sobre delitos contra la libertad y la indemnidad sexual, ya que en ese estudio la mayoría de las víctimas y los agresores eran de nacionalidad española y en caso de ser personas extranjeras provenían de Marruecos, Rumanía y Colombia[443]. Respecto a la cuestión del país de procedencia y la situación administrativa

---

cida, Madrid, Ministerio del Interior, 2019, p. 9 y TOLEDO VÁSQUEZ, Patsilí y PINEDA LORENZO, Montse, *L'abordatge de les violències sexuals a Catalunya. Part 1. Marc Conceptual sobre les Violències Sexuals*, Barcelona, Grup de Recerca Antígona i Creación Positiva, 2016, pp. 32-34.

442 VV.AA., *Informe jurídico-social sobre la situación de las personas inmigrantes en la Comunitat Valenciana*, Valencia, Instituto de Derechos Humanos de la Universitat de València, 2018, p. 133.

443 Gabinete de Coordinación y Estudios. Secretaría de Estado de Seguridad. *Informe sobre delitos contra la libertad e indemnidad sexual en España 2019*, *op. cit.*, pp. 17, 28 y 29.

de los agresores, sin ser objeto de estudio, en algunas sentencias analizadas se han podido encontrar expresiones que evidencian muestras de racismo institucional[444].

Dada la coincidencia entre las nacionalidades de las víctimas y de los agresores, se han cruzado los datos para comprobar si el delito se produce compartiendo la nacionalidad. En el 77,6% de los casos enjuiciados la víctima y el autor son de la misma nacionalidad, siendo ambos españoles en el 65,8% y ambos de otra nacionalidad en el 16,9% de los casos. En el 17,2% de las resoluciones intervienen dos nacionalidades diferentes, siendo el 15,3% de los casos hombres extranjeros que agreden a mujeres españolas y el 1,9% hombres españoles que agreden a mujeres extranjeras. Estos datos permitirían desmentir los discursos de odio, que criminalizan a las personas migrantes y las acusan de ser un riesgo para la libertad de las mujeres[445].

---

444 SAP Valencia, Sección 1ª, núm. 364/2006, de 18 de diciembre (ROJ: 4510/2006); SAP Valencia, Sección 3ª, núm. 567/2009, de 25 de septiembre (ROJ: 3666/2009); SAP Valencia, Sección 5ª, núm. 361/2010, de 4 de junio (ROJ: 3539/2010); SAP Valencia, Sección 1ª, núm. 675/2020, de 23 de diciembre (ROJ: 6236/2010). Sobre esta cuestión revisar, AÑÓN ROIG, María José, "Discriminación racial: el racismo institucional desvelado", en: ARCOS RAMÍREZ, Federico (Ed.), *La justicia y los derechos en un mundo globalizado*, Madrid, Dykinson, 2015, pp. 133-165.

445 Según el Observatorio Español del Racismo y la Xenofobia (OBERAXE), dependiente del Ministerio de Inclusión, Seguridad Social y Migraciones los mensajes de odio hacia migrantes han aumentado en España, especialmente los dirigidos hacia menores migrantes a través de redes sociales. Este dato ha impulsado la publicación del "Protocolo para Combatir el Discurso de Odio Ilegal en Línea". Puede apreciarse cómo los medios de comunicación hacen las veces de altavoz del ideario del partido político VOX señalando a las personas migrantes como un peligro para la vida de las mujeres españolas y fomentando la brecha "nosotras" (las víctimas españolas) vs. "ellos" (los agresores migrantes). MARTÍN PLAZA, Ana, (9 de enero de 2019). Los bulos y desinformaciones de Vox sobre la violencia machista y su mezcla con la violencia doméstica. *RTVE*. Disponible en: https://www.rtve.es/noticias/20190109/bulos-desinformaciones-vox-sobre-violencia-machista-su-mezcla-violencia-domestica/1865821.shtml y VALVERDE, Brenda, (5 diciembre 2018) Santiago Abascal: "Las mujeres asesinadas en España han sido, mayoritariamente, a manos de extranjeros". *Newtral*. Disponible en: https://www.newtral.es/santiago-abascal-las-mujeres-asesinadas-en-espana-han-sido-mayoritariamente-a-manos-de-extranjeros/20181205/

No hay resultados concluyentes sobre las profesiones. Sólo se dispone de esta información en el 9,8% de las víctimas y en el 10,8% de los agresores. La intención de incluir la profesión como variable era intentar extraer un indicador de la clase social como eje para cubrir el enfoque de género interseccional. Pese a que los datos son escasos, existe pluralidad de profesiones desde empleadas domésticas y camareras hasta médicas y estudiantes de oposiciones. De las 49 mujeres cuyo empleo se conoce, las profesiones más repetidas son trece prostitutas, seis empleadas del hogar y cuatro estudiantes. La situación laboral de los hombres también es variada, con ocupaciones que cambian de camionero y vigilante de seguridad hasta dentista y educador social. Hay nueve empresarios, cinco profesores, un estudiante y un proxeneta. Recabar información sobre la posición socioeconómica del agresor es fundamental para abordar el contexto de la violencia de forma integral y evaluar la afectación de la inestabilidad económica en las mujeres maltratadas. En un estudio sobre violencia de género durante el confinamiento por el Covid-19 en España se relaciona la tasa de desempleo con la prevalencia de la violencia de género, analizando las llamadas al 016 y las peticiones de orden de protección según provincias[446], lo cual está íntimamente conectado con la pérdida de identidad de los hombres como sustentadores del hogar.

En cuanto a la cuarta variable sobre discapacidad, el porcentaje de mujeres y hombres con discapacidad en la muestra es del 6,6% y del 5,0% respectivamente, muy inferior al porcentaje global de la población con discapacidad en Valencia que alcanza el 20,0%[447]. Se debe estudiar esta infrarrepresentación de las mujeres con discapacidad, ya que como se desprende del estudio "Mujer, discapacidad y violencia de género" promovido y financiado por Delegación del

---

446 VIVES CASES, Carmen, PARRA CASADO, Daniel L., ESTÉVEZ, Jesús F. TORRUBIANO DOMÍNGUEZ, Jordi and SANZ-BARBERO, Belén, "Intimate Partner Violence against Women during the COVID-19 Lockdown in Spain", *International Journal of Environmental Research and Public Health*, Vol. 18, núm. 9, 2021, pp. 6-7.

447 Generalitat Valenciana. *Informe estadístico 2020: Diversidad Funcional y Salud Mental*, Valencia, 2020, p. 5. Disponible en: https://inclusio.gva.es/documents/610460/172973246/Informe+Estad%C3%ADstico+completo+Poblaci%C3%B3n+Discapacidad+2020/d1ec0263-743c-47b6-a5bf-0b57d0b3adde

Gobierno contra la Violencia de Género, "[l]as mujeres con discapacidad tienen un alto riesgo de experimentar violencia basada en estereotipos sociales y aspectos subjetivos que intentan deshumanizarlas o infantilizarlas, así como excluirlas o aislarlas, convirtiéndolas en un objeto de violencia sexual o de otro tipo"[448]. Además, la cifra de hombres con discapacidad permite cuestionar los trastornos mentales como condición inherente a los hombres maltratadores y causante de la violencia contra las mujeres[449].

Por último, se incorporan las variables sobre recurrencia y reincidencia delictiva. En el 98,2% de los casos no se hace referencia a que la víctima haya sufrido violencia sexual con anterioridad y solo el 2,6% de los hombres consta como reincidente. Sin embargo, en el 24,4% de las sentencias se menciona la tenencia de otros antecedentes penales. Bajo el paradigma de la interseccionalidad, estos datos podrían ponerse en relación con indicadores de la clase social como la profesión y los ingresos, para comprobar si existe un nexo de causalidad entre mayor precariedad y mayor probabilidad de cometer actos ilícitos.

3. *Ex ante*

Esta categoría está formada por las variables que conforman el periodo anterior al hecho delictivo. En primer lugar, en el 96,6% de las sentencias no se menciona la ropa de la víctima. En segundo lugar, para determinar si la víctima y el agresor mantenían o habían mantenido una relación afectiva o pertenecían a la misma familia, la categorización se ha realizado de acuerdo con la definición de violencia de género y violencia doméstica presente en la legislación española.

---

448 Delegación del Gobierno contra la Violencia de Género. *Mujer, discapacidad y violencia*, Madrid, Ministerio de Igualdad, 2020, p. 82. Disponible en: https://violenciagenero.igualdad.gob.es/violenciaEnCifras/estudios/investigaciones/2020/pdfs/violenciag_discapacidad.pdf

449 RODRÍGUEZ BIEZMA, María José, "Disfunción neuropsicológica en maltratadores", *Psicopatología Clínica Legal y Forense*, Vol. 6, núm. 1-3, 2006, pp. 96-99 y PUJOL ROBINAT, Amadeo y MOHÍNO JUSTES, Susana, "Violencia de pareja y enfermedad mental", *Revista Española de Medicina Legal*, Vol. 45, núm. 2, 2019, p. 79.

En consecuencia, el 53,8% de los casos el agresor y la víctima no se conocían y en el 46,2% había un vínculo familiar o afectivo[450]. Sin embargo, las cifras se modifican si se amplía el ámbito subjetivo de la violencia sexual de acuerdo con el Convenio de Estambul. En este caso, en el 74,8% de las agresiones investigadas, víctima y agresor habían tenido algún contacto previo ya fuera en el ámbito laboral, por relaciones de vecindad o amistad o en espacios de socialización[451], lo que contrasta con la creencia de que es una persona totalmente desconocida para la víctima la que la agrede sexualmente.

Al analizar el consumo de drogas por parte de la víctima o del agresor antes del acto de violento sexual en el 82,2% de las sentencias no se hace alusión a la presencia de alcohol o estupefacientes, mientras que sí aparece en el 15,6% de los casos y en el 2,0% se menciona, pero no se establece con certeza. Con esta variable, dependiendo del caso concreto, es posible aplicar una circunstancia atenuante de embriaguez o consumo de drogas[452]. Esta cuestión requeriría una mayor

---

450 Por lo que respecta a la aplicación de la circunstancia agravante de parentesco es testimonial, sólo consta en dos sentencias: SAP Valencia, Sección 5ª, núm. 137/2008, de 20 de abril (ROJ: 2073/2008) y SAP Valencia, Sección 1ª, núm. 121/2020, de 16 de noviembre (ROJ: 1595/2020).

451 Amistad, vecindad, personas que se conocen de vista, amigo de su hijo/hermano/primo/madre, padre de un amigo o amiga de la menor, padre de un amigo, hijo de un amigo del agresor, hija de la vecina, hija de un amigo, hija de compañeros de piso, novio de una prima, amiga de la novia del acusado, personas que se conocen en una discoteca/bar/locutorio/chat en televisión, compañero de clase, compañero de trabajo, compañero de piso, profesor, profesor de baile, entrenador, cuidador de un centro de menores, pastor de una iglesia evangélica, existe una relación laboral entre ambos, cliente, propietario de un establecimiento, arrendatario, arrendataria del agresor, la víctima es una paciente, el agresor es guía espiritual.

452 BOLDOVA PASAMAR, Miguel Ángel, "Presente y futuro de los delitos sexuales a la luz de la STS 344/2019, de 4 de julio, en el conocido como «caso de La Manada»", *Diario La Ley*, núm. 9500, Sección Doctrina, 17 de octubre de 2019, p. 9.

El medio de comunicación *Público* daba a conocer una resolución de la Audiencia Provincial de Alicante que ha provocado la indignación de un sector del movimiento feminista y de juristas expertos en violencia de género. Aplicando la atenuante de embriaguez, una jueza rebaja de 20 a 10 años la pena de un hombre que mató a su pareja bajo los efectos del alcohol. En ocasiones, la movilización social es la que impulsa las modificaciones legislativas por lo que podría tener lugar una reforma del Código Penal en este aspecto. Público (6 de

discusión, ya que la literatura especializada destaca que, si bien el consumo de drogas no es la causa de la violencia, sí puede ser un potenciador o desinhibidor de la conducta violenta[453]. Desde esta perspectiva, el estado de embriaguez podría plantearse como una circunstancia que agravara la responsabilidad penal en lugar de ser un factor tendente a disminuirla, como ocurre en el supuesto de conducción de vehículos a motor bajo los efectos del alcohol, o al menos considerar esta reflexión cuando vaya a aplicarse la atenuante.

Por último, en el 93,0% de los casos no se hace referencia al comportamiento sexual previo de la víctima y sólo se incide en la existencia de una relación previa entre las partes en el 6,2% de los casos. No obstante, tratándose de un porcentaje bajo, se utiliza como estereotipo perjudicial por parte de los magistrados, la representación letrada de la defensa y la fiscalía. Cabe apreciar que en la LOGILS está prevista la modificación del artículo 709 de la LECRIM que, previa reforma, reza "[e]l Presidente podrá adoptar medidas para evitar que se formulen a la víctima preguntas innecesarias relativas a la vida privada que no tengan relevancia para el hecho delictivo enjuiciado, salvo que el Juez o Tribunal consideren excepcionalmente que deben ser contestadas para valorar adecuadamente los hechos o la credibilidad de la declaración de la víctima" y tras ella "[e]l Presidente podrá adoptar medidas para evitar que se formulen a la víctima preguntas innecesarias relativas a la vida privada, en particular a la intimidad sexual, que no tengan relevancia para el hecho delictivo enjuiciado, salvo que excepcionalmente y teniendo en cuenta las circunstancias particulares del caso, el Presidente considere que sean pertinentes y necesarias". Esto es, el

octubre de 2020). Una jueza baja diez años de los 20 que pedían a un hombre que mató a su pareja porque tenía una "intoxicación" etílica. *Público*. Disponible en: https://www.publico.es/sociedad/jueza-baja-diez-anos-20-pedian-hombre-mato-pareja-tenia-intoxicacion-etilica.html?utm_source=whatsapp&utm_medium=social&utm_campaign=web

453 FERRER PÉREZ, Victoria A. y BOSCH FIOL, Esperanza, "Introduciendo la perspectiva de género en la investigación psicológica sobre violencia de género", *Anales de psicología*, Vol. 21, núm. 1, 2005, p. 3 y LLOPIS GIMÉNEZ, Celia, RODRÍGUEZ GARCÍA, Mª Inmaculada y HERNÁNDEZ MANCHA, Inmaculada, "Relación entre el consumo abusivo de alcohol y la violencia ejercida por el hombre contra su pareja en la unidad de valoración integral de violencia de género (UVIVG) de Sevilla", *Cuadernos de Medicina Forense*, Vol. 20, núm. 4, 2014, pp. 167-168.

juez o presidente del tribunal podrá vetar preguntas sobre la vida sexual privada de la víctima para determinar su grado de consentimiento y dotar de credibilidad a la declaración[454]. Para MAGRO SERVET, es una medida legislativa que trata de impedir que se culpabilice a la víctima generando una situación de victimización secundaria[455]. Finalidad que podría ser complementada al entender que impidiendo esas preguntas se está previniendo del uso de estereotipos de género en el proceso penal.

4. Ad momentum

Hay varios elementos a tener en cuenta en relación al momento en que tiene lugar el acto de violencia sexual. Sobre el comportamiento de las víctimas durante la agresión el mayor porcentaje de actitudes se corresponde con las de anulación y/o resistencia (75,6%, compuesto por un 27,6% de anulación, un 24,6% de resistencia y un 23,4% tanto de anulación como de resistencia). En el 6,2% de los casos la víctima participó activamente en el acto sexual mostrando a su vez anulación (3,6%) o resistencia (2,4%). En el 12,2% de las sentencias no fue posible determinar el comportamiento de la víctima por carecer de información suficiente.

El lugar en el que se produce la violencia sexual es principalmente un espacio privado. Del 78,2% de los casos, en el 22,8% se trata del domicilio común de las partes, en el 21,8% del domicilio del agresor, en el 21,8% otro espacio privado (un hotel, un bar, un vehículo, un garaje, una discoteca, etc.) y el 11,8% en el domicilio de la víctima. Sólo el 13,4% de los casos se producen en un espacio público y el 7,2% en varios lugares.

La prevalencia de la violencia sexual en espacios privados y principalmente fuera de la vista de terceros obliga a desdibujar la imagen de las mujeres agredidas exclusivamente en un espacio abierto y público. Estos

---

454 SANTIBÁÑEZ TORRES, María Elena, "Algunas consideraciones victimodogmáticas en los delitos sexuales", *Ars Boni et Aequi*, Vol. 6, núm. 2, 2010, p. 122.

455 MAGRO SERVET, Vicente, "Análisis comparativo acerca de la inminente reforma del Código Penal en los delitos contra la libertad sexual", *Diario La Ley*, núm. 9888, Sección Doctrina, 8 de julio de 2021.

datos sobre la prevalencia de los hogares coinciden con los resultados del informe del Ministerio del Interior sobre delitos contra la libertad y la indemnidad sexual en el que se anuncia que de media desde el año 2013 al 2019 los delitos tienen lugar en las viviendas en un 41,1% de los casos (41,5% en el año 2019), seguido de los espacios abiertos (24,3% en 2019) y las vías de comunicación (15,9% en 2019)[456].

Aunque la mayoría de estos actos, el 82,2% del total analizado, fueron sucesos puntuales, existen supuestos de mujeres y niñas que han sufrido violencia sexual durante períodos más largos que oscilan desde un mes a 20 años, siendo la media de 6 meses, con una desviación estándar de 1,87.

Los resultados sobre el consumo de drogas por parte de la víctima o del agresor durante los hechos enjuiciados son similares a los obtenidos antes del presunto delito. En el 84,6% de los casos no se menciona el consumo de alcohol o estupefacientes, mientras que se señala en el 11,2% de los casos y en el 3,2%, aunque se menciona, la sentencia no lo especifica y no es posible saber si hubo consumo de alcohol y drogas en el momento de la comisión del delito.

El consentimiento es una cuestión crucial en los delitos contra la libertad sexual. En el 89,4% de los casos las víctimas no consintieron las relaciones sexuales, en el 6,2% se determinó que había habido consentimiento y en el 4,4% restante el texto de la sentencia no fue concluyente.

En la Figura 3, en la gráfica superior, se observa el número de estereotipos perjudiciales por sentencia, clasificados según el mes en el que ocurren los hechos y el mes en que se dicta la sentencia. De este modo, se puede extraer que el número de estereotipos perjudiciales varía ligeramente según el mes en que se produjo el hecho en comparación al mes en que se dictó la sentencia. En concreto, hay un aumento de los estereotipos perjudiciales durante los meses de junio, julio, diciembre y enero según el mes de los hechos, mientras que según el mes de la sentencia el aumento ocurre un mes antes, siendo octubre el mes con la mayor ratio de estereotipos perjudiciales[457]. En la gráfica central,

---

456 Gabinete de Coordinación y Estudios. Secretaría de Estado de Seguridad. *Informe sobre delitos contra la libertad e indemnidad sexual en España 2019*, *op. cit.*, p. 4.

457 En ambos casos pareciera coincidir con los períodos vacacionales de verano e invierno, requiriendo sin embargo un estudio en profundidad para poder afir-

se comprueba que el porcentaje de condenas no varía en función del mes de la sentencia, salvo en mayo y sobre todo en junio, que presentan cifras anormales. Existe una relación entre las condenas y los estereotipos perjudiciales según el mes en que se produjeron los hechos: los meses con mayores porcentajes de condenas según los hechos son los que tienen una menor proporción de estereotipos perjudiciales. Según se muestra en la gráfica inferior, hay más sentencias en enero, febrero y marzo, época del año en la que, en principio, se cometen menos delitos.

Figura 3: Relación entre el estereotipo perjudicial, el porcentaje de condenas y el número de casos relacionados con los meses en los que se produjeron los hechos y se dictó la sentencia. Nota: EP = estereotipos perjudiciales.

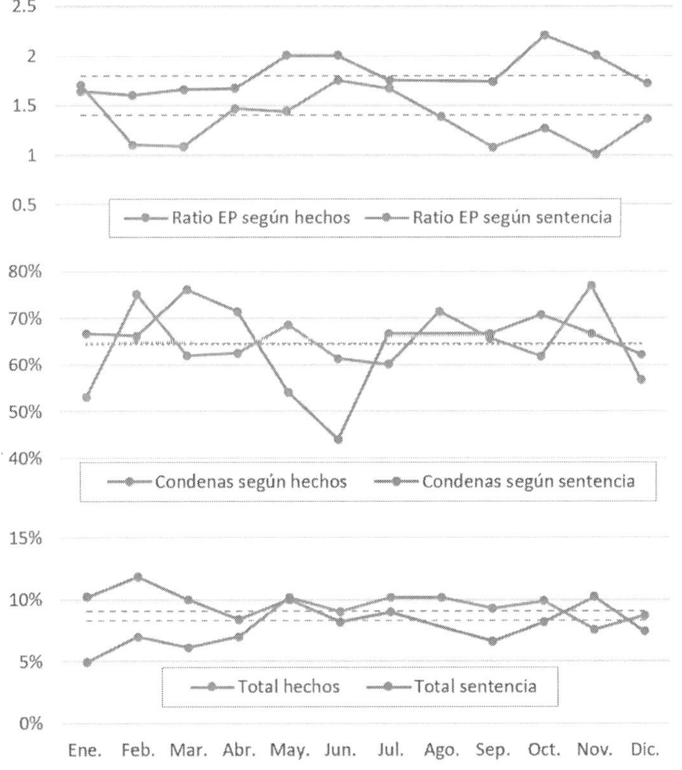

mar dicha correlación.

5. *Ex post*

Lo que ocurre después del delito, especialmente la presencia de lesiones y el tiempo que tarda la víctima en denunciar es significativo para el juicio. En el 26,6% de los delitos analizados no hay lesiones y el daño psicológico a la víctima se ha manifestado explícitamente en el 30,0% de las sentencias. La denuncia fue prácticamente inmediata en el 78,8% de los casos y en el resto se retrasó entre un mes y 20 años. El tiempo medio de denuncia es de 0,61 años (7,3 meses) con una desviación típica de 2,21. Sobre la existencia de lesiones y la tardanza en denunciar se ha expuesto anteriormente el criterio de las personas expertas al respecto que impide prejuzgar un hecho en función de la presencia o no de lesiones y del tiempo transcurrido para presentar la denuncia. No obstante, respecto a la inexistencia de un trauma psicológico en las víctimas, es posible realizar una apreciación doble. Por un lado, tal y como se expresa en el párrafo siguiente, no debe pensarse de manera anticipada que la totalidad de las mujeres violentadas sexualmente va a responder con la misma tipología de afectación emocional. Pero, por otro lado, la imposibilidad de recuperar esta circunstancia del texto de la resolución también podría ser consecuencia de la dificultad de probarlo, como ocurre con la violencia psicológica en violencia de género, y por la carencia de formación en psicología de la judicatura que supone la ausencia de herramientas conceptuales para entender los procesos por los que transitan las mujeres.

Se hace referencia a la actitud de las víctimas frente a los profesionales en el 15,4% de los casos: nerviosismo (8,4%), angustia (1,6%) y miedo, calma o nerviosismo (1,0%). Si ha tenido lugar un cambio en el comportamiento afectivo-sexual de la víctima tras los hechos sólo se menciona en el 11,4% de los casos. La falta de información a este respecto puede deberse a la consideración, ya reiterada, de que cada mujer experimenta una vivencia concreta tras sufrir violencia sexual sin que se pueda prever de antemano un patrón conductual uniforme y generalizable.

6. *Enjuiciamiento*

Atendiendo a la triple regla establecida por el Tribunal Supremo para valorar la declaración de la víctima –ausencia de incredibilidad subjetiva, verosimilitud y persistencia en la incriminación–, se han incluido las variables de coherencia e inverosimilitud. El 73,6% de los jueces consideró coherente el testimonio de la víctima y el 31,8% cuestionó su versión de los hechos. Sin embargo, como se especificará en el apartado siguiente, la credibilidad otorgada a la versión de la víctima no excluye la utilización de los estereotipos perjudiciales.

El tiempo transcurrido entre la comisión del delito y el momento en que se dicta la sentencia oscila entre 1 mes y 29 años, con una media de 2,96 años y una desviación típica de 2,98. Sobre este particular se ha observado que el transcurso del tiempo desde los hechos hasta la sentencia sirve para aplicar la circunstancia atenuante de dilaciones del art. 21.6ª del CP rebajando la pena al agresor[458]. En cambio, no se toma en consideración como manifestación del mal funcionamiento de la Administración de Justicia que puede convertirse en un desincentivo para denunciar ni tampoco como un factor causante de victimización secundaria para las mujeres. Sería conveniente revisar esta cuestión bajo los postulados de la perspectiva de género para conocer el impacto negativo que ciertas medidas aparentemente neutras pueden ocasionar a las mujeres. En especial, interrogarse sobre si los procesos penales que se extienden en el tiempo garantizan el derecho a la tutela judicial efectiva y si obstaculizan su proceso de recuperación.

El en 52,8% de las sentencias se fijó una indemnización. Dado que el 35,2% de los casos terminan en absolución, la falta de indemnización en el resto de los asuntos puede deberse a la inexistencia de daños que compensar o a la renuncia por parte de la acusación.

---

458 SAP Valencia, Sección 3ª, núm. rec. 396/2008, de 23 de diciembre (ROJ: 5663/2008); SAP Valencia, Sección 2ª, núm. 790/2010, de 3 de diciembre (ROJ: 6000/2010); SAP Valencia, Sección 1ª, núm. 227/2012, de 2 de abril (ROJ: 1331/2012); SAP Valencia, Sección 3ª, núm. 560/2012, de 14 de julio (ROJ: 3099/2012); SAP Valencia, Sección 3ª, núm. 47/2012, de 21 de enero (ROJ: 37/2013); SAP Valencia, Sección 2ª, núm. 619/2014, de 4 de julio (ROJ: 3543/2014); SAP Valencia, Sección 2ª, núm. 561/2014, de 17 de junio (3523/2014); SAP Valencia, Sección 4ª, núm. 47/2014, de 23 de enero (ROJ: 181/2014); SAP Valencia, Sección 3ª, núm. 563/2014, de 31 de julio (ROJ: 3640/2014); SAP Valencia, Sección 3ª, núm. 734/2015, de 23 de octubre (ROJ: 3848/2015); SAP Valencia, Sección 2ª, núm. 97/2015, 28 de enero (ROJ: 313/2015); SAP Valencia, Sección 4ª, núm. 591/2017, de 5 de octubre (ROJ: 3036/2017); SAP Valencia, Sección 5ª, núm. 170/2018, de 23 de marzo (359/2018).

En el 81,0% de los casos el delito se cometió sin testigos presenciales y en el porcentaje restante los testigos eran de referencia, personas que sabían lo que había pasado porque la mujer se lo contó, pero no vieron personalmente cómo se cometía el delito, lo que refleja el carácter clandestino del mismo y la relevancia en términos de virtualidad probatoria de la declaración de la víctima.

Por último, si se examina el género de las representaciones letradas los datos sobre la defensa del agresor están disponibles en 495 casos, siendo el 72,8% de ellos hombres. Después del juez, la siguiente persona que utiliza estereotipos perjudiciales contra la víctima es la representación letrada del agresor en un 11,2% de los casos. Si el dato se desagrega en función del género, en el 74,8% de los casos son hombres quienes aplican estos estereotipos. El género de la defensa de la víctima se obtiene en 469 casos, siendo un 52,0% mujeres y un 41,8% hombres.

Los resultados muestran cómo el género de la defensa técnica puede beneficiar a la víctima o al agresor dada su correlación con el sentido del fallo. A la víctima le conviene que la acusación la lleve a cabo un hombre y que quien defienda al agresor sea una mujer para dar lugar al mayor porcentaje de condenas (75,4%), independientemente del sexo del magistrado ponente que no influye en la sentencia. En cambio, el mayor porcentaje de absoluciones (42,0%) se produce cuando las representaciones de ambas partes son mujeres.

7. *Estereotipación*

Las lesiones (26,3%), el tiempo que tarda en presentar la denuncia (25,2%) y la inverosimilitud de la declaración de la víctima (21,0%) son las tres variables utilizadas con más frecuencia como estereotipos en las sentencias.

En primer lugar, como prueba objetiva, las lesiones tienen un gran peso en el juicio. Sin embargo, su presencia debe ir acompañada de un nexo causal con la conducta del agresor y, como se ha anticipado, la comisión de un delito contra la libertad sexual no implica necesariamente la existencia de lesiones físicas[459]. En segundo lugar, el Tribunal

---

459 TOLEDO VÁSQUEZ, Patsilí y PINEDA LORENZO, Montse, *L'abordatge de les violències sexuals a Catalunya. Part 1. Marc Conceptual sobre les Violències Sexuals*, *op. cit.*, p. 40.

Supremo ya estableció en el año 2019 el criterio doctrinal por el cual el retraso en la denuncia no podía constituir un factor de valoración de la credibilidad de la víctima. En tercer lugar, como se ha especificado, la inverosimilitud y la coherencia se subsumen en el triple criterio del Tribunal Supremo evaluador del testimonio de la víctima. Ambos elementos sirven al juez de base argumental para posicionarse sobre la autenticidad de la declaración de la víctima y la incidencia de la estereotipación puede observarse en el razonamiento empleado para dar a conocer su opinión sobre el conjunto de pruebas y, especialmente, sobre la versión de la víctima[460].

A estas variables estereotipadas les siguen el consentimiento (12,7%), la conducta sexual (10,9%) y la indemnización (10,1%). Determinar si hubo consentimiento y cuál fue su formulación es una cuestión compleja, especialmente cuando se analiza en el seno de una relación de pareja en la que se presupone que lo hubo de antemano y teniendo en cuenta la tradición legislativa y jurisprudencial del ordenamiento jurídico español que focalizaba la atención en el empleo de fuerza y no en el asentimiento de las mujeres. Por eso, la nueva Ley Orgánica de Garantía de la Libertad Sexual pretende superar estos obstáculos acotando el consentimiento con arreglo a la fórmula "solo sí es sí" y ubicándolo en un punto central para la consideración del tipo delictivo[461]. En un sentido muy similar, la expresión física es utilizada por los jueces cuando valoran la conducta sexual de la víctima. Examinan si hubo una reacción activa por parte de ésta o si su pasividad puede interpretarse como una aceptación. Aunque la jurisprudencia coincide en que no se puede cuestionar la credibilidad de las víctimas de delitos contra la libertad sexual por el mero hecho de reclamar una indemnización, esta petición de compensación por los daños sufridos se convierte en un motivo espurio al considerar que la denuncia es el

---

460 SMITH, Olivia and SKINNER, Tina, "Observing Court Responses to Victims of Rape and Sexual Assault", *op.cit.*, p. 311.

461 Siendo el objetivo prioritario, finalmente con la Ley Orgánica 4/2023, de 27 de abril, para la modificación de la Ley Orgánica 10/1995, de 23 de noviembre, del Código Penal, en los delitos contra la libertad sexual, la Ley de Enjuiciamiento Criminal y la Ley Orgánica 5/2000, de 12 de enero, reguladora de la responsabilidad penal de los menores, la violencia y la intimidación vuelven a ser determinantes para la calificación de los hechos, lo cual implica volver a probar su existencia y, con ello, una posible perpetuación de estereotipos.

medio para obtener un beneficio económico. Por último, aunque en el imaginario social la vestimenta de la víctima podría considerarse una señal de provocación o, por el contrario, de inaccesibilidad (por ejemplo, al llevar una falda muy corta o, en cambio, ir completamente tapada)[462], sólo en el 1,0% de los casos resulta determinante para que los jueces consideren la veracidad del relato de la víctima.

Tal y como se han definido, los estereotipos se clasifican como favorables o perjudiciales. De las sentencias que incluyen estereotipos favorables, el 13,2% son formulados por la judicatura y el 0,4% por la fiscalía o los peritos; mientras que el 25,6% de las sentencias que contienen estereotipos perjudiciales son expresados por el juez o la jueza, el 11,2% por la defensa y el 1,0% por ambos. No obstante, es preciso realizar una puntualización metodológica. La existencia de más estereotipos procedentes de los magistrados puede estar relacionada con el documento del que se extraen los datos. La sentencia está redactada por el magistrado, desde su punto de vista, incluyendo los aspectos que considera relevantes. Es probable que, accediendo a todo el expediente del caso y a las grabaciones del juicio, se encontrara más información. Así, podría valorarse si existe una diversificación de estereotipos entre varios operadores jurídicos, si es necesario mejorar la formación también en otros ámbitos, allende de la judicatura, o si incluso debe operar un cambio de protocolos de algunas profesiones que interactúan con las víctimas.

Considerando el género del juzgador en relación con la estereotipación que se realiza de las variables, se obtiene que la conducta sexual (75,0%), la tardanza en denunciar (60,0%) y la inverosimilitud del testimonio de la mujer (65,0%) son variables utilizadas como estereotipos perjudiciales por los jueces varones. En el caso de las juezas, en el 83,0% de los casos emplean como estereotipo perjudicial la actitud de la víctima en el trato con los profesionales, mientras que en todos los casos en los que la petición de indemnización se estereotipa se hace de forma favorable a la víctima. Por último, no hay diferencias de género en la consideración de las lesiones como estereotipo perjudicial, siendo muy similar el porcentaje de juezas mujeres y jueces hombres (48,0% y 52,0%, respectivamente). En este punto, dado que no se aprecian mo-

---

462 SANTIBÁÑEZ TORRES, María Elena, "Algunas consideraciones victimodogmáticas en los delitos sexuales", *op. cit.*, p. 125

dos de toma de decisiones judiciales diferenciados por géneros y que la estereotipación se practica tanto por hombres como por mujeres, cabe interrogarse sobre si necesariamente la presencia de mujeres es una garantía imprescindible para la aplicación efectiva de la perspectiva de género en los juzgados como portadoras únicas de este enfoque[463]. Al no llevarse a cabo esta variación, se pueden plantear dos supuestos. De un lado, que para acceder a la judicatura las mujeres hayan tenido que asimilar los valores tradicionalmente asociados al rol masculino que son los premiados en ese entorno[464]. De otro lado, que las lógicas heteropatriarcales sean aprendidas tanto por hombres como por mujeres y que, por tanto, ambos necesiten formación especializada. Esto no invalida la reivindicación de composición paritaria de los órganos que administran justicia, necesitados de una composición heterogénea y de diferentes sensibilidades para ser fiel reflejo de la sociedad que conocen y administrar justicia en nombre del pueblo[465], pero enfatiza la necesidad de una robusta capacitación en materias específicas. Tal y como lo formula CLÉRICO, favorecer la representación de las mujeres y otros colectivos infrarrepresentados en las instituciones públicas promovería enfoques alternativos de género y evitaría la perpetuación de sesgos e ideas preconcebidas. Sin embargo, la presencia en sí misma no es suficiente. El elemento cuantitativo de incorporar más mujeres en los organismos públicos debe ir acompañado de uno cualitativo, es decir, asegurar que las

---

463 SÁNCHEZ BUSSO, Mariana, "La perspectiva de género en las decisiones judiciales. Su relevancia en los conflictos de violencia contra la mujer", *op. cit.*, p. 66. Para un análisis complejo cuestionando los postulados del feminismo de la diferencia en sede judicial consultar MALLESON, Kate, "La justificación de la igualdad de género en la magistratura: por qué la diferencia no funciona", *Revista Jurídica de la Universidad de Palermo*, núm. 1, 2008, p. 40. De hecho, se destacan las sentencias del magistrado José María Gómez Villora, anterior Juez en los Juzgados de Violencia sobre la Mujer, que podrían ser empleadas como ejemplos paradigmáticos de resoluciones que incorporan la perspectiva de género atendiendo de forma pormenorizada cada una de las circunstancias del asunto.

464 FERNÁNDEZ RIVEIRA, Rosa Mª, "¿Cómo se nombra discrecionalmente el Poder Judicial? El Consejo General del Poder Judicial y la *Judicial Appointment Commission* en el Reino Unido", *Revista de Derecho Político*, núm. 107, 2020, p. 106.

465 Ibídem, p. 106.

personas tengan la formación adecuada en perspectiva de género y las herramientas necesarias para ponerla en práctica[466].

Los resultados obtenidos al asociar la presencia de estereotipos con el fallo son reveladores. La inclusión de estereotipos da lugar a más absoluciones (51,3%), mientras que las sentencias libres de estereotipación conducen a una mayor ratio de condenas (78,5%). Además, existe una correlación entre el tipo de estereotipo y el sentido de la sentencia: cuantos más estereotipos perjudiciales, más absoluciones, mientras que cuando los estereotipos son favorables, hay más condenas (véase la figura 4). A modo ilustrativo, del gráfico se puede extraer que hay 14 sentencias absolutorias con 3 estereotipos perjudiciales (que representan aproximadamente el 80,0% de su categoría[467]) y 3 sentencias condenatorias con 3 estereotipos favorables (representando el 100% de su categoría).

Figura 4: Relación entre la sentencia y el estereotipo. Nota: EP = Estereotipos Perjudiciales; EF = Estereotipos Favorables. El número de sentencias se indica encima de cada barra entre paréntesis.

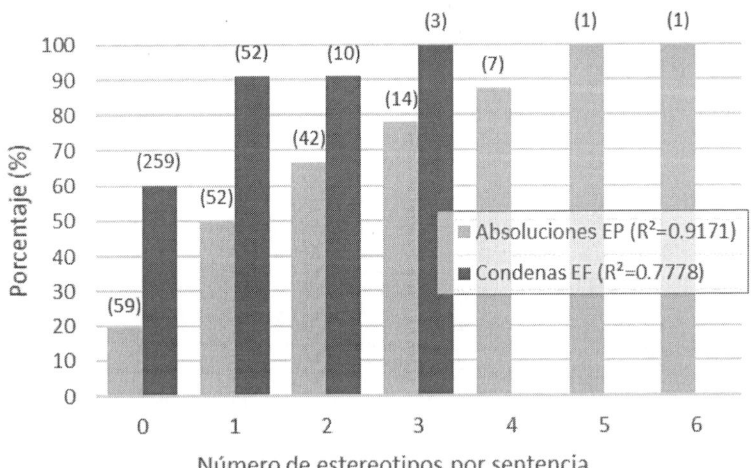

466 CLÉRICO, Laura, "Estereotipos de género y la violación de la imparcialidad judicial: Nuevos estándares interamericanos. El caso Manuela vs. El Salvador", *Revista de Derecho, Universidad y Justicia*, Vol. 1, núm. 1, 2022, pp. 130-131.

467 El 20% restante corresponde a sentencias con estereotipos perjudiciales que acabaron en condena.

8. Síntesis de los principales resultados

Antes de continuar con la propuesta de empleo de Inteligencia Artificial, a modo de recapitulación, se presentan sintéticamente los principales resultados obtenidos del estudio de estadística descriptiva y explicativa en dos supuestos que invitan a reflexionar sobre la falta de atención prestada al impacto de los estereotipos en los tribunales.

- De las 500 sentencias analizadas, más de la mitad contiene estereotipos (53,2%), 195 sentencias presentas estereotipos perjudiciales y 71 estereotipos favorables.
- Las mujeres juezas aplican más estereotipos favorables en sus sentencias (33,0% frente al 12,0% de los jueces) y los jueces varones aplican el mayor porcentaje de estereotipos perjudiciales con un 88,0% de casos.
- El número de sentencias y condenas aumenta cronológicamente, dibujando una línea de tendencia ascendente. Aunque los estereotipos perjudiciales disminuyen, la existencia de estereotipos no se altera porque los estereotipos favorables aumentan simultáneamente.
- Alrededor de un 40,0% de las víctimas son menores de edad, las cuales en su mayoría fueron agredidas por familiares siguiendo un patrón y se encuentran entre los grupos de edad con el menor porcentaje de condenas.
- En el 77,6% de los casos enjuiciados, la víctima y el agresor comparten la misma nacionalidad, siendo españolas en el 65,8% de los casos tanto el agresor como la víctima y en el 16,9% ambos de otra nacionalidad. En el 17,2% víctima y agresor son de una nacionalidad diferente.
- Aunque en el 46,2% de los casos existía un vínculo familiar o afectivo, el porcentaje asciende al 74,8% si se amplía el tipo de relación incorporando los supuestos en los que entre víctima y agresor había tenido lugar algún tipo de contacto previo que permite determinar que no eran personas desconocidas.
- Las tres variables estereotipadas con mayor frecuencia son las lesiones (26,3%), el tiempo transcurrido para presentar la de-

nuncia (25,2%) y la inverosimilitud del testimonio de la víctima (21,0%), mientras que la vestimenta de la víctima sólo se tiene en cuenta en el 1,0% de las sentencias.

- No solo se aprecia una correlación entre el fallo y la presencia de estereotipos, sino que existe una correlación del 92,0% entre el número de estereotipos perjudiciales y las absoluciones y del 78,0% entre el número de estereotipos favorables y las condenas. Así, se constata una relación directa según la cual cuantos más estereotipos hay, más alterado se encuentra el fallo en ambos sentidos.

V. LA BÚSQUEDA DE ESTEREOTIPOS DE GÉNERO A TRAVÉS DE INTELIGENCIA ARTIFICIAL

La existencia de estereotipos de género en sentencias o, dicho de otro modo, de ciertos patrones repetitivos que se pueden identificar, permite comprobar la viabilidad de automatizar su detección haciendo uso de técnicas de *Machine Learning* (ML) o Aprendizaje Automático. Aprender en este contexto quiere decir identificar patrones o relaciones de datos masivos (conocidos también con el nombre de *Big Data*). Este conjunto de datos es inabarcable para una persona pero, en cambio, gracias a la computación, los algoritmos sí pueden detectar patrones de comportamiento contando con las variables que se les proporcionan y ajustar cuáles son las más determinantes para que una sentencia presente estereotipos o no. Esta segunda etapa tiene como objetivo la selección de los modelos computacionales y el entrenamiento de dos algoritmos con los datos de entrada codificados para predecir de manera automática la posible ocurrencia de estereotipos en sentencias sobre delitos contra la libertad y la indemnidad sexual de las mujeres.

El proceso cuenta con las siguientes fases: 1) Identificación de estereotipos en las sentencias y diseño de una base de datos con las variables principales sobre las que se articulan los estereotipos; 2) Codificación de las variables más relevantes generando una representación vectorial normalizada; 3) Entrenamiento de los modelos de ML con los datos de entrada codificados y subdivididos en grupos de variables; 4) Obtención de un resultado que estime la probabilidad de estereotipación en sentencias, así como la predicción del fallo.

El uso de modelos de ML en dicha función de detección supone un cambio metodológico esencial que podría conllevar transformaciones sustantivas del sistema de justicia. La automatización de la identificación de estereotipos en resoluciones judiciales tiene un efecto amplificador del enfoque antiestereotipación, ya que el potencial descubrimiento masivo de estereotipos favorece un análisis robusto y la adopción de medidas efectivas para su deconstrucción. A diferencia de los métodos de explotación de datos más tradicionales como la estadística descriptiva, que caracteriza los datos y necesita de hipótesis preestablecidas, las técnicas de aprendizaje automático no solo tienen la capacidad de autoajustarse al conjunto de datos concretos, sino que no requieren *a priori* de premisas para la obtención de correlaciones entre variables.

1. *Objetivos: ¿IA para qué?*

El encuentro tecnojurídico que representa el binomio ML y Derecho obliga a dirigir la mirada hacia el paradigma de la igualdad y la no discriminación: ¿de qué forma la conjunción de ambos sistemas puede proteger o quebrar derechos fundamentales? La mayor parte de la literatura especializada se ha dedicado a investigar los supuestos de discriminación algorítmica, dado que suponen una vulneración del derecho fundamental a la igualdad y provocan un grave perjuicio en diferentes ámbitos de la vida de las personas[468]. Sin embargo, es

---

[468] Una base de datos que reproduce las desigualdades existentes, unas variables de entrenamiento con potenciales efectos discriminadores y una composición uniforme de los equipos de trabajo se presentan como los tres factores generadores de discriminación a través de modelos de aprendizaje automático. PEREA GONZÁLEZ, Álvaro, RETANA, Cristina, SIMÓN CASTELLANO, Pere, PERALTA GUTIÉRREZ, Alfonso, NAVARRO SEGURA, Eugenia y MOLINA GARCÍA, María José, "Diálogos para el futuro judicial. XXII, Jurimetría y justicia predictiva", *Diario La Ley*, núm. 9837, 2021, p. 8, SORIANO ARNANZ, Alba, "Decisiones automatizadas: problemas y soluciones jurídicas. Más allá de la protección de datos", *Revista de Derecho Público: Teoría y Método*, Vol. 3, 2021, p.

posible encontrar en los sistemas de IA una naturaleza transformadora, eliminando los sesgos heredados y las malas praxis[469]. En concreto, siguiendo la tendencia evolutiva del derecho procesal impulsada por los desarrollos tecnológicos[470], en esta investigación se apuesta por otorgar una oportunidad al progreso científico para la deconstrucción de mitos y la protección de derechos, determinando la probabilidad de que una sentencia contenga estereotipos. Siendo una propuesta incipiente, esta iniciativa demuestra que los avances técnicos pueden articularse para mejorar las condiciones de colectivos históricamente oprimidos, en este caso, de las mujeres en su interacción con la Administración de Justicia. En todo caso, la identificación de los beneficios que pueda aportar la IA se modula atendiendo al límite absoluto del respeto de los derechos y garantías que deben regir el proceso penal y que constituyen un legado a preservar[471].

Con el empleo de modelos de ML en el ámbito del Derecho se obtienen aportes interesantes en términos teóricos, desde la propia utilización de sistemas de IA en un ámbito concreto como es la estereotipación de género en sentencias, hasta los resultados obtenidos sobre la factibilidad de su predicción. Sin embargo, la potencialidad de este estudio reside igualmente en su traslación práctica, en la posibilidad de rediseñar el operativo de la Administración de Justicia a partir de las siguientes funcionalidades.

---

92 y SORIANO ARNANZ, Alba, "Decisiones automatizadas y discriminación: aproximación y propuestas generales", *Revista General de Derecho Administrativo*, núm. 56, 2021, p. 5.

469 ZAVRŠNIK, Aleš, "Algorithmic justice: Algorithms and big data in criminal justice settings", *European Journal of Criminology*, Vol. 18, núm. 5, 2021, p. 633, ZARSKY, Tal, "The Trouble with Algorithmic Decisions: An Analytic Road Map to Examine Efficiency and Fairness in Automated and Opaque Decision Making", *Science, Technology, & Human Values*, Vol. 41, núm. 1, 2016, p. 126, RE, Richard M. and SOLOW-NIEDERMAN, Alicia, "Developing Artificially Intelligent Justice", *Stanford Technology Law Review*, Vol. 22, 2019, p. 256 y SUSSKIND, Richard E., *Expert Systems in Law: A Jurisprudential Inquiry*, Clarendon Press 1987, 1987, Oxford, pp. 114-115.

470 GUZMÁN FLUJA, Vicente, "Proceso penal y justicia automatizada", *op. cit.*, pp. 4-6 y GUZMÁN FLUJA, Vicente, "Sobre la aplicación de la inteligencia artificial a la solución de conflictos (Reflexiones acerca de una transformación tan apasionante como compleja)", *op. cit.*, p. 123.

471 GUZMÁN FLUJA, Vicente, "Proceso penal y justicia automatizada", *op. cit.*, p. 4.

En primer lugar, automatizar la detección. El uso de herramientas de IA puede perseguir múltiples objetivos, desde el análisis automático de gran cantidad de sentencias, hasta la creación de una alerta para la advertencia de estereotipos que puede ser empleada por el propio juez o por el órgano de gobierno del Poder Judicial. También se podrían utilizar técnicas de PLN para identificar frases estereotipadas en el propio texto.

En segundo lugar, clasificar los estereotipos y ponderar su importancia y presencia. Analizando la relevancia de cada estereotipo es posible descubrir que hay algunos que, estando presentes y siendo más llamativos no condicionan el fallo tanto como otros. El enfoque empírico permite aterrizar en estereotipos concretos, entender sus mecanismos, las condiciones del caso en las que aparecen y su impacto.

En tercer lugar, contrastar la teoría con cifras reales. Siguiendo con la reflexión anterior, puede ocurrir que no siempre el ideario coincida con los datos objetivos[472]. A través del proceso de datificación es posible dimensionar problemáticas, concretar realidades y repensar consideraciones personales, ya que traducir un fenómeno en términos numéricos lleva aparejado una nota de objetividad que, en ocasiones, puede desvirtuar todo un argumentario.

---

472 Por ejemplo, tal y como aparece en el Protocolo de México, es frecuente que en los casos de agresión sexual "se ponga en duda el dicho de las víctimas atendiendo a estereotipos o prejuicios de género sobre: (i) su comportamiento previo o al momento de los hechos; (ii) la relación que guardaban con la persona que les agredió; (iii) su orientación sexual; y (iv) presunciones relacionadas con que las mujeres plantean fácilmente acusaciones sobre violencia o violación, entre otras. Respecto al comportamiento previo, están los casos en los que se desacredita a las víctimas y se les culpabiliza por su estilo de vida o su forma de vestir, así como por aspectos relativos a las relaciones personales que sostenían y su sexualidad, lo cual pretende hacerlas parecer responsables de lo que les pasó". Sin embargo, en los resultados del análisis realizado se ha expuesto que la vestimenta de la víctima solo se utiliza de forma estereotipada en el 1.0% de las sentencias. Es decir, esta categoría tiene en el conjunto de datos objeto de estudio una incidencia mucho menor de lo esperado. Dirección General de Derechos Humanos de la Suprema Corte de Justicia de la Nación. *Protocolo para juzgar con perspectiva de género*, Ciudad de México, 2020, p. 183. Disponible en:https://www.scjn.gob.mx/derechos-humanos/sites/default/files/protocolos/archivos/2020-11/Protocolo%20para%20juzgar%20con%20perspectiva%20de%20g%C3%A9nero%20%28191120%29.pdf

En cuarto lugar, aplicar de forma práctica los resultados. Los hallazgos pueden devenir en acciones positivas que pretendan una transformación. Tal y como se advierte en el Protocolo para juzgar con perspectiva de género elaborado por la Suprema Corte de Justicia de la Nación de México, las autoridades jurisdicciones, en virtud de la garantía de imparcialidad, deben "estar en un constante examen sobre las ideas preconcebidas que pueden encontrarse involucradas en la controversia"[473]. Las cifras sobre estereotipación y la posibilidad de predecir la existencia de estereotipos en sentencias podría constituir el fundamento reivindicativo de una mejora en la calidad de la Administración de Justicia.

2. *Modelos de Machine Learning*

Teléfonos inteligentes, motores de búsqueda, publicidad personalizada, reconocimiento facial y de voz, vehículos autónomos, traductores de idiomas, técnicas de diagnóstico médico, son solo algunos de los ejemplos más básicos que muestran cómo las personas en el día a día conviven con tecnología basada en IA. Por IA se entiende "la capacidad general de una máquina para replicar de forma independiente los procesos intelectuales típicos de la cognición humana al decidir una acción en respuesta a su entorno percibido"[474]. La IA se clasifica en débil y fuerte. Se denomina "débil" porque tiene una funcionalidad limitada. Se trata de una simulación de la inteligencia humana. Los algoritmos realizan tareas específicas (poner una alarma, encender una luz, buscar una dirección) como respuesta a su programación, pero sin entender ni deducir el significado de la orden que se le ha enviado. Pese a que el procesamiento y la clasificación de los datos se asemeja a un cálculo elemental según el cual cada Y es una función de X: Y= f(x), la IA débil ha transformado innumerables aspectos de la vida diaria al ser capaz de resolver ciertas tareas mucho más rápido, incluso mejor, que los seres humanos y

---

473 Ibídem, pp. 177-178.

474 GOLDENBERG, S. Larry, NIR, Guy and. SALCUDEAN, Septimiu E., "A new era: artificial intelligence and machine learning in prostate cancer", *Nature Reviews Urology*, Vol. 16, 2019, p. 391.

descubrir patrones en volúmenes de datos masivos. Por su parte, aunque es una categoría controvertida y polémica, con la IA "fuerte" la pretensión es que las máquinas puedan pensar y tener una comprensión genuina de las tareas que realizan por sí mismas sin depender de la programación humana. Las máquinas tendrían capacidades cognitivas humanas completas, serían capaces de mostrar autoconciencia y emociones[475].

El ML o Aprendizaje Automático es un subcampo de la IA. Implica el desarrollo de algoritmos que analizan datos y sus propiedades y, normalmente, utilizan herramientas estadísticas para determinar las acciones. Pueden verse como modelos matemáticos que analizan un conjunto de datos, reconocen patrones y aprenden de esos datos para proporcionar apoyo a la toma de decisiones. Es decir, los algoritmos de ML son dinámicos y tienden a mejorar o "aprender" a medida que se introducen más datos en un proceso conocido como "entrenamiento" en el que es fundamental la selección de las variables y la definición de las etiquetas u objetivos[476]. Por tanto, se trata de un proceso automatizado que permite buscar patrones en los datos y elaborar predicciones. Las técnicas de ML pueden clasificarse en tres tipos: supervisado, no supervisado y aprendizaje por refuerzo.

---

475 MAJID AL-RIFAIE, Mohammad and BISHOP, Mark, "Weak and Strong Computational Creativity", in: BESOLD, Tarek R., SCHORLEMMER, Marco and Smaill Alan (Eds.), *Computational creativity research: Towards creative machines,* Netherlands, Atlantis Press, 2015, p. 44; WANG, Weiyu and KENG Siau, "Artificial Intelligence, Machine Learning, Automation, Robotics, Future of Work and Future of Humanity: A Review and Research Agenda", *Journal of Database Management,* Vol. 30, 2019, p. 62; IBM Cloud Education, 31 august 2021, "*What is strong AI?", IBM Cloud Learn Hub.* Disponible en: https://www.ibm.com/cloud/learn/strong-ai; WALCH, Kathleen, 4 October 2019, "Rethinking Weak Vs. Strong AI", *Forbes.* Disponible en; https://www.forbes.com/sites/cognitiveworld/2019/10/04/rethinking-weak-vs-strong-ai/ y MARR, Bernard, "What Is The Difference Between Weak (Narrow) And Strong (General) Artificial Intelligence (AI)?", *Bernard Marr & Co.* Disponible en: https://bernardmarr.com/what-is-the-difference-between-weak-narrow-and-strong-general-artificial-intelligence-ai/

476 GOLDENBERG, S. Larry, NIR, Guy and. SALCUDEAN, Septimiu E., "A new era: artificial intelligence and machine learning in prostate cancer", *op. cit.*, pp. 391-392.

En primer lugar, el aprendizaje supervisado se desarrolla con ejemplos o datos etiquetados. Los datos de salida (outputs) y los datos utilizados para entrenar al algoritmo (inputs) son etiquetados por personas expertas. Los algoritmos se entrenan con el "histórico" de datos para minimizar el error de predicción, es decir para reducir al máximo posible las diferencias entre los datos de entrada y los datos de salida, asignando la etiqueta de salida adecuada a un nuevo valor. Se puede recurrir a este tipo de aprendizaje para detectar un correo como SPAM, organizar documentos o realizar radiodiagnósticos de enfermedades con imágenes[477].

En segundo lugar, en el caso del aprendizaje no supervisado, no hay etiquetado. Se proporciona un conjunto de datos de entrada sin clasificar y el propio modelo encuentra patrones, respuestas y distribuciones ocultas sin ninguna orientación previa, de ahí que se denomine aprendizaje propio por descubrimiento. Los principales tipos de problemas de aprendizaje no supervisado son la clusterización y la asociación. Se utilizan para análisis de redes sociales, de motores de recomendación y estudios de mercadotecnia, así como en biología computacional para una mejor comprensión del genoma humano o en astronomía para la detección de anomalías o novedades en los datos astronómicos[478].

En tercer lugar, en el aprendizaje por refuerzo los algoritmos aprenden a partir de sus interacciones con el entorno, a través de un proceso de retroalimentación "ensayo-error" basado en la obtención de una recompensa cuando el dato de salida es correcto y una penalización cuando no lo es. Difiere del aprendizaje supervisado en que no se dispone de datos etiquetados, ni se corrigen explícitamente las acciones subóptimas. Al funcionar a través de la relación con el entorno, el equilibrio entre la explotación y la exploración es central. Esto es, un equilibrio entre la maximización de la recompensa de los movimientos conocidos y la búsqueda de nuevos horizontes que puedan ofrecer un mejor resultado. Este tipo de aprendizaje por

---

477 DAS, Sumit, DEY, Aritra, PAL, Akash and ROY, Nabamita, "Applications of artificial intelligence in machine learning: review and prospect", *International Journal of Computer Applications,* Vol, 115, núm. 9, 2015, pp. 31, 32, 34-36.

478 Ibídem, pp. 32-33.

refuerzo se encuentra en la industria de los videojuegos, en los servicios de previsión del tráfico, en los coches autónomos o en el análisis del mercado de valores[479].

En esta investigación, se han empleado dos algoritmos de clasificación supervisada conocidos como *Random Forest* (RF o Bosques Aleatorios) y *Support Vector Machines* (SVM o Máquinas de Soporte Vectorial). Son útiles para este estudio dada su capacidad de aprender las características de los datos de entrenamiento para, posteriormente, identificar esos rasgos aprendidos en los datos no clasificados[480].

Los RF son modelos computacionales que se utilizan para resolver problemas de clasificación supervisada. Funcionan fraccionando de manera aleatoria los datos de entrenamiento creando subconjuntos sobre los que se crean diferentes árboles de decisión. Posteriormente, se combinan las predicciones obtenidas en cada caso, generando modelos robustos y eficientes. Este modelo es generalmente reconocido por su precisión y su capacidad para tratar con muestras de pequeño tamaño, con valores atípicos y con el ruido en los datos.

Las SVM son algoritmos de aprendizaje supervisado utilizados para resolver problemas de clasificación y regresión. A partir de los datos de entrenamiento aprenden a separarlos por clases (por ejemplo, Estereotipo Favorable y Estereotipo Perjudicial). Las SVM crean un hiperplano considerando que el mejor es aquel que divide óptimamente los datos en diferentes clases con la mayor separación entre ellas. De esta forma, los vectores (la representación vectorial de los ejemplos) pertenecientes a una clase se encontrarán por encima del hiperplano y los que pertenecen a la otra clase se encontrarán por debajo de este. El objetivo principal es maximizar los márgenes entre los hiperplanos[481].

---

479 ULLAH, Zaib, AL-TURJMAN, Fadi, MOSTARDA, Leonardo and GAGLIARDI, Roberto, "Applications of artificial intelligence and machine learning in smart cities", *Computer Communications*, Vol. 154, 2020, p. 315.

480 BELGIU, Mariana and DRĂGUŢ, Lucian, "Random forest in remote sensing: A review of applications and future directions", *ISPRS journal of photogrammetry and remote sensing*, Vol. 114, 2016. p. 24.

481 Ibídem, p. 33791.

En este trabajo se investigan tres tipos de tareas de clasificación binaria. La primera de ellas (EE) con el objetivo de determinar si en una sentencia existe algún tipo de estereotipo, independientemente de si es favorable o no. La segunda (EP) para identificar si existe un estereotipo perjudicial. Por último, (EF) para establecer si el estereotipo es de tipo favorable. Adicionalmente, los datos de entrenamiento se han utilizado para predecir el fallo de la sentencia.

Los datos de entrada para ambos algoritmos de ML se dividen en seis subconjuntos de variables diferentes[482]. El primero de ellos (*AllVar*) está compuesto por todas las variables del conjunto de datos excepto "Favorable", "Origen F", "Perjudicial", "Origen P" y "Existencia". El segundo conjunto (*RepVar*) está representado por aquellas variables con pocos ejemplos carentes de información. Es decir, aquellas variables para las cuales más del 80,0% de los ejemplos tienen un valor determinado. El tercer y cuarto subconjunto de rasgos se divide en función de la estereotipación. En el tercer subconjunto (*SterVar*) se incluyen las variables relacionadas con estereotipos, es decir, aquellas que han sido utilizadas de forma estereotipada por parte jueces, fiscales, abogados, peritos o FFCCSE. En cambio, el cuarto subconjunto (*Not SterVar*) está integrado por las variables no relacionadas con los estereotipos para descubrir si hay alguna relación no evidente. Por último, mientras que el quinto subconjunto (*PreVar*) está formado por las variables que se conocen antes del juicio y el sexto (*NotPreVar*) contiene las variables que se conocen durante el juicio. El objetivo de esta última subdivisión es valorar si es posible, por un lado, generar una alarma al juez antes de que se produzca el juicio para advertirle de que, debido a las características del caso, existe un porcentaje de probabilidad de que haya estereotipos. Por otro lado, conocer si los sesgos se producen *in situ* en el proceso del juicio o si se trata de una idea preestablecida en los profesionales que intervienen en el juicio.

De este modo, cada subconjunto de variables constituye un grupo de entrenamiento. Son los datos de entrada con lo que van a ser

---

482 Véase Anexo 2. Subgrupos de variables para el entrenamiento de IA.

entrenados los algoritmos obteniendo en cada caso cuatro datos de salida: existencia de estereotipos, estereotipos perjudiciales, estereotipos favorables y fallo.

3. Resultados y discusión

Para la evaluación de los algoritmos de RF y SVM se ha empleado la medida F1 macro promediada (F1-Macro) y la precisión (Acc) al haber sido ampliamente utilizadas en problemas de clasificación. La precisión es el parámetro para evaluar el rendimiento de los modelos. Calcula el porcentaje de ejemplos correctamente clasificados para poder determinar en qué grado los resultados se acercan al valor real. Cada error tiene la misma importancia para la medida. El índice F1-Macro se calcula en función del promedio de los F1 de todas las clases. A diferencia de la anterior medida, la importancia del error sí tiene en cuenta las clases a las que pertenece el ejemplo clasificado incorrectamente. Es decir, el error que se comete en una clase poco representada es mayor que el que se comete en una clase con muchos ejemplos. Acc (*accuracy*) puede utilizarse cuando la distribución de las clases es similar, mientras que F1-Macro es una métrica apropiada para evaluar clases desequilibradas, como en este caso.

A continuación, se presentan los resultados de la clasificación automática de estereotipos. En la Tabla 5 se resumen los principales resultados alcanzados en la determinación de si una sentencia contiene algún estereotipo (EE), si es Perjudicial (EP), si es Favorable (EF) y la predicción del fallo (PF).

Tabla 4: Resultados de la clasificación automática de estereotipos.

Etiqueta	Modelo ML	Subconjunto	F1-Macro	Acc
EE	RF	RepVar	0. 6763	0.6840
EP	RF	RepVar	0.557	0.848
EF	RF	AllVar	0.7629	0.8043
PF	SVM	SterVar	0.94	0.946

Tal y como se observa en la Tabla 4, para determinar la existencia de estereotipos en las sentencias sin atender al tipo, el modelo RF obtiene los mejores resultados (F1-Macro=0. 6763; Acc=0.6840) empleando el subconjunto de variables *RepVar*. Los mejores resultados utilizando dicho subconjunto podrían deberse a que contiene las variables con mayor información (solo aquellas que más del 80,0% tienen un valor determinado) y que de las 31 variables que componen el subconjunto *RepVar*, 15 son compartidas con *SterVar*. Es decir, la mitad del conjunto está formado por variables estereotipadas, lo que puede mejorar su rendimiento.

En el caso de los estereotipos perjudiciales, los modelos disminuyen drásticamente su eficacia en términos de la medida F1-Macro mientras mantienen un valor alto en la medida Acc. De nuevo, los mejores resultados se obtienen utilizando el modelo RF y las variables de *RepVar* (F1-Macro=0,557; Acc=0,848). Los modelos se comportan mejor para la identificación de estereotipos favorables. RF vuelve a ser el modelo con mejor rendimiento, pero en este caso los mejores resultados se obtienen con el subconjunto de variables *AllVar* (F1-Macro=0,7629; Acc=0,8043). El menor número de ejemplos y la cantidad de información disponible para el subconjunto *AllVar* que engloba todas las variables puede justificar los buenos resultados.

Para predecir el fallo de la sentencia los mejores resultados se alcanzan con el modelo SVM y el subconjunto de características *SterVar* (F1-Macro=0,94 y Acc=0,946). *SterVar* contiene las variables relacionadas con los estereotipos y, como se ha adelantado, dado que existe una relación entre la presencia de estereotipos y las condenas o absoluciones, los buenos resultados utilizando estas variables son coherentes. En todo caso, el alto valor obtenido pone de manifiesto la posibilidad de predecir automáticamente el fallo de la sentencia.

Por último, tal y como se muestra en la Tabla 5, una de las posibilidades que ofrecen los modelos ML es la selección de variables. Se utilizan para reducir eficazmente el número de dimensiones con las que se describen los casos representados, así como para encontrar las características que tienen un impacto decisivo en el problema estudiado. Para este proceso de reconocimiento de patrones se emplea el concepto de testor como conjunto de características (variables) que distingue elementos (objetos) de clases diferentes[483].

Tabla 5: Peso informativo en tanto por uno de las variables según el criterio de frecuencia de los testores en los que aparecen. La tabla sólo muestra las 10 primeras variables de un total de 41.

Testores	Frecuencia
Año	0.578
Edad año V	0.572
Fallo	0.559
Indemnización	0.549
Género magistrado ponente	0.535
Género defensa	0.514
Edad V	0.502
Mes	0.476
Tiempo para denunciar	0.472
Delito	0.459

La razón por la que la variable fallo se clasifica como relevante se explica de acuerdo a la relación existente, manifestada en los resultados estadísticos obtenidos, entre los estereotipos y la proporción de absoluciones y condenas. El género del juez ponente también reviste importancia porque son quienes más estereotipos utilizan, existiendo una diferencia entre las juezas, que aplican más estereotipos favorables en sus sentencias y los jueces, que aplican más estereotipos perjudiciales. Después de los jueces, los letrados de la defensa son los siguientes profesionales que aplican estereotipos perjudiciales, siendo en la mayoría de los casos varones. El tiempo transcurrido hasta denunciar es la segunda variable que más influye en los estereotipos y la indemnización es la quinta. Mientras que la tardanza en denunciar es aplicada como estereotipo perjudicial por los jueces varones, la indemnización es aplicada como estereotipo favorable por las juezas.

---

483 TORRES, D. María et. al., “Mecanismos de Aceleración en Selección de Características Basada en el Peso Informacional de las Variables para Aprendizaje no Supervisado”, *Revista Iberoamericana de Sistemas, Cibernética e Informática,* Vol. 6, núm. 2, 2008, p. 30.

Sin embargo, parar un humano no es tan sencillo encontrar una explicación para otro tipo de variables que no mantienen un nexo intuitivo, basado en la preconcepción, con el estereotipo. Es justamente este fenómeno el que dota de especial interés a los modelos de aprendizaje automático. A través de su empleo se ponen de manifiesto relaciones que no son evidentes y que pueden pasar desapercibidos en los análisis estadísticos descriptivos[484], teniendo en cuenta que su importancia resulta también de las diferentes y complejas combinaciones entre ellas.

4. *Actuaciones a futuro*

Aunque discretos, los resultados obtenidos evidencian la viabilidad de emplear modelos de ML para la identificación de estereotipos de manera automática. Pese a que se deben adoptar una serie de medidas para mejorar su rendimiento, los resultados abren una ventana de oportunidad a la aplicación de técnicas de IA refinadas para la detección temprana de estereotipos. El potencial de este tipo de sistemas de IA reside en que, con un incremento de las bases de datos, su rendimiento puede llegar a aumentar de manera exponencial, tanto para encontrar patrones sofisticados como para la propia automatización de la recolección de datos, por lo que esta primera experiencia se constituye como un primer paso hacia la incorporación de modelos automatizados que aspiran a propiciar un impacto positivo en la Justicia.

Entre las medidas a implementar, respecto a la configuración del conjunto de datos, cabría incrementar la representatividad de la base de datos, siguiendo con el análisis de sentencias y, de manera especial, la de las tipologías de estereotipos (Favorables o Perjudiciales). Para ello sería conveniente contar no solo con la sentencia sino con todo el expediente, ya que se ampliarían las posibilidades de encon-

---

[484] En el estudio estadístico realizado el tipo de delito se reparte casi por igual, casi la mitad de las víctimas son menores de edad, y aunque cronológicamente la existencia del estereotipo perjudiciales disminuye, la presencia del estereotipo en general no cambia, por lo que estos datos no revelan una información con una diferencia porcentual significativa.

trar estereotipos que, además de señalar al juez, apuntaran hacia otros profesionales que intervienen en el proceso judicial.

Por otro lado, en cuanto al entrenamiento de los algoritmos y la selección de los modelos computaciones, se podrían introducir dentro del flujo de entrenamiento técnicas para mitigar el desbalance que existe entre las clases de estereotipos, ya que la cantidad de Estereotipos Favorables es inferior a la de Perjudiciales, así como evaluar nuevos modelos computacionales que permitan modelar adecuadamente los problemas de aprendizaje multi-etiquetas para predecir tanto la existencia como el tipo de estereotipos.

Mejorando la base de datos y el desbalance entre las clases de estereotipos podrían advertirse correlaciones entre las variables de entrenamiento que determinen el resultado del análisis predictivo. La generación de datos masivos permite extraer información relevante y, en ocasiones, ajena a los análisis inductivos que priman en las ciencias sociales y jurídicas.

Aunque en este primer estudio se ha descartado el uso de técnicas de PLN debido a que generaban mucho ruido, se podría retomar como buscador de frases potencialmente estereotipadas en las sentencias. De ahí que en el trabajo de anotación se hayan recopilado fragmentos de texto explícito con estereotipos. En todo caso, el resultado fallido de la aplicación de PLN permite realizar alguna valoración de interés. Su no implementación se debe a que las sentencias comparten una argumentación jurídica muy similar, no hay particularidades ni creatividad en su redacción, lo cual impide encontrar diferencias de léxico entre los textos. En consecuencia, si todas las sentencias son equivalentes, reiterando doctrina y jurisprudencia, y no se corrigen los sesgos, podría estar dándose una traslación y repetición de estereotipos entre los jueces. En todo caso, la potencial aplicación de dicha técnica supondría contar no solo con un porcentaje de probabilidad de estereotipación en la sentencia (lo que inicialmente se ha conseguido en este primer entrenamiento) sino la identificación concreta del estereotipo en el texto de la resolución.

Por último, sería viable extrapolar la metodología. Además de estudiar la estereotipación de género en delitos contra la libertad y la indemnidad sexual, se puede identificar en otras modalidades delictivas como las agresiones grupales[485], en otras manifestaciones de violencia contra las mujeres o, incluso, en otras ramas del Derecho. Además, los modelos de ML se pueden utilizar para la búsqueda de estereotipos relacionados con diferentes ejes de opresión como la clase social, la edad, el capacitismo, la orientación sexual, el origen o cualquier otro de forma alternativa o complementaria e, incluso, para la investigación de otro objeto de estudio no vinculado a la estereotipación. Esta versatilidad de los sistemas de IA es altamente beneficiosa para la generación de conocimiento, dado que un mismo método puede ser replicado con múltiples aplicaciones prácticas.

5. Implicaciones para la Administración de Justicia

Tanto los resultados del análisis estadístico como los obtenidos haciendo uso de técnicas de IA, obligan a reconsiderar la importancia otorgada al fenómeno de la estereotipación de género en la Justicia. De este modo, se anticipa que la detección de estereotipos podría cumplir una triple finalidad —de diagnóstico, disciplinaria y protectora de derechos— enmarcada en la búsqueda por encontrar mecanismos procesales, pero también desde el ámbito de las políticas públicas para evitar los efectos negativos de la estereotipación.

5.1. Un ejercicio de diagnosis formativo

La generación de macrodatos para mejorar las estadísticas y potenciar la minería de datos produciría información nueva y valiosa so-

---

485 Según el Informe sobre delitos contra la libertad e indemnidad sexual en España 2019 del Ministerio del Interior, paralelo al crecimiento que vienen experimentando los delitos sexuales, se ha incrementado cuantitativamente el número de hechos cometidos por dos o más responsables para las tipologías penales de agresiones y abusos sexuales (ambas con y sin penetración): 371 en 2016, 384 en 2017, 456 en 2028 y 483 en 2019. A pesar de este incremento cuantitativo, en términos proporcionales, han visto reducida su importancia sobre el total de hechos conocidos de la misma catalogación penal: 4,8% 2016, 4,6% 2017, 4,5% 2018 y 4,2% 2019. Gabinete de Coordinación y Estudios. Secretaría de Estado de Seguridad. *Informe sobre delitos contra la libertad e indemnidad sexual en España 2019*, *op. cit.*, pp. 45-46.

bre los estereotipos de género en sede judicial. En consecuencia, se podrían promover reformas legislativas para introducir instrumentos jurídicos vinculados a la garantía de imparcialidad y el derecho a un juicio justo, tendentes a desactivar la afectación del estereotipo de género en el proceso y salvaguardar los derechos de las administradas[486]. Esta fase de diagnóstico del estado de la cuestión habilita para nombrar nuevas realidades. En particular, para conceptualizar la estereotipación de género judicial como una manifestación de violencia institucional que genera victimización secundaria. Se produce cuando el Estado y el personal funcionarial no actúan siguiendo sus obligaciones en los casos de violencia de género y, por acción u omisión, retrasan, obstaculizan o impiden el goce y ejercicio de los derechos humanos de las mujeres, así como su acceso a las políticas públicas destinadas a prevenir, proteger, investigar y sancionar los actos de violencia contra ellas. Para SORDO RUZ, BODELÓN GONZÁLEZ, MANTILLA OJEDA y AVENDAÑO PRIETO, esta dimensión de la violencia institucional está estrechamente ligada a la presencia de estereotipos de género en los juzgados porque los mitos sobre las mujeres constituyen un impedimento al ejercicio de sus derechos al tiempo que pueden constituir una fuente de sufrimiento de una segunda experiencia de violencia al no contar con la confianza del sistema de justicia penal[487].

---

486 Sobre una reinterpretación de la garantía de imparcialidad desde una concepción estructural, consultar: CLÉRICO, Laura, "Hacia un análisis integral de estereotipos: desafiando la garantía estándar de imparcialidad", *Revista Derecho del Estado*, núm. 41, 2018, pp. 67-96; CATALÀ I BAS, Alexandre H. y ORTÍZ TORRICOS, Marcela, "La comunicación horizontal y vertical en los sistemas estadounidense y europeo de protección de derechos humanos a propósito del derecho al juez natural. Hacia un derecho global de los derechos humanos", *Estudios de Deusto*, Vol. 65, núm. 1, 2017, pp. 73-121, CONTESSE SINGH, Jorge, "Implicancias y recusaciones: el caso del Tribunal Constitucional. Informe en derecho sobre la inhabilidad constitucional para conocer de un caso en el que se ha vertido opinión pública con anterioridad", *Revista Ius et Praxis*, núm. 2, 2007, pp. 391-405, NIEVA FENOLL, Jordi, "Ideología e imparcialidad judicial", *Justicia. Revista de Derecho Procesal*, núm. 1-2, 2011, pp. 24-25 y SIGÜENZA LÓPEZ, J., "Sospechas de parcialidad: un nuevo enfoque", *Justicia. Revista de Derecho Procesal*, núm. 1-2, 2011, p. 32.

487 SORDO RUZ, Tania, "Violencia institucional por razón de género contra las mujeres: Casos paradigmáticos en el Estado mexicano", *Miscelánea Comillas*, Vol. 76, núm. 149, 2018, pp. 424, 427 y 428. Coinciden en considerar los comportamientos estereotipados como una manifestación de violencia institucional auto-

La constatación de que los estereotipos de género se utilizan en los procesos judiciales sirve de justificación para promover una mejora de la capacitación en materia de violencia de género. En el caso de jueces, permitiría indicar las áreas en las que es necesario reforzar la formación y serviría de muestra estadística para iniciar un proceso de rendición de cuentas sobre la efectividad de los cursos impartidos. La formación debería impartirse desde una perspectiva feminista e interseccional de género, es decir, explicando por qué es necesario tener en cuenta la posición de las mujeres en un sistema heteropatriarcal y cómo abordar las experiencias de las mujeres en las que confluyen diferentes modos de opresión. Una judicatura adecuadamente formada puede reducir los sesgos en las sentencias y facilitar la detección y evitación de argumentos estereotipados por parte de abogados, fiscales, policías, médicos forenses, peritos psicológicos y testigos. Es fundamental tener presente que las opiniones formadas son fundamentales para no desvirtuar realidades concretas.

5.2. Un potencial disciplinario

La segunda finalidad se encuadra dentro de la capacidad disciplinaria del CGPJ. La información recabada podría constituir un elemento de utilidad dentro de las funciones de verificación y control de la actividad de los juzgados y tribunales del Servicio de Inspección dependiente de la Comisión Permanente (arts. 560, 608.3 y 615 de la LOPJ), de iniciación e instrucción de expedientes disciplinarios que compete al Promotor de la Acción Disciplinaria por faltas graves (arts. 418 y 605 de la LOPJ) y en cumplimiento del mandato de "estudio y seguimiento de la respuesta judicial en materia de violencia doméstica y de género" que corresponde a la Comisión de Igualdad (art. 610.5 LOPJ).

---

ras como BODELÓN GONZÁLEZ, Encarna, "Violencia institucional y violencia de género", *Anales de la Cátedra Francisco Suárez*, núm. 48, 2014, p. 141 y MANTILLA OJEDA, Saida L. y AVENDAÑO PRIETO, Bertha-Lucía, "Diseño y análisis psicométrico de un instrumento para evaluar victimización judicial en víctimas durante la etapa de denuncia", *Jurídicas*, Vol. 17, núm. 2, 2020, p. 110.

5.3. Una causa para el aseguramiento de derechos

Por último, demostrando la existencia de estereotipos de género en los casos de violencia sexual, se revela el incumplimiento del deber de debida diligencia por parte del Estado y se abre una ventana de oportunidad para exigir responsabilidades al Estado, como ocurrió en el caso de Ángela González Carreño contra España (CEDAW/C/58/Add.1)[488]. Las víctimas pueden reclamar la modificación de determinadas dinámicas del proceso judicial para evitar la estereotipación. Cambios como la aceptación de la prueba preconstituida, la evitación de reiteradas declaraciones o el acompañamiento de un psicólogo a la víctima durante su declaración. Si es en las interacciones de la víctima con los operadores jurídicos donde se expresan los prejuicios, debería optarse por limitar el número de intercambios al mínimo imprescindible, disminuyendo así las probabilidades de sufrir victimización secundaria o favorecer la mediación de profesionales de la psicología, evitando la comparación de la mujer con la versión genuina de víctima para valorar su credibilidad.

Las aplicaciones prácticas mencionadas redundarían en un beneficio individual y colectivo: se reducirían las posibilidades de que las mujeres fueran objeto de violencia institucional en su paso por los tribunales y, como sociedad, nos aseguraríamos de que la función de proteger, castigar y prevenir futuros actos de violencia se cumple plenamente, garantizando que los jueces no se apartan de la noción de justicia.

---

488 CEDAW. Ángela González Carreño c. España (CEDAW/C/58/D/47/2012).

Capítulo quinto

Estereotipia y violencia institucionalizada: cuando los estereotipos victimizan a las mujeres

La visibilización del problema de las agresiones sexuales se ha realizado a partir de una imagen deformada. El modelo originario de víctima se construye sobre la base de una normatividad de género (instructora de la sexualidad) que asigna roles a las mujeres que sufren violencia sexual. A partir de estas expectativas, –de lo que se espera que una víctima haga, diga, sienta, exprese– las mujeres son estereotipadas en sede judicial. La espereotipia, como se ha expuesto, constituye un primer cribado de la información con el que se pueden obtener resultados propicios para el entendimiento de la realidad. Sin embargo, interesa en este punto plantear las consecuencias que su uso tiene para las víctimas no prototípicas. La construcción sociojurídica del mito de la violación "real" trae consigo un trato desigual de las agresiones según se ajusten más o menos a ese esquema ideal preconcebido[489] y conlleva la invisibilización para el sistema de ese otro conjunto de mujeres a las que no se les puede atribuir el estatuto de víctima "real" de una agresión sexual[490].

El abordaje completo de los estereotipos de género en sede judicial exige un análisis sobre su procedencia y su repercusión. Ello supone entender la estereotipación como manifestación de violencia institucional y, en consecuencia, causa de victimización secundaria. Pese a que se acredita la referencia a la segunda experiencia victimal de las mujeres en su paso por los tribunales, no hay un marco norma-

---

489 CAMPBELL, Rebecca, "The psychological impact of rape victims' experiences with the legal, medical, and mental health systems", *American Psychologist*, núm. 63, 2008, p. 703.

490 UTE-UNFPA. *Por una atención libre de victimización secundaria en casos de la violencia sexual*, El Salvador, 2013, pp. 43-44. Disponible en: https://elsalvador.unfpa.org/sites/default/files/pub-pdf/modulo-libre-revictimizacion.pdf

tivo específico ni estudios empíricos para obtener un diagnóstico de la situación y poder adoptar medidas paliativas. Tampoco en el caso de la violencia institucional, por lo que resulta pertinente proponer las bases terminológicas que permitan conceptualizar los estereotipos como una forma de violencia por parte de los operadores jurídicos.

Un contexto estructural e institucional que cuestiona la credibilidad de las mujeres que han sufrido violencia sexual, puede agravar las posibles secuelas, frustrar las expectativas de protección y reforzar los mitos y estereotipos. Este efecto negativo e inesperado de la Administración de Justicia desalienta a las mujeres y entorpece su recuperación.

Se anticipa que la violencia institucional, los derechos y las garantías vinculados al proceso y la responsabilidad estatal forman una estructura trinomial inserta en el paradigma de la defensoría de los derechos humanos. Por ello, se delimitarán los conceptos de violencia institucional y victimización secundaria en relación con los estereotipos como paso previo para valorar en un segundo trabajo si la estereotipación, como forma de violencia institucional, supone un obstáculo para el disfrute del derecho a la tutela judicial efectiva y el respeto a la garantía de imparcialidad.

I. MALTRATO INSTITUCIONAL: LA AUTORÍA ESTATAL DE LA VIOLENCIA CONTRA LAS MUJERES

Del mismo modo en que se ha cuestionado la naturaleza neutral del Derecho como un corpus de normas aséptico y genérico[491], desde los postulados victimológicos se critica la neutralización y homogeneización de la víctima en el proceso penal moderno. Como no lo es el Derecho, tampoco es la víctima "un mero objeto, neutro y pasivo"[492] ni todas las víctimas de delitos pueden ser tratadas de igual forma por el sistema legal debido a la diferente resonancia psicosocial que

---

491 En cuanto a su pretendida aplicabilidad indiferenciada al conjunto de la población sin parcialidad ideológica.

492 SANTIBÁÑEZ TORRES, María Elena, "Algunas consideraciones victimodogmáticas en los delitos sexuales", *op. cit.*, p. 113.

el ilícito conlleva. Para RUBIO HURTADO y MONTEROS, la "falta de sensibilidad hacia las víctimas de agresiones sexuales, desestima que cualquier diligencia que en otro tipo de situación puede resultar molesta o perturbadora para la víctima, en estos casos puede resultar verdaderamente agresiva. Así, lo que inicialmente tiene la intención de igualitario, en realidad opera como discriminatorio. Debido a esa falta de consideración y sensibilidad, en muchas ocasiones, el sistema legal "agota" a las víctimas. Quienes, a menudo, deciden rehacer su vida al margen de lo que pueda resolver la Justicia"[493].

La máxima para alcanzar la igualdad sustantiva que supone dispensar un trato diferente a quien no ostenta la misma posición de partida, corolario de la igualdad en la diferencia, ve obstaculizada su materialización debido a la presencia de estereotipos en el sistema de justicia penal que impiden considerar las especificidades de las vivencias propias de cada mujer[494].

La ausencia de una atención personalizada posibilita el surgimiento de un fenómeno de multivictimización. Desde la psicología de la victimización criminal se han definido tres procesos por lo que se victimiza a una persona desde su toma en contacto con el ilícito penal.

i. La victimización primaria es la que se deriva directamente de haber sufrido el hecho delictivo. Puede conllevar efectos físicos, psicológicos, económicos o de rechazo social y perdurar en el tiempo[495]. Las víctimas de una agresión sexual podrían presentar lesiones, tener secuelas psicoemocionales, enfrentar dificultades económicas para sufragar los gastos del proceso y sentir cuestionada su reacción por el entorno. Se condiciona la existencia de esta afectación porque no es posible generalizar las consecuencias psicosociales que un delito de este tipo puede acarrear a cada persona, por más que afecte a un bien jurídico

---

493 RUBIO HURTADO, María José y MONTEROS, Silvina, "La víctimas de agresiones sexuales ante el sistema jurídico-legal", *Anuario de psicología jurídica*, núm. 11, 2001, p. 67.

494 CUBELLS, Jenny and CALSAMIGLIA, Andrea, "Do We See Victims' Agency? Criminal Justice and Gender Violence in Spain", *op. cit.*, pp. 109.

495 ALBERTÍN CARBÓ, Pilar, "Psicología de la victimización criminal", en: SORIA VERDE, Miguel Ángel y SÁIZ ROCA, Dolores (Coords.), *Psicología criminal*, Madrid, Pearson, 2005, p. 255.

tan íntimo como la libertad e indemnidad sexual. Contemplar estos escenarios es imprescindible para un buen abordaje de las violencias, pero apostar de forma ineludible por su concurrencia es un ejercicio más de estereotipación perjudicial.

ii. La victimización secundaria aparece con la interacción de las víctimas y las instituciones (servicios sociales, sanitarios y administración de justicia). Si se sigue el iter procesal estandarizado en el caso de un proceso penal por violencia sexual, la relación de la víctima se daría con el cuerpo de policía, sanitarios y médicos forenses, personal de la oficina judicial, jueces y magistrados, fiscalía, representaciones letradas y agentes públicos y privados de servicios de asistencia a víctimas[496].

iii. La victimización terciaria tiene lugar como resultado de haber vivenciado las dos formas anteriores de victimización[497]. La víctima siente cierto desamparo por parte de su círculo social que llega a culpabilizarla de lo ocurrido, a presionarla para que retire la denuncia, a reprocharle malas decisiones, a juzgar su comportamiento y a insistir con preguntas que hacen revivir los sucesos traumáticos dentro y fuera de la Administración de Justicia.

Es en la segunda victimización donde se va a centrar el estudio. En concreto, en su previsión legal, su definición y los factores que la originan en el ámbito de la Justicia.

1. La travesía por los tribunales: segunda experiencia victimal

Tal y como se ha avanzado, la participación de las mujeres en procesos judiciales puede conllevar un daño adicional al generado originalmente por el delito[498]. Estudios recientes muestran cómo "el impacto del proceso judicial sobre la víctima está muy condicionado

---

496 DE LA CUESTA ARZAMENDI, José Luis, MAYORDOMO RODRIGO, Virginia Victoria, PÉREZ MACHIO, Ana Isabel y VARONA MARTÍNEZ, Gemma María, *Victimología: Un acercamiento a través de sus conceptos fundamentales como herramientas de comprensión*, UPV/EHU, Open Course Ware, 2015, p. 61.

497 ALBERTÍN CARBÓ, Pilar, "Psicología de la victimización criminal", *op. cit.*, p. 257.

498 STRINGER, Rebecca, *Knowing victims: Feminism, agency and victim politics in neoliberal times*, New York, Routledge, 2014, pp. 12-13.

por la actuación de los profesionales"[499]. Sienten desprecio, humillación, culpabilización, sospecha, cuestionamiento y marginación, sentimientos que no solo perciben las víctimas sino el equipo técnico de acompañamiento, especialmente en los interrogatorios, cuando las mujeres no cumplen con el canon de víctima ideal[500].

Esta segunda experiencia victimal puede llegar a ser igual o más dolorosa y grave que la inicial por una primera cuestión material y una segunda simbólica. En primer lugar, aparejado a las emociones descritas de indiferencia, menosprecio y culpa, la víctima revive una suceso y lo actualiza a compás de la reiteración de preguntas que le formulan los diferentes profesionales y que son necesarias para que el proceso avance con el suficiente sustento probatorio[501]. Además, el dilatado desarrollo del proceso puede afectar a la situación laboral, económica y social de la víctima[502]. En segundo lugar, sería comprensible pensar que la víctima pueda sentirse abandonada al constatar que, por segunda vez, quien la iba a cuidar, quien le había dicho que era el mejor capacitado para hacerlo no lo hace, ofreciéndole en cambio una asistencia hostil[503]. Esto ocurre principalmente en los supuestos de violencia

---

499 TAMARIT SUMALLA, Josep M., AIZPITARTE GORROTXATEGI, Alazne, HERNÁNDEZ HIDALGO, Patricia y ARANTEGUI ARRÀEZ, Laura, "La impotencia de la justicia penal ante la violencia de género: visiones de los profesionales y de las víctimas", *Revista Electrónica de Criminología*, Vol. 3, 2020, p. 13 y MANTILLA OJEDA, Saida L. y AVENDAÑO PRIETO, Bertha-Lucía, "Diseño y análisis psicométrico de un instrumento para evaluar victimización judicial en víctimas durante la etapa de denuncia", *op. cit.*, p. 121.

500 TAMARIT SUMALLA, Josep M., AIZPITARTE GORROTXATEGI, Alazne, HERNÁNDEZ HIDALGO, Patricia y ARANTEGUI ARRÀEZ, Laura, "La impotencia de la justicia penal ante la violencia de género: visiones de los profesionales y de las víctimas", *op. cit.*, pp. 14-15.

501 Se duda de la estricta necesidad de reiteración cuando se dispone de instrumentos técnicos y legales que evitarían la repetición del testimonio como la utilización de la prueba preconstituida y la reproducción de las declaraciones. SIMÓ SOLER, Elisa, "La prueba preconstituida en casos de víctimas especialmente vulnerables: comentario a la STS núm. 848/2017, de 22 de diciembre", *Revista Boliviana de Derecho*, núm. 26, 2018, pp. 502-513.

502 RUBIO HURTADO, María José y MONTEROS, Silvina, "La víctimas de agresiones sexuales ante el sistema jurídico-legal", *op. cit.*, p. 61.

503 MANTILLA OJEDA, Saida, "La revictimización como causal de silencio de la víctima", *Revista de Ciencias Forenses de Honduras*, Vol. 1, núm. 2, 2015, p. 10 y GUTIÉRREZ DE PINERES BOTERO, Carolina, CORONEL, Elisa y ANDRÉS

en los que media una relación entre víctima y victimario, pero en todo caso, cuando la institución a la que se le encomienda la tutela de los derechos y libertades desatiende a las mujeres que acuden a ella para recobrar su pleno disfrute, frustrando las esperanzas depositadas. De ahí que se deduzca que el proceso penal no dispone de la capacidad para compensar psicológicamente a la víctima, ni permite una intervención útil para gestionar satisfactoriamente el trauma resultante del delito, provocando incluso un efecto negativo sobre la mujer[504].

Causando estos resultados dañinos en las víctimas, en ninguna de las leyes nacionales dedicadas a la igualdad y contra la violencia de género[505] se define la victimización secundaria. Tampoco se ha realizado una investigación empírica sustentada en datos estadísticos por parte de Delegación del Gobierno contra la Violencia de Género[506] para conocer la valoración que las víctimas otorgan al sistema de justicia penal español[507].

PÉREZ, Carlos, "Revisión teórica del concepto de victimización secundaria", *Liberabit,* Vol. 15, núm. 1, 2009, p. 50.

504 Traducción no oficial de la autora. Texto original disponible en: TAMARIT SUMALLA, Josep M., VILLACAMPA ESTIARTE, Carolina and FILELLA GUIU, Gemma, "Secondary Victimization and Victim Assistance", *European Journal of Crime, Criminal Law and Criminal Justice,* Vol. 18, núm. 3, 2010, p. 296.

505 Ley 35/1995, de 11 de diciembre, de ayudas y asistencia a las víctimas de delitos violentos y contra la libertad sexual, Ley Orgánica 1/2004, de 28 de diciembre, de Medidas de Protección Integral contra la Violencia de Género y Ley Orgánica 3/2007, de 22 de marzo, para la igualdad efectiva de mujeres y hombres. Se menciona, pero no se define, como fenómeno a evitar en la Ley Orgánica 10/2022, de 6 de septiembre, de garantía integral de la libertad sexual.

506 La Subdirección General de Sensibilización, Prevención y Estudios de la Violencia de Género se encarga de la "realización, promoción y difusión de informes, estudios e investigaciones sobre cuestiones relacionadas con todas las formas de violencia contra la mujer". Disponible en: https://violenciagenero.igualdad.gob.es/instituciones/delegacionGobierno/home.htm [Consulta: 8 de abril de 2022]. En el informe de evaluación realizado a España en 2020 por GREVIO se destaca "la escasez de trabajos de investigación que exploren las razones [...] de la victimización secundaria de las mujeres por parte del sector judicial". GREVIO. *Primer Informe de evaluación de GREVIO sobre las medidas legislativas y de otra índole que dan efecto a las disposiciones del Convenio del Consejo de Europa sobre Prevención y Lucha contra la violencia contra las Mujeres y la Violencia Doméstica (Convenio de Estambul): España,* GREVIO/Inf(2020)19 (25 de noviembre de 2020), párr. 73.

507 TAMARIT SUMALLA, Josep M., VILLACAMPA ESTIARTE, Carolina and FILELLA GUIU, Gemma, "Secondary Victimization and Victim Assistance", *European*

Sí se encuentra definida en la "Guía de buenas prácticas para la toma de declaración de víctimas de violencia de género", aprobada por el Grupo de Expertos en violencia doméstica y de género del CGPJ en noviembre de 2018, como "las consecuencias psicológicas, sociales, jurídicas y económicas negativas que dejan las relaciones de la víctima con el sistema jurídico penal. Supone, un choque frustrante entre las legítimas expectativas de la víctima y la realidad institucional, involucrando una pérdida de comprensión acerca del sufrimiento psicológico y físico que ha causado el hecho delictivo, dejándolas desoladas e inseguras y generando una pérdida de fe en la habilidad de la comunidad, los profesionales y las instituciones para dar respuesta a las necesidades de las mismas"[508].

También en la Ley 5/2008, de 24 de abril, del derecho de las mujeres a erradicar la violencia machista de Cataluña a raíz de la modificación operada por la Ley 17/2020, de 22 de diciembre, de modificación de la Ley 5/2008, del derecho de las mujeres a erradicar la violencia machista. En el artículo 2 de la ley dedicado exclusivamente a aportar un listado de definiciones en la letra i) se contempla la victimización secundaria o revictimización como "el maltrato adicional ejercido contra las mujeres que se hallan en situaciones de violencia machista y sus hijos e hijas, como consecuencia directa o indirecta de los déficits cuantitativos y cualitativos de las intervenciones llevadas a cabo por los organismos responsables, así como por las actuaciones desacertadas o negligentes provenientes de otros agentes implicados".

Por su parte, el EVD y el Pacto de Estado contra la Violencia de Género (PEVG) mencionan la victimización secundaria precedida en todos los casos del verbo evitar[509]. Así, en el preámbulo del Estatu-

---

Journal of Crime, op. cit., p. 285 y SORIA VERDE, Miguel Ángel y HERNÁNDEZ SÁNCHEZ, José Antonio, "Los procesos psicosociales y jurídicos de la victimización criminal", *Anuario de Psicología Jurídica*, núm. 1, 1994, p. 101.

508 Consejo General del Poder Judicial. Grupo de Expertos en Violencia Doméstica y de Género. *Guía de buenas prácticas para la toma de declaración de víctimas de violencia de género, op. cit.*, p. 7.

509 En ambos casos se mantiene el criterio fijado en la Directiva 2012/29/UE y en el Convenio de Estambul. La Directiva, traspuesta en el EVD, advierte en los considerandos del riesgo de sufrir victimización secundaria y en el articulado en relación a la asistencia a las víctimas, su protección y su reparación. Por su parte, en el Convenio de Estambul, la referencia se encuentra de nuevo en la adopción

to se estipula que "[p]ara evitar la victimización secundaria en particular, se trata de obtener la declaración de la víctima sin demora tras la denuncia, reducir el número de declaraciones y reconocimientos médicos al mínimo necesario, y garantizar a la víctima su derecho a hacerse acompañar, no ya solo del representante procesal, sino de otra persona de su elección, salvo resolución motivada". En el articulado, se hace referencia a la victimización secundaria dentro del conjunto de objetivos de quienes se encargan de la investigación, persecución y enjuiciamiento de delitos (art. 19). Les corresponde adoptar las medidas necesarias para garantizar la vida de la víctima y de sus familiares, su integridad física y psíquica, libertad, seguridad, libertad e indemnidad sexuales, para proteger adecuadamente su intimidad y su dignidad, particularmente cuando se les reciba declaración o deban testificar en juicio y, en sentido negativo, para evitar el riesgo de su victimización secundaria o reiterada. Se encarga a las Oficinas de Asistencia a las Víctimas en el precepto 28 el asesoramiento sobre la forma de prevenir la victimización secundaria o reiterada.

En el PEVG las acciones para evitar la victimización secundaria se concentran en la remodelación de espacios y la disponibilidad de medios tecnológicos para la toma de declaración y la precisión del riesgo al dictar órdenes de protección. Las actuaciones se concentran principalmente en el Eje 3 dedicado al "Perfeccionamiento de la asistencia, ayuda y protección a las víctimas" y en las áreas de justicia (3.1) y seguridad (3.2)[510]. Así, como medida pendiente (132) se establece "priorizar la adecuación de los Juzgados de Violencia sobre la Mujer y juzgados especializados, con dependencias que impidan la confrontación víctima/agresor, dotándolos de medios audiovisuales que eviten la repetición de las declaraciones y de intérpretes cualificados. Estas mismas dependencias podrán ser utilizadas para los

---

de medidas legislativas para proteger a las víctimas y evitar su revictimización (art. 18) y, por otro lado, respecto al contenido de la formación de los profesionales que deberá abordar "materia de prevención y detección de dicha violencia, igualdad entre mujeres y hombres, necesidades y derechos de las víctimas, así como sobre la manera de prevenir la victimización secundaria" (art. 15).

510 En el Eje 4 dirigido a Intensificar la asistencia y protección de menores, la medida 217 ya cumplida contiene el establecimiento del "uso preceptivo de la videograbación de las declaraciones de los/las menores para evitar la revictimización".

casos de agresiones sexuales y trata de personas con fines de explotación sexual". Como medida en proceso (150) se contempla un "Plan para la efectividad de las Órdenes de Protección. En el que se mejore la coordinación de las actuaciones; se revisen los protocolos existentes; se mejore el diagnóstico del riesgo, para evitar victimización reiterada, un diagnóstico que debe ser multidisciplinar, y se optimicen los brazaletes de vigilancia electrónica; así como la formación y sensibilización de profesionales". En el ámbito de la seguridad y como medida también en proceso (153) se propone un nuevo Plan en el Ministerio del Interior "para adecuar los espacios en las instalaciones policiales en las que se asiste a las víctimas y testigos, con objeto de evitar la posible victimización secundaria".

Según RUIZ-RICO RUIZ, el vacío legal existente respecto a la victimización secundaria en la normativa contra la violencia de género "se ha intentado subsanar mediante Protocolos de actuación administrativa y judicial *extra lege* [...] que no han previsto responsabilidades públicas, sino que se han limitado a asegurar los estándares de diligencia debida de la Administración en este engranaje de protección integral de la víctima"[511]. La insuficiencia de esta regulación lleva a apostar por una modificación de la LOVG, del EVD o la promulgación de una nueva ley que contemple el fenómeno de la victimización secundaria (como efecto sobre las mujeres), la violencia institucional (como causa de la revictimización) y un régimen de responsabilidad pública por acción u omisión en la actuación de los profesionales (como medio para prevenir y compensar el daño provocado).

La victimización secundaria y la violencia institucional pueden ser entendidas como la manifestación pasiva (por centrarse en quien la sufre) y activa (por señalar a quien la inflige) de una misma realidad.

---

511 RUIZ-RICO RUIZ, Catalina, "Aproximación a los nuevos retos jurídicos de la violencia de género: La responsabilidad pública", *Derecho y Cambio Social*, núm. 35, 2014, pp. 9 y 11. Desde el año 2005 hasta 2015 se han publicado protocolos de actuación de las Fuerzas y Cuerpos de Seguridad con los Órganos Judiciales, el Ministerio Fiscal y Abogados y Abogadas, sobre órdenes de protección y del sistema de seguimiento penitenciario por medios telemáticos del cumplimiento de las medidas y penas de alejamiento en materia de violencia de género. Disponible en: https://violenciagenero.igualdad.gob.es/profesionalesInvestigacion/seguridad/protocolos/home.htm [Consulta: 8 de abril de 2022].

Ambas exigen un posicionamiento frente al Estado con la particularidad de que es ese mismo Estado, que directa o indirectamente y que por acción u omisión impropia violenta los derechos de las mujeres, el que tiene encomendada la prevención, detección, castigo y reparación del daño[512]. Esto es, el mismo ente llamado a proteger es el que ha ocasionado o el que ha permitido la vulneración de un derecho por lo que la función del Poder Judicial se pone en cuestionamiento.

En el Estado español se ha optado legislativamente por el uso de victimización secundaria. Este hecho le dota al Estado de cierto margen de impunidad porque se identifica al sujeto pasivo de la acción, pero no al sujeto causante. El daño ocasionado a una mujer se analiza desde la experiencia individual. El relato es que "las mujeres sufren victimización secundaria" y no que "las instituciones revictimizan a las mujeres". Esto deriva en una visión individualizadora del problema porque si una mujer sufre victimización secundaria y otra no, es debido a que aquella se encuentra en una situación emocional que la conduce a eso. Se trataría, por tanto, de evitar que esa persona que acude a los tribunales sufra una doble victimización, pero no de señalar desde un principio al Estado como potencial maltratador por mala praxis ni de exigir un cambio de actuación.

Además, cuando ha habido una participación activa del Estado en la lucha contra la violencia de género, haciendo de esta cuestión un problema y un delito públicos resulta ciertamente contradictoria la ausencia de referencia legal al fenómeno de la victimización[513]. Asumiendo su injerencia, no se contempla un sistema de responsabilidad del Estado ni se asume como posible que por parte del funcionariado pueda haber una mala práctica que violente los derechos de las mujeres[514]. Al contrario, se le otorga al Poder Judicial la capacidad

---

512 PERELMAN, Marcela y TUFRÓ, Manuel, *Violencia institucional. Tensiones actuales de una categoría política central*, Ciudad Autónoma de Buenos Aires, Centro de Estudios Legales y Sociales, 2017, pp. 4-5.

513 GOLDSCHEID, Julie, and LIEBOWITZ, Debra J., "Due diligence and gender violence: Parsing its power and its perils", *Cornell International Law Journal*, Vol. 48, núm. 2, 2015, pp. 313, 314 y 321.

514 Esta afirmación viene corroborada por el Primer Informe de evaluación de GREVIO sobre las medidas legislativas y de otra índole que dan efecto a las disposiciones del Convenio del Consejo de Europa sobre Prevención y Lucha

de decidir sobre la víctima porque se asume que esa víctima está tan obnubilada y sometida que no tiene el poder de tomar las decisiones que más le favorecen[515]. No obstante, esa respuesta, esa enunciación de la verdad, puede estar permeada de estereotipos constituyendo una forma de victimización secundaria y, por tanto, de violencia institucional[516].

2. *Violencia institucional: cuando el benefactor se torna maltratador*

Parece sencillo hablar de violencia institucional cuando se contextualiza en formas de gobierno dictatoriales, mientras que existe cierta resistencia a abordar el concepto si las conductas que violentan derechos se cometen bajo la impertérrita democracia europea[517]. Si bien es cierto que los avances en la consecución de un régimen de libertades y derechos ha eliminado el uso de las formas

---

contra la violencia contra las Mujeres y la Violencia Doméstica (Convenio de Estambul) a España en el que, en relación con la aplicación material del principio de diligencia debida y la LOVG "[l]as autoridades españolas no han proporcionado datos u otra información sobre el número de resoluciones o casos judiciales contra funcionarios del Estado por no tomar medidas preventivas o de protección de conformidad con esta ley. En este sentido, pareciera como si los funcionarios públicos rara vez fueran responsabilizados por el incumplimiento de su obligación de diligencia debida". GREVIO, *Primer Informe de evaluación de GREVIO sobre las medidas legislativas y de otra índole que dan efecto a las disposiciones del Convenio del Consejo de Europa sobre Prevención y Lucha contra la violencia contra las Mujeres y la Violencia Doméstica (Convenio de Estambul): España*, GREVIO/Inf(2020)19 (25 de noviembre de 2020).

515 Esa figura del poder judicial como maestro o como adoctrinador que halla la respuesta a los problemas de las mujeres atravesada por un sentimiento de seguridad jurídica y moral podría encuadrarse en el término de "egocentrismo judicial" propuesto por TAMARIT SUMALLA, Josep M., AIZPITARTE GORROTXATEGI, Alazne, HERNÁNDEZ HIDALGO, Patricia y ARANTEGUI ARRÀEZ, Laura, "La impotencia de la justicia penal ante la violencia de género: visiones de los profesionales y de las víctimas", *op. cit.*, p. 12.

516 BEZANILLA, José Manuel; MIRANDA, Mª Amparo y GONZÁLEZ FABIANI, Jorge Humberto, "Violaciones graves a derechos humanos: violencia institucional y revictimización", *Cuadernos de crisis y emergencias,* Vol. 2, núm. 15, 2016, p. 21.

517 BARRIENTOS LOAYZA, Pedro, "Violencia Institucional: Hacia un nuevo enfoque", 2016, p. 3. Disponible en: https://www.researchgate.net/publication/289980382_Violencia_Institucional_Hacia_un_nuevo_enfoque

más extremas de violencia por parte de las FFCCSE (o al menos su generalización)[518], también lo es que determinadas prácticas del Estado constituyen actos institucionalizados de violación y negación de derechos. Se entiende por violencia institucional en un sentido amplio, "la violencia causada por la propia institución (a través de su estructura organizativa o sus métodos de trabajo) y por las personas que trabajan o viven en el ámbito de la institución"[519] o el "conjunto de situaciones que, ejercidas desde instituciones públicas por medio de sus funcionarios/as, tienen como consecuencia la vulneración y violación de derechos de las personas"[520].

2.1. Aproximación conceptual desde el feminismo

El término de violencia institucional evoluciona y se diversifica[521]. Esta transformación conceptual pretende una ampliación abarcando

---

518 Coordinadora para la Prevención de la Tortura. *Informe sobre la tortura y los malos tratos en el Estado español en el año 2017*, 2018. Disponible en: https://ala.org.es/informe-2018-sobre-la-tortura-en-el-estado-espanol-por-la-cpdt/ y FRANQUESA, Anaïs y GARCÍA, Regina. *Informe sobre violencia institucional 2019*, Iridia, 2020. Disponible en: https://iridia.cat/wp-content/uploads/2020/05/SaidaviCAT.pdf

519 Traducción no oficial de la autora. Texto original disponible en: SCHNEIDER, Hans Joachim, "Violence in the Institution", *International Journal of Offender Therapy and Comparative Criminology*, Vol. 40, núm. 1, 1996, p. 5.

520 ARMIDA, María Jimena, CASSINO, Miranda, CIARNIELLO, Lucas, WITIS, Raquel y AVERBUJ, Gerardo, *Los derechos humanos frente a la violencia institucional*, Argentina, Ministerio de Educación Ministerio de Justicia y Derechos Humanos, 2015, p. 24.

521 Se conceptualiza en relación con nuevos espacios como el educativo (GOLDSTEIN, Rebecca A., "Symbolic and institutional violence and critical educational spaces: in the name of education", *Journal of Peace Education* Vol. 2, núm. 1, 2005, pp. 33-52), respecto de prácticas violentas ya advertidas como la violencia obstétrica (BARBOSA JARDIM, Danúbia Mariane, "Obstetric violence in the daily routine of care and its characteristics", *Rev. LatinoAm. Enfermagem*, núm. 26, 2018, pp. 1-12) y contra colectivos como las lesbianas en el sistema de salud (STEVENS, Patricia E. and HALL, Joanne M., "Abusive health care interactions experienced by lesbians: A case of institutional violence in the treatment of women", *Response to the Victimization of Women & Children*, Vol. 13, núm. 3, pp. 23-27), los menores (SCHMIDT, Victoria, "Institutional Violence against Children: How to Cope with the Inevitable and the Unconquerable", *Background paper. Ending Violence in Childhood Global Report*, 2017, pp. 1-44) o las personas con discapacidad cuando han cometido un delito (VV.AA., "Predicting Institutional

prácticas que van más allá de la violencia policial y penitenciara ejercida por agentes uniformados para encontrar "modos de sistematicidad que no señalaban la existencia de un plan centralizado, sino de prácticas, rutinas, normas, problemas de diseño institucional y otras condiciones necesarias para la reiteración de diferentes tipos de violaciones de los derechos humanos"[522].

Con la polisemia de determinados conceptos se asume el riesgo de llegar a abusar de los mismos. Tensar los límites conceptuales desdibuja su potencial como categoría política vinculada a la protección y respeto de los derechos humanos[523]. Ello invita a realizar un diagnóstico que permita la graduación de las manifestaciones[524]. Como ocurre con la definición de violencia de género, así como no es lo mismo un arañazo que un intento de homicidio, no es lo mismo un acto de tortura que la falta de recursos para atender a las víctimas de agresiones sexuales. Sin embargo, esto no obsta para proponer su extensión desde la visibilización de prácticas rutinarias que han quedado naturalizadas en dinámicas estructurales y funcionales del Estado[525]. De hecho, para referir la existencia de violencia institucional deben concurrir tres elementos principales: prácticas específicas, funcionariado público y contextos de restricción de autonomía y libertad[526]. Dicho esto, la violencia institucional enmarcada en el ámbito de la violencia de género vendría definida por prácticas de

---

Violence in Offenders with Intellectual Disabilities: The Predictive Efficacy of the VRAG and the HCR-20", *Journal of Applied Research in Intellectual Disabilities,* núm. 26, 2013, pp. 384-393).

522 PERELMAN, Marcela y TUFRÓ, Manuel, *Violencia institucional. Tensiones actuales de una categoría política central, op. cit.*, pp. 4-5.

523 El significado ocurre cuando se delimita la frontera dado que, si todo es violencia institucional, nada lo es.

524 ARMIDA, María Jimena, CASSINO, Miranda, CIARNIELLO, Lucas, WITIS, Raquel y AVERBUJ, Gerardo, *Los derechos humanos frente a la violencia institucional, op. cit.*, p. 13.

525 DOZ COSTA, Josefina, "Violencia institucional y cultura política", *Cuadernos de la Facultad de Humanidades y Ciencias Sociales,* núm. 38, 2010, p. 152.

526 VERA, Salvador Ignacio, "Apuntes sobre la violencia institucional", en: CHIPONI, María, CASTILLO, Rodrigo y MANCHADO, Mauricio (Eds.), *A pesar del encierro: prácticas políticas, culturales y educativas en prisión,* Rosario-Santa Fe, El Feriante, 2017, p. 23 y PERELMAN, Marcela y TUFRÓ, Manuel, *Violencia institucional. Tensiones actuales de una categoría política central, op. cit.*, p. 9.

estereotipación desplegadas por los profesionales que intervienen en el proceso penal y que suponen una limitación del derecho a la tutela judicial efectiva.

Desde el feminismo se ha recurrido al Estado como ente protector para reclamar el reconocimiento de derechos, pero se repara en que también puede ser generador de violencia. Como expone BODELÓN GONZÁLEZ, "[l]a dimensión institucional de las violencias contra las mujeres es una de las novedades que la perspectiva feminista ha incorporado al análisis de dicho fenómeno. [...] De forma creciente, se ha visibilizado que el Estado puede ser también un agente que comete formas de violencia de género institucionalizada, no sólo porque a través de sus agentes se realicen actos de violencias físicas, psicológicas o sexuales, sino también por la responsabilidad que tiene el Estado y sus agentes en la prevención, sanción y erradicación de dichas violencias contras las mujeres"[527].

De ahí se deriva que para encontrarse ante un acto de violencia institucional no se requiere necesariamente de una actuación por parte del funcionariado al margen de la legalidad. Su desenvolvimiento se produce a través de prácticas, rutinas, normas y actos aislados que, en muchas ocasiones, siguen patrones de procedimiento respaldados normativamente[528]. Se da la particularidad de que a los actos provenientes del funcionariado público se les presupone legales y legítimos (más aún cuando la violencia institucional se pretende encontrar en la Administración de Justicia, que de por sí resuelve si una actuación se ajusta a derecho o no). No solo en apariencia, sino que, en el caso del Poder Judicial, se ratifica a través de resoluciones judiciales[529]. Además, es posible que la normalización de ese hacer violento pero institucional sea hegemónica en la cultura popular y,

---

527 BODELÓN GONZÁLEZ, Encarna, "Violencia institucional y violencia de género", *op. cit.*, pp. 132-133.

528 PITA, María Victoria, "Violencias y trabajos clasificatorios. El análisis de la noción "violencia institucional" qua categoría política local", *Revista Ensambles primavera,* núm. 7, 2017, p. 63 y PITA, María Victoria, "Pensar la Violencia Institucional: *vox populi* y categoría política local", *Espacios de crítica y producción,* núm, 53, 2017, p. 36.

529 BARRIENTOS LOAYZA, Pedro, "Violencia Institucional: Hacia un nuevo enfoque", op. cit., pp. 13 y 17.

por tanto, difícil de cuestionar[530]. Siguiendo a DOZ COSTA, "[s]e trata de un tipo de violencia que se encuentra velada para la gran mayoría de la población, a través de la estructura institucional y funcional del Estado. La misma se genera cuando el ordenamiento funcional del mismo, no solo no garantiza, sino que incluso actúa como generador de obstáculos para la realización plena de los derechos por parte de todos los ciudadanos"[531].

Acotando la violencia institucional al ámbito de los procesos judiciales por violencia contra las mujeres, se distinguen dos dimensiones. Según SORDO RUZ, "la primera consiste en la violencia ejercida por agentes estatales a través de actos de violencias por razón de género contra las mujeres (por ejemplo, cuando un militar o un policía tortura sexualmente a una mujer). La segunda dimensión se presenta cuando el Estado y sus agentes no actúan conforme a sus obligaciones en casos de violencias por razón de género contra las mujeres cometidos por agentes estatales o no estatales, lo cual se encuentra estrechamente vinculado a la prevención de esta vulneración de los derechos humanos y el acceso a la justicia de las mujeres (por ejemplo, cuando una mujer ha sido violada y en base a estereotipos de género y mitos sobre las supervivientes de violencia sexual, un juez absuelve al perpetrador dudando de la credibilidad del testimonio de la mujer a pesar de la evidencia del caso)"[532].

Esta diferenciación permite a la autora formular una definición de violencia institucional por razón de género contra las mujeres sustentada en el segundo nivel de realidad: "consistente en los actos u omisiones de las y los agentes estatales que discriminen o tengan como fin dilatar, obstaculizar o impedir el goce y ejercicio de los derechos humanos de las mujeres así como su acceso al disfrute de políticas públicas destinadas a prevenir, atender, investigar, sancionar y erradicar los diferentes tipos de violencia por razón de género contra las mujeres. Esta dimensión de la violencia institucional se encuen-

---

530 DOZ COSTA, Josefina, "Violencia institucional y cultura política", *op. cit.*, pp. 149-150.

531 Ibídem, p. 152.

532 SORDO RUZ, Tania, "Violencia institucional por razón de género contra las mujeres: Casos paradigmáticos en el Estado mexicano", *op. cit.*, p. 424.

tra estrechamente vinculada a la estereotipación de género sobre las mujeres, la estereotipación de género judicial, el uso de mitos sobre las supervivientes de violencia por razón de género en sus distintas manifestaciones y el acceso a la justicia de las mujeres"[533]. Es a partir de este tipo de esfuerzo definitorio que es posible ensamblar toda una estructura normativa y política que permita articular una respuesta estatal efectiva.

2.2. Un alejamiento normativo

Pese a su teorización, como ocurre con la victimización secundaria, ni la LOIEMH, la LOVG ni la LOGILS aluden a la violencia institucional. No lo hace en este caso tampoco el EVD ni en puridad el PEVG, aunque en este último la medida en fase de implementación 126 para el área 2.6 de justicia del Eje 2 orientado a la Mejora de la respuesta institucional: Coordinación. Trabajo en red, menciona "posibles irregularidades o anomalías institucionales o judiciales, a fin de que se investiguen, y la víctima sea informada de la situación de los expedientes", entre las que se podrían subsumir situaciones de violencia institucional[534].

---

533 Ibídem, pp. 427-428. Coinciden en considerar los comportamientos estereotipados como una manifestación de violencia institucional autoras como BODELÓN GONZÁLEZ, Encarna, "Violencia institucional y violencia de género", *op. cit.*, p. 141 y MANTILLA OJEDA, Saida L. y AVENDAÑO PRIETO, Bertha-Lucía, "Diseño y análisis psicométrico de un instrumento para evaluar victimización judicial en víctimas durante la etapa de denuncia", *op. cit.*, p. 110.

534 En el primer informe evaluador de GREVIO a España esta medida es tildada de prometedora aunque el grupo de expertas establece un nivel de urgencia dos "animando encarecidamente a las autoridades españolas a que expandan el alcance del trabajo que actualmente se realiza revisando el régimen de medidas civiles y disciplinarias, mediante las cuales se responsabiliza a los diferentes funcionarios del Estado por el incumplimiento de su obligación de actuar con la diligencia debida en la prevención, investigación, y castigo de los actos de violencia amparados por el Convenio de Estambul, con el objetivo de proteger a las víctimas, así como a que investiguen y examinen cualquier obstáculo que se interponga en su uso". *Primer Informe de evaluación de GREVIO sobre las medidas legislativas y de otra índole que dan efecto a las disposiciones del Convenio del Consejo de Europa sobre Prevención y Lucha contra la violencia contra las Mujeres y la Violencia Doméstica (Convenio de Estambul): España*, GREVIO/Inf(2020)19 (25 de noviembre de 2020), párr. 189.

Como ocurría con la victimización secundaria, Cataluña es la única Comunidad Autónoma que incluye la violencia institucional en el catálogo de ámbitos en los que se puede manifestar la violencia machista. El artículo 5 epígrafe sexto la define como "acciones y omisiones de las autoridades, el personal público y los agentes de cualquier organismo o institución pública que tengan por finalidad retrasar, obstaculizar o impedir el acceso a las políticas públicas y al ejercicio de los derechos que reconoce la presente ley para asegurar una vida libre de violencia machista, de acuerdo con los supuestos incluidos en la legislación sectorial aplicable. La falta de diligencia debida, cuantitativa y cualitativa, en el abordaje de la violencia machista, si es conocida o promovida por las administraciones o deviene un patrón de discriminación reiterado y estructural, constituye una manifestación de violencia institucional. Esta violencia puede provenir de un solo acto o práctica grave, de la reiteración de actos o prácticas de menor alcance que generan un efecto acumulado, de la omisión de actuar cuando se conozca la existencia de un peligro real o inminente, y de las prácticas u omisiones revictimizadoras. La violencia institucional incluye la producción legislativa y la interpretación y aplicación del derecho que tenga por objeto o provoque este mismo resultado. La utilización del síndrome de alienación parental también es violencia institucional".

Como la catalana, las leyes tendentes a garantizar una vida libre de violencia de Argentina, México, Venezuela y El Salvador consideran la violencia institucional como modalidad de violencia contra las mujeres. Así la Ley 26.485 argentina de protección integral para prevenir, sancionar y erradicar la violencia contra las mujeres en los ámbitos en que desarrollen sus relaciones interpersonales de 2009 en su artículo 6 b) sanciona la violencia institucional contra las mujeres como "aquella realizada por las/los funcionarias/os, profesionales, personal y agentes pertenecientes a cualquier órgano, ente o institución pública, que tenga como fin retardar, obstaculizar o impedir que las mujeres tengan acceso a las políticas públicas y ejerzan los derechos previstos en esta ley. Quedan comprendidas, además, las que se ejercen en los partidos políticos, sindicatos, organizaciones empresariales, deportivas y de la sociedad civil". En México el artículo 18 de la Ley General de Acceso de las Mujeres a una Vida Libre de Violencia se refiere a "los actos u omisiones de las y los servidores públicos de cualquier orden de gobierno que discriminen o tengan como fin dilatar, obstaculizar o impedir el goce y ejercicio de los derechos humanos de las mujeres así como su acceso al disfrute de políticas públicas destinadas a prevenir, atender, investigar, sancionar y erradicar los diferentes tipos de violencia". La Ley Orgánica venezolana sobre el Derecho de las Mujeres a una vida libre de violencia en su artículo 15 contiene un listado de formas de violencia y el número 16 define la violencia institucional como "las acciones u omisiones que realizan las autoridades, funcionarios y funcionarias, profesionales, personal y agentes pertenecientes a cualquier órgano, ente o institución pública, que tengan como fin retardar, obstaculizar o impedir que las mujeres tengan acceso a las políticas públicas y ejerzan los derechos previstos en esta Ley para asegurarles una vida libre de violencia". Por último, la Ley especial integral para una vida libre de violencia para las mujeres salvadoreña la conceptualiza como "toda acción u omisión abusiva de cualquier servidor público, que discrimine o tenga como fin dilatar, obstaculizar o impedir el goce y disfrute de los derechos y libertades fundamentales de las mujeres; así como, la que pretenda obstaculizar u obstaculice el acceso de las mujeres al disfrute de políticas públicas destinadas a prevenir, atender, investigar, sancionar y erradicar las manifestaciones, tipos y modalidades de violencia conceptualizadas en esta Ley" (art. 10 letra b).

En el marco internacional, si bien no está explicitada como tal, se encuentran alusiones a la violencia institucional en la normativa de referencia contra la violencia de género. El artículo 2 letra c) de la Declaración sobre la eliminación de la violencia contra la mujer (DEDAW) incluye como violencia contra la mujer la violencia física, sexual y psicológica perpetrada o tolerada por el Estado, dondequiera que ocurra. La CEDAW, en la letra d) de su segundo artículo recoge el compromiso de los Estados Parte de abstenerse de incurrir en todo acto o práctica de discriminación contra la mujer y velar por que las autoridades e instituciones públicas actúen de conformidad con la obligación de eliminar la discriminación contra la mujer. En el continente latinoamericano, la Convención Belém do Pará reproduce el concepto de violencia contra la mujer de la Declaración de Naciones Unidas de 1993 (art. 2 c) y también la obligación de la CEDAW de abstención por parte de las autoridades de realizar cualquier actuación que pueda contravenir los derechos de las mujeres alejada de su función de prevenir, sancionar y erradicar la violencia (art. 7 a). En el ámbito europeo, el Convenio de Estambul vincula el ejercicio de la violencia institucional a un incumplimiento de la obligación de diligencia debida de forma que en el artículo 5 establece que los Estados "se abstendrán de cometer cualquier acto de violencia contra las mujeres y se asegurarán de que las autoridades, los funcionarios, los agentes y las instituciones estatales, así como los demás actores que actúan en nombre del Estado se comporten de acuerdo con esta obligación".

La laguna legal que se repite con la violencia institucional en el ordenamiento jurídico español debería ser cubierta con una definición que permitiera a las mujeres poner nombre a lo que están experimentando. La violencia de las instituciones las devuelve a ese no-lugar de no-ciudadanas sin capacidad de agencia para reclamar sus derechos. La ambigüedad en la que se instalan las vuelve vulnerables y débiles[535]. El CGPJ en la "Guía de buenas prácticas para la toma de declaración de víctimas de violencia de género" se adelanta en este proceso de identificación y lo hace recordando que "[l]a homologación del buen trato institucional a las víctimas permite fijar pautas de conducta que, en realidad, están recogidas en el ordenamiento jurídico tras las últimas reformas"[536]. Establece de antemano unas premisas básicas a partir de las cuales desarrollar cada parámetro de la guía. En estos puntos de anclaje se emplea el término maltrato institucional. A él se relaciona el aumento de ansiedad y la humillación de las víctimas, el cuestionamiento de la veracidad aplicando prejuicios de género, la negativa a continuar con el procedimiento, la perpetuación de los daños derivados del delito y la soledad y el acorralamiento por no sentir respaldo de los poderes públicos[537]. Además, el órgano de gobierno realiza un ejercicio de empatía al interrogarse

---

535 HASANBEGOVIC, Claudia, "Respuestas judiciales y otras políticas públicas sobre violencia contra las mujeres. ¿Ineficacia o violencia institucional?", *Revista Anales de la Facultad de Ciencias Jurídicas y Sociales*, núm. 48, 2018, p. 1176.

536 Consejo General del Poder Judicial. Grupo de Expertos en Violencia Doméstica y de Género. *Guía de buenas prácticas para la toma de declaración de víctimas de violencia de género, op. cit.*, p. 6.

537 Ibídem, pp. 7-10.

por el impacto de la violencia de las instituciones sobre la víctima[538]. Frente al maltrato institucional se erigen los derechos de las víctimas a ser acompañadas por una persona y asistidas por expertos en psicología, a recibir un trato respetuoso el día del juicio, a no contestar preguntas relativas a su vida privada y a que no se le hagan preguntas que le hagan sentirse culpable de "ser víctimas"[539].

Habiendo suscrito los tratados internacionales, tomando como referencia otros ordenamientos jurídicos y siendo consciente de la existencia de victimización secundaria y situaciones de maltrato en sede judicial[540], el Estado español debería incorporar normativamente la violencia ejercida por las instituciones como una modalidad más de violencia contra las mujeres.

---

538 "Debemos plantearnos cuál será la posición de la víctima ante el maltrato institucional; es decir, qué considera la víctima si comprueba que no es bien tratada, o, lo que es peor, que es maltratada por el sistema judicial. Y esto no es otra cosa que considerará que si le hacemos creer que el sistema le responsabiliza a ella, o no la cree, o le trata mal la víctima considerará que se está aminorando la responsabilidad del agresor, o que el sistema le acaba protegiendo a él, haciendo a la víctima responsable de que sea maltratada, lo que le provocará un mal mayor que el que tenía antes de acudir al sistema judicial. Siempre que ello no implique una inversión de la carga de la prueba o una vulneración del Derecho a la presunción de inocencia y del resto de derechos del investigado". Ibídem, p. 9.

539 Ibídem, pp. 29-32.

540 No hay que olvidar que España ha sido condenada por primera vez por el Comité de la CEDAW en el caso Ángela González Carreño c. España al considerar que se vieron vulnerados los derechos de Ángela y su hija, como consecuencia de la actuación negligente de las autoridades. En concreto, "el Comité destaca que los estereotipos afectan el derecho de la mujer a un proceso judicial imparcial y que la judicatura no debe aplicar estándares inflexibles sobre la base de nociones preconcebidas sobre lo que constituye violencia doméstica. En el presente caso, el Comité considera que las autoridades del Estado, al decidir el establecimiento de un régimen de visitas no vigilado aplicaron nociones estereotipadas y, por lo tanto, discriminatorias en un contexto de violencia doméstica, y fallaron en su obligación de ejercer la debida vigilancia, incumpliendo sus obligaciones en relación con los artículos 2 a), d), e) y f); 5 a) y 16, párrafo 1 d) de la Convención". Ángela González Carreño c. España (CEDAW/C/58/D/47/2012), párr. 9.7.

2.3. Manifestaciones de una segunda agresión

La relación de la víctima con el sistema jurídico-penal tras la agresión puede convertirse en una "segunda violación". Así lo entiende CAMPBELL al percibir que las supervivientes de la violencia son violadas no sólo por los autores originales, sino también por los sistemas jurídico, sanitario y asistencial cuando no reciben los recursos necesarios y son tratadas de forma insensible, magnificando los sentimientos de impotencia, vergüenza y culpabilidad de las víctimas[541].

Esta conducta victimizante comporta la necesidad de identificar los factores generadores de victimización secundaria que son, a su vez, manifestaciones de la violencia institucional. Para ello, se sigue la clasificación del Fondo de Población de las Naciones Unidas (UNFPA) en su informe de 2013 "Por una atención libre de victimización secundaria en casos de la violencia sexual"[542]. Los elementos que dan origen a este fenómeno se dividen en tres tipos que interpelarían a disciplinas como la sociología, la psicología y el derecho.

i. Factores asociados al marco ideológico-cultural. En este factor tienen cabida las actitudes, sesgos culturales, prejuicios y estereotipos que conforman la percepción de los profesionales sobre la imagen de la víctima. La aplicación de nociones estereotipadas en el sistema de administración de justicia se evidencia en los argumentos utilizados por los operadores jurídicos para dar sustento a sus posturas y resoluciones judiciales. Se observa cómo se interroga a la víctima acerca de la vestimenta, del tipo de relaciones pasadas o sobre su comportamiento a futuro tras la agresión. Se omiten realidades como la violencia sexual en las relaciones de pareja[543] y, en definitiva, como se ha avanza-

541 CAMPBELL, Rebecca, "The psychological impact of rape victims' experiences with the legal, medical, and mental health systems", *op. cit.*, p. 273 y CAMPBELL, Rebecca and RAJA, Sheela, "Secondary victimization of rape victims: Insights from mental health professionals who treat survivors of violence", *Violence and victims*, Vol. 14, núm. 3, 1999, p. 270.

542 UTE-UNFPA, *Por una atención libre de victimización secundaria en casos de la violencia sexual*, *op. cit.*, pp. 43-44.

543 BODELÓN GONZÁLEZ, Encarna, "Violencia institucional y violencia de género", *op. cit.*, p. 152 y ONU Mujeres. *Manual de legislación sobre la violencia contra la*

do, se configura un ideal de mujer agredida como eje referencial para atribuir el estatus de víctima a quien realmente lo es. El incumplimiento del modelo no solo ensombrece la experiencia de muchas mujeres, sino que supone una barrera al acceso a la tutela judicial efectiva. Incluso, habiendo accedido, es posible que la información sesgada del juzgador minimice la gravedad del problema y ello se traduzca en una reducción del número condenas, de la duración de las penas, de la indemnización o en la no concurrencia de agravantes y sí de atenuantes. A modo de ejemplo, se podría sospechar que el intento de una mujer por reconciliarse con su agresor, la retirada de la denuncia, la tardanza en denunciar, la inexistencia de lesiones o de trauma psicológico o el incumplimiento de la orden de protección son muestra de la inconsistencia de la violencia. Sin embargo, como apuntan CUBELLS y CALSAMIGLIA, estas deducciones no son más que una falta de entendimiento (o un mal entendimiento mediado por estereotipos) del espectro de la violencia contra las mujeres[544]. Así, cuando el Estado no combate, tolera o ejerce la estereotipación, la está normalizando (desde el peso social que tiene atribuida la Justicia) y está reproduciendo uno de los elementos causantes de la violencia institucional.

ii. Factores asociados a la estructura propia del debido proceso. Se parte del trato directo que reciben las mujeres. La cosificación consecuencia de la estereotipación impide apreciar que "cada situación traumática será diferente, tendrá sus implicaciones particulares y acarreará formas específicas de sufrimiento psíquico a la persona; por lo que es menester considerar a cada una de manera particular y como parte de un contexto socio-histórico-político-cultural, y no como un procedimiento o fuente de información para completar un formulario o

mujer, Nueva York, Entidad de las Naciones Unidas para la Igualdad de Género y el Empoderamiento de las Mujeres, 2012, pp. 25-26.

544 CUBELLS, Jenny and CALSAMIGLIA, Andrea, "Do We See Victims' Agency? Criminal Justice and Gender Violence in Spain", *op. cit.*, pp. 114 y 118.

expediente"[545]. El objetivo prioritario del esclarecimiento del suceso delictivo y, en su caso, la penalización convierten a la víctima en un objeto que suministra información[546] sin atender otras cuestiones como el uso excesivo de tecnicismos jurídicos que dificulta la comprensión a la víctima, la excesiva lentitud del proceso que se traduce en una atenuante para el agresor por dilaciones indebidas desconociendo la afectación negativa en el proceso de recuperación de la víctima, la reiteración de su testimonio ante diferentes profesionales, respondiendo a preguntas que ponen en entredicho su credibilidad sobre la base de prejuicios culpabilizadores[547]. Todo esto ocurre sin valorar debidamente los efectos del transcurso del tiempo, ni la reacción adversa que le puede provocar a la víctima su comparecencia en entornos físicos y sociales desconocidos[548]. A su vez, conviene considerar la estructura de atención hacia las víctimas de violencia sexual. Hasta la entrada en vigor de la LOGILS, donde se reconoce el derecho a la asistencia integral especializada y accesible (art. 33), la LOVG limitada el acceso al régimen de asistencia letrada gratuita a las parejas o exparejas, lo cual suponía un agravio comparativo como víctimas de

545 BEZANILLA, José Manuel, MIRANDA, Ma. Amparo y GONZÁLEZ FABIANI, Jorge Humberto, "Violaciones graves a derechos humanos: violencia institucional y revictimización", *op. cit.*, p. 32.

546 GUTIÉRREZ DE PINERES BOTERO, Carolina, CORONEL, Elisa y ANDRÉS PÉREZ, Carlos, "Revisión teórica del concepto de victimización secundaria", *op. cit.*, p. 53.

547 ALBERTÍN CARBÓ, Pilar, "Psicología de la victimización criminal", *op. cit.*, p. 256 y SEMPERE FAUS, Silvia, "La protección de la víctima menor de edad y la victimización secundaria", *Actualidad Jurídica Iberoamericana*, núm 13, 2020, p. 880.

548 GUTIÉRREZ DE PINERES BOTERO, Carolina, CORONEL, Elisa y ANDRÉS PÉREZ, Carlos, "Revisión teórica del concepto de victimización secundaria", *op. cit.*, p. 53. Sin embargo, sí se tiene en cuando la actitud ante los profesionales para calibrar la veracidad de su relato. Por ejemplo, el nerviosismo de la víctima puede derivar tanto de recordar lo ocurrido como de tener que declarar ante la figura imperiosa del juez o magistrado. El origen de ese nerviosismo podría conllevar planteamientos opuestos: en el primer caso, respaldaría la existencia del delito y en el segundo podría entenderse como un efecto de pretender ocultar la realidad si eso le lleva a no formular una declaración clara, consistente y lineal.

violencia de género[549]. La falta de recursos, de información y el trato despersonalizado son también elementos que conforman la violencia institucional, dado que dilatan, obstaculizan e impiden el acceso a las políticas públicas y el ejercicio de los derechos, de ahí que la LOGILS haya mejorado sustancialmente el paquete de recursos a disposición de las mujeres víctimas de violencia sexual.

iii. Factores asociados al estrés laboral de los profesionales. De acuerdo con el informe, la tensión profesional causa desgaste en la calidad humana del trato hacia la víctima. Sin profundizar en la cuestión, los asuntos de violencia contra las mujeres requieren una visión de conjunto especializada y un trato sensible para con las mujeres. La complejidad de cada caso, con sus aristas, y la dureza de los hechos que se enjuician, unido a la escasez de juzgados especializados podría ser la causa de esa desatención institucional por una suerte de *burnout* o síndrome del trabajador quemado. El éxito de las políticas públicas viene determinado en gran medida por la financiación que reciben. Para el año 2022 el Ministerio de Igualdad aumentó un 14,4% su presupuesto respecto a 2021, hasta llegar a los 525 millones de euros. La partida destinada a la lucha contra las violencias machistas superó los 200 millones recogidos en los compromisos del PEVG, ascendiendo a 285 millones de euros[550]. Evitar la violencia institucional pasa, en primer lugar, por formar debidamente a los profesionales y, en segundo lugar, por disponer de los medios para cumplir con su cometido.

---

549 Como apunta GREVIO en su informe a España, "[e]sto es tanto más importante a tenor de un sistema de justicia penal en el que se pone un mayor énfasis en la declaración de la víctima a la que se aplican estrictos requisitos de credibilidad" y se contrasta la primera declaración policial con la última efectuada en sede judicial para valorar la veracidad y credibilidad. *Primer Informe de evaluación de GREVIO sobre las medidas legislativas y de otra índole que dan efecto a las disposiciones del Convenio del Consejo de Europa sobre Prevención y Lucha contra la violencia contra las Mujeres y la Violencia Doméstica (Convenio de Estambul): España*, GREVIO/Inf(2020)19 (25 de noviembre de 2020), párr. 275.

550 Información disponible en: https://www.igualdad.gob.es/comunicacion/notasprensa/Paginas/el-presupuesto-de-igualdad-para-2022-aumenta.aspx [Consulta: 27 de septiembre de 2022]

A partir de la explicación de los factores se puede advertir que la violencia institucional es pluriprofesional, en el sentido de que puede ser ejercida por los diferentes especialistas que intervienen en el proceso y que buscan la cooperación incondicional de la víctima para obtener una sentencia y satisfacer los objetivos del sistema penal. Esto lleva de nuevo a reivindicar la necesaria coordinación interinstitucional con perspectiva de género[551]. Como señala RUIZ-RICO RUIZ "[l]a *irresponsabilidad* del Estado y de las Administraciones en la protección de las víctimas de violencia de género, mujeres maltratadas y sus hijos, afecta al derecho a la tutela judicial efectiva"[552].

---

551 EVANGELISTA GARCÍA, Angélica Aremy, TINOCO-OJANGUREN Ronaldo y TUÑÓN-PABLOS, Esperanza, "Violencia institucional hacia las mujeres en la región Sur de México", *Revista LiminaR. Estudios Sociales y Humanísticos*, Vol. XIV, núm. 2, 2016, p 63.

552 RUIZ-RICO RUIZ, Catalina, "Aproximación a los nuevos retos jurídicos de la violencia de género: La responsabilidad pública", *op. cit.*, p. 9.

Epílogo

Pese a los avances históricos del feminismo, la igualdad efectiva entre mujeres y hombres sigue siendo un objetivo por alcanzar. De entre las múltiples realidades que provocan la opresión de las mujeres, la violencia parece ser la manifestación más alarmante por atentar directamente contra derechos fundamentales, entre ellos, el derecho a la vida.

La prevalencia de la violencia sexual contra las mujeres ha tenido como consecuencia la aprobación de la Ley Orgánica de Garantía Integral de la Libertad Sexual. La promulgación de una norma específica y la articulación de recursos públicos pone de relieve la necesidad de abordar de manera específica este tipo de violencia. Sin embargo, la efectividad de las medidas que se adopten pasará necesariamente por concretar, detectar y evaluar el efecto de los estereotipos sobre las mujeres víctimas en la credibilidad del relato de la violencia sexual, dado que la incidencia del estereotipo puede diferir y, por tanto, la estrategia de actuación deberá adaptarse a cada uno de los supuestos.

La confluencia entre la psicología y el derecho pone de manifiesto la permeabilidad de los estereotipos en la interpretación y aplicación de la ley. La construcción estereotipada de la víctima de violencia sexual puede generar situaciones de desprotección condicionando el acceso al sistema judicial al cumplimiento de un determinado perfil de víctima que no representa a la pluralidad de mujeres que vivencian los episodios violentos y reaccionan ante ellos de forma particular.

El vacío normativo existente tanto en el ámbito de los estereotipos en sede judicial como en el marco definitorio de la violencia institucional urge a promulgar un conjunto de normas que dé respuesta a esta realidad constatada desde un enfoque antiestereotipación con perspectiva de género. Una revisión del proceso con perspectiva de género conlleva la necesaria ausencia de estereotipos de género si el mandato constitucional determina que las resoluciones por parte de un juez imparcial serán siempre motivadas.

La adecuación y efectividad de la legislación depende, entre otros factores, del grado de conocimiento del entorno que se quiere regular. Por ello, la existencia de estudios empíricos es incuestionable. La identificación de los estereotipos de género en los tribunales es la base de los análisis prospectivos que exploren un nuevo marco legal que garantice los derechos de las mujeres. Para ello, los sistemas de Inteligencia Artificial, por su potencial de procesamiento de datos y búsqueda de correlaciones no aparentes, pueden ser un instrumento de auxilio de gran utilidad en la tarea de determinar los elementos que intervienen en la consideración de un hecho como violencia sexual.

Las mujeres que han sufrido violencia sexual acceden a los tribunales buscando hacer efectivo o ver reconocido o reparado un derecho. Lo hacen desde la creencia en la diligencia de las instituciones reclamando una actuación ajustada a la ley. Ello implica la ausencia de preconcepciones como garantía de imparcialidad en el proceso: no hay imparcialidad con prejuicios y no hay proceso sin imparcialidad. Este estudio sobre estereotipos constituye la base teórica con sustento objetivo a partir de la cual iniciar un diálogo feminista del proceso. El ejercicio de autoconciencia acerca de los estereotipos por parte de los jueces y la inclusión en la agenda política de la estereotipación de género incrementaría la calidad de la Administración de Justicia y con ello la calidad de la vida de las mujeres que acuden en busca de amparo judicial.

Bibliografía

ABA CATOIRA, Ana, "Construcción del Estado constitucional desde las relaciones de género: discursos políticos, normas de exclusión y participación femenina", en: GONZÁLEZ DE SANDE, Estela y GONZÁLEZ DE SANDE, Mercedes (Eds.), *Mujeres en guerra/guerra de mujeres en la sociedad, el arte y la literatura*, Sevilla, Arcibel editores, 2014, pp. 323-339.

ACALE SÁNCHEZ, María, "Valoración de los aspectos penales del Proyecto de Ley Orgánica de Medidas de Protección Integral de la Libertad Sexual de 26 de julio 2021", *Revista Sistema Penal Crítico*, núm. 2, 2021, pp. 155-179.

– "Análisis del Código penal en materia de violencia de género contra las mujeres desde una perspectiva transversal", *REDUR*, núm. 7, 2009, pp. 37-73.

AHN, Sophia and COSTIGAN, Amelia, "Trend Brief: How AI Reinforces Gender Stereotypes", Catalyst, 2019. Disponible en: https://www.catalyst.org/research/ai-gender-stereotypes/

ALBERTÍN CARBÓ, Pilar, "Psicología de la victimización criminal", en: SORIA VERDE, Miguel Ángel y SÁIZ ROCA, Dolores (Coords.), *Psicología criminal*, Madrid, Pearson, 2005, pp. 245-274.

AMORÓS PUENTE, Celia, "Conceptualizar es politizar", en: LAURENZO COPELLO, Patricia, MAQUEDA ABREU, María Luisa y RUBIO CASTRO, Ana (Coords.), *Género, violencia y derecho*, Valencia, Tirant lo Blanch, 2008, pp. 15-26.

ANDRÉS IBÁÑEZ, Perfecto, *Prueba y convicción judicial en el proceso penal*, Buenos Aires, Hammurabi, 2009.

ANZOVINO, Maria, FERSINI, Elisabetta and ROSSO, Paolo "Automatic identification and classification of misogynistic language on twitter", *International Conference on Applications of Natural Language to Information Systems*, 2018, pp. 57-64.

AÑÓN ROIG, María José, "Discriminación racial: el racismo institucional desvelado", en: ARCOS RAMÍREZ, Federico (Ed.), *La justicia y los derechos en un mundo globalizado*, Madrid, Dykinson, 2015, pp. 133-165.

APPIAH, Anthony K., "Stereotypes and the Shaping of Identity", *California Law Review*, Vol. 88, núm. 1, 2000, pp. 41-53.

ARAYA NOVOA, Marcela Paz, "Género y verdad. Valoración racional de la prueba en los delitos de violencia patriarcal", *Revista de estudios de la justicia*, núm. 32, 2020, pp. 35-69.

ARENA, Federico José, "Los estereotipos normativos en la decisión judicial. Una exploración conceptual", *Revista de Derecho,* Vol. XXIX, núm. 1, 2016, pp. 51-75.

ARMIDA, María Jimena, CASSINO, Miranda, CIARNIELLO, Lucas, WITIS, Raquel y AVERBUJ, Gerardo, *Los derechos humanos frente a la violencia institucional,* Argentina, Ministerio de Educación Ministerio de Justicia y Derechos Humanos, 2015, pp. 1-60.

ASTOLA MADARIAGA, Jasone, "El sujeto de derecho y las sujetas a derecho: la lengua del derecho y sus consecuencias" en: CORTS VALENCIANES (Ed.), *Igualdad y democracia: el género como categoría de análisis jurídico. Estudios en homenaje a la profesora Julia Sevilla Merino,* Valencia, Corts Valencianes, 2014, pp. 105-116.

- "Las mujeres y el Estado constitucional: un repaso al contenido de los grandes conceptos del Derecho Constitucional", en: ASTOLA MADARIADA, Jasone (Coord.), *Mujeres y Derecho, pasado y presente,* País Vasco, Universidad del País Vasco, 2008, pp. 227-290.

AVILÉS PALACIOS, Lucía, "La perspectiva de género como técnica jurídica e instrumento necesario para una justicia igualitaria", en: VV.AA., *Análisis de la justicia desde la perspectiva de género,* Valencia, Tirant lo Blanch, 2018, pp. 279-318.

BALAGUER CALLEJÓN, María Luisa, "La reversibilidad de los derechos El género" en: CORTS VALENCIANES (Ed.), *Igualdad y democracia: el género como categoría de análisis jurídico. Estudios en homenaje a la profesora Julia Sevilla Merino,* Valencia, Corts Valencianes, 2014, pp. 117-127.

BARBOSA JARDIM, Danúbia Mariane, "Obstetric violence in the daily routine of care and its characteristics", *Rev. LatinoAm. Enfermagem,* núm. 26, 2018, pp. 1-12.

BARONA VILAR, Silvia, *Algoritmización del Derecho y de la Justicia. De la Inteligencia Artificial a la Smart Justice,* Valencia, Tirant lo Blanch, 2021.

- "Retrato de la justicia desde el pensamiento dialógico feminista ¿por una ruptura del petrificado discurso androcéntrico?", en: BARONA VILAR, Silvia (Ed.), *Claves de la justicia penal. Feminización, Inteligencia Artificial, Supranacionalidad, Seguridad,* Valencia, Tirant lo Blanch, 2019, pp. 31-60.
- "La necesaria deconstrucción del modelo patriarcal de justicia", en: VV.AA., *Análisis de la justicia desde la perspectiva de género,* Valencia, Tirant lo Blanch, 2018, pp. 29-70.

BARJOLA RAMOS, Nerea, *Microfísica sexista del poder: el caso Alcàsser y la construcción del terror sexual,* Barcelona: Virus Editorial i Distribuïdora, 2018.

BARRÈRE UNZUETA, Mª Ángeles, "La interseccionalidad como desafío al *mainstreaming* de género en las políticas públicas", *Revista Vasca de Administración Pública,* núm. 87-88, 2010, pp. 225-252.

– "Iusfeminismo y derecho antidiscriminatorio: hacia la igualdad por la discriminación", en: MESTRE I MESTRE, RUTH (Coord.), *Mujeres, Derechos y Ciudadanías,* Valencia, Tirant lo Blanch, 2008, pp. 45-71.

– "Género, discriminación y violencia contra las mujeres", en: LAURENZO COPELLO, Patricia, MAQUEDA ABREU, María Luisa y RUBIO CASTRO, Ana (Coords.), *Género, violencia y derecho,* Valencia, Tirant lo Blanch, 2008, pp. 27-48.

– "Feminismo y garantismo: ¿Una teoría del derecho feminista?", *Anuario de Filosofía del Derecho,* núm. 9, 1992, pp. 75-89.

BARRIENTOS LOAYZA, Pedro, "Violencia Institucional: Hacia un nuevo enfoque", 2016, pp. 1-21. Disponible en:

https://www.researchgate.net/publication/289980382_Violencia_Institucional_Hacia_un_nuevo_enfoque

BELGIU, Mariana and DRĂGUŢ, Lucian, "Random forest in remote sensing: A review of applications and future directions", *ISPRS journal of photogrammetry and remote sensing,* Vol. 114, 2016, pp. 24-31.

BEZANILLA, José Manuel, MIRANDA, Mª Amparo y GONZÁLEZ FABIANI, Jorge Humberto, "Violaciones graves a derechos humanos: violencia institucional y revictimización", *Cuadernos de crisis y emergencias,* Vol. 2, núm. 15, 2016, pp. 21-33.

BERGER, Linda, CRAWFORD, Bridget, and STANCHI, Kathryn, "Methods, Impact, and Reach of the Global Feminist Judgments Projects", *Oñati Socio-legal Series,* núm. 9, 2018, pp. 1215-1223.

– "Using Feminist Theory to Advance Equal Justice Under Law", *Nevada Law Journal,* Vol. 17, 2017, pp. 539-548.

BODELÓN GONZÁLEZ, Encarna, "Violencia institucional y violencia de género", *Anales de la Cátedra Francisco Suárez,* núm. 48, 2014, pp. 131-155.

– "Las leyes de igualdad de género en España y Europa: ¿Hacia una nueva ciudadanía?", *Anuario de filosofía del derecho,* núm. 26, 2010, pp. 85-106.

– "Feminismo y Derecho: mujeres que van más allá de lo jurídico", en: BERGALLI, Roberto y RIVERA BEIRAS, Iñaki (Coords.), *Género y dominación. Críticas feministas del derecho y el poder,* Barcelona, Anthropos Editorial, 2009, pp. 95-116.

– "El moviment feminista i la construcción dels drets de les dones", *L' Avenç: Revista de història i cultura,* núm. 248, 2000, pp. 32-37.

– "El análisis del género en los tribunales de justicia", en: RAMOS ULGAR, Miguel Angel y DOMÍNGUEZ FIGUEIRIDO, José Luis (Coord.), *La joven sociología jurídica en España: aportaciones para una consolidación*, Francia, Oñati: International institute for the sociology of law, 1998, pp. 93-104.

BOLDOVA PASAMAR, Miguel Ángel, "Presente y futuro de los delitos sexuales a la luz de la STS 344/2019, de 4 de julio, en el conocido como «caso de La Manada»", *Diario La Ley*, núm. 9500, Sección Doctrina, 17 de octubre de 2019.

BREMS, Eva and TIMMER, Alexandra, "Introduction", in: BREMS, Eva and TIMMER, *Alexandra, Stereotypes and Human Rights Law*, Cambridge, Intersentia, 2016, pp. 1-9.

BRILL, Eric, MOONEY, Raymond J., "An overview of empirical natural language processing", *AI magazine*, Vol. 18, núm. 4, 1997, pp. 13-24.

CAMPBELL, Rebecca, "The psychological impact of rape victims' experiences with the legal, medical, and mental health systems", *American Psychologist*, núm. 63, 2008, pp. 702-717.

CAMPBELL, Rebecca and RAJA, Sheela, "Secondary victimization of rape victims: Insights from mental health professionals who treat survivors of violence", *Violence and victims*, Vol. 14, núm. 3, 1999, pp. 261-275.

CAMPOS RUBIO, Arantza, "Aportaciones iusfeministas a la revisión crítica del Derecho y a la experiencia jurídica", en: ASTOLA MADARIADA, Jasone (Coord.), *Mujeres y Derecho, pasado y presente*, País Vasco, Universidad del País Vasco, 2008, pp. 167-226.

CASELLA, Giuseppina, "Violenza di genere: la tutela della vittima nella dimensione procedimentale e processuale", *Cassazione penale*, Vol. 59, núm. 4, 2019, pp. 1388-1401.

CASTELLS OLIVÁN, Irene y FERNÁNDEZ GARCÍA, Elena, "Las mujeres y el primer constitucionalismo español (1810-1823)", *Historia constitucional: Revista Electrónica de Historia Constitucional*, núm. 9, 2008, pp. 163-180.

CASTILLEJO MANZANARES, Raquel, TORRADO TARRÍO, Cristina y ALONSO SALGADO, Cristina, "Mediación en violencia de género", *Revista de mediación*, núm. 7, 2011, pp. 38-44.

CATALÀ I BAS, Alexandre H. y ORTÍZ TORRICOS, Marcela, "La comunicación horizontal y vertical en los sistemas estadounidense y europeo de protección de derechos humanos a propósito del derecho al juez natural. Hacia un derecho global de los derechos humanos", *Estudios de Deusto*. Vol. 65, núm. 1, 2017, pp. 73-121.

CÉSPEDES, Lina, "Género y Derecho" en: BERNAL ACEVEDO, Gloria Lucía (Comp.), *Visibilizar la violencia de género. Sistematización de la experiencia en género*, Bogotá, Deutsche Gesellschaft Für Internationale Zusammenarbeit (GIZ), 2011, pp. 19-25.

CHOWDHURY, Gobinda G., "Natural language processing", *Annual review of information science and technology*, Vol. 37, núm. 1, 2003, pp. 51-89.

CLÉRICO, Laura, "Estereotipos de género y la violación de la imparcialidad judicial: Nuevos estándares interamericanos. El caso Manuela vs. El Salvador", *Revista de Derecho, Universidad y Justicia*, Vol. 1, núm. 1, 2022, pp. 110-135.

- "Hacia un análisis integral de estereotipos: desafiando la garantía estándar de imparcialidad", *Revista Derecho del Estado*, núm. 41, 2018, pp. 67-96.

COBO BEDÍA, Rosa, "El género en las Ciencias Sociales", en: LAURENZO COPELLO, Patricia, MAQUEDA ABREU, María Luisa y RUBIO CASTRO, Ana (Coords.), *Género, violencia y derecho*, Valencia, Tirant lo Blanch, 2008, pp. 49-60.

- "Sexo, democracia y poder político", *Feminismo/s*, núm. 4, 2004, pp. 17-29.
- "La democracia moderna y la exclusión de las mujeres", *Cuadernos del Guincho*, núm. 5-6, 1998, pp. 184-195.

COLLADO MATEO, Concepción, "Mujeres, poder y derecho", *Feminismo/s*, núm. 8, 2006, pp. 15-34.

CONNEAU, Alexis, et al. "Very deep convolutional networks for natural language processing", 2016, pp. 1-9, *arXiv preprint arXiv:1606.01781*.

CONTESSE SINGH, Jorge, "Implicancias y recusaciones: el caso del Tribunal Constitucional. Informe en derecho sobre la inhabilidad constitucional para conocer de un caso en el que se ha vertido opinión pública con anterioridad", *Revista Ius et Praxis*, núm. 2, 2007, pp. 391-405.

COOK, Rebecca y CUSACK, Simone, *Estereotipos de Género. Perspectivas legales y Transnacionales*, Bogotá, Profamilia, 2010.

COSTA, Malena, "El pensamiento jurídico feminista en los confines del Siglo XX", *Asparkía*, núm. 26, 2015, pp. 35-49.

CUBELLS, Jenny and CALSAMIGLIA, Andrea, "Do We See Victims' Agency? Criminal Justice and Gender Violence in Spain", *Critical Criminology*, núm. 26, 2018, pp. 107-127.

CUGAT MAURI, Miriam, "La ambivalencia de la protección de la libertad sexual. Jurisprudencia del Tribunal Supremo sobre el delito de violación", *Jueces para la democracia*, núm. 20, 1993, pp. 73-83.

CUSACK, Simone, "Building momentum towards change. How the UN's Response to Stereotyping is Evolving", in: BREMS, Eva and TIMMER, Alexandra, *Stereotypes and Human Rights Law*, Cambridge, Intersentia, 2016, pp. 11-38.

CUSACK, Simone, *Eliminating judicial stereotyping: Equal access to justice for women in gender based violence cases*, OHCHR, 2014.

DA SOUSA SANTOS, Boaventura, "El uso contra-hegemónico del Derecho en la lucha por una globalización desde abajo", *Anales de la Cátedra Francisco Suárez*, núm. 39, 2005, pp. 363-420.

DANILEVSKY, Marina, et al. "A survey of the state of explainable AI for natural language processing", 2020 ¡, pp. 1-13, *arXiv preprint arXiv:2010.00711.*

DANZIGER, Shai, LEVAV, Jonathan and AVNAIM-PESSO, Liora, "Extraneous factors in judicial decisions", *PNAS*, Vol. 108, núm. 17, 2011, pp. 6889-6892.

DAS, Sumit, DEY, Aritra, PAL, Akash and ROY, Nabamita, "Applications of artificial intelligence in machine learning: review and prospect", *International Journal of Computer Applications*, Vol, 115, núm. 9, 2015, pp. 31-41.

DE LA CUESTA ARZAMENDI, José Luis, MAYORDOMO RODRIGO, Virginia Victoria, PÉREZ MACHIO, Ana Isabel y VARONA MARTÍNEZ, Gemma María, *Victimología: Un acercamiento a través de sus conceptos fundamentales como herramientas de comprensión*, UPV/EHU, Open Course Ware, 2015.

DE LA ROSA RODRÍGUEZ, Paola y SANDOVAL NAVARRO, Víctor David, "Los sesgos cognitivos y su influjo en la decisión judicial. Aportes de la psicología jurídica a los procesos penales de corte acusatorio", *Revista Derecho Penal y Criminología*, Vol. 37, núm. 102, 2016, pp. 141-164.

DE LUIS GARCÍA, Elena, "La condena ex novo en el proceso penal: pasado, presente y futuro", *Revista General de Derecho Procesal*, núm. 41, 2017, pp. 1-38.

DE MIGUEL, Ana, *Neoliberalismo sexual. El mito de la libre elección*, Madrid, Ediciones Cátedra, 10ª ed., 2018.

DESPENTES, Virginie, *Teoría King Kong*, Barcelona, Literatura random house, 2018.

DI CORLETO, Julieta, "Igualdad y diferencia en la valoración de la prueba: estándares probatorios en casos de violencia de género", en: DI CORLETO, Julieta, *Género y justicia penal*, Buenos Aires, Editorial Didot, 2017, pp. 285-308.

DI CORLETO, Julieta y PIQUÉ, María L., "Pautas para la recolección y valoración de la prueba con perspectiva de género", en: HURTADO POZO, José (Dir.), *Género y derecho penal. Homenaje al Prof. Wolfgang Schöne*, Lima, Instituto Pacífico, 2017, pp. 409-433.

DÍEZ RIPOLLÉS, José Luis, "Alegato contra un derecho penal sexual identitario", *Revista electrónica de ciencia penal y criminología*, núm. 21, 2019, pp. 1-28.

DOZ COSTA, Josefina, "Violencia institucional y cultura política", *Cuadernos de la Facultad de Humanidades y Ciencias Sociales*, núm. 38, 2010, pp. 145-168.

DRAKOPOULOU, Maria, "Revisiting Feminist Jurisprudence: A Rehabilitation", *feminists@law*, Vol. 3, núm. 2, 2013, pp. 1-29.

DU MONT, Janice, MILLER, Karen-Lee and MYHR, Terri L., "The Role of "Real Rape" and "Real Victim" Stereotypes in the Police Reporting Practices of Sexually Assaulted Women", *Violence Against Women*, Vol. 9, núm. 4, 2003, pp. 466-486.

ERICE MARTÍNEZ, Esther, "Perspectiva de género y derecho penal", *Juezas y Jueces para la Democracia*, Vol. I, núm. 10, 2018, pp. 21-26.

ESPING-ANDERSEN, Gøsta, *Los tres mundos del Estado de Bienestar*, Valencia, Edicions Alfons el Magnànim, 1993.

ESQUEMBRE VALDÉS, Mª del Mar, "Género y ciudadanía, mujeres y Constitución", *Feminismo/s*, núm. 8, 2006, pp. 35-52.

ESTEVE MALLENT, Lara, "Consentimiento y dicotomía entre agresión y abuso en los delitos de naturaleza sexual", *El Criminalista Digital. Papeles de Criminología*, núm. 9, 2021, pp. 38-58.

EVANGELISTA GARCÍA, Angélica Aremy, TINOCO-OJANGUREN Ronaldo y TUÑÓN-PABLOS, Esperanza, "Violencia institucional hacia las mujeres en la región Sur de México", *Revista LiminaR. Estudios Sociales y Humanísticos*, Vol. XIV, núm. 2, 2016, pp. 57-69.

FACIO MONTEJO, Alda, "Metodología para el análisis de género del fenómeno legal", en: ÁVILA SANTAMARÍA, Ramiro, SALGADO, Judith y VALLADARES, Lola (Coords.), *El género en el derecho. Ensayos críticos*, Quito, Ministro de Justicia y Derechos Humanos, 2009, pp. 181-224.

- "Hacia otra teoría crítica del Derecho" en: HERRERA, Gioconda (Coord.), *Las fisuras del patriarcado. Reflexiones sobre Feminismo y Derecho*, Quito, FLACSO-CONAMU, 2000, pp. 15-44.
- "El Derecho como producto del patriarcado", en: CAMACHO GRANADOS, Rosalía y FACIO MONTEJO, Alda (Eds.), *Sobre patriarcas, jerarcas, patrones y otros varones (Una mirada género sensitiva del Derecho)*, San José, ILANUD, 1993, pp. 7-30.

FERNÁNDEZ CORDÓN, Juan Antonio y TOBÍO SOLER, Constanza, "Conciliar las responsabilidades familiares y laborales: políticas y prácticas sociales", *Documentos de trabajo (Laboratorio de alternativas)*, núm. 79, 2005, pp. 1-90.

FERNÁNDEZ RIVEIRA, Rosa Mª, "¿Cómo se nombra discrecionalmente el Poder Judicial? El Consejo General del Poder Judicial y la *Judicial Appointment Commission* en el Reino Unido", *Revista de Derecho Político,* núm. 107, 2020, pp. 71-109.

FERRER BELTRÁN, Jordi, "La prueba es libertad, pero no tanto: una teoría de la prueba cuasi-Benthamiana", *Revista Jurídica Mario Alario D'Filippo,* Vol. 9, núm. 18, 2017, pp. 150-169.

– "Derecho a la prueba y racionalidad de las decisiones judiciales", *Jueces para la democracia,* núm. 47, 2003, pp. 27-34.

FERRER PÉREZ, Victoria A. y BOSCH FIOL, Esperanza, "Introduciendo la perspectiva de género en la investigación psicológica sobre violencia de género", *Anales de psicología,* Vol. 21, núm. 1, 2005, pp. 1-10.

FLETCHER, Ruth, "Feminist Legal Theory", en: BANAKAR, Reza and TRAVERS, Max (Eds.), *An Introduction to Law and Social Theory,* Oxford, Hart, 2002, pp. 135-154.

FUENTES SORIANO, Olga, "La perspectiva de género en el proceso penal. ¿Refutación? de algunas conjeturas sostenidas en el trabajo de Ramírez Ortiz «El testimonio único de la víctima en el proceso penal desde la perspectiva de género»", *Quaestio facti. Revista internacional sobre razonamiento probatorio,* núm. 1, 2020, pp. 271-284.

GALLEGOS ARGÜELLO, María del Carmen, "La identidad de género: masculino versus femenino", en: SUÁREZ-VILLEGAS, Juan Carlos, LIBERIA VAYÁ, Irene y ZURBANO-BERENGUER, Belén (Coords.), *I Congreso Internacional de Comunicación y Género. Libro de* Actas, Sevilla, Facultad de Comunicación, 2012, pp. 705-718.

GAMA, Raymundo, "Prueba y perspectiva de género. Un comentario crítico", *Quaestio facti. Revista internacional sobre razonamiento probatorio,* núm. 1, 2020, pp. 285-298.

GIL RUIZ, Juana María, "El derecho internacional de los derechos humanos y su apertura al principio del Gender Mainstreaming: el caso español", *IUS: revista del Instituto de Ciencias Jurídicas de Puebla,* núm. 28, 2011, pp. 243-277.

GIMÉNEZ GARCÍA, Joaquín, "Tutela judicial efectiva *vs* derechos de las víctimas, dilaciones indebidas, prescripción e indultos", *EGUZKILORE,* núm, 27, 2013, pp. 31-42.

GOLDENBERG, S. Larry, NIR, Guy and. SALCUDEAN, Septimiu E., "A new era: artificial intelligence and machine learning in prostate cancer", *Nature Reviews Urology,* Vol. 16, 2019, pp. 391-403.

GOLDSCHEID, Julie and LIEBOWITZ, Debra J., "Due diligence and gender violence: Parsing its power and its perils", *Cornell International Law Journal*, Vol. 48, núm. 2, 2015, pp. 301-346.

GOLDSTEIN, Rebecca A., "Symbolic and institutional violence and critical educational spaces: in the name of education", *Journal of Peace Education* Vol. 2, núm. 1, 2005, pp. 33-52.

GÓMEZ COLOMER, Juan-Luis, "Cuestiones generales", en: GÓMEZ COLOMER, Juan-Luis y BARONA VILAR, Silvia (Coords.), *Derecho Procesal I. Introducción*, Valencia, Tirant lo Blanch, 2021, pp. 239-255.

- "Los principios del proceso penal", en: GÓMEZ COLOMER, Juan-Luis y BARONA VILAR, Silvia (Coords.), *Derecho Procesal I. Introducción*, Valencia, Tirant lo Blanch, 2021, pp. 271-286.

GÓMEZ JIMÉNEZ, Ángel, "Estereotipos", en: MORALES DOMÍNGUEZ, J. Francisco, MOYA MORALES, Miguel C., GAVIRIA STEWART, Elena y CUADRADO GUIRADO, Isabel (Coords.), *Psicología Social*, Madrid, McGraw-Hill, 2007, pp. 213-241.

GONZÁLEZ GAVALDÓN, Blanca, "Los estereotipos como factor de socialización en el género", *Comunicar*, núm. 12, 1999, pp. 79-88.

GONZÁLEZ MONJE, Alicia, "La declaración de la víctima de violencia de género como única prueba de cargo: últimas tendencias jurisprudenciales en España", *Revista Brasileira de Direito Processual Penal*, núm. 3, vol. 6, pp. 1627-1660.

GUTHRIE, Chris, RACHLINSKI, Jeffrey J. and WISTRICH Andrew J., "Judging by heuristic. Cognitive illusions in judicial decision making", Judicature, Vol. 86, núm. 1, 2002, pp. 44-50.

- "Inside the Judicial Mind", *Cornell Law Review*, Vol. 86, núm. 4, 2001, pp. 777-830.

GUTIÉRREZ DE PINERES BOTERO, Carolina, CORONEL, Elisa y ANDRÉS PÉREZ, Carlos, "Revisión teórica del concepto de victimización secundaria", *Liberabit*, Vol. 15, núm. 1, 2009, pp. 49-58.

GUZMÁN FLUJA, Vicente, "Proceso penal y justicia automatizada", *Revista General de Derecho Procesal*, núm. 53, 2021, pp. 1-40.

- "Sobre la aplicación de la inteligencia artificial a la solución de conflictos (Reflexiones acerca de una transformación tan apasionante como compleja)", en: BARONA VILAR, Silvia (Coord.), *Justicia civil y penal en la era global*, Valencia, Tirant lo Blanch, 2017, pp. 69-124.

GUZMÁN ORDAZ, Raquel y JIMÉNEZ RODRIGO, María Luisa, "La Interseccionalidad como Instrumento Analítico de Interpelación en la Violencia de Género", *Oñati Socio-legal Series*, Vol. 5, núm. 2, 2015, pp. 596-612.

HABA, Enrique P., "¿Qué es «realidad» jurídica? De cómo aprehenderla en cuanto a los discursos de los juristas (también con respecto a la evasión argumentativa hacia una generalidad indiscriminada y sobre cómo «probar» las tesis de Teoría del Derecho)", *Revista Telemática de Filosofía del Derecho*, núm. 18, 2015, pp. 67-130.

HALL, Rachel, "It Can Happen to You": Rape Prevention in the Age of Risk Management", *Hypatia*, Vol. 9, núm. 3, 2004, pp. 1-19.

HARAWAY, Donna, *Ciencia, cyborgs y mujeres. La reinvención de la naturaleza*, Valencia, Ediciones Cátedra, 1995.

HARDING, Sandra, "Introduction: Standpoint Theory as a Site of Political, Philosophic, and Scientific Debate", en: HARDING, Sandra (Ed.), *The Feminist Standpoint Theory Reader. Intellectual and Political Controversies*, New York, Routledge, 2004, pp. 1-15.

– "Rethinking Standpoint Epistemology: What is «Strong Objectivity»?", en: ALCOFF, Linda and POTTER, Elizabeth (Eds.), *Feminist Epistemologies*. New York, Routledge, 1993, pp. 49-82.

HASANBEGOVIC, Claudia, "Respuestas judiciales y otras políticas públicas sobre violencia contra las mujeres. ¿Ineficacia o violencia institucional?", *Revista Anales de la Facultad de Ciencias Jurídicas y Sociales*, núm. 48, 2018, pp. 1161-1205.

HIRSCHBERG, Julia and MANNING, Christopher D., "Advances in natural language processing", *Science*, Vol. 349, núm. 6245, 2015, pp. 261-266.

HOHL, Katrin and STANKO, Elisabeth A., "Complaints of rape and the criminal justice system: Fresh evidence on the attrition problem in England and Wales", *European Journal of Criminology*, Vol. 12(3), 2015, pp. 324-341.

HUXLEY, Aldous, *Un Mundo Feliz*, Distrito Federal, Editores Mexicanos Unidos, 2010.

IGAREDA GONZALEZ, Noelia y CRUELLS LÓPEZ, Marta, "Críticas al derecho y el sujeto "mujeres" y propuestas desde la jurisprudencia feminista", *Cuadernos electrónicos de filosofía del derecho*, núm. 30, 2014, pp. 1-16.

JARAMILLO, Isabel Cristina, "La crítica feminista al derecho", en: ÁVILA SANTAMARÍA, Ramiro, SALGADO, Judith y VALLADARES, Lola (Coords.), *El género en el derecho. Ensayos críticos*, Quito, Ministro de Justicia y Derechos Humanos, 2009, pp. 103-133.

KASSIN, Saul M., DROR, Itiel E. and KUKUCKA, Jeff, "The forensic confirmation bias: Problems, perspectives, and proposed solutions", *Journal of Applied Research in Memory and Cognition*, Vol. 2, núm. 1, 2013, pp. 42-52.

LA BARBERA, María Caterina, "Interseccionalidad", *Economía. Revista en Cultura de la Legalidad*, núm 12, 2017, pp. 191-198.

LAURENZO COPELLO, Patricia, "¿Hacen falta figuras género específicas para proteger mejor a las mujeres?", *Estudios Penales y Criminológicos,* Vol. XXXV, 2015, pp. 783-830.

L'HEUREUX-DUBÉ, Claire, "Beyond the myths: Equality, impartiality, and justice", *Journal of Social Distress and the Homelessness,* Vol. 1, núm. 10, 2001, pp. 87-104.

LIPPMANN, Walter, *La opinión pública,* Madrid, Cuadernos de Langre, 2003.

LLOPIS GIMÉNEZ, Celia, RODRÍGUEZ GARCÍA, Mª Inmaculada y HERNÁNDEZ MANCHA, Inmaculada, "Relación entre el consumo abusivo de alcohol y la violencia ejercida por el hombre contra su pareja en la unidad de valoración integral de violencia de género (UVIVG) de Sevilla", *Cuadernos de Medicina Forense,* Vol. 20, núm. 4, 2014, pp. 151-169.

MACKINNON, Catharine, "Intersectionality as Method: A Note", *Signs: Journal of Women in Culture and Society,* vol. 38, núm. 4, 2013, pp. 1020 y 1024

- *Hacia una teoría feminista del Estado,* Valencia, Ediciones Cátedra, 1995.
- "Feminism, Marxism, Method, and the State: Toward Feminist Jurisprudence", *Signs: Journal of Women in Culture and Society,* Vol. 8, núm. 4, 1983, pp. 635-658.
- "Feminism, Marxism, Method, and the State: An Agenda for Theory", *Signs: Journal of Women in Culture and Society,* Vol. 7, núm. 3, 1982, pp. 515-544.
- AGRO SERVET, Vicente, "Análisis comparativo acerca de la inminente reforma del Código Penal en los delitos contra la libertad sexual", *Diario La Ley,* núm. 9888, Sección Doctrina, 8 de julio de 2021.

MAJID AL-RIFAIE, Mohammad and BISHOP, Mark, "Weak and Strong Computational Creativity", in: BESOLD, Tarek R., SCHORLEMMER, Marco and Smaill Alan (Eds.), *Computational creativity research: Towards creative machines,* Netherlands, Atlantis Press, 2015, pp. 37-49.

MALLESON, Kate, "La justificación de la igualdad de género en la magistratura: por qué la diferencia no funciona", *Revista Jurídica de la Universidad de Palermo,* núm. 1, 2008, pp. 35-56.

MANTILLA FALCÓN, Julissa, "La importancia de la aplicación del enfoque de género al Derecho: asumiendo nuevos retos", *THEMIS: Revista de Derecho,* núm. 63, 2013, pp. 131-146.

MANTILLA OJEDA, Saida, "La revictimización como causal de silencio de la víctima", *Revista de Ciencias Forenses de Honduras,* Vol. 1, núm. 2, 2015, pp. 3-12.

MANTILLA OJEDA, Saida y AVENDAÑO PRIETO, Bertha-Lucía, "Diseño y análisis psicométrico de un instrumento para evaluar victimización judicial en víctimas durante la etapa de denuncia", *Jurídicas,* Vol. 17, núm. 2, 2020, pp. 106-125.

MARONEY, Terry A., "The emotionally intelligent judge: A new (and realistic) ideal", *Court Review 100,* Vol. 49, núm. 2, 2013, pp. 100-113.

MARTÍN LÓPEZ, Mª Teresa, "Derecho Penal de Género", en: DE LA SIERRA, Susana y ORTIZ PRADILLO, Juan Carlos (Dirs.), *El Derecho y la Economía ante las mujeres y la igualdad de género,* Valladolid, Lex Nova, 2011, pp. 147-159.

MARÍN LÓPEZ, Paloma, "Apuntes para una valoración de las declaraciones de las víctimas de violencia de género libre de estereotipos de género", *Boletín de Violencia de Género Jueces para la Democracia,* núm. 4. 2017, pp. 10-14.

MARTÍNEZ GARCÍA, Elena, "Análisis de la Justicia *procesal* desde la perspectiva de género", en: VV.AA., *Análisis de la justicia desde la perspectiva de género,* Valencia, Tirant lo Blanch, 2018, pp. 15-28.

– "Los deberes del Estado en la protección de los derechos de las víctimas de violencia de género y la garantía de acceso a la justicia", *Teoría y derecho: revista de pensamiento jurídico,* núm. 22, 2017, pp. 92-118.

MARTÍNEZ GARCÍA, Elena, JORDÁN DÍAZ-RONCERO, Mª José y SIMÓ SOLER, Elisa, *Reflexiones y experiencias sobre la respuesta integral del sistema de justicia a las víctimas de violencia de género en el ámbito de la provincia de Valencia,* Valencia, Tirant lo Blanch, 2021.

MARTÍNEZ SAMPERE, Eva, "Ciudadanía democrática, voluntad política y Estado social", en: CORTS VALENCIANES (Ed.), *Igualdad y democracia: el género como categoría de análisis jurídico. Estudios en homenaje a la profesora Julia Sevilla Merino,* Valencia, Corts Valencianes, 2014, pp. 443-451.

MARTÍNEZ VARGAS, Juan Ramón y VEGA BARBOSA, Giovanni, "La obligación estatal de prevención a la luz del *corpus iuris* internacional de protección de la mujer contra la violencia de género", *Revista Ius et Praxis,* núm. 2, 2013, pp. 335-368.

MESTRE I MESTRE, Ruth, "Mujeres, Derechos y Ciudadanías", en: MESTRE I MESTRE, Ruth (Coord.), *Mujeres, Derechos y Ciudadanías,* Valencia, Tirant lo Blanch, 2008, pp. 17-44.

MILLER, Andrea L., "Expertise Fails to Attenuate Gendered Biases in Judicial Decision-Making", *Social Psychological and Personality Science,* Vol. 10, núm. 2, 2019, pp. 227-234.

MISHORI, Ranit, FERDOWSIAN, Hope, NAIMER, Karen, VOLPELLIER, Muriel y MCHALE, Thomas, "The little tissue that couldn't – dispelling myths about the Hymen's role in determining sexual history and assault", *Reproductive health,* Vol. 16, núm. 1, pp. 1-9.

MONTESINOS GARCÍA, Ana, "Especificidades probatorias en los procesos por violencia de género", *Revista de Derecho Penal y Criminología*, núm. 17, 2017, pp. 127-165.

MUÑOZ ARANGUREN, Arturo, "La influencia de los sesgos cognitivos en las decisiones jurisdiccionales: el factor humano. Una aproximación", *Indret: Revista para el Análisis del Derecho*, núm. 2, 2011, pp. 1-39.

MORENO FERNÁNDEZ, Luis, "La «vía media» española del modelo de bienestar mediterráneo", *Papers: revista sociología*, núm. 63-64, 2001, pp. 67-82.

MOREAU, Sophia Reibetanz, "The Wrongs of Unequal Treatment", *The University of Toronto Law* Journal, Vol. 54, núm. 3, 2004, pp. 291-326.

NADKARNI, Prakash M., OHNO-MACHADO, Lucila and CHAPMAN, Wendy W., "Natural language processing: an introduction", *Journal of the American Medical Informatics Association*, Vol. 18, núm. 5, 2011, pp. 544-551.

NAVARRO, María G., "Dudas razonables, sesgos cognitivos y emociones en la argumentación jurídica. El caso de Doce hombres sin piedad", *BAJO PALABRA. Revista de Filosofía*, núm. 5, 2010, pp. 203-214.

NICKERSON, Raymond S., "Confirmation Bias: A Ubiquitous Phenomenon in Many Guises", *Review of General Psychology*, Vol. 2, núm. 2, 1998, pp. 175-220.

NICOLÁS LAZO, Gemma, "Algunas reflexiones sobre la investigación jurídica desde los feminismos. ¿Existen valores epistemológicos feministas?", en: HEIM, Daniela y BODELÓN GONZÁLEZ, Encarna (Coords.), *Derecho, Género e Igualdad. Cambios en las estructuras jurídicas androcéntricas*, Barcelona, Universitat Autònoma de Barcelona, Grupo Antígona, Vol. II, 2010, pp. 79-88.

– "Debates en epistemología feminista: del empiricismo y el *standpoint* a las críticas postmodernas sobre el sujeto y el punto de vista", en: BERGALLI, Roberto y RIVERA BEIRAS, Iñaki (Coords.), *Género y dominación. Críticas feministas del derecho y el poder*, Barcelona, Anthropos Editorial, 2009, pp. 25-62.

NIEVA FENOLL, Jordi, "Ideología e imparcialidad judicial", *Justicia: revista de derecho procesal*, núm. 1-2, 2011, pp. 23-26.

O'BRIEN, Barbara, "Prime suspect: an examination of factors that aggravate and counteract confirmation bias in criminal investigations", *Psychology, Public Policy, and Law*, Vol. 15, núm. 4, 2009, pp. 315-334.

OLSEN, Frances, "El sexo del derecho", en: ÁVILA SANTAMARÍA, Ramiro, SALGADO, Judith y VALLADARES, Lola (Coords.), *El género en el derecho.*

Ensayos críticos, Quito, Ministerio de Justicia y Derechos Humanos, 2009, pp. 137-156.

ORTEGA LORENTE, José Manuel, “Breves reflexiones sobre necesidades formativas de juezas y jueces”, *Juezas y Jueces para la Democracia*, Vol. I, núm. 10, 2018, pp. 3-6.

PAGLIONICO, Fabrizia, “La tutela delle vittime da Codice Rosso tra celerità procedimentale e obblighi informativi”, *Sistema penale*, núm. 9, 2020, pp. 145-170.

PATEMAN, Carole, “El Estado de bienestar patriarcal”, *Contextos*, núm. 5, 2000, pp. 1-29.

– *El contrato sexual*, Barcelona, Editorial Anthropos, 1995.

PEREA GONZÁLEZ, Álvaro, RETANA, Cristina, SIMÓN CASTELLANO, Pere, PERALTA GUTIÉRREZ, Alfonso, NAVARRO SEGURA, Eugenia y MOLINA GARCÍA, María José, “Diálogos para el futuro judicial. XXII, Jurimetría y justicia predictiva”, *Diario La Ley*, núm. 9837, 2021, pp. 1-19.

PERELMAN, Marcela y TUFRÓ, Manuel, *Violencia institucional. Tensiones actuales de una categoría política central*, Ciudad Autónoma de Buenos Aires, Centro de Estudios Legales y Sociales, 2017, pp. 1-19.

PERONI, Lourdes and TIMMER, Alexandra, “Gender stereotyping in domestic violence cases. An Analysis of the European Court of Human Rights’ Jurisprudence”, in: BREMS, Eva and TIMMER, Alexandra, *Stereotypes and Human Rights Law*, Cambridge, Intersentia, 2016, pp. 39-65.

PIAZZINI SUÁREZ, Carlo Emilio, “Conocimientos situados y pensamientos fronterizos”, *Geopolítica(s)*, Vol. 5, núm. 1, 2014, pp. 11-33.

PITA, María Victoria, “Pensar la Violencia Institucional: *vox populi* y categoría política local”, *Espacios de crítica y producción*, núm, 53, 2017, pp. 33-42.

– “Violencias y trabajos clasificatorios. El análisis de la noción “violencia institucional” qua categoría política local”, *Revista Ensambles primavera*, núm. 7, 2017, pp. 52-70.

PITCH, Tamar, “Sexo y género de y en el derecho: el feminismo jurídico”, *Anales de la Cátedra Francisco Suárez*, núm. 44, 2010, pp. 435-459.

– “Libertad femenina y derechos”, en: MESTRE I MESTRE, Ruth (Coord.), *Mujeres, Derechos y Ciudadanías*, Valencia, Tirant lo Blanch, 2008, pp. 117-134.

POYATOS I MATAS, Glória, “Juzgar con perspectiva de género: una metodología vinculante de justicia equitativa”, *iQUAL. Revista de Género e Igualdad*, núm. 2, 2019, pp. 1-21.

PUJOL ROBINAT, Amadeo y MOHÍNO JUSTES, Susana, "Violencia de pareja y enfermedad mental", *Revista Española de Medicina Legal*, Vol. 45, núm. 2, 2019, pp. 77-82.

RADFORD, Alec, et al., "Learning transferable visual models from natural language supervision", 2021, pp. 1-16, *arXiv preprint arXiv:2103.00020.*

RAMÍREZ ORTIZ, José Luis, "El testimonio único de la víctima en el proceso penal desde la perspectiva de género", *Quaestio facti. Revista internacional sobre razonamiento probatorio*, núm. 1, 2020, pp. 201-245.

RANDALL, Melanie, "Sexual Assault Law, Credibility, and "Ideal Victims": Consent, Resistance, and Victim Blaming", *Canadian Journal of Women and the Law*, Vol. 22, 2010, pp. 397-433.

RASSIN, Eric, EERLAND Anita and KUIJPERS Isle, "Let's Find the Evidence: An Analogue Study of Confirmation Bias in Criminal Investigations", *Journal of Investigative Psychology and Offender Profiling*, núm. 7, 2010, pp. 231-246.

RE, Richard M. and SOLOW-NIEDERMAN, Alicia, "Developing Artificially Intelligent Justice", *Stanford Technology Law Review*, Vol. 22, 2019, pp. 242-289.

RÉAUME, Denise, "Turning Feminist Judgments into Jurisprudence: The Women's Court of Canada on Substantive Equality", *Oñati Socio-legal Series*, núm. 9, 2018, pp. 1307-1324.

RODRÍGUEZ BIEZMA, María José, "Disfunción neuropsicológica en maltratadores", *Psicopatología Clínica Legal y Forense*, Vol. 6, núm. 1-3, 2006, pp. 83-101.

RODRÍGUEZ PÉREZ, Armando y BETANCOR RODRÍGUEZ, Verónica, "La Cognición social", en: MORALES DOMÍNGUEZ, J. Francisco, MOYA MORALES, Miguel C., GAVIRIA STEWART, Elena y CUADRADO GUIRADO, Isabel (Coords.), *Psicología Social*, Madrid, McGraw-Hill, 2007, pp. 125-167.

RUBIO HURTADO, María José y MONTEROS, Silvina, "La víctimas de agresiones sexuales ante el sistema jurídico-legal", *Anuario de psicología jurídica*, núm. 11, 2001, pp. 59-78.

RUEDA SORIANO, Yolanda, "Los estereotipos de género en el proceso penal", *Juezas y Jueces para la Democracia*, Vol. I, núm. 10, 2018, pp. 12-10.

RUIZ, Alicia, "Cuestiones acerca de mujeres y derecho", en: ÁVILA SANTAMARÍA, Ramiro, SALGADO, Judith y VALLADARES, Lola (Coords.), *El género en el derecho. Ensayos críticos*, Quito, Ministro de Justicia y Derechos Humanos, 2009, pp. 157-164.

RUIZ-RICO RUIZ, Catalina, "Aproximación a los nuevos retos jurídicos de la violencia de género: La responsabilidad pública", *Derecho y Cambio Social*, núm. 35, 2014, pp. 1-16.

SALAZAR BENÍTEZ, Octavio, "Género, poder y ciudadanía", *Cuadernos Manuel Giménez Abad*, núm. Extra 5, 2017, pp. 58-74.

SALES GELABERT, Tomeu, "Repensando la interseccionalidad desde la Teoría Feminista", *AGORA*, Vol. 36, núm. 2, 2017, pp. 229-256.

SÁNCHEZ BUSSO, Mariana, "La perspectiva de género en las decisiones judiciales. Su relevancia en los conflictos de violencia contra la mujer", *Nómadas: Critical Journal of Social and Juridical Sciences*, núm. Extra 0, 2012 pp. 55-70.

SANTIBÁÑEZ TORRES, María Elena, "Algunas consideraciones victimodogmáticas en los delitos sexuales", *Ars Boni et Aequi*, Vol. 6, núm. 2, 2010, pp. 111-130.

SCALES, Ann C., "The Emergence of Feminist Jurisprudence: An Essay", *Yale Law Journal*, Vol. 9, 1986, pp. 1373-1403.

SCHMIDT, Victoria, "Institutional Violence against Children: How to Cope with the Inevitable and the Unconquerable", *Background paper. Ending Violence in Childhood Global Report*, 2017, pp. 1-44.

SCHNEIDER, Hans Joachim, "Violence in the Institution", *International Journal of Offender Therapy and Comparative Criminology*, Vol. 40, núm. 1, 1996, pp. 5-18.

SCOTT, Joan W., "El género: una categoría útil para el análisis histórico", en: LAMAS, Marta (Comp.), *El género. La construcción cultural de la diferencia sexual*, México D.F., M.A. Porrúa, 4ª ed., 2013, pp. 265-302.

SEMPERE FAUS, Silvia, "La protección de la víctima menor de edad y la victimización secundaria", *Actualidad Jurídica Iberoamericana*, núm 13, 2020, pp. 874-897.

SERNA VALLEJO, Margarita, "La reivindicación de la igualdad entre mujeres y hombres en los siglos XVIII y XIX", en: PACHECO CABALLERO, Francisco Luis (Coord.), *Mujeres y derecho. Una perspectiva histórico-jurídica. Encuentro de Historiadores del Derecho*, Barcelona, Associació Catalana d'História del Dret Jaume de Montjuic, 2015, pp. 65-126.

SEVILLA MERINO, Julia, "Transversalidad (mainstreaming)", en: FREIXES SANJUÁN, Teresa y SEVILLA MERINO, Julia (Coords.), *Género, constitución y estatutos de autonomía*, Madrid, Instituto Nacional de Administración Pública, 2005, pp. 501-516.

SIAU, Keng and WANG, Weiyu, "Building trust in artificial intelligence, machine learning, and robotics", *Cutter business technology journal,* Vol. 31, núm. 2, 2018, pp. 47-53.

SIGÜENZA LÓPEZ, Julio, "Sospechas de parcialidad: un nuevo enfoque", *Justicia. Revista de Derecho Procesal,* núm. 1-2, 2011, pp. 27-33.

SIMÓ SOLER, Elisa, "La prueba preconstituida en casos de víctimas especialmente vulnerables: comentario a la STS núm. 848/2017, de 22 de diciembre", *Revista Boliviana de Derecho,* núm. 26, 2018, pp. 502-513.

SIMÓ SOLER, Elisa y ROSSO, Paolo, "Inteligencia artificial y derecho: entre el mito y la realidad", *Diario La Ley,* Sección Tribuna, núm. 9982, pp. 1-9.

SMART, Carol, "La mujer del discurso jurídico", en: LARRAURI PIJOAN, Elena (Comp.), *Mujeres, Derecho Penal y Criminología,* Madrid, Siglo Veintiuno, 1994, pp. 167-189.

SMITH, Olivia and SKINNER, Tina, "Observing Court Responses to Victims of Rape and Sexual Assault", *Feminist Criminology,* núm. 7(4), 2012, pp. 298-326.

SORDO RUZ, Tania, "Violencia institucional por razón de género contra las mujeres: Casos paradigmáticos en el Estado mexicano", *Miscelánea Comillas,* Vol. 76, núm. 149, 2018, pp. 421-440.

SORIA VERDE, Miguel Ángel y HERNÁNDEZ SÁNCHEZ, José Antonio, "Los procesos psicosociales y jurídicos de la victimización criminal", *Anuario de Psicología Jurídica,* núm. 1, 1994, pp. 101-109.

SORIANO ARNANZ, Alba, "Decisiones automatizadas: problemas y soluciones jurídicas. Más allá de la protección de datos", *Revista de Derecho Público: Teoría y Método,* Vol. 3, 2021, pp. 85-127.

- "Decisiones automatizadas y discriminación: aproximación y propuestas generales", *Revista General de Derecho Administrativo,* núm. 56, 2021, pp. 1-45.

STEVENS, Patricia E. and HALL, Joanne M., "Abusive health care interactions experienced by lesbians: A case of institutional violence in the treatment of women", *Response to the Victimization of Women & Children,* Vol. 13, núm. 3, pp. 23-27.

STRINGER, Rebecca, *Knowing victims: Feminism, agency and victim politics in neoliberal times,* New York, Routledge, 2014.

SUBIJANA ZUNZUNEGUI, Ignacio José, "La perspectiva de género en el enjuiciamiento de los delitos de violencia del hombre sobre la mujer", *Juezas y Jueces para la Democracia,* Vol. I, núm. 10, 2018, pp. 27-39.

SUSSKIND, Richard E., *Expert Systems in Law: A Jurisprudential Inquiry,* Clarendon Press 1987, 1987, Oxford.

TAMARIT SUMALLA, Josep M., VILLACAMPA ESTIARTE, Carolina and FILELLA GUIU, Gemma, "Secondary Victimization and Victim Assistance", *European Journal of Crime, Criminal Law and Criminal Justice*, Vol. 18, núm. 3, 2010, pp. 281-298.

TAMARIT SUMALLA, Josep M., AIZPITARTE GORROTXATEGI, Alazne, HERNÁNDEZ HIDALGO, Patricia y ARANTEGUI ARRÀEZ, Laura, "La impotencia de la justicia penal ante la violencia de género: visiones de los profesionales y de las víctimas", *Revista Electrónica de Criminología*, Vol. 3, 2020, pp. 1-16.

TEMKIN Jennifer, GRAY Jacqueline M. and BARRETT Jastine, "Different functions of rape myth use in court: findings from a trial observation study", *Feminist Criminology*, Vol. 13, núm. 2, 2016, pp. 2-20.

TOMÁS Y VALIENTE, Francisco, "*In dubio pro reo*, libre apreciación de la prueba y presunción de inocencia", *Revista española de derecho constitucional*, núm. 20, 1987, pp. 9-34.

TOLEDO VÁSQUEZ, Patsilí y PINEDA LORENZO, Montse, *L'abordatge de les violències sexuals a Catalunya. Part 1. Marc Conceptual sobre les Violències Sexuals*, Barcelona, Grup de Recerca Antígona i Creación Positiva, 2016, pp. 1-50.

TORRES, D. María et. al., "Mecanismos de Aceleración en Selección de Características Basada en el Peso Informacional de las Variables para Aprendizaje no Supervisado", *Revista Iberoa°mericana de Sistemas, Cibernética e Informática*, Vol. 6, núm. 2, 2008, pp. 29-34.

TVERSKY, Amos and KAHNEMAN, Daniel, "Judgment under Uncertainty: Heuristics and Biases", *Science*, Vol. 185, núm. 4157, 1974, pp. 1124-1131.

ULLAH, Zaib, AL-TURJMAN, Fadi, MOSTARDA, Leonardo and GAGLIARDI, Roberto, "Applications of artificial intelligence and machine learning in smart cities", *Computer Communications*, Vol. 154, 2020, pp. 313-323.

UNDURRAGA, Verónica, "Gender stereotyping in the case law of the Inter-American Court of Human Rights", in: BREMS, Eva and TIMMER, Alexandra, *Stereotypes and Human Rights Law*, Cambridge, Intersentia, 2016, pp. 67-93.

VARELA CASTEJÓN, Xermán y FERNÁNDEZ SUÁREZ, Natalia, "Reflexiones sobre la perspectiva de género", *Juezas y Jueces para la Democracia*, vol. I, núm. 10, 2018, pp. 7-11.

VERA, Salvador Ignacio, "Apuntes sobre la violencia institucional", en: CHIPONI, María, CASTILLO, Rodrigo y MANCHADO, Mauricio (Eds.), *A pesar del encierro: prácticas políticas, culturales y educativas en prisión*, Rosario-Santa Fe, El Feriante, 2017, pp. 21-34.

VIVES ANTÓN, Tomás Salvador, "La responsabilidad de los jueces en el proyecto de Ley Orgánica del Poder Judicial", *Estudios Penales y Criminológicos*, Vol. IX, núm. 40, 1986, pp. 258-282.

VIVES CASES, Carmen, PARRA CASADO, Daniel L., ESTÉVEZ, Jesús F. TORRUBIANO DOMÍNGUEZ, Jordi and SANZ BARBERO, Belén, "Intimate Partner Violence against Women during the COVID-19 Lockdown in Spain", *International Journal of Environmental Research and Public Health*, Vol. 18, núm. 9, 2021, pp. 1-9.

VV.AA., "Predicting Institutional Violence in Offenders with Intellectual Disabilities: The Predictive Efficacy of the VRAG and the HCR-20", *Journal of Applied Research in Intellectual Disabilities*, núm. 26, 2013, pp. 384-393.

WANG, Weiyu and KENG Siau, "Artificial Intelligence, Machine Learning, Automation, Robotics, Future of Work and Future of Humanity: A Review and Research Agenda", *Journal of Database Management*, Vol. 30, 2019, pp. 61-79.

WELDON, S. Laurel, "Intersectionality", en: GOERTZ, Gary and MAZUR, Amy G. (Eds.), *Politics, Gender, and Concepts*, New York, Cambridge University Press, 2008, pp. 193-218.

XENIDIS, Raphaële and SENDEN, Linda, "EU non-discrimination law in the era of artificial intelligence: Mapping the challenges of algorithmic discrimination", in ULF BERNITZ et al (Eds), *General Principles of EU law and the EU Digital Order*, Kluwer Law International, 2020, pp. 1-30.

ZARSKY, Tal, "The Trouble with Algorithmic Decisions: An Analytic Road Map to Examine Efficiency and Fairness in Automated and Opaque Decision Making", *Science, Technology, & Human Values*, Vol. 41, núm. 1, 2016, pp. 118-132.

ZAVRŠNIK, Aleš, "Algorithmic justice: Algorithms and big data in criminal justice settings", *European Journal of Criminology*, Vol. 18, núm. 5, 2021, pp. 623-642.

ZUÑIGA AÑAZCO, Yanira, "Cuerpo, Género y Derecho. Apuntes para una teoría crítica de las relaciones entre cuerpo, poder y subjetividad", *Revista Ius et Praxis*, núm. 3, 2018, pp. 209-254.

Resoluciones, informes y estudios

Asamblea General de la Organización de los Estados Americanos. *Convención Interamericana para Prevenir, Sancionar y Erradicar la Violencia contra las Mujeres*, A-6 (6 de septiembre de 1994). Disponible en: https://www.oas.org/es/mesecvi/docs/BelemDoPara-ESPANOL.pdf

CEDAW. *Recomendación General núm. 3: Programas de educación e información pública*, A/42/38 (1987). Disponible en: https://tbinternet.ohchr.org/Treaties/CEDAW/Shared%20Documents/1_Global/INT_CEDAW_GEC_5825_S.pdf

- *Recomendación General núm. 19 sobre la violencia contra la mujer*, A/47/38 (1993). Disponible en: https://tbinternet.ohchr.org/Treaties/CEDAW/Shared%20Documents/1_Global/INT_CEDAW_GEC_3731_S.pdfy
- *Recomendación General núm. 25: Párrafo 1 del artículo 4 de la Convención sobre la eliminación de todas las formas de discriminación contra la mujer-Medidas especiales de carácter temporal*, A/59/38 (2004). Disponible en: https://tbinternet.ohchr.org/Treaties/CEDAW/Shared%20Documents/1_Global/INT_CEDAW_GEC_3733_S.pdf
- *Recomendación General núm. 28 relativa al artículo 2 de la Convención sobre la eliminación de todas las formas de discriminación contra la mujer*, CEDAW/C/GC/28 (16 de diciembre de 2010). Disponible en: https://documents-dds-ny.un.org/doc/UNDOC/GEN/G10/472/63/PDF/G1047263.pdf?OpenElement
- *Observaciones finales sobre los informes periódicos séptimo y octavo combinados de España*, CEDAW/C/ESP/CO/7-8 (29 de julio de 2015). Disponible en: https://www.refworld.org.es/country,ESP,564591b34,0.html
- *Recomendación general núm. 33 sobre el acceso de las mujeres a la justicia*, CEDAW/C/GC/33 (3 de agosto de 2015). Disponible en: https://tbinternet.ohchr.org/_layouts/15/treatybodyexternal/Download.aspx?symbolno=CEDAW/C/GC/33&Lang=en
- *Recomendación General núm. 35 sobre la violencia por razón de género contra la mujer, por la que se actualiza la recomendación general núm. 19*, CEDAW/C/GC/35 (26 de julio de 2017). Disponible en: https://tbinternet.ohchr.org/_layouts/15/treatybodyexternal/Download.aspx?symbolno=CEDAW/C/GC/35&Lang=en

CIDH. *Acceso a la justicia para mujeres víctimas de violencia sexual en Mesoamérica*, OEA/Ser.L/V/II. Doc. 63 (9 de diciembre de 20119. Disponible en: https://www.cidh.oas.org/pdf%20files/MESOAMERICA%202011%20ESP%20FINAL.pdf

Comisión Europea. *Directrices éticas para una IA fiable del Grupo de expertos/as de alto nivel sobre inteligencia artificial*, Bruselas, 2019. Disponible en: https://op.europa.eu/es/publication-detail/-/publication/d3988569-0434-11ea-8c1f-01aa75ed71a1

Consejo de Competencias Mineras. *Mujer y Minería: Evolución en la última década y desafíos futuros*, Alder Comunicaciones, 2020. Disponible en: https://fch.cl/wp-content/uploads/2021/04/mujermineriaccm_02-09-2020.pdf

Consejo de Europa. *Estrategia de Igualdad de Género 2018-2023*. Disponible en: https://rm.coe.int/estrategia-de-igualdad-de-genero-del-coe-es-msg/16808ac960Una

– *Convenio del Consejo de Europa sobre prevención y lucha contra la violencia contra la mujer*. Estambul, 2011. Disponible en: https://rm.coe.int/1680462543

Consejo General del Poder Judicial. Grupo de Expertos en Violencia Doméstica y de Género. *Guía de buenas prácticas para la toma de declaración de víctimas de violencia de género*, Madrid, 2018. Disponible en: https://www.poderjudicial.es/cgpj/es/Temas/Violencia-domestica-y-de-genero/Grupos-de-expertos/Guia-de-buenas-practicas-para-la-toma-de-declaracion-de-victimas-de-violencia-de-genero

– *Guía práctica de la Ley Orgánica 1/2004, de 28 de diciembre, de Medidas de Protección Integral contra la Violencia de Género*, Madrid, 2016. Disponible en: https://www.poderjudicial.es/cgpj/es/Temas/Violencia-domestica-y-de-genero/Actividad-del-Observatorio/Guias-practicas/Guia-practica-de-la-Ley-Organica-1-2004--de-28-de-diciembre--de-Medidas-de-Proteccion-Integral-contra-la-Violencia-de-Genero--2016-

Coordinadora para la Prevención de la Tortura. *Informe sobre la tortura y los malos tratos en el Estado español en el año 2017*, 2018. Disponible en: https://ala.org.es/informe-2018-sobre-la-tortura-en-el-estado-espanol-por-la-cpdt/

Council of Europe. Commissioner for Human Rights. *Issue Paper Women's sexual and reproductive health and rights in Europe*, 2017. Disponible en: https://rm.coe.int/women-s-sexual-and-reproductive-health-and-rights-in-europe-issue-pape/168076dead

Council of Europe. *Explanatory Report to the Council of Europe Convention on preventing and combating violence against women and domestic violence*, CETS 210 (2011). Disponible en: *https://rm.coe.int/16800d383a*

Delegación del Gobierno para la Violencia de Género. *Mujer, discapacidad y violencia*, Madrid, Ministerio de Igualdad, 2020. Disponible en: https://violenciagenero.igualdad.gob.es/violenciaEnCifras/estudios/investigaciones/2020/pdfs/violenciag_discapacidad.pdf

- *Macroencuesta de Violencia contra la Mujer 2019*, Madrid, 2019. Disponible en: https://violenciagenero.igualdad.gob.es/violenciaEnCifras/macroencuesta2015/pdf/Macroencuesta_2019_estudio_investigacion.pdf
- *Resumen ejecutivo de la Macroencuesta de Violencia contra la Mujer 2019*, Madrid, 2019. Disponible en: https://violenciagenero.igualdad.gob.es/violenciaEnCifras/macroencuesta2015/pdf/Resumen_ejecutivo_Macroencuesta_2019_DEF.pdf
- *La percepción social de la violencia sexual*, Madrid, 2018, pp. 107-108. Disponible en: https://violenciagenero.igualdad.gob.es/violenciaEnCifras/estudios/colecciones/pdf/Libro_25_Violencia_Sexual.pdf
- *Macroencuesta de Violencia contra la Mujer 2015*, Madrid, 2015. Disponible en: https://violenciagenero.igualdad.gob.es/violenciaEnCifras/estudios/colecciones/pdf/Libro_22_Macroencuesta2015.pdf

Dirección General de Derechos Humanos de la Suprema Corte de Justicia de la Nación. *Protocolo para juzgar con perspectiva de género*, Ciudad de México, 2020. Disponible en: https://www.scjn.gob.mx/derechos-humanos/sites/default/files/protocolos/archivos/2020-11/Protocolo%20para%20juzgar%20con%20perspectiva%20de%20g%C3%A9nero%20%28191120%29.pdf

European Commission. *Strategic Engagement for Gender Equality 2016-2019*. Disponible en: https://ec.europa.eu/anti-trafficking/strategic-engagement-gender-equality-2016-2019_en

FRANQUESA, Anaïs y GARCÍA, Regina. *Informe sobre violencia institucional 2019*, Iridia, 2020. Disponible en: https://iridia.cat/wp-content/uploads/2020/05/SaidaviCAT.pdf

Gabinete de Coordinación y Estudios. Secretaría de Estado de Seguridad. *Informe sobre delitos contra la libertad e indemnidad sexual en España 2019*, Madrid, Ministerio del Interior, 2019.

Generalitat Valenciana. *Informe estadístico 2020: Diversidad Funcional y Salud Mental*, Valencia, 2020. Disponible en: https://inclusio.gva.es/documents/610460/172973246/Informe+Estad%C3%ADstico+completo+Poblaci%C3%B3n+Discapacidad+2020/d1ec0263-743c-47b6-a5bf-0b57d0b3adde

GREVIO. *Primer Informe de evaluación de GREVIO sobre las medidas legislativas y de otra índole que dan efecto a las disposiciones del Convenio del Consejo de Europa sobre Prevención y Lucha contra la violencia contra las Mujeres y la Violencia Doméstica (Convenio de Estambul): España*, GREVIO/Inf(2020)19 (25 de noviembre de 2020). Disponible en: https://violenciagenero.igualdad.gob.es/marcoInternacional/informesGREVIO/docs/InformeGrevioEspana.pdf

Ministerio de Justicia. *Orden JUS/902/2018, de 31 de agosto, por la que se publica el Acuerdo del Consejo de Ministros de 31 de agosto de 2018, por el que se crea un Consejo Asesor para la revisión de la Ley de Enjuiciamiento Criminal desde una perspectiva de género.* BOE núm. 212, de 1 de septiembre de 2018. Disponible en: https://www.boe.es/diario_boe/txt.php?id=BOE-A-2018-12014

Ministerio Fiscal. *Memoria elevada al Gobierno de S.M. presentada al inicio del año judicial por la Fiscal General del Estado Excma. Sra. Doña Dolores Delgado García,* Madrid, 2021. Disponible en: https://www.fiscal.es/memorias/memoria2021/FISCALIA_SITE/index.html

Naciones Unidas. Comité de Derechos Humanos. *Observación General núm. 32. Art. 14 el derecho a un juicio imparcial y a la igualdad ante los tribunales y cortes de justicia.* CCPR/C/GC/32 (23 de agosto de 2003). Disponible en: https://www.refworld.org.es/type,GENERAL,478b2b602,0.html

Naciones Unidas. Asamblea General. *Informe de la Relatora Especial sobre la independencia de los magistrados y abogados,* Gabriela Knaul, A/HRC/17/30 (de 29 de abril de 2011). Disponible en: https://undocs.org/es/A/HRC/17/30

- *Informe provisional de la Relatora Especial sobre la independencia de los magistrados y abogados,* Gabriela Knaul, A/66/289 (de 10 de agosto de 2011). Disponible en: https://undocs.org/es/A/66/289
- *Informe del Secretario General: Estudio a fondo sobre todas las formas de violencia contra la mujer,* A/61/122/Add.1 (6 de julio de 2006). Disponible en: https://www.acnur.org/fileadmin/Documentos/BDL/2016/10742.pdf
- Resolución sobre Medidas de prevención del delito y de justicia penal para la eliminación de la violencia contra la mujer, A/RES/52/86, (2 de febrero de 1998), p. 2. Disponible en: https://undocs.org/pdf?symbol=es/A/RES/52/86
- Declaración sobre la eliminación de la violencia contra la mujer, Resolución 48/104 (23 de febrero de 1993). Disponible en: https://www.acnur.org/fileadmin/Documentos/BDL/2002/1286.pdf?file=fileadmin/Documentos/BDL/2002/1286

ONU Mujeres. *Plataforma de Acción aprobada en la Cuarta Conferencia Mundial sobre la Mujer de 1995,* 2014. Disponible en: https://www.acnur.org/fileadmin/Documentos/Publicaciones/2015/9853.pdf

- *Manual de legislación sobre la violencia contra la mujer,* Nueva York, Entidad de las Naciones Unidas para la Igualdad de Género y el Empoderamiento de las Mujeres, 2012. Disponible en: https://www.unwomen.org/sites/default/files/Headquarters/Attachments/Sections/Library/Publications/2012/12/UNW_Legislation-Handbook_SP1%20pdf.pdf

- *Declaración de Beijing aprobada en la Cuarta Conferencia Mundial sobre la Mujer de 1995*, 2014. Disponible en: https://www.acnur.org/fileadmin/Documentos/Publicaciones/2015/9853.pdf

Organización Mundial de la Salud. *Strengthening the medico-legal response to sexual violence*, WHO/RHR/15.24, World Health Organization, 2015. Disponible en: https://apps.who.int/iris/bitstream/handle/10665/197498/WHO_?sequence=1

Parlamento Europeo. Comisión de Derechos de la Mujer e Igualdad de Género. *Informe sobre la integración de la perspectiva de género en el Parlamento Europeo* (2018/2162(INI)). Disponible en: https://www.europarl.europa.eu/doceo/document/A-8-2018-0429_ES.pdf

Rights of Women. *From Report to Court. A handbook for adult survivors of sexual violence (Sixth edition)*, London, 2018. Disponible en: https://rightsofwomen.org.uk/wp-content/uploads/2019/03/From-Report-to-Court-2018.pdf

Tratado de Ámsterdam por el que se modifican el Tratado de la Unión Europea, los Tratados constitutivos de las Comunidades Europeas y determinados actos conexos, Diario Oficial núm. C 340 (10 de noviembre de 1997). Disponible en: https://eur-lex.europa.eu/legal-content/ES/TXT/?uri=CELEX:11997D/TXT

Tratado de Niza por el que se modifican el Tratado de la Unión Europea, los Tratados Constitutivos de las Comunidades Europeas y determinados actos conexos, Diario Oficial núm. C 080 (de 10 de marzo de 2001). Disponible en: https://eur-lex.europa.eu/legal-content/ES/TXT/?uri=CELEX:12001C/TXT

Tratado de Lisboa por el que se modifican el Tratado de la Unión Europea y el Tratado constitutivo de la Comunidad Europea, Diario Oficial de la Unión Europea, C 306, (17 de diciembre de 2007). Disponible en: https://eur-lex.europa.eu/legal-content/ES/ALL/?uri=OJ%3AC%3A2007%3A306%3ATOC

UTE-UNFPA. *Por una atención libre de victimización secundaria en casos de la violencia sexual*, El Salvador, 2013. Disponible en: https://elsalvador.unfpa.org/sites/default/files/pub-pdf/modulo-libre-revictimizacion.pdf

VV.AA., *Agresores sexuales con víctima desconocida*, Madrid, Ministerio del Interior, 2019.

VV.AA., *Informe jurídico-social sobre la situación de las personas inmigrantes en la Comunitat Valenciana*, Valencia, Instituto de Derechos Humanos de la Universitat de València, 2018.

Noticias prensa y documentos online

ARAGONÉS, Gonzalo, (6 de enero de 2021). Un trabajo vetado a las mujeres, *La Vanguardia.* Disponible en: https://www.lavanguardia.com/internacional/20210106/6168975/mujeres-maquinistas-metro-moscu.html

IBM Cloud Education, 31 august 2021, "*What is strong AI?", IBM Cloud Learn Hub.* Disponible en: https://www.ibm.com/cloud/learn/strong-a

MARR, Bernard, "What Is The Difference Between Weak (Narrow) And Strong (General) Artificial Intelligence (AI)?", *Bernard Marr & Co.* Disponible en: https://bernardmarr.com/what-is-the-difference-between-weak-narrow-and-strong-general-artificial-intelligence-ai/

MARTÍN PLAZA, Ana, (9 de enero de 2019). Los bulos y desinformaciones de Vox sobre la violencia machista y su mezcla con la violencia doméstica. *RTVE.* Disponible en: https://www.rtve.es/noticias/20190109/bulos-desinformaciones-vox-sobre-violencia-machista-su-mezcla-violencia-domestica/1865821.shtml

Ministerio de Justicia y Ministerio de Igualdad, (6 de julio de 2021). Nota de prensa "El Consejo de Ministros aprueba el Proyecto de Ley Orgánica de Garantía Integral de la Libertad Sexual". Disponible en: https://www.igualdad.gob.es/comunicacion/notasprensa/Documents/NdeP/NdeP_LeyLibertadSexual_060721.pdf

Público (6 de octubre de 2020). Una jueza baja diez años de los 20 que pedían a un hombre que mató a su pareja porque tenía una "intoxicación" etílica. *Público.* Disponible en: https://www.publico.es/sociedad/jueza-baja-diez-anos-20-pedian-hombre-mato-pareja-tenia-intoxicacion-etilica.html?utm_source=whatsapp&utm_medium=social&utm_campaign=web

SERRA, Clara, (6 de marzo de 2021). Negar el consentimiento. A propósito de la Ley de libertades sexuales, *El Diario.* Disponible en: https://www.eldiario.es/opinion/zona-critica/negar-consentimiento-proposito-ley-libertades-sexuales_129_7267469.html

VALVERDE, Brenda, (5 diciembre 2018) Santiago Abascal: "Las mujeres asesinadas en España han sido, mayoritariamente, a manos de extranjeros". Newtral. Disponible en: https://www.newtral.es/santiago-abascal-las-mujeres-asesinadas-en-espana-han-sido-mayoritariamente-a-manos-de-extranjeros/20181205/

WALCH, Kathleen, 4 October 2019, "Rethinking Weak Vs. Strong AI", *Forbes.* Disponible en; https://www.forbes.com/sites/cognitiveworld/2019/10/04/rethinking-weak-vs-strong-ai/

Jurisprudencia

I. COMITÉ PARA LA ELIMINACIÓN DE TODAS LAS FORMAS DE DISCRIMINACIÓN CONTRA LA MUJER

- CEDAW. Vertido c. Filipinas (CEDAW/C/46/D/18/2008).
- CEDAW. R.P.B. c. Filipinas (CEDAW/C/57/D/34/2011).
- CEDAW. S.V.P. c. Bulgaria (CEDAW/C/53/D/31/2011).
- CEDAW. Ángela González Carreño c. España (CEDAW/C/58/D/47/2012).

II. CORTE INTERAMERICANA DE DERECHOS HUMANOS

- Corte IDH. Caso González y otras ("Campo Algodonero") c. México, de 16 de noviembre de 2009.
- Corte IDH. Caso Atala Riffo y niñas c. Chile, de 24 de febrero de 2012.
- Corte IDH. Caso Veliz Franco y otros c. Guatemala, de 19 de mayo de 2014.
- Corte IDH. Caso Velásquez Paiz y otros c. Guatemala, de 19 de noviembre de 2015.
- Corte IDH. Caso López Soto y otros c. Venezuela, de 26 de septiembre de 2018.

III. TRIBUNAL EUROPEO DE DERECHOS HUMANOS

- STEDH. Caso M.C. c. Bulgaria, núm. 39272/98, de 16 de julio de 2003.
- STEDH. Caso B. c. República de Moldavia, núm. 61382/09, de 16 de julio de 2013.
- STEDH. Caso S.Z. c. Bulgaria, núm. 29263/12, de 3 de marzo de 2015.

IV. TRIBUNAL CONSTITUCIONAL

- STC, Sala Primera, núm. 94/2004, de 24 mayo (ECLI:ES:TC:2004:94).
- STC, Sala Segunda, núm. 64/2008, de 26 mayo (ECLI:ES:TC:2008:64).

V. TRIBUNAL SUPREMO

- STS, Sala de lo Penal, Sección 1ª, núm. 1507/2005, de 9 de diciembre (ROJ: 7748/2005).
- STS, Sala de lo Penal, Sección 1ª, núm. 705/2006, de 28 de junio (ROJ: 4194/2006).
- STS, Sala de lo Penal, Sección 1ª, núm. 1063/2006, de 26 de septiembre, (Roj: 6995/2006).
- STS, Sala de lo Penal, Sección 1ª, núm. 458/2009, de 13 de abril (ROJ: 3079/2009).
- STS, Sala de lo Penal, Sección 1ª, núm. 131/2010, de 18 de enero (ROJ: 924/2010).
- STS, Sala de lo Penal, Sección 1ª, núm. 99/2018, de 28 de febrero, (ROJ 619/2018).
- STS, Sala de lo Penal, Sección 1ª, núm. 779/2018, de 6 de marzo (Roj: 678/2019).
- STS, Sala de lo Penal, Sección 1ª, núm. 204/2018, de 25 de abril (ROJ 1574/2018).
- STS, Sala de lo Penal, Sección 1ª, núm. 217/2018, de 8 de mayo (ROJ 1743/2018).
- STS, Sala de lo Penal, Sección 1ª, núm. 247/2018, de 24 mayo (Roj: 2003/2018).
- STS, Sala de lo Penal, Sección 1ª, núm. 251/2018, de 24 de mayo (ROJ: 1900/2018).
- STS, Sala de lo Penal, Sección 1ª, núm. 282/2018, de 13 junio (Roj: 2182/2018).
- STS, Sala de lo Penal, Sección 1ª, núm. 677/2018, de 20 de diciembre (Roj: 4353/2018).
- STS, Sala de lo Penal, Sección 1ª, núm. 658/2019, de 8 de enero (Roj: 1/2020).
- STS, Sala de lo Penal, Sección 1ª, núm. 119/2019, de 6 de marzo (ROJ 678/2019).
- STS, Sala de lo Penal, Sección 1ª, núm. 184/2019, de 2 de abril (Roj: 7071/2019).
- STS, Sala de lo Penal, Sección 1ª, núm. 254/2019, de 21 de mayo (Roj: 1516/2019).
- STS, Sala de lo Penal, Sección 1ª, núm. núm. 344/2019, de 4 de julio (Roj: 2200/2019).

VI. TRIBUNALES SUPERIORES DE JUSTICIA

- STSJ de Navarra, Sala de lo Civil y Penal, núm. 7/2018, de 30 de noviembre (Roj: 473/2018).

VII. AUDIENCIA PROVINCIALES

- SAP Valencia, Sección 1ª, núm. 364/2006, de 18 de diciembre (ROJ: 4510/2006).
- SAP Valencia, Sección 5ª, núm. 137/2008, de 20 de abril (ROJ: 2073/2008).
- SAP Valencia, Sección 3ª, núm. rec. 396/2008, de 23 de diciembre (ROJ: 5663/2008).
- SAP Valencia, Sección 3ª, núm. 567/2009, de 25 de septiembre (ROJ: 3666/2009).
- SAP Valencia, Sección 5ª, núm. 361/2010, de 4 de junio (ROJ: 3539/2010).
- SAP Valencia, Sección 2ª, núm. 790/2010, de 3 de diciembre (ROJ: 6000/2010).
- SAP Valencia, Sección 3ª, núm. 47/2012, de 21 de enero (ROJ: 37/2013).
- SAP Valencia, Sección 1ª, núm. 227/2012, de 2 de abril (ROJ: 1331/2012).
- SAP Valencia, Sección 3ª, núm. 560/2012, de 14 de julio (ROJ: 3099/2012).
- SAP Valencia, Sección 4ª, núm. 47/2014, de 23 de enero (ROJ: 181/2014).
- SAP Valencia, Sección 2ª, núm. 561/2014, de 17 de junio (3523/2014).
- SAP Valencia, Sección 2ª, núm. 619/2014, de 4 de julio (ROJ: 3543/2014).
- SAP Valencia, Sección 3ª, núm. 563/2014, de 31 de julio (ROJ: 3640/2014).
- SAP Valencia, Sección 1ª, núm. 452/2014, de 21 de noviembre (Roj. 4682/2014).
- SAP Valencia, Sección 2ª, núm. 97/2015, 28 de enero (ROJ: 313/2015).
- SAP Valencia, Sección 5ª, núm. 285/2015, de 30 de abril (Roj. 1605/2015).
- SAP Valencia, Sección 3ª, núm. 734/2015, de 23 de octubre (ROJ: 3848/2015).
- SAP Valencia, Sección 4ª, núm. 591/2017, de 5 de octubre (ROJ: 3036/2017).
- SAP de Navarra, Sección 2ª, núm. 38/2018, de 20 de marzo de 2018 (Roj: 86/2018).

- SAP Valencia, Sección 5ª, núm. 170/2018, de 23 de marzo (359/2018).
- SAP Valencia, Sección 4ª, núm. 730/2018, de 13 de diciembre (Roj. 5117/2018).
- SAP Valencia, Sección 2ª, núm. 319/2020, de 23 de julio (Roj. 2198/2020).
- SAP Valencia, Sección 1ª, núm. 121/2020, de 16 de noviembre (ROJ: 1595/2020).
- SAP Valencia, Sección 1ª, núm. 675/2020, de 23 de diciembre (ROJ: 6236/2010).

Anexos

Anexo 1. Base de datos recolectada.
El anexo contiene una representación reducida de los datos recopilados fruto del análisis del conjunto de sentencias de la Audiencia Provincial de Valencia comprendidas entre el año 2004 y 2020 sobre delitos de agresión y abuso sexual contra mujeres por parte de un único hombre que han servido para la realización tanto del estudio estadístico descriptivo como para el entrenamiento de modelos de ML tras su codificación para obtener una representación vectorial normalizada.

Anexo 2. Subgrupos de variables para el entrenamiento de IA.
El anexo presenta los diferentes subconjuntos de variables con lo que se ha procedido a entrenar los modelos de ML. Son los datos de entrada con lo que van a ser entrenados los algoritmos obteniendo en cada caso cuatro datos de salida: existencia de estereotipos, estereotipos perjudiciales, estereotipos favorables y fallo.

ANEXO 1. BASE DE DATOS RECOLECTADA

Número	6181/ 2019	1018/ 2019	151/ 2019	51/ 2 019	249/ 2019	1296/ 2019	2267/ 2019	2265/ 2019	6344/ 2019	2685/ 2019	4352/ 2019	4237/ 2019	4238/ 2019	5978/ 2019
Género P.	Mujer	Mujer	Mujer	Mujer	Mujer	Mujer	Hombre	Hombre	Mujer	Hombre	Mujer	Hombre	Mujer	Hombre
Delito	Abuso	Abuso	Agresión	Agresión	Agresión	Abuso	Agresión	Abuso	Agresión	Agresión	Abuso	Agresión	Abuso	Abuso
Fallo	Condena	Absolu-ción	Condena	Condena	Absolu-ción	Absolu-ción	Condena	Condena	Condena	Condena	Condena	Condena	Condena	Condena
Género V.	Mujer	Mujer	Mujer	Mujer	Mujer	Mujer	Mujer	Mujer	Mujer	Mujer	Mujer	Mujer	Mujer	Mujer
Edad V.	Menor	Mayor	Mayor	Menor	Mayor	Mayor	Mayor	Menor	Mayor	Menor	Mayor	Mayor	Menor	Mayor
Edad año V.	11	-	35	12	-	-	-	5	-	13	22	-	15	17
Nacionalidad V.	Española	Española	Española	Española	Española	Colom-biana	Española	Española	Española	Española	Española	Española	Española	-
Sadmva V.	Regular	Regular	Regular	Regular	Regular	-	Regular	-	Regular	Regular	Regular	Regular	Regular	Irregular
Discapacidad V.	Sí	No	No	No	No	No	No	No	No	No	No	No	No	No
Recurrencia	-	No	No	No	No	No	No	No	No	No	No	No	No	No
Género A.	Hombre	Hombre	Hombre	Hombre	Hombre	Hombre	Hombre	Hombre	Hombre	Hombre	Hombre	Hombre	Hombre	Hombre
Edad A.	Mayor	Mayor	Mayor	Menor	Mayor	Mayor	Mayor	Mayor	Mayor	Mayor	Mayor	Mayor	Mayor	Mayor
Edad año A.	-	-	-	-	-	-	-	-	-	-	-	66	37	37
Nacionalidad A.	Española	Española	Española	Española	Marroquí	Ecuato-riana	Mali	Española	Española	Colom-biana	Cubana	Argentina	Española	Española
Sadmva A.	Regular	-	Regular	Regular	-	-	Regular	Regular	Regular	Regular	Irregular	Regular	Regular	-
Discapacidad A.	No	No	No	No	No	No	No	No	No	No	No	No	No	No
Reincidencia	No	No	No	No	No	No	No	No	No	No	No	No	No	No
Otros antecedentes	No	No	No	No	No	Sí	No	No	No	Sí	Sí	Sí	Sí	No
Vestimenta	No	No	No	No	No	No	Sí	No	No	No	No	No	No	No
Relación o parentesco	Sí	No	Sí	No	Sí	No	No	Sí	Sí	Sí	No	No	Sí	No

Drogas antes	-	No	No	No	No	Sí	No	Sí	Sí	No	Sí	Sí	No	Sí
Historial sexual	No	No	No	No	No	No	No	No	No	No	No	Sí	No	No
Conducta sexual	Anul. + Resist.	Anul.	Resist.	-	-	Activa	Resist.	Anul.	Anul.	Resist.	Anul.	Resist.	Anul.	Anul. + Resist.
Lugar	D. Común	E. Privado	D. Víctima	E. Público	D. Común	E. Público	E. Público	D. Común	D. Común	D. Víctima	E. Público	D. Agresor	D. Común	D. Común
Mes H.	-	2	9	9	12	12	2	6	-	-	12	1	-	7
Año H.	-	2013	2016	2016	2015	2014	2017	2017	-	-	2016	2018	-	2016
Duración	4	0	0	0	0	0	0	0	0	0	0	0	1	0
Drogas durante	No	No	No	No	No	Sí	No	No	No	No	Sí	No	No	No
Consentimiento	No	No	No	No	-	Sí	No	No	No	No	No	No	No	No
Lesiones	Sí	No	No	No	No	No	Sí	No	No	No	Sí	Sí	No	No
Trauma	Sí	Sí	Sí	Sí	No	No	Sí	No	No	No	No	No	Sí	No
Tiempo para denunciar	8	0	0	0.041	0	0.013	0	0	0	3	0	0	1.75	1.25
Act.ante profesionales	-	Insegura	-	Nerviosa	Nerviosa	-	-	-	Miedosa	-	-	-	Histérica	-
Cond. afectivo-sexual	No	No	-	No	No	-	No	No	No	No	No	No	No	No
Coherencia	Sí	No	Sí	Sí	Sí	No	Sí	Sí	Sí	Sí	Sí	Sí	Sí	Sí
Cuestiona-miento	No	No	Sí	No	No	No	No	No	No	No	No	Sí	No	No
Tiempo transcurrido	10	5	1.3	1.3	2.16	3.25	1.16	0.83	3.5	5	1.83	0.83	3	2.33
Indemnización	Sí	No	Sí	Sí	Sí	No	Sí	No	Sí	Sí	Sí	Sí	Sí	No
Testificales	No	No	No	No	No	No	Sí	Sí	No	No	No	No	No	No
G. defensa	Hombre	Hombre	Hombre	Mujer	Hombre	Hombre	Mujer	Mujer	Hombre	Mujer	Hombre	Hombre	Hombre	Mujer
G. acusación	Mujer	Hombre	Hombre	Hombre	Hombre	Hombre	Hombre	Mujer	Mujer	Mujer	Mujer	Hombre	Mujer	Mujer
Favorable	Sí	No	No	Sí	No	No	No	No	Sí	No	No	Sí	No	No

Procedencia F.	Magis-trado	No	No	Magis-trado	No	No	No	No	Magis-trado	No	No	Magis-trado	No	No
Perjudicial	Sí	Sí	No	No	Sí	No	No	No	Sí	No	No	2	No	No
Procedencia P.	Magis-trado	Magis-trado	No	No	Magis-trado	No	No	No	Defensa	No	No	Magis-trado	No	No
Existencia	Sí	Sí	No	Sí	Sí	No	No	No	Sí	No	No	Sí	No	No

Número	5118/ 2019	5117/ 2019	5737/ 2019	203/ 2020	1070/ 2020	1075/ 2020	883/ 2020	3079/ 2020	4525/ 2020	5027/ 2020	85/ 2018	3985/ 2018	277/ 2018	269/ 2018
Género P.	Hombre	Mujer	Mujer	Mujer	Hombre	Mujer	Mujer	Mujer	Hombre	Hombre	Hombre	Hombre	Hombre	Hombre
Delito	Agresión	Agresión	Agresión	Abuso	Abuso	Agresión	Agresión	Abuso	Abuso	Agresión	Agresión	Agresión	Agresión	Agresión
Fallo	Conde-na	Conde-na	Conde-na	Absolu-ción	Conde-na	Conde-na	Conde-na	Conde-na	Conde-na	Conde-na	Conde-na	Conde-na	Conde-na	Absolu-ción
Género V.	Mujer	Mujer	Mujer	Mujer	Mujer	Mujer	Mujer	Mujer	Mujer	Mujer	Mujer	Mujer	Mujer	Mujer
Edad V.	Menor	Mayor	Mayor	Menor	Mayor	Menor	Menor	Mayor	Menor	Mayor	Mayor	Mayor	Mayor	Mayor
Edad año V.	-	30	18	8	35	9	13	24	14	32	-	-	-	-
Nacionalidad V.	-	-	Española	Española	Española	Española	Española	Española	-	Española	Española	Española	Española	Española
Sadmva V.	-	Irregular	Regular	Regular	Regular	Regular	Regular	Regular	-	Regular	Regular	Regular	Regular	-
Discapacidad V.	No	No	No	No	No	No	No	No	No	No	No	No	No	No
Recurrencia	No	No	No	No	No	No	No	No	No	-	No	Sí	No	No
Género A.	Hombre	Hombre	Hombre	Hombre	Hombre	Hombre	Hombre	Hombre	Hombre	Hombre	Hombre	Hombre	Hombre	Hombre
Edad A.	Mayor	Mayor	Mayor	Mayor	Mayor	Mayor	Mayor	Mayor	Mayor	Mayor	Mayor	Mayor	Mayor	Mayor
Edad año A.	42	77	19	36	40	41	22	21	-	35	30	29	-	37
Nacionalidad A.	-	Española	Española	Domini-cana	Nige-riana	Argelina	Bolivia-na	Española	-	Española	Española	Española	Española	Española
Sadmva A.	-	Regular	Regular	Regular	Regular	Irregular	Regular	Regular	-	Regular	-	Regular	Regular	Regular

Discapacidad A.	No	No	No	No	No	No	No	No	No	No	No	No	No	No
Reincidencia	No	No	No	No	No	No	No	No	No	Sí	Sí	No	No	No
Otros antecedentes	Sí	No	No	No	No	Sí	No	No	No	Sí	No	No	No	Sí
Vestimenta	No	No	No	No	No	No	No	No	No	No	No	No	No	No
Relación o parentesco	Sí	No	No	Sí	Sí	Sí	Sí	No	No	No	Sí	No	Sí	Sí
Drogas antes	No	No	Sí	No	No	No	No	No	No	No	No	No	Sí	No
Historial sexual	No	No	Sí	No	No	No	No	No	No	No	No	No	No	Sí
Conducta sexual	Anul.	Anul.	Anul. + Resist.	Resist.	Resist.	Anul. + Resist.	Anul.	Resist.	Anul.	Resist.	Anul. + Resist.	Resist.	Activa	Anul.
Lugar	D. Común	D. Agresor	E. Público	D. Común	D. Común	D. Común	D. Agresor	E. Público	E. Público	E. Público	D. Agresor	D. Agresor	D. Vícti-ma	D. Agresor
Mes H.	-	4	10	-	11	-	7	5	-	11	7	5	9	1
Año H.	-	2017	2016	-	2016	-	2017	2016	-	2018	2014	2015	2015	2015
Duración	5	0	0	0	0	2	0	0	0	0	0	0	0	0
Drogas durante	No	No	Sí	No	No	No	No	No	No	No	No	No	No	No
Consenti-miento	No	No	No	No	No	No	No	No	No	No	No	No	Sí	No
Lesiones	No	No	Sí	No	No	Sí	Sí	No	No	Sí	Sí	Sí	Sí	No
Trauma	No	No	Sí	No	No	Sí	Sí	No	No	Sí	No	No	No	No
Tiempo para denunciar	0.083	0.082	0	0	0	12	0	0	0	0	0	0	0.0082	0
Act.ante profe-sionales	-	-	Nerviosa	-	-	-	Afligida	-	Miedosa	-	Nerviosa	-	-	Afligida

Cond. afectivo-sexual	Sí	No	Sí	Sí	-	No	No	No	Sí	-	No	Sí	No	No
Coherencia	Sí	Sí	Sí	No	Sí	Sí	Sí		Sí	Sí	Sí	Sí	Sí	Sí
Cuestionamiento	No	No	No	No	No	No	No	No	No	No	No	No	Sí	No
Tiempo transcurrido	7	1.66	2.16	4	2.25	14	1.75	3.083	3	1.083	2.05	1.66	1.41	2.083
Indemnización	No	Sí	Sí	Sí	Sí	Sí	Sí	Sí	No	Sí	Sí	Sí	No	No
Testificales	No	No	No	No	No	No	No	No	No	No	No	No	No	No
G. defensa	Hombre	Hombre	Hombre	Mujer	Hombre	Hombre	Mujer	Hombre	Hombre	Hombre	Hombre	Hombre	Mujer	Hombre
G. acusación	Mujer	Mujer	Mujer	Mujer	Hombre	Hombre	Hombre	Hombre	Mujer	Hombre	Hombre	Mujer	Mujer	Hombre
Favorable	No	Sí	Sí	No	No	Sí	No	No	No	No	No	Sí	No	No
Procedencia F.	No	Magistrado	Magistrado	No	No	Magistrado	No	No	No	No	No	Magistrado	No	No
Perjudicial	2	Sí	2	Sí	Sí	No	No	No	Sí	No	No	Sí	Sí	No
Procedencia P.	Defensa	Magistrado	Def. + Acus.	Magistrado	Magistrado	No	No	No	Defensa	No	No	Defensa	Magistrado	No
Existencia	Sí	Sí	Sí	Sí	Sí	Sí	No	No	Sí	No	No	Sí	Sí	No

Número	363/2018	281/2018	3548/2018	3974/2018	4910/2018	1506/2018	1436/2018	4070/2018	2776/2018	2633/2018	3217/2018	3185/2018	3286/2017	3321/2017
Género P.	Mujer	Mujer	Mujer	Mujer	Mujer	Hombre	Mujer	Mujer	Hombre	Mujer	Mujer	Mujer	Mujer	Hombre
Delito	Agresión	Agresión	Abuso	Agresión	Abuso	Agresión	Abuso	Agresión	Agresión	Abuso	Agresión	Abuso	Abuso	Agresión
Fallo	Condena	Condena	Condena	Absolución	Condena	Absolución	Condena	Absolución	Condena	Condena	Condena	Condena	Condena	Condena
Género V.	Mujer	Mujer	Mujer	Mujer	Mujer	Mujer	Mujer	Mujer	Mujer	Mujer	Mujer	Mujer	Mujer	Mujer

Edad V.	Mayor	Mayor	Menor	Mayor	Mayor	Mayor	Mayor	Mayor	Mayor	Mayor	Menor	Menor	Menor	Mayor
Edad año V.	-	91	13	-	-	-	82	-	-	-	9	9	9	-
Nacionalidad V.	Española	Española	Española	Española	Española	Española	Española	Española	Marroquí	Española	Española	Española	Española	Española
Sadmva V.	Regular	Regular	Regular	Regular	-	Regular	Regular	Regular	-	-	Regular	Regular	Regular	Regular
Discapacidad V.	No	No	No	No	No	No	Sí	No	No	No	No	No	No	No
Recurrencia	No	No	No	No	No	No	No	No	No	No	No	No	No	No
Género A.	Hombre	Hombre	Hombre	Hombre	Hombre	Hombre	Hombre	Hombre	Hombre	Hombre	Hombre	Hombre	Hombre	Hombre
Edad A.	Mayor	Mayor	Mayor	Mayor	Mayor	Mayor	Mayor	Mayor	Mayor	Mayor	Mayor	Mayor	Mayor	Mayor
Edad año A.	59	44	40	63	39	44	59	49	25	36	35	57	-	21
Nacionalidad A.	Española	Española	Española	Española	Española	Española	Española	Española	Saudí	Española	Española	Española	Bolivia-na	Nige-riana
Sadmva A.	Regular	Regular	Regular	Regular	Regular	Regular	Regular	Regular	Regular	-	Regular	Regular	Regular	-
Discapacidad A.	No	No	No	Sí	Sí	No	No	No	No	No	No	No	No	No
Reincidencia	No	No	No	No	No	No	No	No	No	No	No	No	No	No
Otros antecedentes	Sí	Sí	Sí	Sí	No	Sí	No	No	No	No	Sí	No	No	No
Vestimenta	No	No	No	No	No	No	No	No	No	No	No	No	No	No
Relación o parentesco	No	No	Sí	No	No	Sí	No	Sí	Sí	No	Sí	Sí	Sí	No
Drogas antes	No	Sí	No	No	No	No	No	No	No	No	No	No	No	No
Historial sexual	No	No	No	No	No	Sí	No	No	No	No	No	No	No	No
Conducta sexual	Anul. + Resist.	Resist.	Anul.	Activa	Resist.	Anul. + Resist.	Anul.	Activa	Anul. + Resist.	Resist.	Anul. + Resist.	Anul. + Activa	-	Resist.
Lugar	D. Víctima	D. Víctima	D. Común	D. Agresor	E. Privado	D. Común	E. Público	D. Común	D. Común	D. Agresor	D. Común	D. Común	D. Común	E. Público

Mes H.	6	5	-	12	4	3	8	-	6	1	-	-	-	11
Año H.	2014	2015	-	2015	2014	2011	2016	-	2015	2016	-	-	-	2016
Duración	0	0	2	0	0	0	0	0	0	0	4	1	0	0
Drogas durante	Sí	Sí	No	No	No	No	No	No	No	No	No	No	No	No
Consentimiento	No	No	No	No	No	No	No	No	No	No	No	No	No	No
Lesiones	Sí	Sí	No	No	No	Sí	No	No	Sí	No	No	No	No	Sí
Trauma	-	-	Sí	No	Sí	-	No	Sí	Sí	No	Sí	No	Sí	No
Tiempo para denunciar	0	0	3	0	0	0	0	0	0	0	9	0	1.58	0
Act.ante profesionales	-	-	Nerviosa	-	-	-	-	-	Nerviosa	-	Nerviosa	Afligida	-	-
Cond. afectivo-sexual	No	No	Sí	No	No	No	No	No	No	Sí	No	No	Sí	No
Coherencia	Sí	Sí	Sí	No	Sí	No	Sí	No	Sí	Sí	Sí	Sí	Sí	Sí
Cuestionamiento	No	No	No	Sí	No	Sí	No	Sí	No	No	No	No	No	No
Tiempo transcurrido	2.83	1.75	6	1.33	3	6.33	0.83	1.66	2.083	0	14	4	3	0.91
Indemnización	Sí	Sí	Sí	No	Sí	No	Sí	No	Sí	No	Sí	Sí	Sí	No
Testificales	No	No	No	No	No	No	Sí	No	No	No	Sí	No	No	Sí
G. defensa	-	Mujer	Hombre	Hombre	Hombre	Mujer	Hombre	Mujer	Hombre	Mujer	Hombre	Hombre	Mujer	Hombre
G. acusación	-	Hombre	Mujer	Mujer	Mujer	Mujer	Hombre	Mujer	Mujer	Mujer	Mujer	Mujer	Hombre	Mujer
Favorable	No	No	No	No	No	No	No	No	No	No	No	No	No	No
Procedencia F.	No	No	No	No	No	No	No	No	No	No	No	No	No	No
Perjudicial	No	No	No	No	2	2	No	No	No	No	Sí	No	No	No

Procedencia P.	No	No	No	No	Defensa	Magis-trado	No	No	No	No	Magis-trado	No	No	No
Existencia	No	No	No	No	Sí	Sí	No	No	No	No	Sí	No	No	No

Número	6511/ 2017	3129/ 2017	4210/ 2017	6267/ 2017	4174/ 2017	3564/ 2017	2573/ 2016	3314/ 2016	3793/ 2016	3872/ 2016	2422/ 2016	6/ 2016	894/ 2016	1063/ 2016
Género P.	Mujer	Hombre	Mujer	Hombre	Hombre	Hombre	Mujer	Mujer	Hombre	Mujer	Mujer	Hombre	Mujer	Mujer
Delito	Agresión	Agresión	Agresión	Agresión	Agresión	Agresión	Abuso	Abuso	Agresión	Agresión	Agresión	Agresión	Agresión	Agresión
Fallo	Conde-na	Absolu-ción	Conde-na	Conde-na	Conde-na	Conde-na	Conde-na	Absolu-ción	Absolu-ción	Conde-na	Absolu-ción	Conde-na	Absolu-ción	Absolu-ción
Género V.	Mujer	Mujer	Mujer	Mujer	Mujer	Mujer	Mujer	Mujer	Mujer	Mujer	Mujer	Mujer	Mujer	Mujer
Edad V.	Mayor	Mayor	Mayor	Menor	Mayor	Menor	Mayor	Mayor	Mayor	Mayor	Mayor	Mayor	Mayor	Menor
Edad año V.	-	-	30	10	-	16	-	-	-	18	-	-	-	12
Nacionalidad V.	Española	Española	-	-	-	Marro-quí	Estadou-nidense	Española	Española	Rumana	-	Española	-	Española
Sadmva V.	Regular	Regular	-	-	-	Regular	Regular	Regular	Regular	-	-	Regular	-	Regular
Discapacidad V.	No	No	No	No	No	No	No	No	Sí	No	No	No	No	No
Recurrencia	No	No	No	No	No	No	No	No	No	No	No	No	No	No
Género A.	Hombre	Hombre	Hombre	Hombre	Hombre	Hombre	Hombre	Hombre	Hombre	Hombre	Hombre	Hombre	Hombre	Hombre
Edad A.	Mayor	Mayor	Mayor	Mayor	Mayor	Mayor	Mayor	Mayor	Mayor	Mayor	Mayor	Mayor	Mayor	Mayor
Edad año A.	38	24	23	54	41	-	-	-	23	27	49	37	-	41
Nacionalidad A.	Española	Española	Española	Ecuato-riana	Ecuato-riana	Siria	Estadou-nidense	Española	Rumana	Rumana	Española	Española	-	Española
Sadmva A.	Regular	Regular	-	-	-	Regular	Regular	Regular	-	-	Regular	Regular	-	Regular
Discapacidad A.	No	No	No	No	No	No	No	No	No	No	No	No	No	No

Reincidencia	No	No	No	No	No	No	No	No	No	No	No	No	No	No
Otros antecedentes	No	No	No	No	Sí	No	No	Sí	No	No	No	Sí	Sí	No
Vestimenta	No	No	No	No	No	No	No	No	No	No	No	No	No	No
Relación o parentesco	Sí	No	No	No	No	No	No	Sí	No	No	No	Sí	No	Sí
Drogas antes	No	Sí	No	No	No	No	Sí	No	No	No	No	Sí	Sí	No
Historial sexual	No	No	No	No	No	No	No	Sí	Sí	No	No	Sí	Sí	No
Conducta sexual	Resist.	Anul. + Activa	Resist.	Anul. + Resist.	Resist.	Anul. + Resist.	Anul.	Anul.	Anul. + Resist.	-	-	Anul.	Anul.	Anul.
Lugar	D. Común	D. Vícti-ma	D. Vícti-ma	D. Agresor	D. Común	D. Agresor	E. Público	Varios	Varios	D. Común	E. Público	D. Agresor	D. Agresor	D. Común
Mes H.	2	1	1	7	6	10	-	-	-	11	-	10	7	-
Año H.	2016	2015	2015	2015	2016	2016	-	-	-	2014	-	2014	2014	-
Duración	0	0	0	0	0	0	0	0	2	0	0	0	0	5
Drogas durante	No	No	No	No	No	No	Sí	-	No	No	No	Sí	Sí	No
Consentimiento	No	-	No	No	No	No	No	No	No	No	No	No	No	No
Lesiones	Sí	Sí	No	No	Sí	No	No	No	Sí	Sí	No	Sí	No	No
Trauma	No	-	Sí	Sí	Sí	No	No	Sí	No	No	No	Sí	No	No
Tiempo para denunciar	0	0	0	0	0	0	0	0	0	0	1	0	0	0.167
Act.ante profesionales	Segura	-	Asustada	-	-	Nerviosa	Asustada	-	-	-	-	-	-	-
Cond. afectivo-sexual	No	No	No	Sí	No	No	No	No	No	No	No	No	No	No
Coherencia	Sí	No	Sí	Sí	Sí	Sí	Sí	Sí	No	Sí	No	Sí	-	Sí

Cuestiona-miento	No	Sí	No	No	No	No	No	Sí	Sí	No	Sí	No	No	No
Tiempo transcurrido	1.66	1.83	2.83	2.41	1.41	1.16	0.58	0	3.58	1.083	3.583	1.458	1.67	20
Indemnización	Sí	No	Sí	Sí	Sí	No	No	Sí	No	No	No	Sí	No	No
Testificales	No	No	No	No	No	No	No	No	No	-	No	No	No	No
G. defensa	Hombre	Hombre	Hombre	Hombre	Hombre	Hombre	Hombre	Hombre	Hombre	Hombre	Mujer	Mujer	Hombre	Hombre
G. acusación	Hombre	Hombre	Hombre	Mujer	Hombre	Mujer	-	Mujer	-	-	Mujer	Mujer	Mujer	-
Favorable	Sí	No	No	No	No	No	Sí	No	No	Sí	No	No	No	Sí
Procedencia F.	Magis-trado	No	No	No	No	No	Magis-trado	No	No	Magis-trado	No	No	No	Magis-trado
Perjudicial	No	2	No	No	No	No	Sí	Sí	Sí	No	No	No	No	Sí
Procedencia P.	No	Magis-trado	No	No	No	No	Defensa	Magis-trado	Magis-trado	No	No	No	No	Magis-trado
Existencia	Sí	Sí	No	No	No	No	Sí	Sí	Sí	Sí	No	No	No	Sí

Número	1735/ 2016	2363/ 2016	4168/ 2016	708/ 2016	2188/ 2016	2197/ 2016	2172/ 2016	109/ 2016	729/ 2016	689/ 2016	735/ 2016	99/ 2009	225/ 2009	231/ 2009
Género P.	Hombre	Hombre	Mujer	Hombre	Mujer	Mujer	Mujer	Hombre	Mujer	Mujer	Hombre	Mujer	Hombre	Hombre
Delito	Agresión	Agresión	Agresión	Agresión	Abuso	Agresión	Agresión	Agresión	Abuso	Agresión	Agresión	Agresión	Agresión	Agresión
Fallo	Absolu-ción	Absolu-ción	Absolu-ción	Conde-na	Conde-na	Absolu-ción	Conde-na	Absolu-ción	Conde-na	Conde-na	Conde-na	Absolu-ción	Conde-na	Absolu-ción
Género V.	Mujer	Mujer	Mujer	Mujer	Mujer	Mujer	Mujer	Mujer	Mujer	Mujer	Mujer	Mujer	Mujer	Mujer
Edad V.	Mayor	Mayor	Menor	Menor	Menor	Mayor	Menor	Mayor	Menor	Menor	Mayor	Mayor	-	-
Edad año V.	-	-	-	13	11	-	16	-	6	12	38	56	-	-
Nacionalidad V.	Española	Española	-	Española	Española	Española	Española	Española	Española	Española	Española	-	-	-

Sadmva V.	Regular	Regular	Regular	Regular	Regular	Regular	Regular	Regular	Regular	Regular	Regular	-	-	-
Discapacidad V.	Sí	No	No	Sí	No	No	No	No	No	No	No	No	No	No
Recurrencia	No	No	No	No	No	No	No	No	No	No	No	No	No	No
Género A.	Hombre	Hombre	Hombre	Hombre	Hombre	Hombre	Hombre	Hombre	Hombre	Hombre	Hombre	Hombre	Hombre	Hombre
Edad A.	Mayor	Mayor	Menor	Mayor	Mayor	Mayor	Mayor	Mayor	Mayor	Mayor	Mayor	Mayor	Mayor	Mayor
Edad año A.	-	-	-	42	19	34	-	-	33	36	51	44	43	23
Nacionalidad A.	Española	Española	-	Suiza	Pakistaní	Marro-quí	Española	Española	Nige-riana	Española	Española	Ecuato-riana	Española	Para-guaya
Sadmva A.	Regular	Regular	Regular	Regular	Irregular	Regular	Regular	Regular	Regular	Regular	Regular	-	Regular	Irregular
Discapacidad A.	No	No	No	No	No	No	No	No	No	No	Sí	No	No	No
Reincidencia	No	No	No	No	No	No	No	No	No	No	Sí	No	No	No
Otros antecedentes	No	No	No	No	No	Sí	No	No	No	Sí	No	No	No	No
Vestimenta	No	No	No	No	No	No	No	No	No	No	No	No	-	No
Relación o parentesco	Sí	Sí	No	No	No	No	No	No	Sí	Sí	No	Sí	Sí	Sí
Drogas antes	No	No	No	No	No	Sí	No	No	Sí	Sí	No	No	No	No
Historial sexual	No	No	No	No	No	No	No	Sí	No	No	No	No	No	Sí
Conducta sexual	-	Anul.	-	-	Resist.	Anul. + Resist.	Anul. + Activa	Anul. + Activa	Resist.	Anul. + Resist.	Resist.	Resist.	Resist.	Anul.
Lugar	D. Común	E. Privado	D. Víctima	D. Víctima	E. Público	E. Público	E. Público	Varios	E. Privado	D. Común	E. Público	D. Común	D. Víctima	D. Agresor
Mes H.	-	7	2	-	5	6	-	-	-	-	-	-	4	4
Año H.	-	2013	2015	-	2015	2013	-	-	-	-	-	-	2008	2008
Duración	0	0	0	0	0	0	0	0	0	7	0	0	0	0

Drogas durante	No	No	No	No	No	Sí	No	No	Sí	Sí	No	No	No	No
Consentimiento	No	No	Sí	No	No	No	No	No	No	No	No	No	No	No
Lesiones	No	Sí	No	No	No	No	Sí	-	No	Sí	Sí	No	Sí	Sí
Trauma	No	Sí	No	No	No	No	No	-	No	Sí	Sí	No	Sí	No
Tiempo para denunciar	0	0	0	0	0	0	0	1	0	0	0	4	0	0
Act.ante profesionales	-	-	-	-	-	-	-	-	Calmada	Miedosa	-	-	-	-
Cond. afectivo-sexual	No	No	No	No	No	No	No	Sí	No	No	No	Sí	No	No
Coherencia	Sí	Sí	Sí	-	Sí	No	-	No	Sí	Sí	Sí	No	Sí	Sí
Cuestiona-miento	Sí	Sí	-	No	No	Sí	No	Sí	No	No	No	-	No	No
Tiempo transcurrido	0.667	2.83	1.33	2.25	0.75	2.66	2.66	3.5	2.33	1.33	2.83	3.75	0.75	0.83
Indemnización	No	No	No	No	Sí	No	Sí	No	No	Sí	No	No	Sí	Sí
Testificales	No	No	No	No	No	No	No	No	Sí	Sí	No	No	No	Sí
G. defensa	Hombre	Mujer	-	Hombre	Mujer	Mujer	Hombre	Mujer	Mujer	Hombre	Hombre	Hombre	Mujer	Hombre
G. acusación	Hombre	Mujer	-	Hombre	Hombre	-	Hombre	Mujer	-	Hombre	-	Hombre	Hombre	Mujer
Favorable	No	No	No	No	No	No	No	No	No	2	No	No	No	No
Procedencia F.	No	No	No	No	No	No	No	No	No	Magis-trado	No	No	No	No
Perjudicial	No	Sí	No	No	No	No	No	2	No	No	No	2	2	2
Procedencia P.	No	Magis-trado	No	No	No	No	No	Magis-trado	No	No	No	Magis-trado	Mag. + Def.	Magis-trado
Existencia	No	Sí	No	No	No	No	No	Sí	No	Sí	No	Sí	Sí	Sí

Número	232/2009	299/2009	385/2009	417/2009	1087/2009	1565/2009	1983/2009	2241/2009	2349/2009	2566/2009	3279/2009	3390/2009	3666/2009	4040/2009
Género P.	Hombre	Mujer	Hombre	Hombre	Mujer	Mujer	Mujer	Mujer	Mujer	Mujer	Hombre	Mujer	Hombre	Hombre
Delito	Abuso	Agresión	Abuso	Agresión	Agresión	Abuso	Agresión	Abuso	Agresión	Abuso	Agresión	Agresión	Abuso	Abuso
Fallo	Condena	Absolución	Condena	Condena	Condena	Condena	Condena	Condena	Absolución	Absolución	Absolución	Condena	Condena	Condena
Género V.	Mujer	Mujer	Mujer	Mujer	Mujer	Mujer	Mujer	Mujer	Mujer	Mujer	Mujer	Mujer	Mujer	Mujer
Edad V.	Menor	Menor	Mayor	Mayor	Menor	Menor	Mayor	Mayor	Menor	Menor	Mayor	Mayor	Mayor	Menor
Edad año V.	13	15	-	-	17	13	-	-	6	12	-	24	-	12
Nacionalidad V.	-	-	-	Ecuatoriana	-	-	-	-	-	-	-	-	Boliviana	-
Sadmva V.	-	-	-	-	-	-	-	-	-	-	-	-	-	-
Discapacidad V.	No	No	No	No	No	Sí	No	No	No	No	No	No	No	No
Recurrencia	No	No	-	No	No	No	No	No	No	No	No	No	No	No
Género A.	Hombre	Hombre	Hombre	Hombre	Hombre	Hombre	Hombre	Hombre	Hombre	Hombre	Hombre	Hombre	Hombre	Hombre
Edad A.	Mayor	Mayor	Mayor	Mayor	Mayor	Mayor	Mayor	Mayor	Mayor	Mayor	Mayor	Mayor	Mayor	Mayor
Edad año A.	47	34	28	38	28	34	30	29	43	53	27	-	42	49
Nacionalidad A.	Española	Venezolana	Española	Cubana	Española	Hondureña	Española	Boliviana	Francesa	Española	Colombiana	Mali	Ecuatoriana	Sierraleonesa
Sadmva A.	Regular	Irregular	Regular	-	Regular	-	Regular	Regular	Regular	Regular	Regular	Regular	Regular	Irregular
Discapacidad A.	Sí	No	Sí	No	No	No	No	No	No	Sí	No	No	No	No
Reincidencia	No	No	No	No	No	No	No	No	No	Sí	No	No	Sí	Sí
Otros antecedentes	Sí	No	No	No	No	No	No	No	No	No	No	No	No	No
Vestimenta	No	No	No	Sí	No	No	No	No	No	No	No	No	No	No

Relación o parentesco	Sí	Sí	No	Sí	No	No	No	Sí	No	Sí	Sí	No	No	No
Drogas antes	No	No	Sí	Sí	No	No	No	No	No	No	Sí	Duda	Sí	No
Historial sexual	No	No	No	No	No	No	No	Sí	No	No	No	No	No	No
Conducta sexual	Anul. + Activa	-	Anul. + Resist.	Anul.	Anul. + Resist.	Activa + Resist.	Resist.	Anul. + Resist.	Anul.	Anul. + Activa	-	Resist.	Anul. + Resist.	Activa
Lugar	D. Común	D. Común	D. Agresor	D. Agresor	E. Público	D. Agresor	E. Público	D. Agresor	D. Agresor	D. Común	D. Agresor	D. Agresor	D. Común	D. Agresor
Mes H.	-	-	2	2	4	4	1	11	1	-	7	10	11	-
Año H.	-	-	2006	2008	1999	2008	2008	2008	2008	-	2008	2008	2007	-
Duración	0.66	0.58	0	0	0	0	0	0	0	6	0	0	0	0.5
Drogas durante	No	No	Sí	No	No	No	No	No	No	No	No	Duda	Sí	No
Consentimiento	No	No	No	No	No	No	No	No	No	Sí	No	No	No	Sí
Lesiones	Sí	No	No	No	No	No	No	No	No	No	No	No	No	No
Trauma	No	No	No	No	-	No	No	No	No	Sí	No	No	Sí	No
Tiempo para denunciar	0	0	0	0	0	0	0	0	0	10	0	0	0	0
Act.ante profesionales	-	-	-	-	-	-	Nerviosa	-	-	-	Callada	-	-	-
Cond. afectivo-sexual	Sí	No	No	No	No	No	No	No	No	Sí	No	No	No	No
Coherencia	Sí	No	Sí	Sí	Sí	No	Sí	Sí	No	Sí	No	Sí	Sí	Sí
Cuestiona-miento	No	Sí	No	No	No	No	No	No	Sí	No	Sí	No	No	No
Tiempo transcurrido	2.16	2.083	3	1	10	1.083	1.41	0.58	1.58	15	1.16	0.91	1.83	1

Indemnización	Sí	No	No	Sí	Sí	Sí	Sí	Sí	No	No	No	Sí	Sí	No
Testificales	Sí	Sí	No	Sí	No	No	No	Sí	No	No	No	No	No	Sí
G. defensa	Hombre	Mujer	Mujer	Hombre	Hombre	Mujer	Hombre	Hombre	Hombre	Hombre	Hombre	Hombre	Hombre	Hombre
G. acusación	Mujer	Hombre	Mujer	Hombre	Hombre	Mujer	Mujer	Hombre	Mujer	Mujer	Mujer	Mujer	Mujer	Hombre
Favorable	No	No	No	No	No	No	No	No	No	No	No	No	No	No
Procedencia F.	No	No	No	No	No	No	No	No	No	No	No	No	No	No
Perjudicial	Sí	Sí	No	No	No	No	No	No	No	No	2	No	No	No
Procedencia P.	Magis-trado	Magis-trado	No	No	No	No	No	No	No	No	Magis-trado	No	No	No
Existencia	Sí	Sí	No	No	No	No	No	No	No	No	Sí	No	No	No

Número	5632/2010	4434/2010	4119/2010	3582/2010	3539/2010	1888/2010	2004/2010	2326/2010	1852/2010	1037/2010	933/2010	1910/2010	574/2010	341/2010
Género P.	Hombre	Hombre	Mujer	Hombre	Hombre	Mujer	Mujer	Hombre	Hombre	Mujer	Mujer	Mujer	Hombre	Hombre
Delito	Agresión	Agresión	Agresión	Agresión	Agresión	Abuso	Agresión	Agresión	Agresión	Agresión	Agresión	Agresión	Agresión	Agre-sión
Fallo	Absolu-ción	Absolu-ción	Conde-na	Absolu-ción	Absolu-ción	Absolu-ción	Absolu-ción	Absolu-ción	Conde-na	Absolu-ción	Conde-na	Absolu-ción	Conde-na	Conde-na
Género V.	Mujer	Mujer	Mujer	Mujer	Mujer	Mujer	Mujer	Mujer	Mujer	Mujer	Mujer	Mujer	Mujer	Mujer
Edad V.	Mayor	Mayor	Mayor	Mayor	Mayor	Menor	Menor	Menor	Mayor	Mayor	Mayor	Mayor	Mayor	Mayor
Edad año V.	-	-	-	-	-	5	16	4	22	-	81	-	-	-
Nacionalidad V.	Argelina	Española	Colom-biana	Española	Chilena	Española	Española	Española	Española	Española	Española	Española	Española	Espa-ñola
Sadmva V.	Regular	Regular	Regular	Regular	Regular	Regular	Regular	Regular	Regular	Regular	Regular	Regular	Regular	Regular
Discapacidad V.	No	No	No	No	No	No	Sí	No	No	No	No	No	No	No

Recurrencia	No	No	-	No	No	No	No	No	No	No	No	No	No	No
Género A.	Hombre	Hombre	Hombre	Hombre	Hombre	Hombre	Hombre	Hombre	Hombre	Hombre	Hombre	Hombre	Hombre	Hombre
Edad A.	Mayor	Mayor	Mayor	Mayor	Mayor	Mayor	Mayor	Mayor	Mayor	Mayor	Mayor	Mayor	Mayor	Mayor
Edad año A.	48	39	31	26	33	62	46	59	35	-	34	45	54	34
Nacionalidad A.	Argelina	Española	Colom-biana	Domini-cana	Chilena	Española	Española	Española	Española	Española	Italiana	Española	Española	Espa-ñola
Sadmva A.	Regular	Regular	Irregular	Regular	Irregular	Regular	Regular	Regular	Regular	Regular	Regular	Regular	Regular	Regular
Discapacidad A.	No	No	No	No	No	No	No	No	No	No	No	No	No	No
Reincidencia	No	No	No	No	No	No	No	No	No	No	No	No	No	No
Otros antecedentes	No	No	Sí	Sí	No	No	Sí	Sí	No	Sí	No	Sí	No	Sí
Vestimenta	No	No	No	No	No	No	No	No	No	No	No	No	No	No
Relación o parentesco	Sí	Sí	No	Sí	No	Sí	Sí	Sí	No	No	No	Sí	No	Sí
Drogas antes	No	No	No	No	Sí	No	No	No	Sí	Sí	No	No	Sí	No
Historial sexual	No	Sí	No	No	No	No	No	No	No	No	No	No	No	No
Conducta sexual	Activa	Resist.	Resist.	-	Activa	-	Resist.	-	Anul. + Resist.	-	Anul.	Resist.	Resist.	Anul. + Resist.
Lugar	D. Común	D. Común	E. Privado	D. Agresor	D. Agresor	-	D. Víctima	D. Agresor	E. Público	E. Privado	D. Víctima	D. Común	E. Privado	D. Agresor
Mes H.	-	8	12	5	6	-	8	9	6	10	4	5	1	4
Año H.	-	2010	2006	2009	2008	-	2007	2007	2007	2007	2008	2008	2008	2005
Duración	0	0	0	0	0	0	0	0	0	0	0	0	0	0
Drogas durante	No	No	No	No	No	No	-	No	No	Duda	No	No	Sí	No
Consentimiento	Sí	No	No	Sí	Sí	No	No	No	No	Sí	No	No	No	No

Lesiones	No	No	No	No	No	No	No	No	No	No	Sí	No	No	Sí
Trauma	No	No	Sí	Sí	No	No	No	No	No	Sí	Sí	No	No	No
Tiempo para denunciar	0.66	0.083	1.5	0	0	0	0	0	0	0	0	0	0	0
Act.ante profesionales	-	-	-	-	-	-	-	-	-	-	-	Nerviosa	Asustada	-
Cond. afectivo-sexual	No	-	No	No	No	No	No	Sí	Sí	No	No	No	No	No
Coherencia	No	No	Sí	No	No	No	No	No	Sí	No	-	No	Sí	Sí
Cuestiona-miento	Sí	Sí	No	Sí	Sí	Sí	Sí	Sí	No	Sí	-	Sí	No	No
Tiempo transcurrido	1.83	0.083	3.75	1.083	2	0	0	2.66	2.83	2.41	1.91	1.83	2.083	4.16
Indemnización	No	No	Sí	No	No	No	No	No	Sí	No	Sí	No	No	No
Testificales	No	No	Sí	No	No	No	No	No	No	No	No	No	Sí	No
G. defensa	Hombre	Mujer	Hombre	Hombre	Hombre	Mujer	Hombre	Hombre	Mujer	Hombre	Mujer	Hombre	Hombre	Mujer
G. acusación	Mujer	Mujer	Mujer	Mujer	Hombre	Hombre	Mujer	Mujer	Mujer	Mujer	Mujer	Mujer	Hombre	Hombre
Favorable	No	No	No	No	No	No	No	No	Sí	No	No	No	No	No
Procedencia F.	No	No	No	No	No	No	No	No	Magis-trado	No	No	No	No	No
Perjudicial	6	2	Sí	Sí	No	No	No	No	No	Sí	No	Sí	No	2
Procedencia P.	Magis-trado	Magis-trado	Defensa	Magis-trado	No	No	No	No	No	Magis-trado	No	Magis-trado	No	Defensa
Existencia	Sí	Sí	Sí	Sí	No	No	No	No	Sí	Sí	No	Sí	No	Sí

Número	431/ 2010	538/ 2010	442/ 2010	491/ 2010	484/ 2010	6266/ 2011	5327/ 2011	5201/ 2011	4305/ 2011	3454/ 2011	2321/ 2011	2051/ 2011	1946/ 2011	7097/ 2011
Género P.	Hombre	Mujer	Hombre	Mujer	Mujer	Mujer	Hombre	Mujer	Mujer	Hombre	Hombre	Hombre	Hombre	Mujer

Delito	Abuso	Abuso	Agresión	Agresión	Agresión	Agresión	Agresión	Agresión	Agresión	Agresión	Agresión	Agresión	Agresión	Agresión
Fallo	Condena	Absolución	Absolución	Condena	Condena	Absolución	Condena	Condena	Condena	Absolución	Condena	Condena	Condena	Condena
Género V.	Mujer	Mujer	Mujer	Mujer	Mujer	Mujer	Mujer	Mujer	Mujer	Mujer	Mujer	Mujer	Mujer	Mujer
Edad V.	Menor	Menor	Mayor	Menor	Mayor	Mayor	Mayor	Mayor	Menor	Mayor	Mayor	Mayor	Mayor	Menor
Edad año V.	8	7	-	16	-	-	-	47	16	-	25	-	19	9
Nacionalidad V.	Ecuatoriana	Boliviana	Española	-	-	-	-	Lituana	Ecuatoriana	-	Rumana	Boliviana	-	Española
Sadmva V.	Regular	Regular	Regular	-	-	-	-	-	-	-	Regular	Regular	-	Regular
Discapacidad V.	No	No	No	No	No	No	No	No	No	No	No	No	No	Sí
Recurrencia	No	No	No	No	No	No	No	No	No	No	No	No	No	No
Género A.	Hombre	Hombre	Hombre	Hombre	Hombre	Hombre	Hombre	Hombre	Hombre	Hombre	Hombre	Hombre	Hombre	Hombre
Edad A.	Mayor	Mayor	Mayor	Mayor	Mayor	Mayor	Mayor	Mayor	Mayor	Mayor	Mayor	Mayor	Mayor	Mayor
Edad año A.	28	55	23	38	21	42	32	44	31	28	26	25	49	42
Nacionalidad A.	Ecuatoriana	Española	Española	Eslovaca	Rumana	Nigeriana	Ecuatoriana	Marroquí	Ecuatoriana	Española	Española	Boliviana	Portuguesa	Española
Sadmva A.	Regular	Regular	Regular	Regular	Regular	Irregular	Regular	Irregular	Irregular	Regular	Regular	Irregular	Regular	Regular
Discapacidad A.	No	No	No	No	No	No	No	No	No	No	No	No	No	No
Reincidencia	No	No	No	No	No	No	No	No	No	No	No	No	No	No
Otros antecedentes	No	Sí	No	Sí	No	No	Sí	No	No	No	No	No	No	Sí
Vestimenta	No	No	No	No	No	No	No	No	No	No	No	No	No	No
Relación o parentesco	No	No	Sí	No	No	No	No	No	No	Sí	No	No	Sí	No
Drogas antes	No	No	No	No	No	No	No	No	Sí	No	No	No	No	No

Historial sexual	No	No	No	No	No	No	No	No	No	No	No	No	No	No
Conducta sexual	Anul.	Anul.	Resist.	Anul.	Anul. + Resist.	Anul.	Resist.	Anul.	Anul. + Resist.	Activa + Resist.	Anul. + Resist.	Anul. + Resist.	Anul. + Resist.	Anul.
Lugar	D. Común	-	D. Agresor	Varios	D. Víctima	E. Público	E. Público	D. Víctima	D. Víctima	D. Víctima	E. Privado	D. Común	D. Común	D. Agresor
Mes H.	-	6	11	-	9	7	5	7	12	10	3	-	2	-
Año H.	-	2006	2008	-	2007	2008	2010	2009	2006	2009	2009	-	2010	-
Duración	1	0	0	0.083	0	0	0	0	0	0	0	0	0	2
Drogas durante	No	No	No	No	No	No	No	No	Sí	No	No	No	No	No
Consentimiento	No	No	No	No	No	No	No	No	No	No	No	No	No	No
Lesiones	No	No	-	No	No	Sí	Sí	Sí	Sí	No	No	No	No	No
Trauma	-	Sí	-	Sí	Sí	No	No	No	No	No	No	No	No	Sí
Tiempo para denunciar	1	0.083	0	0	0	0	0	0.083	0	0	0	0	0	2
Act.ante profesionales	-	Calmada	-	-	-	Shock	-	-	Nerviosa	-	Nerviosa	Afligida	-	-
Cond. afectivo-sexual	No	Sí	-	No	No	No	No	No	No	No	No	No	No	Sí
Coherencia	Sí	No	No	Sí	Sí	Sí	Sí	Sí	Sí	No	Sí	Sí	Sí	Sí
Cuestionamien-to	No	Sí	Sí	No	No	Sí	No	Sí	No	Sí	No	No	No	No
Tiempo transcurrido	3	3.58	1.16	1.5	2.33	3.33	1.41	2.16	1	1.75	2.16	6.75	1.16	5
Indemnización	Sí	No	No	Sí	Sí	No	Sí	Sí	Sí	No	Sí	Sí	Sí	Sí
Testificales	No	No	No	No	No	Sí	No	Sí	Sí	No	No	No	No	No
G. defensa	Hombre	Hombre	Mujer	Hombre	Hombre	Hombre	Hombre	Hombre	Hombre	Hombre	Hombre	Mujer	Hombre	Hombre

G. acusación	Mujer	Hombre	Mujer	Mujer	Mujer	Hombre	Mujer	Hombre	Mujer	Hombre	Hombre	Hombre	Mujer	Hombre
Favorable	No	No	No	No	No	No	No	No	No	No	No	Sí	No	No
Procedencia F.	No	No	No	No	No	No	No	No	No	No	No	Magis-trado	No	No
Perjudicial	No	No	No	No	No	No	No	No	No	3	No	2	No	No
Procedencia P.	No	No	No	No	No	No	No	No	No	Magis-trado	No	Defensa	No	No
Existencia	No	No	No	No	No	No	No	No	No	Sí	No	Sí	No	No

Número	7125/ 2011	1147/ 2011	1036/ 2011	1651/ 2011	809/ 2011	78/ 2011	155/ 2011	5876/ 2013	5216/ 2013	5789/ 2013	5822/ 2013	4703/ 2013	4783/ 2013	4070/ 2013
Género P.	Mujer	Hombre	Hombre	Hombre	Hombre	Mujer	Hombre	Mujer	Hombre	Mujer	Mujer	Mujer	Mujer	Mujer
Delito	Agresión	Abuso	Agresión	Agresión	Agresión	Agresión	Agresión	Agresión	Agresión	Agresión	Agresión	Agresión	Agresión	Agresión
Fallo	Conde-na	Conde-na	Conde-na	Absolu-ción	Absolu-ción	Absolu-ción	Conde-na	Conde-na	Conde-na	Absolu-ción	Absolu-ción	Conde-na	Conde-na	Conde-na
Género V.	Mujer	Mujer	Mujer	Mujer	Mujer	Mujer	Mujer	Mujer	Mujer	Mujer	Mujer	Mujer	Mujer	Mujer
Edad V.	Mayor	Menor	Menor	Mayor	Mayor	Mayor	Mayor	Mayor	Mayor	Mayor	Mayor	Mayor	Menor	Mayor
Edad año V.	-	13	12	-	-	-	-	36	45	-	-	-	14	19
Nacionalidad V.	Marro-quí	Española	Española	Española	Española	Española	Española	Española	Española	Española	-	Española	Española	Española
Sadmva V.	Irregular	Regular	Regular	Regular	Regular	Regular	Regular	Regular	Regular	Regular	-	Regular	Regular	Regular
Discapacidad V.	No	No	No	No	No	No	No	No	No	No	No	No	No	No
Recurrencia	No	No	No	No	No	No	No	No	No	No	No	No	No	No
Género A.	Hombre	Hombre	Hombre	Hombre	Hombre	Hombre	Hombre	Hombre	Hombre	Hombre	Hombre	Hombre	Hombre	Hombre
Edad A.	Mayor	Mayor	Mayor	Mayor	Mayor	Mayor	Mayor	Mayor	Mayor	Mayor	Mayor	Mayor	Mayor	Mayor

Edad año A.	29	19	43	35	40	35	43	35	24	34	32	48	22	27
Nacionalidad A.	Marro-quí	Española	Española	Española	Española	Española	Colom-biana	Española	Rumana	Española	Bolivia-na	Española	Española	Marro-quí
Sadmva A.	Irregular	Regular	Regular	Regular	Regular	Regular	Regular	Regular	Regular	Regular	Irregular	Regular	Regular	Regular
Discapacidad A.	No	No	No	No	No	No	No	No	No	No	No	No	Sí	No
Reincidencia	No	No	No	No	No	No	No	No	No	No	No	No	No	No
Otros antecedentes	No	No	Sí	No	Sí	No	No	Sí	No	No	Sí	Sí	No	No
Vestimenta	No	No	No	No	No	No	No	No	No	No	No	No	No	No
Relación o parentesco	No	Sí	Sí	Sí	Sí	Sí	No	No	No	Sí	Sí	Sí	No	No
Drogas antes	No	No	No	Sí	No	No	Sí	Sí	No	No	Duda	Sí	No	Duda
Historial sexual	No	No	No	No	No	No	No	No	No	No	No	No	No	No
Conducta sexual	Anul. + Resist.	Activa	Resist.	-	-	-	Anul. + Resist.	Resist.	Anul. + Resist.	Activa	Resist.	Anul. + Resist.	Resist.	Anul. + Resist.
Lugar	D. Agresor	E. Privado	D. Común	D. Común	D. Vícti-ma	D. Vícti-ma	E. Privado	E. Público	E. Público	D. Vícti-ma	D. Vícti-ma	D. Vícti-ma	E. Público	E. Público
Mes H.	2	2	11	-	6	2	5	9	10	-	12	8	12	8
Año H.	2009	2008	2001	-	2009	2008	2008	2011	2012	-	2012	2012	2010	2012
Duración	0	0.083	0	15	0	0	0	0	0	0	0	0	0	0
Drogas durante	No	No	No	No	No	No	No	Sí	No	No	Sí	Sí	Duda	Duda
Consentimiento	No	Sí	No	No	No	Sí	No	No	No	No	No	No	No	No
Lesiones	No	No	No	No	No	Sí	No	Sí	Sí	Sí	No	No	No	No
Trauma	No	No	No	Sí	No	No	Sí	No	No	No	No	No	No	Sí
Tiempo para denunciar	0	0.083	0	15	0	0	0	0	0	0	0	0	0	0

Act.ante profesionales	Nerviosa	-	-	-	-	-	-	-	-	Callada	-	Nerviosa	-	Nerviosa
Cond. afectivo-sexual	No	No	No	No	No	No	No	No	No	No	No	No	No	No
Coherencia	Sí	Sí	Sí	No	No	No	Sí	Sí	Sí	No	No	Sí	Sí	Sí
Cuestiona-miento	No	No	No	Sí	Sí	Sí	No	No	No	Sí	Sí	No	No	No
Tiempo transcurrido	2.083	2.083	9.25	3.58	1.66	2.91	2.66	2.25	1.16	2.25	1	1.25	2.91	1.16
Indemnización	Sí	Sí	Sí	No	No	No	No	Sí	Sí	No	No	Sí	No	Sí
Testificales	No	No	No	No	No	No	No	No	No	No	No	Sí	Sí	Sí
G. defensa	Mujer	Hombre	Hombre	Mujer	Hombre	Hombre	Hombre	Hombre	Hombre	Mujer	Hombre	Hombre	Mujer	Hombre
G. acusación	Mujer	Hombre	Mujer	Mujer	Mujer	Hombre	Mujer	Hombre	Hombre	Mujer	Mujer	Hombre	Hombre	Mujer
Favorable	No	No	No	No	No	No	No	No	No	No	No	Sí	No	2
Procedencia F.	No	No	No	No	No	No	No	No	No	No	No	Periciales	No	Magis-trado
Perjudicial	Sí	No	No	No	No	2	No	No	No	No	Sí	No	No	Sí
Procedencia P.	Defensa	No	No	No	No	Magis-trado	No	No	No	No	Magis-trado	No	No	Defensa
Existencia	Sí	No	No	No	No	Sí	No	No	No	No	Sí	Sí	No	Sí

Número	2620/ 2013	3510/ 2013	2145/ 2013	2125/ 2013	2117/ 2013	682/ 2013	909/ 2013	1081/ 2013	986/ 2013	932/ 2013	1121/ 2013	1318/ 2013	316/ 2013	854/ 2013
Género P.	Mujer	Hombre	Mujer	Mujer	Hombre	Hombre	Hombre	Hombre	Hombre	Hombre	Mujer	Mujer	Mujer	Hombre
Delito	Abuso	Agresión	Agresión	Agresión	Abuso	Agresión	Agresión	Agresión	Agresión	Agresión	Agresión	Agresión	Agresión	Agresión
Fallo	Conde-na	Conde-na	Absolu-ción	Conde-na	Conde-na	Absolu-ción	Absolu-ción	Absolu-ción	Absolu-ción	Absolu-ción	Absolu-ción	Conde-na	Absolu-ción	Conde-na
Género V.	Mujer	Mujer	Mujer	Mujer	Mujer	Mujer	Mujer	Mujer	Mujer	Mujer	Mujer	Mujer	Mujer	Mujer
Edad V.	Menor	Menor	Mayor	Mayor	Menor	Mayor	Mayor	Mayor	Mayor	Mayor	Mayor	Mayor	Mayor	Mayor

Edad año V.	7	6	-	-	13	-	-	-	23	-	-	-	-	40
Nacionalidad V.	Española	Española	-	-	Española	-	-	-	Española	Española	-	Española	-	-
Sadmva V.	Regular	Regular	-	-	Regular	-	-	-	Regular	Regular	-	Regular	-	-
Discapacidad V.	No	No	No	No	No	No	No	No	No	No	No	No	No	No
Recurrencia	Sí	No	No	No	No	No	No	No	No	No	No	No	No	No
Género A.	Hombre	Hombre	Hombre	Hombre	Hombre	Hombre	Hombre	Hombre	Hombre	Hombre	Hombre	Hombre	Hombre	Hombre
Edad A.	Mayor	Mayor	Mayor	Mayor	Mayor	Mayor	Mayor	Mayor	Mayor	Mayor	Mayor	Mayor	Mayor	Mayor
Edad año A.	25	66	35	44	38	45	26	34	27	26	24	32	30	33
Nacionalidad A.	Española	Española	Española	Española	Española	Suiza	Argelina	Rumana	Argelina	Brasi-leña	Española	Española	Española	Búlgara
Sadmva A.	Regular	Regular	Regular	Regular	Regular	Regular	Irregular	Regular	Regular	Regular	Regular	Regular	Regular	Regular
Discapacidad A.	No	No	No	No	No	No	No	No	No	No	No	No	No	No
Reincidencia	No	No	No	No	No	No	No	No	No	No	No	No	No	No
Otros antecedentes	Sí	Sí	Sí	Sí	Sí	No	No	No	No	No	No	Sí	No	No
Vestimenta	No	No	No	No	No	No	No	No	No	No	No	No	No	No
Relación o parentesco	Sí	Sí	No	No	Sí	Sí	Sí	No	Sí	Sí	No	Sí	No	No
Drogas antes	No	No	No	No	No	Duda	No	No	No	No	Sí	Duda	No	No
Historial sexual	No	No	No	No	No	No	No	No	No	No	No	No	No	No
Conducta sexual	Anul.	Activa	Anul. + Activa	Anul.	Anul.	Anul. + Resist.	Activa	Resist.	Resist.	-	Activa + Resist.	Anul. + Resist.	-	Resist.
Lugar	D. Común	D. Vícti-ma	E. Privado	E. Público	D. Común	D. Común	D. Común	E. Público	D. Agresor	D. Vícti-ma	D. Agresor	D. Agresor	D. Vícti-ma	D. Vícti-ma
Mes H.	-	-	6	12	-	5	6	9	3	5	9	5	7	-

Año H.	-	-	2011	2010	-	2012	2012	2004	2010	2011	2009	2011	2010	-
Duración	5	0	0	0	0.41	0	0	0	0	0	0	0	0	0
Drogas durante	No	No	No	No	No	Duda	No	No	No	No	No	Sí	No	No
Consentimiento	No	No	No	No	No	No	No	No	No	-	Sí	No	-	No
Lesiones	No	No	No	No	No	Sí	Sí	Sí	No	Sí	No	Sí	Sí	Sí
Trauma	Sí	No	No	Sí	Sí	No	No	No	No	No	No	No	No	No
Tiempo para denunciar	5	0	0	0	0.41	0	0	0	0	0	0	0	0	0
Act.ante profesionales	-	-	-	-	-	-	-	Calmada	-	Asustada	-	-	-	Nerviosa
Cond. afectivo-sexual	No	No	No	No	No	No	No	No	Sí	No	-	No	No	No
Coherencia	Sí	Sí	No	Sí	Sí	No	No	Sí	No	Sí	No	Sí	No	Sí
Cuestiona-miento	No	No	Sí	No	No	Sí	Sí	Sí	Sí	Sí	Sí	No	Sí	No
Tiempo transcurrido	7	2.083	1.91	2.41	1.58	0.91	0.66	8.5	3	1.58	3.41	1.75	2.58	2
Indemnización	No	Sí	No	Sí	Sí	No	No	No	No	No	No	Sí	No	Sí
Testificales	Sí	No	No	No	Sí	No	No	No	No	No	No	No	Sí	No
G. defensa	Hombre	Mujer	Hombre	Hombre	Hombre	Hombre	Hombre	Mujer	Hombre	Hombre	Mujer	Hombre	Hombre	Hombre
G. acusación	Mujer	Mujer	Mujer	Mujer	Hombre	Mujer	Hombre	Mujer	Mujer	Mujer	Hombre	Mujer	Mujer	Mujer
Favorable	No	No	No	No	No	No	No	No	No	No	No	No	No	No
Procedencia F.	No	No	No	No	No	No	No	No	No	No	No	No	No	No
Perjudicial	No	No	No	No	No	2	2	Sí	3	No	No	No	No	No
Procedencia P.	No	No	No	No	No	Magis-trado	Magis-trado	FCS	Magis-trado	No	No	No	No	No

Existencia	No	No	No	No	No	Sí	Sí	Sí	Sí	No	No	No	No	No

Número	37/2013	142/2013	5803/2009	6026/2009	6208/2009	6595/2009	7026/2009	7073/2009	7103/2009	7218/2009	6932/2008	5731/2008	5776/2008	6918/2008
Género P.	Mujer	Hombre	Hombre	Mujer	Hombre	Mujer	Mujer	Mujer	Mujer	Mujer	Hombre	Mujer	Hombre	Hombre
Delito	Abuso	Agresión	Agresión	Abuso	Abuso	Abuso	Abuso	Agresión	Agresión	Agresión	Agresión	Agresión	Agresión	Agresión
Fallo	Condena	Absolución	Absolución	Condena	Condena	Condena	Condena	Condena	Condena	Absolución	Absolución	Absolución	Condena	Condena
Género V.	Mujer	Mujer	Mujer	Mujer	Mujer	Mujer	Mujer	Mujer	Mujer	Mujer	Mujer	Mujer	Mujer	Mujer
Edad V.	Menor	Mayor	Mayor	Menor	Mayor	Menor	Menor	Mayor	-	Mayor	Menor	Mayor	Mayor	Mayor
Edad año V.	16	-	18	8	79	11	8	20	-	-	14	-	-	30
Nacionalidad V.	-	-	Española	Española	Española	Española	Boliviana	Española	-	-	-	Boliviana	-	Española
Sadmva V.	-	-	Regular	Regular	Regular	Regular	-	Regular	-	-	-	Regular	-	Regular
Discapacidad V.	No	No	No	No	Sí	No	No	No	No	No	No	No	No	No
Recurrencia	No	No	No	No	No	No	No	No	No	No	No	No	No	No
Género A.	Hombre	Hombre	Hombre	Hombre	Hombre	Hombre	Hombre	Hombre	Hombre	Hombre	Hombre	Hombre	Hombre	Hombre
Edad A.	Mayor	Mayor	Mayor	Mayor	Mayor	Mayor	Mayor	Mayor	Mayor	Mayor	Mayor	Mayor	Mayor	Mayor
Edad año A.	25	34	35	52	30	45	26	39	36	45	-	41	30	29
Nacionalidad A.	Dominicana	Española	Francesa	Española	Española	Española	Boliviana	Española	Argelina	Marroquí	Boliviana	Boliviana	Española	Española
Sadmva A.	Irregular	Regular	Regular	Regular	Regular	Regular	Irregular	Regular	Regular	Irregular	Irregular	Regular	Regular	Regular
Discapacidad A.	No	No	No	No	No	No	No	No	No	No	No	No	No	No
Reincidencia	No	No	No	No	No	No	No	Sí	No	No	No	No	No	No

Otros antecedentes	Sí	No	Sí	No	No	No	No	Sí	No	No	No	No	No	Sí
Vestimenta	No	No	No	No	No	No	No	No	No	No	No	No	No	No
Relación o parentesco	No	Sí	No	Sí	No	Sí	Sí	No	No	No	Sí	Sí	No	Sí
Drogas antes	No	No	Sí	No	No	No	No	No	No	Sí	No	No	No	No
Historial sexual	No	No	No	No	No	No	No	No	No	No	No	No	No	No
Conducta sexual	Anul. + Resist.	Resist.	Activa	Anul. + Resist.	Anul.	Anul.	Anul. + Resist.	Resist.	Resist.	-	Activa	-	Anul. + Resist.	Anul. + Resist.
Lugar	D. Agresor	D. Vícti-ma	E. Privado	D. Común	E. Privado	D. Común	D. Común	E. Privado	E. Público	D. Común	D. Común	D. Vícti-ma	E. Público	D. Vícti-ma
Mes H.	3	8	12	-	8	9	-	10	6	10	7	4	6	4
Año H.	2007	2011	2005	-	2007	2007	-	2005	2006	2008	2007	2006	2007	2008
Duración	0	0	0	2	0	0	4	0	0	0	0	0	0	0
Drogas durante	No	No	Duda	No	No	No	No	No	No	Sí	No	No	No	Sí
Consentimiento	No	No	Sí	No	No	No	No	No	No	-	Sí	-	No	No
Lesiones	No	Sí	No	No	Sí	No	No	Sí	Sí	Sí	No	No	Sí	Sí
Trauma	Sí	No	No	Sí	No	Sí	No	Sí	Sí	No	No	No	No	Sí
Tiempo para denunciar	0	0	0	0	0	0	4	0	0	0	0	0.083	0	0
Act.ante profesionales	-	-	-	-	-	-	-	Nerviosa	-	-	-	-	-	-
Cond. afectivo-sexual	No	No	No	Sí	No	No	Sí	No	No	No	No	No	No	No
Coherencia	Sí	No	No	Sí	Sí	Sí	Sí	Sí	Sí	Sí	No	Sí	Sí	Sí

Cuestiona-miento	No	Sí	Sí	No	No	No	No	No	No	Sí	Sí	Sí	No	No
Tiempo transcurrido	5.83	1.41	4	5	1.75	1.41	6	3.5	3.33	0.75	1.41	2.66	1.5	0.58
Indemnización	Sí	No	No	Sí	Sí	Sí	Sí	Sí	Sí	No	No	No	Sí	Sí
Testificales	No	No	Sí	No	Sí	No	No	No	No	No	Sí	No	No	No
G. defensa	Hombre	Mujer	Hombre	Hombre	Mujer	Hombre	Hombre	Hombre	Hombre	Hombre	Hombre	Hombre	Hombre	Hombre
G. acusación	Hombre	Mujer	Hombre	Hombre	Hombre	Mujer	Mujer	Hombre	Mujer	Hombre	Hombre	Mujer	Mujer	Mujer
Favorable	Sí	No	No	No	No	No	No	No	No	No	No	No	No	No
Procedencia F.	Magis-trado	No	No	No	No	No	No	No	No	No	No	No	No	No
Perjudicial	No	No	2	No	No	No	No	No	No	No	Sí	No	No	No
Procedencia P.	No	No	Mag. + Def.	No	No	No	No	No	No	No	Magis-trado	No	No	No
Existencia	Sí	No	Sí	No	No	No	No	No	No	No	Sí	No	No	No

Número	4848/ 2008	6420/ 2008	3899/ 2008	2759/ 2008	2443/ 2008	1721/ 2008	1832/ 2008	1835/ 2008	1098/ 2008	945/ 2008	416/ 2008	276/ 2008	272/ 2008	754/ 2008
Género P.	Hombre	Hombre	Mujer	Mujer	Hombre	Mujer	Hombre	Hombre	Hombre	Mujer	Mujer	Mujer	Hombre	Hombre
Delito	Abuso	Agresión	Agresión	Agresión	Agresión	Agresión	Agresión	Agresión	Abuso	Agresión	Agresión	Agresión	Agresión	Agresión
Fallo	Conde-na	Conde-na	Absolu-ción	Absolu-ción	Absolu-ción	Absolu-ción	Conde-na	Absolu-ción	Conde-na	Conde-na	Absolu-ción	Absolu-ción	Absolu-ción	Absolu-ción
Género V.	Mujer	Mujer	Mujer	Mujer	Mujer	Mujer	Mujer	Mujer	Mujer	Mujer	Mujer	Mujer	Mujer	Mujer
Edad V.	Mayor	Mayor	Mayor	Mayor	Menor	Mayor	Mayor	Mayor	Mayor	Mayor	Mayor	Mayor	Mayor	Menor
Edad año V.	-	42	-	-	16	-	-	-	-	-	-	-	-	15
Nacionalidad V.	Española	Española	-	Española	-	-	Rumana	Española	Rumana	-	-	-	-	Rumana

Sadmva V.	Regular	Regular	-	Regular	-	-	-	Regular	Regular	-	-	-	-	Regular
Discapacidad V.	No	No	No	No	No	No	No	No	No	No	No	No	No	No
Recurrencia	No	No	No	No	No	No	No	No	No	No	No	No	No	No
Género A.	Hombre	Hombre	Hombre	Hombre	Hombre	Hombre	Hombre	Hombre	Hombre	Hombre	Hombre	Hombre	Hombre	Hombre
Edad A.	Mayor	Mayor	Mayor	Mayor	Mayor	Mayor	Mayor	Mayor	Mayor	Mayor	Mayor	Mayor	Mayor	Mayor
Edad año A.	25	34	21	22	25	20	30	-	26	28	-	24	23	28
Nacionalidad A.	Española	Española	Rumana	Española	Ecuatc-riana	Rumana	Rumana	Española	Rumana	Española	-	Española	Domini-cana	Marro-quí
Sadmva A.	Regular	Regular	Regular	Regular	Regula-	Regular	Regular	Regular	Regular	Regular	-	Regular	Regular	Regular
Discapacidad A.	No	No	No	No	No	No	No	No	No	No	No	No	No	No
Reincidencia	No	No	No	No	No	No	No	No	No	No	No	No	No	No
Otros antecedentes	Sí	No	No	No	No	No	No	No	No	No	No	No	Sí	No
Vestimenta	No	No	No	No	No	No	No	No	No	No	No	No	No	No
Relación o parentesco	Sí	No	No	Sí	Sí	No	No	Sí	Sí	No	Sí	Sí	Sí	Sí
Drogas antes	No	No	Sí	No	Sí	No	No	No	No	Sí	No	No	No	No
Historial sexual	No	No	No	No	No	No	No	No	No	No	No	Sí	Sí	Sí
Conducta sexual	Anul.	Resist.	Activa	-	Activa	Anul. + Resist.	Anul.	-	Anul.	Resist.	-	-	-	Anul.
Lugar	D. Agresor	E. Público	D. Agresor	D. Víctima	E. Privado	E. Público	E. Privado	D. Común	D. Común	E. Público	D. Víctima	D. Agresor	D. Víctima	D. Común
Mes H.	-	11	7	2	6	9	6	-	-	8	7	-	1	-
Año H.	-	2006	2007	2006	2006	2006	2002	-	-	2006	2006	-	2004	-
Duración	0	0	0	0	0	0	0	20	0.16	0	0	0	0	0

Drogas durante	No	No	Sí	No	No	No	No	No	No	No	No	No	No	No
Consentimiento	No	No	No	-	Sí	No	No	-	No	No	-	-	Sí	No
Lesiones	No	Sí	No	No	No	Sí	No	No	No	Sí	No	No	Sí	No
Trauma	Sí	No	No	No	No	Sí	Sí	No	No	Sí	No	No	No	No
Tiempo para denunciar	0	0	0	0.33	0	0	0	20	0.16	0	0	0.66	0	0.66
Act.ante profesionales	-	-	-	-	-	-	-	-	-	Nerviosa	-	-	-	-
Cond. afectivo-sexual	No	No	No	No	No	Sí	No	No	No	No	No	No	No	No
Coherencia	Sí	Sí	No	No	No	Sí	Sí	No	Sí	Sí	No	No	No	No
Cuestiona-miento	No	No	Sí	Sí	Sí	No	No	Sí	No	No	Sí	Sí	Sí	Sí
Tiempo transcurrido	2.83	1.66	0.75	2.33	1.91	1.66	5.91	29	1	1.66	1.66	2.75	4.083	4.41
Indemnización	Sí	No	No	No	No	Sí	Sí	No	Sí	Sí	No	No	No	No
Testificales	No	No	No	No	No	No	No	Sí	No	Sí	No	No	No	No
G. defensa	Hombre	Hombre	Hombre	Mujer	Mujer	Hombre	Hombre	Hombre	Hombre	Hombre	Hombre	Hombre	Hombre	Hombre
G. acusación	Hombre	Mujer	Mujer	Mujer	Mujer	Mujer	Mujer	Hombre	Hombre	Hombre	Mujer	Mujer	Mujer	Mujer
Favorable	No	No	No	No	No	No	No	No	No	Sí	No	No	Sí	Sí
Procedencia F.	No	No	No	No	No	No	No	No	No	Pericia-les	No	No	Magis-trado	Acusa-ción
Perjudicial	4	No	2	No	3	No	No	No	No	No	2	4	Sí	Sí
Procedencia P.	Mag. + Def.	No	Magis-trado	No	Magis-trado	No	No	No	No	No	Magis-trado	Magis-trado	Magis-trado	Magis-trado
Existencia	Sí	No	Sí	No	Sí	No	No	No	No	Sí	Sí	Sí	Sí	Sí

Número	2861/ 2007	1947/ 2007	1233/ 2012	492/ 2012	5670/ 2013	4320/ 2013	251/ 2013	5493/ 2013	5817/ 2013	4724/ 2013	4723/ 2013	4230/ 2013	3072/ 2013	2581/ 2013
Género P.	Mujer	Mujer	Mujer	Mujer	Mujer	Hombre	Mujer	Mujer	Hombre	Mujer	Mujer	Hombre	Mujer	Mujer
Delito	Agresión	Abuso	Abuso	Abuso	Agresión	Agresión	Agresión	Abuso	Abuso	Abuso	Abuso	Abuso	Abuso	Abuso
Fallo	Absolu-ción	Absolu-ción	Conde-na	Absolu-ción	Conde-na	Conde-na	Conde-na	Absolu-ción	Absolu-ción	Conde-na	Absolu-ción	Conde-na	Conde-na	Conde-na
Género V.	Mujer	Mujer	Mujer	Mujer	Mujer	Mujer	Mujer	Mujer	Mujer	Mujer	Mujer	Mujer	Mujer	Mujer
Edad V.	Menor	Mayor	Mayor	Mayor	Mayor	Menor	Mayor	Mayor	Menor	Menor	Menor	Mayor	Menor	Menor
Edad año V.	6	-	-	-	-	-	33	-	4	12	12	33	11	17
Nacionalidad V.	-	-	-	Española	-	Española	Española	-	Española	Española	-	-	-	Española
Sadmva V.	-	-	-	Regular	-	Regular	Regular	-	Regular	Regular	-	-	-	Regular
Discapacidad V.	No	No	No	No	No	Sí	No	No	No	No	No	No	No	No
Recurrencia	No	No	No	No	No	No	No	No	No	No	No	No	No	No
Género A.	Hombre	Hombre	Hombre	Hombre	Hombre	Hombre	Hombre	Hombre	Hombre	Hombre	Hombre	Hombre	Hombre	Hombre
Edad A.	Mayor	Mayor	Mayor	Mayor	Mayor	Menor	Mayor	Mayor	Mayor	Mayor	Mayor	Mayor	Mayor	Mayor
Edad año A.	50	34	31	36	-	16	-	35	55	54	21	-	40	-
Nacionalidad A.	Española	Marro-quí	Española	Española	-	Española	Española	Nige-riana	Española	Española	Ecuato-riana	China	Rumana	Española
Sadmva A.	Regular	Regular	Regular	Regular	-	Regular	Regular	Regular	Regular	Regular	Irregular	Regular	Regular	Regular
Discapacidad A.	No	No	No	No	No	No	Sí	No	No	No	No	No	No	No
Reincidencia	No	No	No	No	No	No	No	No	No	No	No	No	No	No
Otros antece-dentes	No	No	No	No	-	No	Sí	Sí	No	Sí	Sí	No	No	No
Vestimenta	No	No	Sí	No	No	No	Sí	No	No	No	Sí	-	No	Sí

Relación o parentesco	Sí	Sí	No	Sí	Sí	Sí	No	No	Sí	Sí	No	Sí	Sí	No
Drogas antes	No	No	Sí	No	No	No	Sí	No	No	No	No	No	No	No
Historial sexual	Sí	No	No	No	No	Sí	No	No	No	No	No	No	No	No
Conducta sexual	Anul.	Anul.	Anul.	Anul. + Resist.	Resist.	Anul. + Resist.	Resist.	Activa + Resist.	Anul.	Anul. + Resist.	Activa	Resist.	Anul. + Resist.	Anul. + Resist.
Lugar	Varios	D. Común	E. Privado	D. Común	D. Agresor	E. Privado	E. Público	E. Privado	D. Víctima	D. Común	E. Público	E. Privado	D. Común	E. Privado
Mes H.	-	9	8	12	8	12	10	12	6	-	3	3	-	5
Año H.	-	2004	2010	2010	2013	2011	2012	2010	2012	-	2012	2013	-	2010
Duración	6	0	0	0	0	0	0	0	0	0.66	0	0	0.5	0
Drogas durante	No	No	Sí	No	No	No	Sí	No	No	No	No	No	No	No
Consentimiento	No	No	No	No	No	No	No	No	No	No	Sí	No	No	No
Lesiones	No	No	No	No	No	Sí	No	No	No	Sí	No	No	No	No
Trauma	No	Sí	No	No	No	No	Sí	No	No	Sí	No	Sí	Sí	Sí
Tiempo para denunciar	9	0	0	0	0	0	0	0	0	0.83	0.58	0	0	0
Act.ante profesionales	-	-	-	-	-	-	-	-	-	-	-	-	-	-
Cond. afectivo-sexual	No	No	No	No	No	-	No	No	No	Sí	No	No	Sí	No
Coherencia	No	No	Sí	No	Sí	Sí	Sí	Sí	No	No	No	Sí	Sí	Sí
Cuestiona-miento	Sí	Sí	Sí	Sí	No	No	No	No	Sí	Sí	Sí	No	No	No
Tiempo transcurrido	13	2.83	1.58	2.083	0.33	1.75	0.33	3.083	1.5	1.66	1.58	0.5	2.75	3.083

Indemnización	No	No	Sí	No	No	Sí	Sí	No	No	Sí	No	No	Sí	Sí
Testificales	Sí	No	Sí	No	No	Sí	No	No	No	No	-	No	No	No
G. defensa	Hombre	Mujer	Hombre	Hombre	Mujer	Mujer	Hombre	Mujer	Mujer	Hombre	Hombre	Hombre	Hombre	Hombre
G. acusación	Mujer	Mujer	Mujer	Hombre	Hombre	Hombre	-	Hombre	Mujer	Mujer	Mujer	Hombre	Hombre	Mujer
Favorable	No	No	No	No	Sí	Sí	Sí	No	No	2	No	Sí	No	Sí
Procedencia F.	No	No	No	No	Magis-trado	Magis-trado	Magis-trado	No	No	Magis-trado	No	Magis-trado	No	Magis-trado
Perjudicial	4	Sí	2	Sí	No	Sí	No	Sí	No	Sí	No	No	No	2
Procedencia P.	Magis-trado	Magis-trado	Mag. + Def.	Magis-trado	No	Defensa	No	Magis-trado	No	Defensa	No	No	No	Defensa
Existencia	Sí	Sí	Sí	Sí	Sí	Sí	Sí	Sí	No	Sí	No	Sí	No	Sí

Número	2152/ 2013	1491/ 2013	1039/ 2013	388/ 2013	272/ 2013	5496/ 2014	4728/ 2014	4184/ 2014	4183/ 2014	4305/ 2014	3697/ 2014	3831/ 2014	3640/ 2014	3104/ 2014
Género P.	Hombre	Mujer	Mujer	Mujer	Mujer	Hombre	Mujer	Mujer	Mujer	Hombre	Hombre	Hombre	Hombre	Hombre
Delito	Abuso	Abuso	Abuso	Abuso	Abuso	Abuso	Abuso	Abuso	Abuso	Abuso	Abuso	Abuso	Abuso	Abuso
Fallo	Absolu-ción	Conde-na	Conde-na	Conde-na	Conde-na	Conde-na	Conde-na	Conde-na	Absolu-ción	Absolu-ción	Conde-na	Absolu-ción	Conde-na	Absolu-ción
Género V.	Mujer	Mujer	Mujer	Mujer	Mujer	Mujer	Mujer	Mujer	Mujer	Mujer	Mujer	Mujer	Mujer	Mujer
Edad V.	Menor	Menor	Menor	Mayor	Menor	Menor	Menor	Mayor	Menor	Menor	Mayor	Mayor	Menor	Menor
Edad año V.	16	-	6	-	7	13	9	22	14	17	-	-	16	-
Nacionalidad V.	Española	-	-	-	-	Española	-	Española	-	Española	Española	-	-	-
Sadmva V.	Regular	-	-	-	-	Regular	-	Regular	-	Regular	Regular	-	-	-
Discapacidad V.	No	No	No	No	No	No	Sí	Sí	No	No	No	Sí	No	No

Recurrencia	No	No	No	No	No	No	No	No	No	No	No	No	No	No
Género A.	Hombre	Hombre	Hombre	Hombre	Hombre	Hombre	Hombre	Hombre	Hombre	Hombre	Hombre	Hombre	Hombre	Hombre
Edad A.	Mayor	Menor	Mayor	Mayor	Mayor	Mayor	Mayor	Mayor	Mayor	Mayor	Mayor	Mayor	Mayor	Mayor
Edad año A.	-	15	-	-	24	40	42	76	30	29	48	23	-	-
Nacionalidad A.	Española	-	-	-	Hondu-reña	Española	Ghanesa	Española	Ecuato-riana	Española	Española	Marro-quí	Española	Española
Sadmva A.	Regular	-	-	-	Irregular	Regular	Regular	Regular	Regular	Regular	Regular	Regular	Regular	Regular
Discapacidad A.	No	No	No	No	No	No	No	No	No	No	No	No	No	No
Reincidencia	No	No	No	No	No	No	No	No	No	No	No	No	No	No
Otros antecedentes	No	No	No	Sí	No	No	Sí	No	Sí	No	Sí	No	No	No
Vestimenta	No	No	No	No	No	No	No	No	No	No	No	Sí	-	No
Relación o parentesco	Sí	No	Sí	No	No	No	Sí	No	Sí	No	No	No	No	No
Drogas antes	No	No	No	No	No	No	No	No	No	Sí	No	No	No	No
Historial sexual	No	No	No	No	No	-	No	Sí	No	Sí	No	No	No	No
Conducta sexual	Anul. + Resist.	Anul. + Resist.	Anul. + Resist.	Anul.	Anul.	Anul. + Activa	Anul.	Anul.	Activa	-	Anul. + Resist.	Activa	Anul. + Resist.	-
Lugar	D. Agresor	E. Público	Varios	E. Público	D. Común	Varios	D. Común	E. Público	-	D. Agresor	E. Privado	E. Privado	D. Agresor	E. Privado
Mes H.	10	9	-	9	-	-	-	8	-	4	9	7	10	-
Año H.	2010	2011	-	2012	-	-	-	2011	-	2011	2013	2011	2010	-
Duración	0	0.75	6.5	0	0.25	0.25	6	0	1.66	0	0	0	0	0
Drogas durante	No	No	No	No	No	No	No	No	No	Sí	No	No	No	No
Consentimiento	No	No	No	No	No	No	No	No	Sí	No	No	Sí	No	-

Lesiones	No	No	No	No	No	No	No	No	No	No	No	No	No	No
Trauma	Sí	No	Sí	No	Sí	No	Sí	Sí	No	No	No	No	No	No
Tiempo para denunciar	0	0	12	0	0.25	0.91	6	0	1.66	0	0	0	0	0
Act.ante profesionales	-	-	-	Nerviosa	Afligida	-	-	Nerviosa	-	-	-	-	-	-
Cond. afectivo-sexual	No	No	Sí	No	Sí	No	No	No	No	No	No	No	No	No
Coherencia	Sí	Sí	Sí	Sí	Sí	Sí	Sí	Sí	Sí	No	Sí	Sí	Sí	No
Cuestionamiento	Sí	No	No	No	No	No	No	No	Sí	Sí	No	Sí	-	Sí
Tiempo transcurrido	2.58	1.5	13.58	0.41	1.75	2.5	7.83	3.16	4	3.5	1	3.16	3.83	0
Indemnización	Sí	No	Sí	No	Sí	Sí	Sí	Sí	No	No	No	No	Sí	No
Testificales	No	No	-	No	No	No	No	Sí	No	Sí	No	Sí	No	No
G. defensa	Mujer	Mujer	Hombre	Mujer	Mujer	Mujer	Hombre	Mujer	Mujer	Hombre	Mujer	Hombre	Mujer	Hombre
G. acusación	Mujer	Hombre	Mujer	Hombre	Hombre	Mujer	Mujer	Hombre	Mujer	Mujer	Hombre	Hombre	Mujer	-
Favorable	No	No	Sí	Sí	Sí	No	Sí	Sí	No	No	No	No	Sí	No
Procedencia F.	No	No	Magistrado	FCS	Magistrado	No	Magistrado	Magistrado	No	No	No	No	Magistrado	No
Perjudicial	No	No	No	Sí	No	No	3	Sí	No	Sí	Sí	2	Sí	No
Procedencia P.	No	No	No	Magistrado	No	No	Defensa	Defensa	No	Magistrado	Defensa	Magistrado	Defensa	No
Existencia	No	No	Sí	Sí	Sí	No	Sí	Sí	No	Sí	Sí	Sí	Sí	No

Número	2215/ 2014	1775/ 2014	1431/ 2014	5983/ 2014	1412/ 2014	1509/ 2014	898/ 2014	454/ 2014	449/ 2014	4469/ 2015	4328/ 2015	4328/ 2015 VP	3770/ 2015	4353/ 2015
Género P.	Hombre	Hombre	Hombre	Hombre	Mujer	Mujer	Hombre	Mujer	Mujer	Hombre	Mujer	Mujer	Hombre	Hombre
Delito	Abuso	Abuso	Abuso	Abuso	Abuso	Abuso	Abuso	Abuso	Abuso	Abuso	Abuso	Abuso	Abuso	Abuso
Fallo	Conde- na	Absolu- ción	Absolu- ción	Conde- na	Conde- na	Conde- na	Conde- na	Conde- na	Conde- na	Conde- na	Conde- na	Absolu- ción	Conde- na	Conde- na
Género V.	Mujer	Mujer	Mujer	Mujer	Mujer	Mujer	Mujer	Mujer	Mujer	Mujer	Mujer	Mujer	Mujer	Mujer
Edad V.	Menor	Mayor	Menor	Menor	Mayor	Menor	Menor	Menor	Menor	Menor	Menor	Menor	Menor	Menor
Edad año V.	5	-	4	7	-	13	11	14	17	13	11	11	10	13
Nacionalidad V.	Bolivia- na	-	Española	Española	Española	Española	Española	-	Española	Española	-	-	Española	-
Sadmva V.	Regular	-	Regular	Regular	Regular	Regular	Regular	-	Regular	Regular	-	-	Regular	-
Discapacidad V.	No	Sí	No	No	No	No	No	No	No	No	No	No	No	No
Recurrencia	No	No	No	No	No	No	No	No	No	No	No	Sí	No	No
Género A.	Hombre	Hombre	Hombre	Hombre	Hombre	Hombre	Hombre	Hombre	Hombre	Hombre	Hombre	Hombre	Hombre	Hombre
Edad A.	Mayor	Mayor	Mayor	Mayor	Mayor	Mayor	Mayor	Mayor	Mayor	Mayor	Mayor	Mayor	Mayor	Mayor
Edad año A.	48	51	38	46	22	46	67	-	-	36	66	66	20	19
Nacionalidad A.	Bolivia- na	Española	Argelina	Española	Española	Española	Española	-	Española	Española	Española	Española	Española	Nige- riana
Sadmva A.	Regular	Regular	Regular	Regular	Regular	Regular	Regular	-	Regular	Regular	Regular	Regular	Regular	Regular
Discapacidad A.	No	No	No	No	No	No	No	No	No	No	No	Sí	No	No
Reincidencia	No	No	No	No	No	No	No	No	No	No	No	No	No	No
Otros antecedentes	No	Sí	No	No	No	No	No	Sí	No	No	No	No	Sí	No

Vestimenta	No	No	No	No	No	No	No	No	No	No	No	Sí	No	No
Relación o parentesco	No	No	No	Sí	No	Sí	Sí	No	Sí	Sí	No	No	Sí	No
Drogas antes	Sí	Sí	No	No	Duda	No	No	No	Sí	No	No	No	No	No
Historial sexual	No	Sí	No	No	No	No	No	No	No	No	No	No	No	No
Conducta sexual	Anul.	Activa	-	Anul.	Anul.	Anul.	Anul.	Anul. + Resist.	Anul. + Resist.	Anul.	Anul.	Anul.	Anul.	Anul.
Lugar	E. Privado	-	E. Privado	D. Agresor	E. Privadc	D. Agresor	E. Privado	E. Privado	D. Agresor	D. Común	E. Público	E. Público	D. Común	E. Privado
Mes H.	6	-	10	-	10	11	-	11	-	-	7	7	-	12
Año H.	2013	-	2011	-	2012	2010	-	2010	-	-	2014	2014	-	2014
Duración	0	0	0	6	0	0	0	0	0	4	0	0	2	0
Drogas durante	No	Sí	No	No	Duda	Duda	No	No	Sí	No	No	No	No	No
Consentimiento	No	Sí	-	No	No	No	No	No	No	No	No	No	No	No
Lesiones	Sí	No	No	No	No	No	No	No	Sí	No	No	No	No	No
Trauma	No	No	No	Sí	No	-	No	Sí	Sí	Sí	No	No	Sí	-
Tiempo para denunciar	0	0	0	0	0	0	0	0	0	6	0	0	2	0.083
Act.ante profesionales	-	-	-	-	-	-	-	-	-	-	Nerviosa	Nerviosa	-	-
Cond. afectivo-sexual	No	No	No	Sí	No	No	No	No	No	No	No	No	No	No
Coherencia	Sí	Sí	No	Sí	Sí	Sí	Sí	Sí	Sí	Sí	Sí	No	Sí	Sí
Cuestionamiento	No	Sí	Sí	No	No	No	No	No	No	No	No	Sí	No	No

Tiempo transcurrido	1	5.083	2.5	8	1.5	3.33	2.41	3.16	2.16	10	1.33	1.33	5.91	0.91
Indemnización	Sí	No	No	No	Sí	No	Sí	Sí	Sí	No	No	No	Sí	Sí
Testificales	Sí	Sí	Sí	No	No	No	No	No	No	Sí	No	No	No	No
G. defensa	Hombre	Hombre	Hombre	Hombre	Mujer	Mujer	Hombre	-	Hombre	Hombre	Hombre	Hombre	Hombre	Hombre
G. acusación	Mujer	Mujer	Mujer	Hombre	Mujer	Hombre	Mujer	-	Mujer	Hombre	Mujer	Mujer	Mujer	Hombre
Favorable	No	No	No	No	Sí	2	No	No	No	No	2	No	No	No
Procedencia F.	No	No	No	No	Magis-trado	Magis-trado	No	No	No	No	Magis-trado	No	No	No
Perjudicial	No	No	No	Sí	2	Sí	No	No	No	2	Sí	2	No	No
Procedencia P.	No	No	No	Magis-trado	Defensa	Defensa	No	No	No	Mag. + Def.	Defensa	Magis-trado	No	No
Existencia	No	No	No	Sí	Sí	Sí	No	No	No	Sí	Sí	Sí	No	No

Número	3848/ 2015	4044/ 2015	3822/ 2015	313/ 2015	4052/ 2015	2529/ 2015	2076/ 2015	2714/ 2015	2032/ 2015	2378/ 2015	1605/ 2015	276/ 2015	1173/ 2015	1180/ 2015
Género P.	Hombre	Hombre	Hombre	Hombre	Mujer	Hombre	Hombre	Hombre	Hombre	Mujer	Mujer	Hombre	Mujer	Mujer
Delito	Abuso	Abuso	Abuso	Abuso	Abuso	Abuso	Abuso	Abuso	Abuso	Abuso	Abuso	Abuso	Abuso	Abuso
Fallo	Conde-na	Absolu-ción	Conde-na	Conde-na	Absolu-ción	Conde-na	Conde-na	Absolu-ción	Absolu-ción	Absolu-ción	Conde-na	Conde-na	Conde-na	Conde-na
Género V.	Mujer	Mujer	Mujer	Mujer	Mujer	Mujer	Mujer	Mujer	Mujer	Mujer	Mujer	Mujer	Mujer	Mujer
Edad V.	Mayor	Menor	Mayor	Menor	Menor	Menor	Menor	Menor	Mayor	Menor	Menor	Menor	Mayor	Menor
Edad año V.	-	17	45	8	11	8	11	9	-	15	9	17	24	13
Nacionalidad V.	Marro-quí	Colom-biana	Española	Española	Marro-quí	Española	-	Española	Brasi-leña	-	Española	-	Española	Española
Sadmva V.	Irregular	Regular	Regular	Regular	Regular	Regular	-	Regular	Regular	-	Regular	-	Regular	Regular

Discapacidad V.	No	No	No	No	No	No	No	No	No	No	No	No	Sí	No
Recurrencia	No	No	No	No	No	No	No	No	No	No	No	No	No	No
Género A.	Hombre	Hombre	Hombre	Hombre	Hombre	Hombre	Hombre	Hombre	Hombre	Hombre	Hombre	Hombre	Hombre	Hombre
Edad A.	Mayor	Mayor	Mayor	Mayor	Mayor	Mayor	Mayor	Mayor	Mayor	Mayor	Mayor	Mayor	Mayor	Mayor
Edad año A.	35	50	42	63	-	64	22	42	-	20	77	-	45	-
Nacionalidad A.	Pakistaní	Colom-biana	Española	Española	Española	Española	Española	Española	Española	Rumana	Española	Bolivia-na	Española	Española
Sadmva A.	Regular	Regular	Regular	Regular	Regular	Regular	Regular	Regular	Regular	Regular	Regular	Regular	Regular	Regular
Discapacidad A.	No	No	No	No	No	No	No	No	No	No	No	No	No	No
Reincidencia	No	No	No	No	No	No	No	No	No	No	No	No	No	No
Otros antecedentes	No	No	No	No	No	No	Sí	Sí	Sí	No	No	No	Sí	Sí
Vestimenta	No	Sí	Sí	No	No	No	No	No	No	No	No	No	No	No
Relación o parentesco	No	Sí	No	No	No	Sí	No	Sí	No	No	No	No	No	Sí
Drogas antes	No	No	No	No	No	No	No	No	No	Sí	No	Sí	No	No
Historial sexual	No	No	No	No	No	No	No	No	No	Sí	No	No	No	No
Conducta sexual	Anul. + Resist.	Anul.	Anul.	Anul. + Resist.	-	Anul.	Resist.	-	-	-	Anul. + Resist.	Resist.	Activa	Anul. + Resist.
Lugar	D. Agresor	D. Común	E. Privado	E. Privado	E. Privado	D. Agresor	E. Privado	D. Común	E. Privado	D. V´ctima	D. Agresor	E. Privado	E. Privado	D. Víctima
Mes H.	8	1	4	9	11	-	10	-	3	1	-	12	7	5
Año H.	2012	2014	2015	2010	2011	-	2013	-	2013	2013	-	2013	2010	2012
Duración	0	0	0	0	0	2	0	0	0	0	0	0	0	0
Drogas durante	No	No	No	No	No	No	No	No	No	Sí	No	Sí	No	No

Consentimiento	No	No	No	No	No	No	No	No	No	No	No	No	No	No
Lesiones	Sí	No	No	No	No	No	Sí	No	No	No	No	No	No	No
Trauma	No	No	No	Sí	No	No	No	No	Sí	Sí	Sí	No	No	Sí
Tiempo para denunciar	0	0	0	0	0	2	0	0.33	0	0	1	0	0	0
Act.ante profesionales	-	-	-	-	-	-	-	-	-	-	-	Callada	-	-
Cond. afectivo-sexual	No	No	No	No	No	-	No	No	No	No	Sí	No	No	No
Coherencia	Sí	No	Sí	Sí	No	Sí	Sí	No	No	Sí	Sí	Sí	Sí	Sí
Cuestiona-miento	No	Sí	No	No	Sí	No	No	Sí	Sí	No	No	No	No	No
Tiempo transcurrido	3.16	1.83	0.5	4.33	3.91	3	1.66	3	2.083	2	0	1.083	4.75	3.91
Indemnización	Sí	No	No	Sí	No	Sí	Sí	No	No	No	No	No	Sí	Sí
Testificales	No	No	No	-	No	Sí	No	No	No	No	No	Sí	No	No
G. defensa	Hombre	Mujer	Hombre	Mujer	Hombre	Hombre	Hombre	Mujer	Hombre	Mujer	Hombre	Mujer	Hombre	Mujer
G. acusación	Mujer	-	Mujer	Mujer	Hombre	Hombre	Hombre	Mujer	Hombre	Hombre	Hombre	Mujer	Hombre	Hombre
Favorable	No	No	No	No	No	No	No	No	No	No	Sí	Sí	No	No
Procedencia F.	No	No	No	No	No	No	No	No	No	No	Magis-trado	Magis-trado	No	No
Perjudicial	2	No	No	No	2	No	No	3	Sí	Sí	Sí	Sí	No	No
Procedencia P.	Magis-trado	No	No	No	Magis-trado	No	No	Magis-trado	Magis-trado	Magis-trado	Defensa	Defensa	No	No
Existencia	Sí	No	No	No	Sí	No	No	Sí	Sí	Sí	Sí	Sí	No	No

Número	1271/2015	2073/2008	5642/2008	5663/2008	6906/2008	6833/2008	2585/2008	3126/2008	2228/2008	1844/2008	1540/2008	1028/2008	1471/2008	1063/2008
Género P.	Hombre	Mujer	Mujer	Mujer	Hombre	Mujer	Hombre	Mujer	Hombre	Mujer	Mujer	Hombre	Mujer	Mujer
Delito	Abuso	Abuso	Abuso	Abuso	Abuso	Abuso	Abuso	Abuso	Abuso	Abuso	Abuso	Abuso	Abuso	Abuso
Fallo	Condena	Condena	Absolución	Condena	Condena	Condena	Absolución	Condena	Absolución	Absolución	Condena	Absolución	Condena	Condena
Género V.	Mujer	Mujer	Mujer	Mujer	Mujer	Mujer	Mujer	Mujer	Mujer	Mujer	Mujer	Mujer	Mujer	Mujer
Edad V.	Menor	Menor	Menor	Mayor	Mayor	Mayor	Menor	Mayor	Menor	Menor	Menor	Mayor	Mayor	Mayor
Edad año V.	11	9	-	70	-	21	13	28	4	4	12	-	-	-
Nacionalidad V.	Marroquí	-	-	Española	Española	-	-	-	Española	Española	Ecuatoriana	-	Española	-
Sadmva V.	Regular	-	-	Regular	Regular	-	-	-	Regular	Regular	Regular	-	Regular	-
Discapacidad V.	Sí	No	No	Sí	No	No	No	No	No	No	No	No	Sí	No
Recurrencia	No	No	No	No	No	No	No	No	No	No	No	No	No	No
Género A.	Hombre	Hombre	Hombre	Hombre	Hombre	Hombre	Hombre	Hombre	Hombre	Hombre	Hombre	Hombre	Hombre	Hombre
Edad A.	Mayor	Mayor	Mayor	Mayor	Mayor	Mayor	Mayor	Mayor	Mayor	Mayor	Mayor	Mayor	Mayor	Mayor
Edad año A.	41	48	-	-	-	-	49	-	-	-	21	-	32	-
Nacionalidad A.	Francesa	-	-	Española	Española	-	Liberiana	-	Española	-	Ecuatoriana	-	Española	-
Sadmva A.	Regular	-	-	Regular	Regular	-	Regular	-	Regular	-	Regular	-	Regular	-
Discapacidad A.	Sí	No	No	No	No	No	No	No	No	No	No	No	No	No
Reincidencia	No	No	No	No	No	No	No	No	No	No	No	No	No	No
Otros antecedentes	No	No	No	Sí	No	No	No	No	No	No	No	No	Sí	No
Vestimenta	No	No	No	No	No	No	No	No	No	No	No	No	No	No

Relación o parentesco	Sí	Sí	Sí	No	No	No	Sí	No	Sí	No	Sí	Sí	No	No
Drogas antes	No	No	No	Sí	No	No	No	No	No	No	No	No	No	No
Historial sexual	No	-	No	No	No	No	No	No	No	No	No	No	No	No
Conducta sexual	Anul.	Anul. + Activa	-	Anul.	Anul.	Resist.	Anul. + Resist.	Resist.	Anul.	-	Activa	Resist.	Anul.	Resist.
Lugar	D. Común	D. Agresor	D. Común	D. Víctima	E. Privado	D. Agresor	D. Agresor	Varios	D. Común	D. Víctima	D. Agresor	E. Público	D. Agresor	E. Privado
Mes H.	-	-	-	12	-	9	10	9	-	-	-	11	-	10
Año H.	-	-	-	2002	-	2006	2005	2006	-	-	-	2007	-	2007
Duración	0	3	4	0	0.25	0	0	0	0.5	0	0	0	0	0
Drogas durante	No	No	No	No	No	No	No	No	No	No	No	No	No	No
Consentimiento	No	No	No	No	No	No	No	No	No	No	Sí	No	No	No
Lesiones	No	No	No	No	No	No	No	No	No	No	No	No	No	No
Trauma	No	Sí	No	No	Sí	No	No	Sí	No	No	No	Sí	No	No
Tiempo para denunciar	0	0	1	0	0	0	0	0	0.5	0	0	0	0.41	0
Act.ante profesionales	-	-	-	-	-	-	-	-	-	-	-	-	-	-
Cond. afectivo-sexual	No	No	No	No	No	No	No	No	No	No	No	No	No	No
Coherencia	Sí	Sí	-	Sí	Sí	Sí	No	Sí	No	No	Sí	Sí	Sí	Sí
Cuestiona-miento	No	No	Sí	No	No	No	Sí	No	Sí	Sí	Sí	Sí	No	No
Tiempo transcurrido	1	4.25	0	5.83	3.25	2	2.66	1.66	2.75	2.91	3.41	0.41	4.91	0.5

Indemnización	Sí	Sí	No	No	Sí	Sí	No	Sí	No	No	No	Sí	Sí	No
Testificales	No	No	Sí	Sí	No	No	No	No	No	No	No	No	No	Sí
G. defensa	Hombre	Mujer	Hombre	Mujer	Mujer	Mujer	Hombre	Mujer	Hombre	Hombre	Hombre	Mujer	Mujer	Hombre
G. acusación	Mujer	-	Hombre	Hombre	Hombre	Hombre	Hombre	-	Hombre	Mujer	Hombre	Mujer	Mujer	-
Favorable	No	No	No	No	No	No	No	2	No	No	No	No	No	No
Procedencia F.	No	No	No	No	No	No	No	Magis-trado	No	No	No	No	No	No
Perjudicial	No	No	3	No	No	No	2	No	Sí	No	No	Sí	No	No
Procedencia P.	No	No	Magis-trado	No	No	No	Magis-trado	No	Magis-trado	No	No	Magis-trado	No	No
Existencia	No	No	Sí	No	No	No	Sí	Sí	Sí	No	No	Sí	No	No

Número	5832/ 2009	5703/ 2009	5731/ 2009	6718/ 2009	2988/ 2009	2216/ 2009	7231/ 2009	7217/ 2009	1615/ 2009	3274/ 2011	2667/ 2011	1841/ 2011	1245/ 2011	1443/ 2011
Género P.	Mujer	Hombre	Hombre	Hombre	Mujer	Hombre	Hombre	Hombre	Hombre	Mujer	Hombre	Hombre	Hombre	Hombre
Delito	Agresión	Abuso	Abuso	Abuso	Abuso	Abuso	Abuso	Abuso	Abuso	Abuso	Abuso	Abuso	Abuso	Abuso
Fallo	Absolu-ción	Absolu-ción	Conde-na	Conde-na	Conde-na	Conde-na	Conde-na	Absolu-ción	Conde-na	Conde-na	Conde-na	Conde-na	Conde-na	Conde-na
Género V.	Mujer	Mujer	Mujer	Mujer	Mujer	Mujer	Mujer	Mujer	Mujer	Mujer	Mujer	Mujer	Mujer	Mujer
Edad V.	Menor	Mayor	Menor	Menor	Menor	Menor	Menor	Menor	Mayor	Mayor	Menor	Mayor	Mayor	Menor
Edad año V.	14	-	-	11	14	8	9	9	-	-	9	-	-	8
Nacionalidad V.	-	-	-	-	-	-	Guinea-na	Española	-	-	-	-	-	-
Sadmva V.	-	-	-	-	-	-	Regular	Regular	-	-	-	-	-	-
Discapacidad V.	No	No	No	No	No	No	No	No	No	No	No	Sí	No	No
Recurrencia	No	No	No	No	No	No	No	No	No	No	No	No	No	No

Género A.	Hombre	Hombre	Hombre	Hombre	Hombre	Hombre	Hombre	Hombre	Hombre	Hombre	Hombre	Hombre	Hombre	Hombre
Edad A.	Mayor	Mayor	Menor	Mayor	Mayor	Mayor	Mayor	Mayor	Mayor	Mayor	Mayor	Mayor	Mayor	Mayor
Edad año A.	-	-	-	-	-	43	33	-	18	70	-	-	35	-
Nacionalidad A.	-	-	-	-	-	Bolivia-na	Guinea-na	-	-	-	-	-	Española	-
Sadmva A.	Irregular	Regular	-	-	-	Regular	Irregular	-	-	-	-	-	Regular	-
Discapacidad A.	No	No	No	No	No	No	No	Sí	No	No	No	No	No	No
Reincidencia	No	No	No	No	No	No	No	Sí	No	No	No	No	No	No
Otros antecedentes	No	No	No	No	No	No	No	No	No	Sí	No	No	Sí	No
Vestimenta	No	No	No	No	No	No	No	No	No	No	No	No	No	No
Relación o parentesco	No	No	No	No	Sí	Sí	Sí	No	No	No	No	No	Sí	No
Drogas antes	No	No	No	No	No	No	No	No	No	No	No	No	No	No
Historial sexual	No	No	No	No	No	No	Sí	No	No	No	No	No	No	No
Conducta sexual	Resist.	Resist.	Anul.	Anul.	Anul. + Resist.	Anul.	Anul.	Anul.	Resist.	Resist.	Anul.	Resist.	Anul.	Anul.
Lugar	D. Agresor	D. Agresor	E. Privado	E. Privado	D. Agresor	D. Común	D. Común	E. Privado	E. Público	D. Común	E. Privado	E. Privado	D. Agresor	Varios
Mes H.	3	3	9	-	6	-	-	10	8	-	5	3	6	-
Año H.	2008	2008	2008	-	2007	-	-	2005	2007	-	2009	2008	2010	-
Duración	0	0	0	0	0	0.5	0	0	0	0	0	0	0	7
Drogas durante	No	No	No	No	No	No	No	No	No	No	No	No	No	No
Consentimiento	No	No	No	No	No	No	No	No	No	No	No	No	No	No
Lesiones	No	No	No	No	No	No	Sí	No	No	No	No	No	No	No
Trauma	Sí	No	No	No	No	No	No	No	No	No	Sí	No	No	No
Tiempo para denunciar	0	0	0	0	0	0.91	0	0	0	0	0	0	0	0

Act.ante profesionales	-	-	-	-	-	-	-	-	-	-	-	-	-	-
Cond. afectivo-sexual	No	No	No	No	No	No	No	No	No	No	Sí	No	No	No
Coherencia	Sí	Sí	Sí	Sí	Sí	Sí	Sí	Sí	Sí	Sí	Sí	Sí	Sí	Sí
Cuestiona-miento	No	No	No	No	No	No	No	No	No	No	No	No	No	Sí
Tiempo transcurrido	1.66	1.66	1.16	2.91	1.99	3.5	1	3.66	1.66	3.75	1.91	3.083	0.66	11
Indemnización	Sí	No	No	Sí	Sí	Sí	Sí	Sí	No	No	Sí	No	Sí	Sí
Testificales	No	No	Sí	No	No	No	No	No	No	No	No	No	No	No
G. defensa	Mujer	Hombre	Mujer	Hombre	Hombre	Hombre	Hombre	Mujer	Mujer	Mujer	Hombre	Hombre	Hombre	Mujer
G. acusación	Mujer	Hombre	-	Hombre	-	-	-	Hombre	Mujer	-	Hombre	-	Mujer	Hombre
Favorable	No	No	No	No	No	No	No	No	No	No	2	No	No	No
Procedencia F.	No	No	No	No	No	No	No	No	No	No	Magis-trado	No	No	No
Perjudicial	No	No	Sí	No	No	No	Sí	No	3	Sí	Sí	Sí	No	3
Procedencia P.	No	No	Defensa	No	No	No	Defensa	No	Defensa	Defensa	Defensa	Defensa	No	Defensa
Existencia	No	No	Sí	No	No	No	Sí	No	Sí	Sí	Sí	Sí	No	Sí

Número	863/ 2011	176/ 2011	1371/ 2011	146/ 2011	768/ 2011	5048/ 2012	5043/ 2012	3678/ 2012	181/ 2020	1616/ 2020	652/ 2020	98/ 2020	4973/ 2017	3036/ 2017
Género P.	Mujer	Hombre	Hombre	Hombre	Mujer	Hombre	Mujer	Hombre	Hombre	Hombre	Mujer	Hombre	Hombre	Hombre
Delito	Abuso	Abuso	Abuso	Abuso	Agresión	Abuso	Abuso	Abuso	Abuso	Abuso	Abuso	Agresión	Abuso	Abuso
Fallo	Conde-na	Absolu-ción	Absolu-ción	Conde-na	Conde-na	Conde-na	Conde-na	Conde-na	Conde-na	Conde-na	Conde-na	Absolu-ción	Conde-na	Conde-na
Género V.	Mujer	Mujer	Mujer	Mujer	Mujer	Mujer	Mujer	Mujer	Mujer	Mujer	Mujer	Mujer	Mujer	Mujer

Edad V.	Menor	Menor	Mayor	Menor	Menor	Mayor	Menor	Menor	Menor	Menor	Menor	Mayor	Menor	Menor
Edad año V.	6	13	-	14	16	-	17	13	14	7	13	-	10	8
Nacionalidad V.	-	-	-	-	-	Española	-	Española	Española	Española	Española	-	Española	Española
Sadmva V.	-	-	-	-	-	Regular	-	Regular	Regular	Regular	Regular	-	Regular	Regular
Discapacidad V.	No	Sí	No	No	No	No	Sí	No	No	No	No	No	No	No
Recurrencia	No	No	No	No	No	No	No	No	No	No	No	No	No	No
Género A.	Hombre	Hombre	Hombre	Hombre	Hombre	Hombre	Hombre	Hombre	Hombre	Hombre	Hombre	Hombre	Hombre	Hombre
Edad A.	Mayor	Mayor	Mayor	Mayor	Mayor	Mayor	Mayor	Mayor	Mayor	Mayor	Mayor	Mayor	Mayor	Mayor
Edad año A.	-	-	-	-	22	65	48	37	47	52	23	34	75	56
Nacionalidad A.	Bolivia-na	-	-	-	-	Española	Española	Española	Española	Española	Española	Española	Española	Española
Sadmva A.	Irregular	-	-	-	-	Regular	Regular	Regular	Regular	Regular	Regular	Regular	Regular	Regular
Discapacidad A.	No	No	No	No	No	No	Sí	No	No	No	No	No	No	No
Reincidencia	No	No	No	No	No	No	No	No	No	No	No	No	No	No
Otros antecedentes	No	No	No	No	No	No	No	No	No	No	No	Sí	No	No
Vestimenta	No	No	No	No	No	No	No	No	No	No	No	No	No	No
Relación o parentesco	Sí	No	No	No	No	No	No	Sí	Sí	Sí	Sí	Sí	No	No
Drogas antes	No	No	No	No	No	No	No	No	No	No	No	No	No	No
Historial sexual	No	No	No	No	Sí	No	No	Sí	No	No	No	No	No	No
Conducta sexual	Anul.	Anul.	Resist.	Anul. + Resist.	Resist.	Anul.	Resist.	Anul. + Resist.	Activa	Anul. + Resist.	Activa	-	Anul.	Anul.
Lugar	D. Agresor	E. Público	Varios	D. Agresor	D. Agresor	E. Privado	E. Público	Varios	Varios	D. Común	Varios	D. Común	E. Privado	E. Privado

Mes H.	9	8	5	7	12	-	2	-	2	-	-	8	-	-
Año H.	2009	2008	2005	2008	2010	-	2010	-	2017	-	-	2017	-	-
Duración	0	0	0	0	0	0	0	0	0.33	1.75	0.16	0	0.25	0
Drogas durante	No	Sí	No	No	No	No	Duda	No	No	No	No	No	No	No
Consentimiento	No	-	No	No	No	No	No	No	Sí	No	No	No	No	No
Lesiones	No	No	No	No	No	No	No	No	No	No	No	No	No	Sí
Trauma	No	No	Sí	No	No	No	No	Sí	No	Sí	Sí	No	No	No
Tiempo para denunciar	0	0	0	0	0	0	0	2	0.33	8	0	0	0	0
Act.ante profesionales	-	-	-	-	-	-	-	-	-	-	-	-	-	-
Cond. afectivo-sexual	No	No	-	No	No	No	Sí	Sí	No	Sí	No	Sí	No	No
Coherencia	Sí	No	Sí	Sí	Sí	Sí	Sí	Sí	Sí	Sí	Sí	No	Sí	Sí
Cuestiona-miento	No	Sí	Sí	No	No	No	No	No	No	No	No	Sí	No	No
Tiempo transcurrido	1.41	2.41	5.6	2.5	0.25	3	2.66	5.16	3	0.91	3.16	2.41	3.41	4.33
Indemnización	Sí	No	No	Sí	No	No	Sí	Sí	Sí	Sí	Sí	No	Sí	Sí
Testificales	No	No	No	No	Sí	No	No	No	No	Sí	No	No	No	No
G. defensa	Hombre	Hombre	Hombre	Hombre	Hombre	Hombre	-	Mujer	Hombre	Hombre	Mujer	Hombre	Hombre	Mujer
G. acusación	Mujer	Mujer	Hombre	Mujer	Mujer	Hombre	-	Mujer	Mujer	Mujer	Hombre	Mujer	Mujer	Hombre
Favorable	No	No	No	No	No	No	No	No	No	No	No	No	No	No
Procedencia F.	No	No	No	No	No	No	No	No	No	No	No	No	No	No
Perjudicial	No	Sí	2	No	No	Sí	No	2	Sí	Sí	No	3	No	No

Procedencia P.	No	Magis-trado	Magis-trado	No	No	Defensa	No	Defensa	Defensa	Magis-trado	No	Magis-trado	No	No
Existencia	No	Sí	Sí	No	No	Sí	No	Sí	Sí	Sí	No	Sí	No	No

Número	3245/ 2017	765/ 2017	335/ 2017	1876/ 2017	3322/ 2017	2756/ 2017	1976/ 2017	2490/ 2017	2529/ 2017	6273/ 2017	3548/ 2017	936/ 2017	727/ 2017	340/ 2017
Género P.	Hombre	Mujer	Hombre	Mujer	Mujer	Hombre	Mujer	Hombre	Hombre	Hombre	Mujer	Hombre	Mujer	Mujer
Delito	Abuso	Abuso	Abuso	Abuso	Abuso	Abuso	Abuso	Abuso	Abuso	Abuso	Abuso	Abuso	Abuso	Abuso
Fallo	Conde-na	Absolu-ción	Conde-na	Absolu-ción	Absolu-ción	Conde-na	Conde-na	Conde-na	Absolu-ción	Conde-na	Conde-na	Conde-na	Absolu-ción	Conde-na
Género V.	Mujer	Mujer	Mujer	Mujer	Mujer	Mujer	Mujer	Mujer	Mujer	Mujer	Mujer	Mujer	Mujer	Mujer
Edad V.	Menor	Menor	Mayor	Menor	Menor	Mayor	Menor	Menor	Mayor	Menor	Menor	Menor	Menor	Menor
Edad año V.	14	8	16	10	-	-	9	4	-	8	13	10	14	13
Nacionalidad V.	Bolivia-na	-	-	Española	Española	Española	Española	Española	Española	Colom-biana	Española	Española	-	Española
Sadmva V.	Regular	-	-	Regular	Regular	Regular	Regular	Regular	Regular	Regular	Regular	Regular	-	Regular
Discapacidad V.	No	No	No	No	No	No	No	No	No	No	No	No	No	No
Recurrencia	No	No	No	No	No	No	No	No	No	No	No	No	No	No
Género A.	Hombre	Hombre	Hombre	Hombre	Hombre	Hombre	Hombre	Hombre	Hombre	Hombre	Hombre	Hombre	Hombre	Hombre
Edad A.	Mayor	Mayor	Mayor	Mayor	Mayor	Mayor	Mayor	Mayor	Mayor	Mayor	Mayor	Mayor	Mayor	Mayor
Edad año A.	34	35	-	39	-	-	22	40	-	49	40	-	24	44
Nacionalidad A.	Bolivia-na	Pakistaní	-	Española	Española	Española	Española	Española	Española	Colom-biana	Española	Española	Guinea-na	Española
Sadmva A.	Regular	Irregular	-	Regular	Regular	Regular	Regular	Regular	Regular	Regular	Regular	Regular	Regular	Regular
Discapacidad A.	No	No	No	No	No	No	No	No	No	No	No	No	No	No

Reincidencia	No	No	No	No	No	No	No	No	No	No	No	No	No	No
Otros antecedentes	No	No	Sí	No	No	No	No	No	No	No	No	Sí	Sí	No
Vestimenta	No	No	No	No	No	No	No	No	No	No	No	No	No	No
Relación o parentesco	No	No	Sí	Sí	Sí	No	No	Sí	No	No	Sí	Sí	Sí	Sí
Drogas antes	No	No	Sí	No	No	No	No	No	No	No	No	No	No	No
Historial sexual	No	No	No	No	No	No	No	No	No	No	No	No	No	No
Conducta sexual	Anul. + Activa	Anul. + Resist.	Anul.	Anul.	-	Anul. + Resist.	Anul. + Resist.	Anul.	Anul.	Anul. + Resist.	Anul.	Anul. + Resist.	Activa	Anul.
Lugar	Varios	E. Privado	D. Agresor	D. Agresor	D. Común	E. Privado	E. Privado	Varios	Varios	D. Agresor	D. Común	D. Común	-	Varios
Mes H.	-	2	6	-	-	5	5	-	-	-	-	-	-	-
Año H.	-	2015	2015	-	-	2015	2014	-	-	-	-	-	-	-
Duración	0.16	0	0	0	0	0	0	0	3.41	0	2.83	1	0.5	1.5
Drogas durante	No	No	No	No	-	No	No	No	No	No	No	No	No	No
Consentimiento	Sí	No	No	No	-	No	No	No	No	No	No	No	Sí	No
Lesiones	No	No	Sí	No	No	Sí	No	No	No	No	No	No	No	No
Trauma	No	No	No	No	No	Sí	No	No	Sí	No	Sí	Sí	No	Sí
Tiempo para denunciar	0	0	0	0	0	0	0	0	3.41	0	0	0	0.25	1.5
Act.ante profesionales	-	-	-	-	-	-	-	-	-	-	Nerviosa	Insegura	Segura	Afligida
Cond. afectivo-sexual	No	No	No	No	No	No	No	No	No	No	Sí	Sí	No	Sí
Coherencia	Sí	No	Sí	No	Sí	Sí	Sí	Sí	No	Sí	Sí	Sí	No	Sí

Cuestiona-miento	No	Sí	No	Sí	No	No	No	No	Sí	No	No	No	Sí	No
Tiempo transcurrido	1	1.91	1.75	1	4.16	2.16	3.08	1.33	7.58	3.33	5.41	1.66	1.75	3.66
Indemnización	Sí	No	Sí	No	No	Sí	Sí	No	No	Sí	Sí	Sí	No	Sí
Testificales	No	No	Sí	No	No	No	No	No	No	No	No	No	No	No
G. defensa	Hombre	Mujer	Hombre	Hombre	-	Mujer	Hombre	Hombre	Hombre	Hombre	Hombre	Hombre	Hombre	Hombre
G. acusación	Mujer	-	-	Hombre	-	Hombre	Hombre	Hombre	Mujer	Mujer	Mujer	Mujer	Mujer	Hombre
Favorable	No	Sí	No	No	No	No	No	No	No	No	Sí	No	No	Sí
Procedencia F.	No	Magis-trado	No	No	No	No	No	No	No	No	Magis-trado	No	No	Magis-trado
Perjudicial	No	No	No	Sí	Sí	Sí	No	No	4	2	Sí	No	No	No
Procedencia P.	No	No	No	Pericia-les	Magis-trado	Defensa	No	No	Magis-trado	Magis-trado	Defensa	No	No	No
Existencia	No	Sí	No	Sí	Sí	Sí	No	No	Sí	Sí	Sí	No	No	Sí

Número	4356/ 2018	4752/ 2018	3494/ 2018	2639/ 2018	2695/ 2018	6379/ 2018	4772/ 2018	1029/ 2018	359/ 2018	352/ 2018	73/ 2018	1275/ 2018	2411/ 2018	973/ 2018
Género P.	Mujer	Hombre	Hombre	Mujer	Mujer	Mujer	Hombre	Hombre	Mujer	Hombre	Hombre	Mujer	Hombre	Hombre
Delito	Abuso	Abuso	Abuso	Abuso	Abuso	Abuso	Abuso	Abuso	Abuso	Abuso	Abuso	Abuso	Agresión	Abuso
Fallo	Absolu-ción	Conde-na	Conde-na	Conde-na	Conde-na	Absolu-ción	Conde-na	Conde-na	Conde-na	Conde-na	Conde-na	Absolu-ción	Absolu-ción	Absolu-ción
Género V.	Mujer	Mujer	Mujer	Mujer	Mujer	Mujer	Mujer	Mujer	Mujer	Mujer	Mujer	Mujer	Mujer	Mujer
Edad V.	Mayor	Menor	Menor	Mayor	Menor	Mayor	Menor	Menor	Menor	Menor	Menor	Mayor	Mayor	Menor
Edad año V.	-	12	15	-	16	-	11	13	12	17	12	-	18	6
Nacionalidad V.	-	-	Española	-	-	Española	Española	-	-	-	Española	-	Española	Española

Sadmva V.	-	-	Regular	-	Regular	Regular	Regular	-	-	-	Regular	-	Regular	Regular
Discapacidad V.	No	No	No	No	No	No	No	No	No	No	No	No	Sí	No
Recurrencia	No	No	No	No	No	No	No	No	No	No	No	No	No	No
Género A.	Hombre	Hombre	Hombre	Hombre	Hombre	Hombre	Hombre	Hombre	Hombre	Hombre	Hombre	Hombre	Hombre	Hombre
Edad A.	Mayor	Mayor	Mayor	Mayor	Mayor	Mayor	Mayor	Mayor	Mayor	Mayor	Mayor	Mayor	Mayor	Mayor
Edad año A.	37	44	52	-	52	18	-	46	23	-	38	38	40	69
Nacionalidad A.	Francesa	China	Española	-	Española	Española	Española	Francesa	Búlgara	-	Española	Ecuato-riana	Mali	Española
Sadmva A.	Regular	Regular	Regular	-	Regular	Regular	Regular	Regular	Regular	-	Regular	Regular	Irregular	Regular
Discapacidad A.	No	No	No	No	No	No	No	Sí	No	No	No	No	No	No
Reincidencia	No	No	No	No	No	No	No	No	No	No	No	No	No	No
Otros antecedentes	No	No	Sí	No	No	Sí	Sí	Sí	No	No	No	No	No	No
Vestimenta	No	No	No	No	No	No	No	No	No	No	No	No	No	No
Relación o parentesco	No	No	No	No	Sí	No	No	Sí	No	No	Sí	No	No	No
Drogas antes	Sí	No	No	No	No	No	No	No	Sí	No	No	Sí	No	No
Historial sexual	No	No	No	No	No	No	No	No	No	No	No	No	No	No
Conducta sexual	-	Anul.	Anul.	Anul. + Resist.	Anul. + Resist.	Anul.	Resist.	Anul.	Resist.	Anul. + Resist.	Anul.	Resist.	Activa	-
Lugar	D. Agresor	E. Privado	E. Privado	E. Privado	D. Común	E. Público	E. Público	E. Privado	D. Víctima	E. Privado	D. Común	E. Privado	D. Agresor	E. Privado
Mes H.	5	5	11	10	-	9	4	12	10	10	-	10	6	5
Año H.	2014	2016	2017	2016	-	2017	2016	2015	2013	2012	-	2016	2009	2016
Duración	0	0	0	0	0.33	0	0	0	0	0	6	0	0	0

Drogas durante	Duda	No	No	No	No	No	No	No	No	No	No	No	No	-
Consentimiento	-	No	No	No	No	No	No	No	No	No	No	No	Sí	No
Lesiones	No	No	No	No	No	No	No	No	No	No	No	No	No	No
Trauma	No	No	No	No	Sí	Sí	No	No	No	Sí	No	No	No	No
Tiempo para denunciar	0	0	0	0	0	0	0.083	0	0	0	6	0	0	0
Act.ante profesionales	-	-	-	Nerviosa	-	-	-	-	-	-	-	-	-	-
Cond. afectivo-sexual	No	No	No	No	No	No	No	No	No	Sí	No	No	No	No
Coherencia	No	Sí	Sí	Sí	Sí	No	Sí	Sí	Sí	Sí	Sí	Sí	No	No
Cuestiona-miento	Sí	No	No	No	No	Sí	No	No	No	No	No	No	Sí	Sí
Tiempo transcurrido	4.41	2.41	0.83	1.75	2.75	0.75	2.08	2.41	4.41	5.33	8	1.41	8.66	1.75
Indemnización	No	Sí	Sí	Sí	Sí	No	Sí	No	Sí	Sí	Sí	Sí	No	No
Testificales	Sí	No	No	No	No	No	No	No	No	No	No	No	No	Sí
G. defensa	Hombre	Hombre	Hombre	Hombre	Hombre	Mujer	Hombre	Hombre	Mujer	Mujer	Hombre	Mujer	Hombre	Hombre
G. acusación	Hombre	-	Mujer	Mujer	Mujer	Mujer	Hombre	Hombre	Mujer	Mujer	Mujer	Mujer	Mujer	Mujer
Favorable	No	No	No	Sí	Sí	No	No	No	Sí	No	No	Sí	No	No
Procedencia F.	No	No	No	Magis-trado	Magis-trado	No	No	No	Magis-trado	No	No	Magis-trado	No	No
Perjudicial	2	No	No	No	No	2	No	No	No	No	No	Sí	Sí	Sí
Procedencia P.	Magis-trado	No	No	No	No	Magis-trado	No	No	No	No	No	Magis-trado	Magis-trado	Magis-trado
Existencia	Sí	No	No	Sí	Sí	Sí	No	No	Sí	No	No	Sí	Sí	Sí

Número	74/ 2018	6002/ 2010	2599/ 2010	4103/ 2010	3500/ 2010	3299/ 2010	3268/ 2010	1817/ 2010	1409/ 2010	564/ 2010	1289/ 2010	826/ 2010	386/ 2010	518/ 2010
Género P.	Mujer	Hombre	Hombre	Hombre	Hombre	Hombre	Hombre	Hombre	Mujer	Hombre	Hombre	Mujer	Mujer	Mujer
Delito	Abuso	Abuso	Agresión	Abuso	Abuso	Abuso	Abuso	Agresión	Abuso	Abuso	Abuso	Abuso	Abuso	Abuso
Fallo	Conde-na	Conde-na	Conde-na	Absolu-ción	Absolu-ción	Conde-na	Absolu-ción	Conde-na	Absolu-ción	Conde-na	Conde-na	Conde-na	Conde-na	Conde-na
Género V.	Mujer	Mujer	Mujer	Mujer	Mujer	Mujer	Mujer	Mujer	Mujer	Mujer	Mujer	Mujer	Mujer	Mujer
Edad V.	Menor	Menor	Menor	Mayor	Menor	Mayor	Mayor	Menor	Menor	Menor	Mayor	Mayor	Mayor	Menor
Edad año V.	14	13	13	-	4	36	-	15	15	13	-	31	-	15
Nacionalidad V.	Española	-	Española	Española	Española	Española	Española	Española	Búlgara	-	-	Española	-	Española
Sadmva V.	Regular	-	Regular	Regular	Regular	Regular	Regular	Regular	Regular	-	-	Regular	-	Regular
Discapacidad V.	No	No	No	No	Sí	Sí	Sí	No	No	No	No	No	No	No
Recurrencia	No	No	No	No	No	No	No	No	No	No	No	No	No	No
Género A.	Hombre	Hombre	Hombre	Hombre	Hombre	Hombre	Hombre	Hombre	Hombre	Hombre	Hombre	Hombre	Hombre	Hombre
Edad A.	Mayor	Mayor	Mayor	Mayor	Mayor	Mayor	Mayor	Mayor	Mayor	Mayor	Mayor	Mayor	Mayor	Mayor
Edad año A.	41	-	35	-	-	67	-	20	33	-	29	49	-	-
Nacionalidad A.	Española	-	Española	Española	Española	Española	Española	Marro-quí	Búlgara	-	Colom-biana	Española	Española	Española
Sadmva A.	Regular	-	Regular	Regular	Regular	Regular	Regular	Irregular	Irregular	-	Irregular	Regular	Regular	Regular
Discapacidad A.	No	No	No	No	No	No	Sí	No	No	No	No	No	No	No
Reincidencia	No	No	No	No	No	No	No	No	No	No	No	No	No	No
Otros antecedentes	No	No	No	No	No	No	No	No	No	No	No	No	No	No
Vestimenta	No	No	No	No	No	No	No	No	No	No	No	No	No	No
Relación o parentesco	Sí	No	No	No	Sí	No	Sí	No	Sí	Sí	No	No	No	Sí
Drogas antes	No	No	No	No	No	No	No	No	No	No	Sí	No	No	No

Historial sexual	No	No	No	No	No	No	No	No	No	No	No	No	No	No
Conducta sexual	Resist.	Anul. + Resist.	Anul.	Anul.	-	Anul.	-	Anul.	Anul.	Anul.	Anul.	Anul. + Resist.	Anul. + Resist.	Resist.
Lugar	D. Común	E. Público	Varios	Varios	D. Común	D. Víctima	D. Común	E. Público	Varios	E. Privado	D. Agresor	E. Privado	D. Agresor	D. Común
Mes H.	3	3	-	-	-	7	-	6	-	12	3	8	10	7
Año H.	2017	2008	-	-	-	2009	-	2008	-	2000	2009	2007	2009	2008
Duración	0	0	0	0	0	0	0.25	0	4.5	0	0	0	0	0
Drogas durante	No	No	No	No	No	No	No	No	No	No	Sí	No	No	No
Consentimiento	No	No	No	No	No	No	No	No	No	No	No	No	No	No
Lesiones	No	No	No	No	Sí	No	No	No	No	No	No	No	No	No
Trauma	No	Sí	Sí	No	No	No	Sí	Sí	Sí	Sí	No	No	No	Sí
Tiempo para denunciar	0	0	0	0	0	0	0	0	5	0	0	0	0	0
Act.ante profesionales	-	-	-	-	-	-	-	-	-	-	-	-	-	-
Cond. afectivo-sexual	No	No	Sí	No	No	No	No	No	No	No	No	No	No	No
Coherencia	Sí	Sí	Sí	Sí	No	Sí	No	Sí	No	Sí	Sí	Sí	Sí	Sí
Cuestiona-miento	No	No	No	Sí	Sí	No	Sí	No	Sí	No	No	No	No	No
Tiempo transcurrido	0.91	2.75	1.75	3	3	0.83	0.91	1.91	6.25	9.16	0.91	2.41	0.25	1.5
Indemnización	Sí	Sí	Sí	No	No	No	No	Sí	No	No	Sí	No	Sí	Sí
Testificales	Sí	No	No	No	No	No	No	No	No	No	Sí	No	No	No
G. defensa	Hombre	Hombre	Mujer	Mujer	Hombre	Hombre	Hombre	Hombre	Hombre	Mujer	Hombre	Mujer	Hombre	Mujer
G. acusación	-	Hombre	Mujer	-	Hombre	Hombre	Mujer	Mujer	Hombre	Hombre	Hombre	Hombre	Hombre	Mujer
Favorable	2	Sí	No	No	No	No	No	3	No	Sí	No	No	No	No

Procedencia F.	Acusación	Magistrado	No	No	No	No	No	Magistrado	No	Magistrado	No	No	No	No
Perjudicial	No	Sí	No	No	Sí	No	No	No	2	No	No	No	Sí	Sí
Procedencia P.	No	Defensa	No	No	Magistrado	No	No	No	Magistrado	No	No	No	Defensa	Defensa
Existencia	Sí	Sí	No	No	Sí	No	No	Sí	Sí	Sí	No	No	Sí	Sí

Número	6240/2011	6486/2011	6272/2011	5166/2019	3331/2019	4907/2019	1074/2019	6070/2019	204/2019	2154/2019	6550/2017	4532/2020	4589/2020	3865/2020
Género P.	Mujer	Hombre	Hombre	Mujer	Mujer	Hombre	Mujer	Hombre	Mujer	Hombre	Mujer	Mujer	Hombre	Mujer
Delito	Abuso	Abuso	Abuso	Abuso	Abuso	Abuso	Abuso	Abuso	Abuso	Abuso	Abuso	Abuso	Abuso	Abuso
Fallo	Condena	Condena	Absolución	Condena	Absolución	Condena	Condena	Absolución	Absolución	Condena	Absolución	Condena	Absolución	Condena
Género V.	Mujer	Mujer	Mujer	Mujer	Mujer	Mujer	Mujer	Mujer	Mujer	Mujer	Mujer	Mujer	Mujer	Mujer
Edad V.	Mayor	Menor	Mayor	Menor	Menor	Menor	Menor	Menor	Menor	Menor	Menor	Mayor	Mayor	Menor
Edad año V.	-	-	-	17	13	12	14	12	16	16	10	21	-	11
Nacionalidad V.	-	Española	Española	-	-	Española	-	-	Española	Española	Española	Suiza	-	Boliviana
Sadmva V.	-	Regular	Regular	-	-	Regular	-	-	Regular	Regular	Regular	Regular	-	Regular
Discapacidad V.	No	No	No	No	No	No	No	No	No	No	No	No	No	No
Recurrencia	No	No	No	No	No	No	No	No	No	No	No	No	No	No
Género A.	Hombre	Hombre	Hombre	Hombre	Hombre	Hombre	Hombre	Hombre	Hombre	Hombre	Hombre	Hombre	Hombre	Hombre
Edad A.	Mayor	Mayor	Mayor	Mayor	Menor	Mayor	Mayor	Mayor	Mayor	Mayor	Mayor	Mayor	Mayor	Mayor
Edad año A.	40	-	42	28	15	59	31	36	37	32	-	39	-	30
Nacionalidad A.	Ecuatoriana	Española	Española	Colombiana	-	Española	Hondureña	Española	Española	Española	Española	Canadiense	-	Boliviana

Sadmva A.	Regular	Regular	Regular	Regular	-	Regular	Regular	Regular	Regular	Regular	Regular	Regular	Regular	Regular
Discapacidad A.	No	No	No	No	No	No	No	No	No	No	No	No	No	No
Reincidencia	No	Sí	No	No	No	No	No	No	No	No	No	No	No	No
Otros antecedentes	No	No	Sí	No	No	No	No	No	No	No	Sí	No	Sí	No
Vestimenta	No	No	No	No	No	No	No	No	No	No	No	No	No	No
Relación o parentesco	No	No	Sí	No	Sí	Sí	No	Sí	No	No	No	No	No	Sí
Drogas antes	Sí	No	No	Sí	No	No	No	No	No	No	Sí	Sí	No	No
Historial sexual	No	No	No	No	No	No	No	No	No	No	No	No	No	No
Conducta sexual	Anul. + Resist.	Anul.	-	Anul. + Resist.	-	Anul.	Activa	-	Resist.	Anul. + Resist.	Resist.	Anul. + Resist.	Anul. + Resist.	Anul.
Lugar	D. Común	Varios	D. Común	D. Agresor	E. Privado	D. Agresor	Varios	E. Público	E. Público	Varios	E. Público	D. Agresor	D. Común	D. Común
Mes H.	5	-	10	8	-	-	-	-	8	-	4	10	12	-
Año H.	2010	-	2009	2018	-	-	-	-	2017	-	2016	2018	2018	-
Duración	0	0.66	0	0	0	0.083	0.25	1.083	0	1.08	0	0	0	3
Drogas durante	Sí	No	No	Sí	No	No	No	No	No	No	Sí	Sí	No	No
Consentimiento	No	No	Sí	No	No	No	Sí	-	No	No	No	No	No	No
Lesiones	Sí	No	No	No	No	No	No	No	No	No	No	No	Sí	No
Trauma	No	Sí	No	No	Sí	No	No	Sí	No	Sí	No	No	No	Sí
Tiempo para denunciar	0	0.66	0	0	0	0	0.66	0	0	2	0	0	0	3
Act.ante profesionales	-	-	-	-	-	-	-	-	-	-	-	Nerviosa	-	-

Cond. afectivo-sexual	No	Sí	No	No	No	No	No	No	No	No	No	-	-	No
Coherencia	Sí	Sí	No	Sí	No	Sí	Sí	No	Sí	Sí	Sí	Sí	No	Sí
Cuestionamiento	No	No	Sí	No	Sí	No	No	Sí	No	No	Sí	No	Sí	No
Tiempo transcurrido	1.41	4	2.08	1.16	2.33	1.5	2	5.58	1.41	3.66	1.5	2.08	1.83	4
Indemnización	Sí	Sí	No	Sí	No	Sí	Sí	No	No	Sí	No	Sí	No	Sí
Testificales	No	No	Sí	No	No	No	No	Sí	No	No	No	No	No	No
G. defensa	Mujer	Mujer	Mujer	Hombre	Hombre	Hombre	Hombre	Hombre	Mujer	Hombre	Hombre	Hombre	Hombre	Hombre
G. acusación	Mujer	Hombre	Hombre	Hombre	Hombre	Mujer	Hombre	Mujer	Mujer	Hombre	Mujer	Mujer	Mujer	Mujer
Favorable	No	Sí	No	No	No	No	No	No	2	No	No	Sí	No	No
Procedencia F.	No	Magistrado	No	No	No	No	No	No	Magistrado	No	No	Magistrado	No	No
Perjudicial	No	No	No	No	Sí	No	No	Sí	Sí	2	2	No	2	No
Procedencia P.	No	No	No	No	Magistrado	No	No	Magistrado	No	Defensa	Magistrado	No	Magistrado	No
Existencia	No	Sí	No	No	Sí	No	No	Sí	Sí	Sí	Sí	Sí	Sí	No

Número	3994/2020	5563/2004	5040/2004	4928/2004	4895/2004	4550/2004	4452/2004	3842/2004	3688/2004	3608/2004	3071/2004	2940/2004	2916/2004	2219/2004
Género P.	Hombre	Hombre	Hombre	Hombre	Hombre	Mujer	Mujer	Hombre	Hombre	Hombre	Hombre	Hombre	Hombre	Mujer
Delito	Abuso	Abuso	Agresión	Agresión	Agresión	Agresión	Agresión	Agresión	Agresión	Agresión	Agresión	Agresión	Agresión	Abuso
Fallo	Condena	Condena	Absolución	Condena	Absolución	Absolución	Absolución	Absolución	Condena	Absolución	Condena	Condena	Absolución	Condena
Género V.	Mujer	Mujer	Mujer	Mujer	Mujer	Mujer	Mujer	Mujer	Mujer	Mujer	Mujer	Mujer	Mujer	Mujer

Edad V.	Menor	Mayor	Mayor	Menor	Mayor	Mayor	Mayor	Menor	Menor	Mayor	Mayor	Mayor	Mayor	Mayor
Edad año V.	15	23	-	6	-	-	-	15	10	-	-	-	-	45
Nacionalidad V.	Española	-	-	Española	Española	Ecuatoriana	Marroquí	Española	Española	Española	Española	-	-	Española
Sadmva V.	Regular	-	-	Regular	Regular	Regular	Regular	Regular	Regular	Regular	Regular	-	-	Regular
Discapacidad V.	No	No	No	No	No	No	No	No	No	No	No	No	No	Sí
Recurrencia	No	No	No	No	No	No	No	No	No	No	No	No	No	No
Género A.	Hombre	Hombre	Hombre	Hombre	Hombre	Hombre	Hombre	Hombre	Hombre	Hombre	Hombre	Hombre	Hombre	Hombre
Edad A.	Mayor	Mayor	Mayor	Mayor	Mayor	Mayor	Mayor	Mayor	Mayor	Mayor	Mayor	Mayor	Mayor	Mayor
Edad año A.	39	51	39	57	42	48	27	18	25	38	32	31	27	56
Nacionalidad A.	Española	Española	Española	Española	Española	Ecuatoriana	Marroquí	Española	Española	Marroquí	Española	Marroquí	Nigeriana	Española
Sadmva A.	Regular	Regular	Regular	Regular	Regular	Regular	Regular	Regular	Regular	Regular	Regular	Regular	Regular	Regular
Discapacidad A.	No	No	No	No	Sí	No	No	No	Sí	No	No	No	No	No
Reincidencia	No	No	No	No	No	No	No	No	Sí	No	No	No	No	No
Otros antecedentes	No	No	No	No	No	No	No	No	Sí	No	No	No	No	No
Vestimenta	No	No	No	No	No	No	No	No	No	No	No	No	No	No
Relación o parentesco	No	No	Sí	Sí	Sí	Sí	Sí	No	Sí	No	Sí	Sí	No	No
Drogas antes	Sí	No	No	No	No	No	No	No	No	Sí	No	No	No	No
Historial sexual	No	No	No	No	No	No	No	Sí	No	No	No	No	No	No
Conducta sexual	Activa	Anul. + Resist.	-	Anul. + Resist.	Anul. + Resist.	Resist.	Anul. + Resist.	Activa	Anul.	-	Anul. + Activa	Anul. + Resist.	Anul. + Activa	Anul. + Resist.
Lugar	D. Agresor	Varios	D. Agresor	Varios	D. Común	D. Común	D. Agresor	Varios	D. Común	D. Agresor	E. Privado	D. Víctima	E. Privado	D. Agresor

Mes H.	-	-	3	-	12	11	1	-	-	8	9	3	10	5
Año H.	-	-	2004	-	2002	2003	2001	-	-	2002	2003	2003	2003	2002
Duración	0	0	0	3	0	0	0	0	1	0	0	0	0	0
Drogas durante	Sí	No	No	No	No	No	No	No	No	Duda	No	No	No	No
Consentimiento	Sí	No	No	No	No	No	No	Sí	No	-	No	No	No	No
Lesiones	No	No	No	No	No	No	No	No	No	Sí	Sí	Sí	No	No
Trauma	No	Sí	No	Sí	No	No	No	Sí	No	No	No	No	No	No
Tiempo para denunciar	0	0.33	0	0	0	0	0	7	1.66	0	0	0	0	0
Act.ante profesionales	-	-	Nerviosa	-	-	-	-	-	-	-	-	-	-	-
Cond. afectivo-sexual	No	Sí	-	No	No	No	-	No	-	-	No	No	No	No
Coherencia	Sí	Sí	No	Sí	Sí	Sí	No	No	Sí	No	Sí	Sí	Sí	Sí
Cuestiona-miento	No	No	Sí	No	No	Sí	Sí	Sí	No	Sí	No	No	No	No
Tiempo transcurrido	1.75	6.25	0.66	15	1.91	0.91	3.75	9.41	6.66	1.91	0.75	1.25	0.66	2
Indemnización	Sí	Sí	No	Sí	No	No	No	No	No	No	Sí	Sí	No	Sí
Testificales	No	No	No	No	No	Sí	Sí	Sí	No	Sí	No	No	No	No
G. defensa	Mujer	Mujer	Mujer	Hombre	Hombre	Hombre	Mujer	Hombre	Hombre	Mujer	Hombre	Mujer	Hombre	Hombre
G. acusación	Mujer	Mujer	Hombre	Hombre	Mujer	Hombre	Hombre	Hombre	Hombre	Hombre	Hombre	Hombre	Mujer	Hombre
Favorable	No	Sí	No	No	No	No	No	No	No	No	No	No	No	No
Procedencia F.	No	Magis-trado	No	No	No	No	No	No	No	No	No	No	No	No
Perjudicial	No	No	Sí	Sí	No	Sí	2	2	No	3	No	No	No	No

Procedencia P.	No	No	Mag. + FCS	Defensa	No	Magistrado	Magistrado	Magistrado	No	Magistrado	No	No	No	No
Existencia	No	Sí	Sí	Sí	No	Sí	Sí	Sí	No	Sí	No	No	No	No

Número	2065/ 2004	1978/ 2004	1006/ 2004	826/ 2004	583/ 2004	44/ 2004	46/ 2004	1595/ 2020	653/ 2020	1620/ 2020	4953/ 2020	4576/ 2020	145/ 2020	4329/ 2004
Género P.	Hombre	Mujer	Hombre	Mujer	Hombre	Hombre	Hombre	Mujer	Hombre	Hombre	Hombre	Hombre	Hombre	Hombre
Delito	Agresión	Abuso	Agresión	Agresión	Agresión	Agresión	Abuso	Agresión	Agresión	Abuso	Agresión	Agresión	Agresión	Agresión
Fallo	Condena	Absolución	Condena	Condena	Condena	Absolución	Condena	Condena	Condena	Condena	Absolución	Condena	Condena	Condena
Género V.	Mujer	Mujer	Mujer	Mujer	Mujer	Mujer	Mujer	Mujer	Mujer	Mujer	Mujer	Mujer	Mujer	Mujer
Edad V.	Mayor	Mayor	Mayor	Mayor	Mayor	Menor	Mayor	Mayor	Menor	Menor	Mayor	Mayor	Menor	Mayor
Edad año V.	-	-	-	-	-	17	-	-	15	8	41	-	15	-
Nacionalidad V.	-	-	Española	-	Española	Española	Española	Española	Española	Española	-	Española	Española	Nigeriana
Sadmva V.	-	-	Regular	-	Regular	Regular	Regular	Regular	Regular	Regular	-	Regular	Regular	-
Discapacidad V.	No	No	No	No	No	No	No	No	No	No	No	No	No	No
Recurrencia	No	No	No	No	No	No	No	No	No	No	No	No	No	No
Género A.	Hombre	Hombre	Hombre	Hombre	Hombre	Hombre	Hombre	Hombre	Hombre	Hombre	Hombre	Hombre	Hombre	Hombre
Edad A.	Mayor	Mayor	Mayor	Mayor	Mayor	Mayor	Mayor	Mayor	Mayor	Mayor	Mayor	Mayor	Mayor	Mayor
Edad año A.	34	51	26	28	39	34	44	23	41	47	44	35	18	38
Nacionalidad A.	Ecuatoriana	Española	Francesa	Marroquí	Española	Marroquí	Española	Española	Española	Española	Rumana	Española	Española	Polaca
Sadmva A.	Regular	Regular	Regular	Regular	Regular	Regular	Regular	Regular	Regular	Regular	Regular	Regular	Regular	Regular
Discapacidad A.	No	No	No	No	No	No	No	No	No	No	No	No	Sí	No

Reincidencia	No	No	No	No	No	No	No	No	No	No	No	No	No	No
Otros antecedentes	No	No	No	No	Sí	No	No	No	No	Sí	No	Sí	No	No
Vestimenta	No	No	No	No	No	No	No	No	No	No	No	No	No	No
Relación o parentesco	Sí	Sí	Sí	No	Sí	No	No	Sí	Sí	No	Sí	Sí	No	No
Drogas antes	No	No	No	No	No	Sí	No	No	No	No	No	Sí	No	No
Historial sexual	No	No	No	No	No	No	No	No	No	No	No	No	No	No
Conducta sexual	Resist.	Anul. + Activa	Resist.	Resist.	Anul. + Activa	Activa + Resist.	Resist.	Resist.	Resist.	Anul.	Anul. + Activa	Resist.	Resist.	Anul. + Resist.
Lugar	D. Común	D. Víctima	D. Común	D. Víctima	E. Privado	E. Privado	E. Privado	D. Común	D. Común	D. Víctima	D. Agresor	D. Víctima	E. Privado	D. Agresor
Mes H.	7	-	1	9	3	7	4	4	8	-	5	10	2	11
Año H.	2003	-	2002	2000	2001	1998	2001	2018	2017	-	2012	2017	2018	2003
Duración	0	0	0	0	0	0	0	0	0	0	0	0	0	0
Drogas durante	No	No	No	No	No	Sí	No	No	No	No	Sí	No	No	No
Consentimiento	No	No	No	No	No	No	No	No	No	No	No	No	No	No
Lesiones	Sí	No	Sí	Sí	No	Sí	Sí	Sí	No	No	Sí	No	No	No
Trauma	No	No	No	No	No	Sí	Sí	No	No	No	No	No	Sí	No
Tiempo para denunciar	0	0	0.41	0	0	0	0	0	0.16	0.33	0	0	0	0
Act.ante profesionales	-	-	-	-	-	-	-	-	-	-	-	-	-	-
Cond. afectivo-sexual	No	No	No	No	No	No	No	No	No	No	No	No	No	No
Coherencia	Sí	No	Sí	Sí	Sí	Sí	Sí	Sí	Sí	Sí	No	Sí	Sí	Sí

Cuestionamiento	No	Sí	No	No	No	Sí	No	No	No	No	Sí	No	No	No
Tiempo transcurrido	0.83	1.66	1.16	3.41	2.91	5.5	2.75	2	2.58	2.58	7.75	2.33	1.91	0.91
Indemnización	Sí	No	No	No	Sí	No	No	Sí	Sí	Sí	No	No	Sí	Sí
Testificales	No	Sí	No	Sí	No	Sí	No	No	No	No	No	No	No	No
G. defensa	Hombre	Hombre	Hombre	Hombre	Hombre	Hombre	Hombre	Hombre	Hombre	Hombre	Hombre	Mujer	Hombre	Hombre
G. acusación	Mujer	Hombre	Mujer	Hombre	Hombre	Hombre	Mujer	Hombre	Mujer	Mujer	Hombre	Mujer	Mujer	Hombre
Favorable	No	No	Sí	No	No	No	No	No	No	No	No	No	No	Sí
Procedencia F.	No	No	Magistrado	No	No	No	No	No	No	No	No	No	No	Magistrado
Perjudicial	No	3	No	No	No	4	No	No	Sí	No	2	No	Sí	No
Procedencia P.	No	Magistrado	No	No	No	Magistrado	No	No	Magistrado	No	Magistrado	No	Defensa	No
Existencia	No	Sí	Sí	No	No	Sí	No	No	Sí	No	Sí	No	Sí	Sí

Número	4421/2006	4512/2006	4510/2006	3535/2006	3495/2006	3094/2006	4633/2006	2291/2006	2600/2006	2592/2006	2649/2006	2519/2006	4609/2006	2574/2006
Género P.	Hombre	Hombre	Hombre	Hombre	Hombre	Hombre	Mujer	Hombre	Hombre	Hombre	Hombre	Hombre	Hombre	Hombre
Delito	Agresión	Abuso	Agresión	Agresión	Agresión	Agresión	Agresión	Agresión	Agresión	Agresión	Agresión	Agresión	Agresión	Abuso
Fallo	Absolución	Condena	Absolución	Condena	Absolución	Absolución	Absolución	Condena	Absolución	Absolución	Absolución	Condena	Absolución	Condena
Género V.	Mujer	Mujer	Mujer	Mujer	Mujer	Mujer	Mujer	Mujer	Mujer	Mujer	Mujer	Mujer	Mujer	Mujer
Edad V.	Mayor	Mayor	Mayor	Menor	Mayor	Mayor	Mayor	Mayor	Mayor	Mayor	Menor	Mayor	Mayor	Mayor
Edad año V.	-	-	-	9	-	-	-	-	18	-	16	-	-	-
Nacionalidad V.	-	-	Boliviana	-	-	-	Marroquí	Española	Rumana	Española	Española	-	Boliviana	-

Sadmva V.	-	-	-	-	-	-	Regular	Regular	Regular	-	Regular	-	Regular	-
Discapacidad V.	No	No	No	No	No	No	No	No	No	No	No	No	No	No
Recurrencia	No	No	No	No	No	No	No	No	No	No	No	No	No	No
Género A.	Hombre	Hombre	Hombre	Hombre	Hombre	Hombre	Hombre	Hombre	Hombre	Hombre	Hombre	Hombre	Hombre	Hombre
Edad A.	Mayor	Mayor	Mayor	Mayor	Mayor	Mayor	Mayor	Mayor	Mayor	Mayor	Mayor	Mayor	Mayor	Mayor
Edad año A.	46	-	38	31	45	31	30	23	34	29	19	25	26	-
Nacionalidad A.	Marro-quí	Marro-quí	Bolivia-na	Argelina	Española	Española	Marro-quí	Nige-riana	Rumana	Española	Española	Rumana	Bolivia-na	-
Sadmva A.	Regular	Regular	Regular	Irregular	Regular	Regular	Regular	Irregular	Regular	Regular	Regular	Regular	Regular	-
Discapacidad A.	No	No	No	No	No	No	No	No	No	No	No	No	No	No
Reincidencia	No	No	No	No	No	Sí	No	No	No	No	No	No	No	No
Otros antecedentes	No	No	No	No	No	No	No	No	No	Sí	No	No	No	No
Vestimenta	No	No	No	No	No	No	No	No	No	No	No	No	No	No
Relación o parentesco	Sí	No	Sí	No	No	No	Sí	No	No	Sí	Sí	No	Sí	No
Drogas antes	No	Sí	No	No	No	No	No	No	No	No	No	Sí	No	No
Historial sexual	No	Sí	No	No	No	No	No	No	No	No	No	No	No	No
Conducta sexual	-	Anul. + Resist.	Resist.	Activa + Resist.	-	-	Anul. + Resist.	Activa + Resist.	Anul.	Resist.	-	Anul. + Resist.	Anul.	Resist.
Lugar	E. Privado	E. Privado	D. Común	E. Privado	E. Privado	D. Agresor	D. Común	E. Privado	E. Privado	D. Común	E. Privado	D. Víctima	D. Agresor	E. Privado
Mes H.	6	5	-	1	7	8	-	11	-	4	5	9	4	8
Año H.	2004	2005	-	2006	2003	2004	-	2005	-	2004	2003	2004	2004	2004
Duración	0	0	1.16	0	0	0	0.75	0	0	0	0	0	0	0
Drogas durante	No	Sí	No	No	No	No	No	No	No	No	No	Sí	No	No
Consentimiento	-	No	No	No	No	No	No	No	No	No	No	No	No	No

Lesiones	No	No	No	Sí	No	No	No	No	No	No	No	No	No	No
Trauma	No	No	No	No	No	No	No	No	No	No	No	Sí	No	No
Tiempo para denunciar	0	0	1	0	0	0	0	0	0	0	0	0	0	0
Act.ante profesionales	-	-	-	-	-	-	-	-	-	-	-	-	-	-
Cond. afectivo-sexual	No	No	No	No	No	No	No	No	No	No	No	No	No	No
Coherencia	No	Sí	Sí	Sí	No	No	No	Sí	No	No	No	Sí	Sí	Sí
Cuestiona-miento	Sí	No	Sí	No	Sí	Sí	Sí	No	Sí	Sí	Sí	No	Sí	No
Tiempo transcurrido	2.41	1.58	2.16	0.83	3.17	1.91	2.75	1.5	2.83	2.083	2.91	1.5	2.083	1.58
Indemnización	No	Sí	No	Sí	No	No	No	Sí	No	No	No	Sí	No	Sí
Testificales	No	No	No	No	No	No	No	No	No	No	No	No	No	No
G. defensa	Hombre	Hombre	Hombre	Hombre	Hombre	Hombre	Hombre	Mujer	Hombre	Hombre	Hombre	Hombre	Hombre	Hombre
G. acusación	Hombre	Hombre	Mujer	Mujer	Mujer	Mujer	Mujer	Hombre	Mujer	Mujer	Hombre	Hombre	Hombre	Mujer
Favorable	No	Sí	No	No	No	No	No	2	No	No	No	No	No	No
Procedencia F.	No	Magis-trado	No	No	No	No	No	Magis-trado	No	No	No	No	No	No
Perjudicial	4	Sí	2	2	2	2	3	No	2	Sí	Sí	No	Sí	No
Procedencia P.	Magis-trado	Defensa	Magis-trado	Magis-trado	Magis-trado	Magis-trado	Magis-trado	No	Magis-trado	Magis-trado	Magis-trado	No	Magis-trado	No
Existencia	Sí	Sí	Sí	Sí	Sí	Sí	Sí	Sí	Sí	Sí	Sí	No	Sí	No

Número	1481/ 2006	3949/ 2006	1919/ 2006	266/ 2005	441/ 2005	521/ 2005	1040/ 2005	1207/ 2005	2630/ 2005	2868/ 2005	3050/ 2005	3448/ 2005	3692/ 2005	4185/ 2005
Género P.	Hombre	Hombre	Hombre	Hombre	Mujer	Hombre	Mujer	Mujer	Hombre	Hombre	Hombre	Hombre	Hombre	Mujer

Delito	Agresión	Abuso	Agresión	Agresión	Agresión	Agresión	Agresión	Agresión	Agresión	Abuso	Agresión	Abuso	Agresión	Agresión
Fallo	Condena	Condena	Absolución	Condena	Condena	Absolución	Absolución	Condena	Condena	Absolución	Absolución	Condena	Absolución	Condena
Género V.	Mujer	Mujer	Mujer	Mujer	Mujer	Mujer	Mujer	Mujer	Mujer	Mujer	Mujer	Mujer	Mujer	Mujer
Edad V.	Mayor	Menor	Mayor	Mayor	Mayor	Mayor	Mayor	Menor	Menor	Menor	Mayor	Mayor	Mayor	Mayor
Edad año V.	-	14	-	-	-	-	-	17	10	12	21	21	-	-
Nacionalidad V.	-	Española	Española	-	Colombiana	-	-	Española	Española	Española	-	Española	Rumana	-
Sadmva V.	-	-	-	-	-	-	-	Regular	Regular	Regular	-	Regular	Regular	-
Discapacidad V.	No	Sí	No	No	No	No	No	No	No	No	No	No	No	No
Recurrencia	No	No	No	No	No	No	No	No	No	No	No	No	No	No
Género A.	Hombre	Hombre	Hombre	Hombre	Hombre	Hombre	Hombre	Hombre	Hombre	Hombre	Hombre	Hombre	Hombre	Hombre
Edad A.	Mayor	Mayor	Mayor	Mayor	Mayor	Mayor	Mayor	Mayor	Mayor	Mayor	Mayor	Mayor	Mayor	Mayor
Edad año A.	-	58	36	35	28	32	29	42	19	72	56	-	23	39
Nacionalidad A.	-	Española	Española	Ecuatoriana	Colombiana	Marroquí	Egipcia	Marroquí	Española	Española	Italiana	Española	Moldava	Marroquí
Sadmva A.	-	Regular	Regular	Regular	Regular	Regular	Regular	Regular	Regular	Regular	Regular	Regular	Regular	Irregular
Discapacidad A.	No	No	No	No	No	No	No	No	Sí	No	No	No	No	No
Reincidencia	No	No	No	No	No	No	No	No	No	No	No	No	No	No
Otros antecedentes	No	No	No	No	No	No	No	No	Sí	No	No	No	Sí	No
Vestimenta	No	No	No	No	No	No	No	No	No	No	No	No	No	No
Relación o parentesco	Sí	No	Sí	Sí	No	Sí	Sí	No	No	Sí	No	No	Sí	Sí
Drogas antes	No	No	No	No	No	No	No	No	No	No	No	No	No	No

Historial sexual	No	No	No	No	No	No	No	No	No	No	No	No	No	No
Conducta sexual	Anul.	Anul.	-	Resist.	Anul. + Resist.	-	-	Anul. + Resist.	Anul.	Anul.	Resist.	Anul. + Resist.	Anul. + Resist.	Anul.
Lugar	E. Privado	D. Agresor	D. Agresor	E. Privado	D. Víctima	D. Común	D. Común	E. Público	E. Privado	-	Varios	E. Privado	D. Común	D. Común
Mes H.	6	-	9	5	3	12	-	8	6	-	-	4	-	8
Año H.	2004	-	2005	2003	2004	2003	-	2000	2002	-	-	2005	-	2004
Duración	0	0	0	0	0	0	0	0	0	0	0	0	0	0
Drogas durante	No	No	No	No	No	No	No	Duda	No	No	No	No	No	Duda
Consentimiento	No	No	-	No	No	-	-	No	No	No	No	No	No	No
Lesiones	Sí	No	No	Sí	No	No	No	Sí	No	No	No	No	No	No
Trauma	No	No	No	No	Sí	No	Sí	Sí	No	No	No	Sí	No	No
Tiempo para denunciar	0	0	0	0	0	0	0	0	0	0	0	0	0	0
Act.ante profesionales	-	-	Miedosa	-	Nerviosa	-	-	-	-	-	-	-	-	-
Cond. afectivo-sexual	No	No	No	No	No	No	No	No	No	No	No	No	No	No
Coherencia	Sí	Sí	No	Sí	Sí	Sí	No	Sí	Sí	No	No	Sí	No	Sí
Cuestiona-miento	No	No	Sí	No	No	No	Sí	No	No	Sí	Sí	No	Sí	No
Tiempo transcurrido	1.58	1.83	0.75	1.66	0.83	1.08	3	4.58	2.91	5.5	4.91	0.25	0.75	1.16
Indemnización	Sí	Sí	No	Sí	Sí	No	No	No	Sí	No	No	No	No	Sí
Testificales	No	No	No	No	No	No	No	Sí	No	No	No	No	No	No
G. defensa	Mujer	Hombre	Hombre	Mujer	Hombre	Hombre	Hombre	Hombre	Hombre	Hombre	Hombre	Hombre	Hombre	Hombre

G. acusación	Mujer	Hombre	Mujer	Hombre	Mujer	Mujer	Mujer	Hombre	Hombre	Hombre	Hombre	-	Mujer	Hombre
Favorable	No	No	No	No	2	No	No	No	No	No	No	No	No	No
Procedencia F.	No	No	No	No	Magis-trado	No	No	No	No	No	No	No	No	No
Perjudicial	No	No	No	No	No	No	Sí	No	No	No	No	Sí	No	No
Procedencia P.	No	No	No	No	No	No	Magis-trado	No	No	No	No	Defensa	No	No
Existencia	No	No	No	No	Sí	No	Sí	No	No	No	No	Sí	No	No

Número	4602/ 2005	4634/ 2005	4845/ 2005	4970/ 2005	5687/ 2005	2257/ 2020	2000/ 2020	2198/ 2020	4590/ 2020	1856/ 2020	2021/ 2020	1977/ 2020	1593/ 2020	2309/ 2020
Género P.	Hombre	Hombre	Mujer	Hombre	Hombre	Mujer	Hombre	Hombre	Mujer	Mujer	Mujer	Hombre	Mujer	Hombre
Delito	Agresión	Agresión	Agresión	Agresión	Agresión	Abuso	Agresión	Abuso	Agresión	Abuso	Abuso	Agresión	Agresión	Abuso
Fallo	Conde-na	Conde-na	Conde-na	Conde-na	Conde-na	Conde-na	Absolu-ción	Conde-na	Conde-na	Conde-na	Conde-na	Absolu-ción	Absolu-ción	Conde-na
Género V.	Mujer	Mujer	Mujer	Mujer	Mujer	Mujer	Mujer	Mujer	Mujer	Mujer	Mujer	Mujer	Mujer	Mujer
Edad V.	Mayor	Menor	Mayor	Mayor	Mayor	Menor	Mayor	Menor	Menor	Menor	Mayor	Menor	Mayor	Menor
Edad año V.	21	15	-	-	-	8	18	7	7	5	-	14	-	6
Nacionalidad V.	Española	Española	Española	-	Española	-	Española	Española	Ecuato-riana	Española	-	Española	Española	Colom-biana
Sadmva V.	Regular	Regular	Regular	Regular	Regular	-	Regular	Regular	Regular	Regular	-	Regular	Regular	Regular
Discapacidad V.	No	Sí	No	No	No	No	No	No	No	No	No	No	No	No
Recurrencia	No	No	No	No	No	No	No	No	No	No	No	No	No	No
Género A.	Hombre	Hombre	Hombre	Hombre	Hombre	Hombre	Hombre	Hombre	Hombre	Hombre	Hombre	Hombre	Hombre	Hombre
Edad A.	Mayor	Mayor	Mayor	Mayor	Mayor	Mayor	Mayor	Mayor	Mayor	Mayor	Mayor	Mayor	Mayor	Mayor

Edad año A.	48	-	37	30	39	43	31	55	56	18	42	22	25	51
Nacionalidad A.	Española	Española	Española	Belga	Española	Hondureña	Marroquí	Española	Ecuatoriana	Española	Ghanesa	Española	Española	Colombiana
Sadmva A.	Regular	Regular	Regular	Regular	Regular	Regular	Regular	Regular	Regular	Regular	Regular	Regular	Regular	Regular
Discapacidad A.	No	No	Sí	No	No	No	No	No	No	Sí	No	Sí	No	No
Reincidencia	No	No	No	No	No	No	No	No	No	No	No	No	No	No
Otros antecedentes	No	Sí	Sí	No	No	No	Sí	No	No	No	No	No	Sí	No
Vestimenta	No	No	No	No	Sí	No	No	No	No	No	No	No	No	No
Relación o parentesco	No	No	Sí	No	Sí	Sí	Sí	No	Sí	No	Sí	No	Sí	Sí
Drogas antes	No	No	Sí	Sí	No	No	No	No	No	No	Sí	Sí	No	No
Historial sexual	No	No	No	No	No	No	No	No	No	No	No	No	No	No
Conducta sexual	Resist.	Anul. + Resist.	Anul.	Anul. + Resist.	Anul.	Resist.	-	Anul.	Anul. + Resist.	Anul.	Resist.	Anul. + Resist.	Anul. + Resist.	Anul.
Lugar	E. Público	E. Privado	E. Privado	D. Agresor	D. Víctima	D. Agresor	E. Privado	Varios	D. Agresor	E. Privado	D. Común	E. Público	D. Agresor	Varios
Mes H.	7	7	10	3	3	-	3	-	-	7	8	2	-	-
Año H.	2003	2003	2004	2003	2004	-	2017	-	-	2019	2018	2019	-	-
Duración	0	0	0	0	0	0.5	0	2	5	0	0	0	0	1.58
Drogas durante	No	No	No	No	No	No	No	No	No	No	Sí	No	No	No
Consentimiento	No	No	No	No	No	No	No	No	No	No	No	No	No	No
Lesiones	Sí	No	No	No	No	No	No	No	No	No	No	No	No	No
Trauma	Sí	No	No	Sí	No	Sí	No	Sí	Sí	No	No	Sí	Sí	Sí
Tiempo para denunciar	0	0.33	0	0	0	0.83	0.33	12	6.5	0	0	0	0	11

Act.ante profesionales	-	-	-	-	-	-	-	Nerviosa	-	-	-	-	-	-
Cond. afectivo-sexual	No	No	No	No	No	Sí	No	Sí	No	No	No	No	No	Sí
Coherencia	Sí	Sí	Sí	Sí	Sí	Sí	No	Sí	Sí	Sí	Sí	No	No	Sí
Cuestiona-miento	No	No	No	No	No	No	Sí	No	No	No	No	Sí	Sí	No
Tiempo transcurrido	2.16	2.16	1.08	2.66	1.66	2.66	3.33	14	7	0.91	1.91	1.41	4.33	13.16
Indemnización	No	Sí	Sí	Sí	No	Sí	No	Sí	Sí	Sí	Sí	No	No	Sí
Testificales	No	No	No	No	No	No	No	No	No	No	No	No	Sí	No
G. defensa	Hombre	Hombre	Hombre	Hombre	Hombre	Mujer	Hombre	Hombre	Hombre	Hombre	Hombre	Hombre	Hombre	Mujer
G. acusación	Hombre	Mujer	Mujer	Hombre	Hombre	Hombre	Hombre	Hombre	Hombre	Hombre	Mujer	Mujer	Hombre	Mujer
Favorable	No	No	No	No	No	No	No	Sí	No	No	3	No	No	Sí
Procedencia F.	No	No	No	No	No	No	No	Magis-trado	No	No	Magis-trado	No	No	Magis-trado
Perjudicial	No	No	No	2	No	No	2	Sí	No	No	No	2	2	No
Procedencia P.	No	No	No	Magis-trado	No	No	Magis-trado	Defensa	No	No	No	Magis-trado	Magis-trado	No
Existencia	No	No	No	Sí	No	No	Sí	Sí	No	No	Sí	Sí	Sí	Sí

Número	1959/2005	2158/2005	2451/2005	2691/2005	4979/2020	4588/2020	498/2012	735/2012	1318/2012	681/2012	1736/2012	2047/2012	2333/2012	3041/2012
Género P.	Mujer	Hombre	Hombre	Hombre	Mujer	Hombre	Mujer	Mujer	Hombre	Hombre	Hombre	Hombre	Hombre	Mujer
Delito	Abuso	Agresión	Abuso	Agresión	Abuso	Abuso	Agresión	Agresión	Agresión	Agresión	Agresión	Agresión	Abuso	Agresión
Fallo	Conde-na	Absolu-ción	Conde-na	Conde-na	Conde-na	Conde-na	Absolu-ción	Conde-na	Conde-na	Absolu-ción	Conde-na	Absolu-ción	Absolu-ción	Absolu-ción

Género V.	Mujer	Mujer	Mujer	Mujer	Mujer	Mujer	Mujer	Mujer	Mujer	Mujer	Mujer	Mujer	Mujer	Mujer
Edad V.	Mayor	Mayor	Menor	Mayor	Mayor	Menor	Mayor	Mayor	Mayor	Mayor	Mayor	Menor	Mayor	Mayor
Edad año V.	24	-	12	-	26	9	-	-	-	-	-	11	39	-
Nacionalidad V.	Española	Española	Española	-	Española	Española	-	-	-	Española	Española	Española	Española	-
Sadmva V.	Regular	Regular	Regular	Regular	Regular	Regular	-	-	-	Regular	Regular	Regular	Regular	-
Discapacidad V.	Sí	No	No	No	No	No	No	No	No	No	No	No	No	No
Recurrencia	No	No	No	No	No	No	No	No	No	No	No	No	No	No
Género A.	Hombre	Hombre	Hombre	Hombre	Hombre	Hombre	Hombre	Hombre	Hombre	Hombre	Hombre	Hombre	Hombre	Hombre
Edad A.	Mayor	Mayor	Mayor	Mayor	Mayor	Mayor	Mayor	Mayor	Mayor	Mayor	Mayor	Mayor	Mayor	Mayor
Edad año A.	26	43	26	-	36	81	48	37	28	59	31	30	19	33
Nacionalidad A.	Española	Española	Española	-	Domini-cana	Española	Liberia-na	Española	Española	Española	Española	Ecuato-riana	Española	Española
Sadmva A.	Regular	Regular	Regular	-	Regular	Regular	Irregular	Regular	Regular	Regular	Regular	Regular	Regular	Regular
Discapacidad A.	Sí	No	No	No	No	No	No	No	No	No	No	No	No	No
Reincidencia	No	No	No	No	No	No	No	No	No	No	No	No	No	No
Otros antecedentes	Sí	Sí	No	Sí	No	No	No	No	Sí	Sí	No	No	No	No
Vestimenta	Sí	No	No	No	No	Sí	No	No	No	No	No	No	No	No
Relación o parentesco	Sí	Sí	No	No	No	Sí	Sí	Sí	No	Sí	Sí	Sí	Sí	No
Drogas antes	Sí	No	No	No	Sí	No	Duda	Sí	No	No	No	No	Duda	No
Historial sexual	No	No	No	No	No	No	No	No	No	No	No	No	No	No
Conducta sexual	Anul.	-	Anul.	Anul. + Resist.	Activa + Resist.	Anul.	Resist.	Resist.	Anul. + Activa	Resist.	Resist.	Anul.	Resist.	Activa + Resist.

Lugar	D. Común	D. Agresor	E. Privado	E. Público	E. Privado	D. Agresor	D. Común	E. Público	E. Privado	E. Privado	D. Víctima	D. Agresor	D. Común	E. Privado
Mes H.	5	4	-	2	12	2	9	2	11	7	7	11	4	7
Año H.	2001	2004	-	2005	2018	2015	2010	2010	2010	2010	2011	2010	2011	2012
Duración	0	0	0.33	0	0	0	0	0	0	0	0	0	0	0
Drogas durante	No	Sí	No	No	Sí	No	Sí	Sí	No	No	No	No	Sí	No
Consentimiento	No	-	No	No	No	No	No	No	No	No	No	No	No	No
Lesiones	No	Sí	No	Sí	Sí	No	Sí	Sí	No	Sí	Sí	Sí	Sí	No
Trauma	No	No	No	No	No	Sí	No	No	No	No	Sí	No	No	No
Tiempo para denunciar	0	0	1.083	0	0	0	0	0	0	0	0	0.16	0	0
Act.ante profesionales	Shock	-	-	-	Nerviosa	-	-	-	Nerviosa	-	-	Nerviosa	-	Nerviosa
Cond. afectivo-sexual	No	No	No	No	No	Sí	No	No	No	No	No	No	No	No
Coherencia	Sí	No	Sí	Sí	Sí	Sí	No	Sí	Sí	No	Sí	No	No	No
Cuestiona-miento	No	Sí	No	No	No	No	Sí	No	No	Sí	No	Sí	Sí	Sí
Tiempo transcurrido	3.91	1	2.58	0.25	1.91	5.75	1.41	2	1.33	1.83	0.83	1.5	1.16	1
Indemnización	Sí	No	Sí	Sí	No	Sí	No	Sí	No	No	Sí	No	No	No
Testificales	No	No	No	No	No	No	Sí	No	No	No	No	Sí	Sí	No
G. defensa	Hombre	Hombre	Hombre	Hombre	Mujer	Hombre	Hombre	Hombre	Hombre	Hombre	Hombre	Mujer	Hombre	Hombre
G. acusación	Mujer	Hombre	Hombre	Hombre	Mujer	Mujer	Mujer	Hombre	Mujer	Hombre	Mujer	Mujer	Hombre	Hombre
Favorable	Sí	No	No	Sí	3	No	No	No	No	No	No	No	No	No

Procedencia F.	Magis-trado	No	No	Magis-trado	Magis-trado	No	No	No	No	No	No	No	No	No
Perjudicial	No	Sí	No	Sí	Sí	No	2	No	No	2	No	3	2	No
Procedencia P.	No	Magis-trado	No	Defensa	Magis-trado	No	Magis-trado	No	No	Magis-trado	No	Magis-trado	Magis-trado	No
Existencia	Sí	Sí	No	Sí	Sí	No	Sí	No	No	Sí	No	Sí	Sí	No

Número	3099/ 2012	3901/ 2012	3945/ 2012	3968/ 2012	4296/ 2012	4360/ 2012	5239/ 2014	5985/ 2014	5225/ 2014	5258/ 2014	4682/ 2014	4940/ 2014	4671/ 2014	4790/ 2014
Género P.	Hombre	Mujer	Hombre	Hombre	Hombre	Hombre	Mujer	Mujer	Mujer	Mujer	Hombre	Hombre	Hombre	Mujer
Delito	Abuso	Agresión	Abuso	Agresión	Agresión	Abuso	Abuso	Abuso	Agresión	Agresión	Agresión	Agresión	Agresión	Agresión
Fallo	Conde-na	Conde-na	Conde-na	Conde-na	Conde-na	Conde-na	Conde-na	Conde-na	Absolu-ción	Absolu-ción	Conde-na	Conde-na	Conde-na	Conde-na
Género V.	Mujer	Mujer	Mujer	Mujer	Mujer	Mujer	Mujer	Mujer	Mujer	Mujer	Mujer	Mujer	Mujer	Mujer
Edad V.	Mayor	Mayor	Mayor	Menor	Mayor	Mayor	Mayor	Menor	Mayor	Mayor	Mayor	Mayor	Mayor	Mayor
Edad año V.	-	-	46	14	-	-	-	5	-	20	-	-	44	49
Nacionalidad V.	Española	-	Bolivia-na	Colom-biana	Española	-	Española	Española	Española	Brasi-leña	Española	Española	-	Española
Sadmva V.	Regular	-	Irregular	Regular	Regular	-	Regular	Regular	Regular	Regular	Regular	Regular	-	Regular
Discapacidad V.	Sí	No	No	No	No	No	No	No	No	No	No	No	No	No
Recurrencia	No	No	No	No	No	No	No	No	No	No	No	No	No	No
Género A.	Hombre	Hombre	Hombre	Hombre	Hombre	Hombre	Hombre	Hombre	Hombre	Hombre	Hombre	Hombre	Hombre	Hombre
Edad A.	Mayor	Mayor	Mayor	Mayor	Mayor	Mayor	Mayor	Mayor	Mayor	Mayor	Mayor	Mayor	Mayor	Mayor
Edad año A.	48	-	38	25	45	37	68	-	27	25	30	37	49	21
Nacionalidad A.	Española	Pakistaní	Ecuato-riana	Colom-biana	Domini-cana	Búlgara	Española	Española	Española	Nige-riana	Española	Española	Bolivia-na	Marro-quí

Sadmva A.	-	Irregular	Irregular	Regular	Regular	-	Regular	Regular	Regular	Regular	Regular	Regular	Regular	Regular
Discapacidad A.	No	No	No	No	No	No	No	No	No	No	No	No	No	No
Reincidencia	No	No	No	No	No	No	No	No	No	No	No	No	No	No
Otros antecedentes	Sí	No	Sí	No	No	No	No	No	Sí	No	No	No	No	No
Vestimenta	No	No	No	No	No	No	No	No	No	No	No	No	No	No
Relación o parentesco	No	No	No	Sí	No	Sí	Sí	Sí	Sí	No	Sí	Sí	Sí	No
Drogas antes	No	No	No	No	No	Sí	No	No	No	Sí	No	No	No	No
Historial sexual	No	No	No	Sí	No	No	No	No	No	Sí	No	No	No	No
Conducta sexual	Anul.	Resist.	Resist.	Anul. + Resist.	Anul. + Resist.	Anul.	Resist.	Anul.	Resist.	Activa + Resist.	Resist.	Anul. + Resist.	Resist.	Resist.
Lugar	E. Público	D. Común	D. Víctima	D. Común	D. Víctima	D. Víctima	E. Privado	D. Agresor	D. Común	E. Privado	D. Agresor	D. Común	E. Privado	E. Público
Mes H.	8	10	2	-	2	11	9	-	-	12	8	6	5	10
Año H.	2008	2010	2010	-	2010	2011	2012	-	-	2013	2012	2013	2013	2009
Duración	0	0	0	0.083	0	0	0	0	0	0	0	0	0	0
Drogas durante	No	No	No	No	No	Sí	Sí	No	No	-	No	No	Sí	No
Consentimiento	No	No	No	No	No	No	No	No	No	No	No	No	No	No
Lesiones	No	Sí	No	Sí	Sí	No	No	Sí	No	Sí	Sí	Sí	Sí	Sí
Trauma	No	No	No	Sí	Sí	No	Sí	No	No	No	No	Sí	No	Sí
Tiempo para denunciar	0	0	0	0	0	0	0.16	0	0.25	0	0	0	0	0
Act.ante profesionales	-	-	-	-	Nerviosa	-	-	-	-	Segura	Miedosa	-	Nerviosa	-

Cond. afectivo-sexual	Sí	No	No	Sí	No	No	Sí	No	No	No	No	No	No	No
Coherencia	Sí	Sí	Sí	Sí	Sí	Sí	Sí	Sí	Sí	No	Sí	Sí	Sí	Sí
Cuestiona-miento	No	No	No	No	No	No	No	No	Sí	Sí	No	No	No	No
Tiempo transcurrido	4	1.75	1.66	1.41	2.083	0.83	2.25	2	1.83	1	2.25	1.41	1.5	5.083
Indemnización	Sí	Sí	Sí	Sí	Sí	Sí	Sí	No	No	No	Sí	Sí	No	Sí
Testificales	Sí	No	No	Sí	Sí	Sí	Sí	Sí	Sí	No	Sí	No	Sí	No
G. defensa	Mujer	Mujer	Mujer	Hombre	Hombre	Hombre	Hombre	Hombre	Hombre	Hombre	Hombre	Mujer	Hombre	Hombre
G. acusación	Hombre	Mujer	Mujer	Hombre	Mujer	Hombre	Mujer	Mujer	Mujer	Hombre	Hombre	Hombre	Hombre	Hombre
Favorable	No	No	No	No	No	No	No	Sí	No	No	No	No	No	No
Procedencia F.	No	No	No	No	No	No	No	Magis-trado	No	No	No	No	No	No
Perjudicial	No	No	No	3	2	No	No	No	No	3	2	No	No	No
Procedencia P.	No	No	No	Defensa	Defensa	No	No	No	No	Mag. + FCS	Defensa	No	No	No
Existencia	No	No	No	Sí	Sí	No	No	Sí	No	Sí	Sí	No	No	No

Número	4334/2014	4413/2014	3798/2014	3822/2014	3038/2014	1922/2014	1447/2014	5986/2014	1428/2014	1312/2014	1464/2014	1282/2014	319/2014	349/2014
Género P.	Mujer	Mujer	Mujer	Hombre	Hombre	Hombre	Mujer	Hombre	Mujer	Hombre	Mujer	Mujer	Hombre	Hombre
Delito	Agresión	Agresión	Agresión	Agresión	Agresión	Abuso	Abuso	Abuso	Agresión	Agresión	Agresión	Agresión	Agresión	Agresión
Fallo	Conde-na	Conde-na	Absolu-ción	Absolu-ción	Conde-na	Conde-na	Conde-na	Absolu-ción	Absolu-ción	Absolu-ción	Conde-na	Conde-na	Absolu-ción	Conde-na
Género V.	Mujer	Mujer	Mujer	Mujer	Mujer	Mujer	Mujer	Mujer	Mujer	Mujer	Mujer	Mujer	Mujer	Mujer
Edad V.	Mayor	Mayor	Mayor	Menor	Menor	Menor	Menor	Mayor	Menor	Mayor	-	Menor	Mayor	Mayor

Edad año V.	60	33	-	15	9	10	14	-	12	-	-	13	-	-
Nacionalidad V.	Española	-	-	Rumana	Ecuatoriana	Española	Española	-	Española	Española	-	Española	-	Española
Sadmva V.	Regular	-	-	Regular	Regular	Regular	Regular	-	Regular	Regular	Irregular	Regular	-	Regular
Discapacidad V.	No	No	No	No	No	No	No	No	No	No	No	No	No	No
Recurrencia	No	No	No	No	No	No	No	No	No	No	No	No	No	No
Género A.	Hombre	Hombre	Hombre	Hombre	Hombre	Hombre	Hombre	Hombre	Hombre	Hombre	Hombre	Hombre	Hombre	Hombre
Edad A.	Mayor	Mayor	Mayor	Mayor	Mayor	Mayor	Mayor	Mayor	Mayor	Mayor	Mayor	Mayor	Mayor	Mayor
Edad año A.	25	27	-	29	48	40	36	-	-	35	38	50	41	30
Nacionalidad A.	Peruana	Sierraleonesa	Salvadoreña	Rumana	Ecuatoriana	Española	Española	-	Española	Española	Nigeriana	Española	Búlgara	Búlgara
Sadmva A.	Regular	Irregular	Regular	Regular	Regular	Regular	Regular	-	Regular	Regular	Irregular	Regular	Regular	Regular
Discapacidad A.	No	No	No	No	No	No	No	No	No	No	No	No	No	No
Reincidencia	No	No	No	Sí	No	No	No	No	No	No	No	No	No	No
Otros antecedentes	No	No	No	No	No	No	No	No	No	No	No	No	No	No
Vestimenta	No	No	No	No	No	No	No	No	No	No	No	No	No	No
Relación o parentesco	No	No	No	No	Sí	Sí	No	No	Sí	Sí	No	Sí	No	No
Drogas antes	No	No	Duda	No	No	No	No	No	No	No	No	No	No	No
Historial sexual	No	No	No	No	No	No	No	No	No	No	No	No	No	No
Conducta sexual	Resist.	Anul. + Resist.	Resist.	Resist.	Anul.	Anul.	Anul.	Resist.	Anul.	Anul.	Resist.	Anul.	Activa	Resist.
Lugar	E. Público	E. Público	D. Común	D. Agresor	D. Agresor	Varios	Varios	E. Privado	D. Común	D. Común	D. Agresor	D. Agresor	D. Agresor	D. Víctima
Mes H.	8	5	4	9	8	-	-	5	-	-	9	-	5	12
Año H.	2013	2012	2013	2011	2010	-	-	2008	-	-	2011	-	2013	2012

Duración	0	0	0	0	0	5	2	0	1.41	0	0	0.58	0	0
Drogas durante	No	No	No	Duda	No	No	No	No	No	No	No	No	No	No
Consentimiento	No	No	No	No	No	No	No	No	No	No	No	No	No	No
Lesiones	Sí	Sí	No	No	Sí	Sí	No	No	No	Sí	No	No	No	Sí
Trauma	Sí	No	No	Sí	Sí	Sí	Sí	No	No	No	No	No	No	No
Tiempo para denunciar	0	0	0	0	2	4	0	0	1.5	0	0	0.58	0	0
Act.ante profesionales	-	-	Calmada	-	-	-	Afligida	-	-	-	-	-	Nerviosa	-
Cond. afectivo-sexual	No	No	No	Sí	Sí	No	No	Sí	No	No	No	No	No	No
Coherencia	Sí	Sí	No	No	Sí	Sí	Sí	Sí	No	Sí	Sí	Sí	Sí	Sí
Cuestiona-miento	No	No	Sí	Sí	No	No	No	Sí	Sí	Sí	No	No	Sí	No
Tiempo transcurrido	1.16	2.41	1.41	3	3.91	8	7	6	7	1	2.5	2.5	0.75	1.16
Indemnización	Sí	Sí	No	No	Sí	Sí	Sí	No	No	No	Sí	Sí	No	Sí
Testificales	Sí	No	Sí	No	No	No	No	No	No	No	No	No	No	No
G. defensa	Hombre	Hombre	Hombre	Hombre	Hombre	Hombre	Hombre	Hombre	Hombre	Mujer	Hombre	Hombre	Hombre	Mujer
G. acusación	Mujer	Hombre	Mujer	Hombre	Hombre	Mujer	Mujer	Hombre	Mujer	Hombre	Mujer	Mujer	Mujer	Mujer
Favorable	No	No	No	No	No	No	No	No	No	No	No	No	No	No
Procedencia F.	No	No	No	No	No	No	No	No	No	No	No	No	No	No
Perjudicial	No	No	No	Sí	Sí	No	No	2	Sí	2	No	No	3	No
Procedencia P.	No	No	No	Magis-trado	Magis-trado	No	No	Magis-trado	Magis-trado	Magis-trado	No	No	Magis-trado	No
Existencia	No	No	No	Sí	Sí	No	No	Sí	Sí	Sí	No	No	Sí	No

Número	284/ 2014	181/ 2014	57/ 2014	289/ 2014	4460/ 2012	4506/ 2012	4897/ 2012
Género P.	Hombre	Hombre	Hombre	Mujer	Hombre	Hombre	Mujer
Delito	Abuso	Agresión	Agresión	Agresión	Agresión	Agresión	Agresión
Fallo	Condena	Condena	Condena	Condena	Condena	Condena	Absolución
Género V.	Mujer	Mujer	Mujer	Mujer	Mujer	Mujer	Mujer
Edad V.	Menor	Mayor	Menor	Mayor	Mayor	Mayor	Mayor
Edad año V.	9	-	12	39	19	-	-
Nacionalidad V.	Española	-	Española	Argentina	-	Española	Española
Sadmva V.	Regular	-	Regular	Regular	-	Regular	Regular
Discapacidad V.	Sí	No	No	No	No	No	No
Recurrencia	No	No	No	No	No	No	No
Género A.	Hombre	Hombre	Hombre	Hombre	Hombre	Hombre	Hombre
Edad A.	Mayor	Mayor	Mayor	Mayor	Mayor	Mayor	Mayor
Edad año A.	38	25	27	53	28	33	31
Nacionalidad A.	Española	Rumana	Ecuatoriana	Española	Ecuatoriana	Española	Española
Sadmva A.	Regular	Regular	Regular	Regular	Regular	Regular	Regular
Discapacidad A.	No	No	No	No	No	No	No
Reincidencia	No	No	No	No	No	No	No
Otros antecedentes	No	No	Sí	Sí	No	Sí	Sí
Vestimenta	No	No	No	No	No	No	No

Número	5871/ 2012	22/ 2014	3543/ 2014	3523/ 2014	1331/ 2012	4438/ 2015	3646/ 2015
Género P.	Mujer	Mujer	Hombre	Hombre	Hombre	Mujer	Mujer
Delito	Abuso	Agresión	Abuso	Agresión	Agresión	Agresión	Agresión
Fallo	Condena	Absolución	Condena	Condena	Condena	Condena	Absolución
Género V.	Mujer	Mujer	Mujer	Mujer	Mujer	Mujer	Mujer
Edad V.	Mayor	Menor	Menor	Mayor	Mayor	Menor	Mayor
Edad año V.	18	17	10	-	-	13	-
Nacionalidad V.	Española	Española	Española	Española	-	Española	-
Sadmva V.	Regular	Regular	Regular	Regular	-	Regular	-
Discapacidad V.	No	No	No	No	No	No	No
Recurrencia	No	No	No	No	No	No	No
Género A.	Hombre	Hombre	Hombre	Hombre	Hombre	Hombre	Hombre
Edad A.	Mayor	Mayor	Mayor	Mayor	Mayor	Mayor	Mayor
Edad año A.	34	21	40	29	33	53	38
Nacionalidad A.	Española	Española	Española	Española	Española	Española	Rumana
Sadmva A.	Regular	Regular	Regular	Regular	Regular	Regular	Regular
Discapacidad A.	No	No	No	Sí	No	No	No
Reincidencia	No	No	No	No	No	No	No
Otros antecedentes	No	No	No	No	Sí	Sí	Sí
Vestimenta	No	No	No	No	No	No	No

Relación o parentesco	Sí	No	No	No	No	Sí	Sí	No	Sí	Sí	No	Sí	No	Sí
Drogas antes	No	Sí	No	No	No	No	No	Sí	No	No	Sí	No	Sí	No
Historial sexual	No	No	Sí	No	No	No	No	No	No	No	Sí	No	-	No
Conducta sexual	Anul.	Anul. + Resist.	Anul.	Anul. + Resist.	Resist.	Anul. + Resist.	Anul. + Resist.	Anul.	-	Anul.	Resist.	Anul.	Anul. + Resist.	Anul. + Resist.
Lugar	D. Agresor	E. Público	D. Víctima	E. Privado	E. Público	E. Privado	D. Común	D. Agresor	E. Privado	Varios	E. Privado	D. Víctima	E. Privado	D. Agresor
Mes H.	-	4	5	2	12	11	-	5	-	-	8	12	7	12
Año H.	-	2011	2012	2013	2010	2010	-	2011	-	-	2008	2007	2013	2013
Duración	0.83	0	0	0	0	0	0	0	0	4	0	0	0	0
Drogas durante	No	No	No	No	No	No	No	Sí	No	No	Sí	No	Sí	No
Consentimiento	No	No	No	No	No	No	No	No	No	No	No	No	No	No
Lesiones	No	Sí	Sí	No	Sí	Sí	No	No	No	No	Sí	Sí	No	Sí
Trauma	Sí	No	No	No	Sí	No	No	Sí	No	Sí	No	No	No	No
Tiempo para denunciar	0.66	0	0	0	0	0	0.41	0.66	2	4	0	0	0	0
Act.ante profesionales	-	-	Nerviosa	Nerviosa	-	-	-	Nerviosa	-	-	-	-	-	-
Cond. afectivo-sexual	Sí	No	No	No	Sí	No	No	No	No	Sí	No	No	No	No
Coherencia	Sí	Sí	Sí	Sí	Sí	Sí	Sí	Sí	No	Sí	Sí	Sí	Sí	Sí
Cuestiona-miento	No	No	No	No	No	No	Sí	No	Sí	No	No	No	No	Sí
Tiempo transcurrido	2.75	2.75	1.66	0.91	1.91	2	2.33	1.08	3.58	12	5.83	4.33	2.41	1.83

Indemnización	Sí	No	Sí	Sí	Sí	Sí	No	Sí	No	Sí	Sí	Sí	Sí	No
Testificales	Sí	No	No	No	No	No	No	No	Sí	No	No	No	No	No
G. defensa	Mujer	Hombre	Mujer	Hombre	Hombre	Hombre	Hombre	Hombre	Hombre	Mujer	Hombre	Hombre	Hombre	Hombre
G. acusación	Mujer	Hombre	Hombre	Mujer	Mujer	Hombre	Mujer	Hombre	Hombre	Mujer	Mujer	Mujer	Mujer	Mujer
Favorable	No	No	No	No	No	No	No	No	No	No	No	No	Sí	No
Procedencia F.	No	No	No	No	No	No	No	No	No	No	No	No	Magis- trado	No
Perjudicial	No	Sí	No	No	No	No	Sí	No	Sí	Sí	Sí	No	2	3
Procedencia P.	No	Defensa	No	No	No	No	Magis- trado	No	Magis- trado	Defensa	Defensa	No	Defensa	Magis- trado
Existencia	No	Sí	No	No	No	No	Sí	No	Sí	Sí	Sí	No	Sí	Sí

Número	2780/ 2015	3393/ 2015	2922/ 2015	4061/ 2015	2744/ 2015	2729/ 2015	2488/ 2015	2541/ 2015	2473/ 2015	4076/ 2015	2093/ 2015	1471/ 2015	1601/ 2015	2855/ 2015
Género P.	Hombre	Hombre	Mujer	Hombre	Hombre	Hombre	Hombre	Hombre	Hombre	Hombre	Mujer	Hombre	Mujer	Hombre
Delito	Agresión	Agresión	Agresión	Agresión	Agresión	Agresión	Agresión	Agresión	Agresión	Agresión	Agresión	Agresión	Abuso	Agresión
Fallo	Conde- na	Absolu- ción	Conde- na	Conde- na	Conde- na	Absolu- ción	Absolu- ción	Conde- na	Conde- na	Conde- na	Conde- na	Conde- na	Conde- na	Conde- na
Género V.	Mujer	Mujer	Mujer	Mujer	Mujer	Mujer	Mujer	Mujer	Mujer	Mujer	Mujer	Mujer	Mujer	Mujer
Edad V.	Mayor	Mayor	Menor	Mayor	Mayor	Mayor	Mayor	Menor	Menor	Mayor	Mayor	Mayor	Mayor	Menor
Edad año V.	-	-	17	24	-	-	18	2	17	87	27	-	29	10
Nacionalidad V.	-	-	Española	-	Española	-	Española	Española	Española	Española	-	-	-	Ecuato- riana
Sadmva V.	-	-	Regular	-	Regular	-	Regular	Regular	Regular	Regular	-	-	-	Regular
Discapacidad V.	No	No	No	No	No	No	No	No	No	No	No	No	No	No
Recurrencia	No	No	No	No	No	No	No	No	No	No	No	No	No	No

Género A.	Hombre	Hombre	Hombre	Hombre	Hombre	Hombre	Hombre	Hombre	Hombre	Hombre	Hombre	Hombre	Hombre	Hombre
Edad A.	Mayor	Mayor	Mayor	Mayor	Mayor	Mayor	Mayor	Mayor	Mayor	Mayor	Mayor	Mayor	Mayor	Mayor
Edad año A.	41	36	31	-	36	30	26	27	27	49	-	23	43	-
Nacionalidad A.	Española	Colom-biana	Española	Española	Armenia	Española	Española	Mexi-cana	Colom-biana	Española	-	Española	Española	Ecuato-riana
Sadmva A.	Regular	Regular	Regular	Regular	Regular	Regular	Regular	Regular	Irregular	Regular	-	Regular	Regular	Regular
Discapacidad A.	No	No	No	No	No	No	No	No	No	No	No	No	No	No
Reincidencia	No	No	No	No	No	No	No	No	No	No	No	No	No	No
Otros antecedentes	Sí	No	Sí	No	No	Sí	No	No	No	No	Sí	No	Sí	Sí
Vestimenta	No	Sí	No	No	No	No	No	No	No	No	No	No	No	No
Relación o parentesco	Sí	No	No	No	Sí	Sí	No	Sí	No	No	No	Sí	No	Sí
Drogas antes	Duda	No	No	No	No	No	No	No	No	No	No	No	Sí	No
Historial sexual	No	No	No	No	No	No	No	No	No	No	No	No	No	No
Conducta sexual	Resist.	Resist.	Resist.	Resist.	Resist.	Anul. + Resist.	Resist.	Anul. + Resist.	Anul. + Resist.	Anul. + Resist.	Resist.	Resist.	Anul.	Anul. + Resist.
Lugar	D. Víctima	Varios	D. Agresor	E. Público	D. Víctima	D. Agresor	D. Agresor	Varios	E. Privado	D. Común	D. Agresor	E. Privado	E. Privado	Varios
Mes H.	4	-	7	7	11	-	1	-	9	8	10	6	7	-
Año H.	2012	-	2013	2011	2013	-	2013	-	2013	2014	2012	2013	2012	-
Duración	0	0	0	0	0	0	0	20	0	0	0	0	0	6
Drogas durante	Duda	No	No	No	No	No	No	No	No	No	No	No	Sí	No
Consentimiento	No	No	No	No	No	No	No	No	No	No	No	No	No	No
Lesiones	Sí	No	Sí	No	Sí	No	No	No	No	Sí	Sí	Sí	No	No
Trauma	Sí	Sí	No	No	No	Sí	No	Sí	No	No	Sí	No	Sí	No
Tiempo para denunciar	0	1	0	0	0	0	0	20	0	0	0	0	0	6

Act.ante profesionales	-	-	-	-	-	-	-	-	-	-	-	-	Nerviosa	-
Cond. afectivo-sexual	No	No	No	No	No	No	No	Sí	No	No	No	No	No	No
Coherencia	Sí	Sí	Sí	Sí	Sí	Sí	Sí	Sí	Sí	Sí	Sí	Sí	Sí	Sí
Cuestiona-miento	No	Sí	No	No	No	Sí	Sí	No	No	No	No	No	No	No
Tiempo transcurrido	3.41	3	2.16	0	1.66	2.5	2.5	22	1.83	0.83	2.58	1.91	2.75	10
Indemnización	Sí	No	Sí	No	Sí	No	No	Sí	No	No	Sí	Sí	Sí	No
Testificales	No	No	No	No	No	No	No	No	Sí	No	No	No	No	No
G. defensa	Hombre	Hombre	Mujer	Mujer	Hombre	Mujer	Hombre	Hombre	Hombre	Hombre	Hombre	Hombre	Hombre	Mujer
G. acusación	Mujer	Mujer	Mujer	Mujer	Hombre	Hombre	Mujer	Mujer	Hombre	Hombre	Mujer	Hombre	Mujer	Mujer
Favorable	No	No	No	No	No	No	No	No	No	No	No	No	Sí	No
Procedencia F.	No	No	No	No	No	No	No	No	No	No	No	No	Magis-trado	No
Perjudicial	No	5	No	No	No	Sí	4	No	No	No	Sí	No	No	No
Procedencia P.	No	Magis-trado	No	No	No	Magis-trado	Magis-trado	No	No	No	Defensa	No	No	No
Existencia	No	Sí	No	No	No	Sí	Sí	No	No	No	Sí	No	Sí	No

Número	703/ 2015	1775/ 2015	669/ 2015	636/ 2015	641/ 2015	2778/ 2015	614/ 2015	619/ 2015	224/ 2015	3/ 2015	69/ 2015	2039/ 2015	2095/ 2015	1940/ 2007
Género P.	Mujer	Hombre	Hombre	Hombre	Hombre	Mujer	Hombre	Hombre	Hombre	Hombre	Hombre	Hombre	Mujer	Hombre
Delito	Agresión	Agresión	Abuso	Abuso	Abuso	Agresión	Agresión	Agresión	Agresión	Agresión	Abuso	Agresión	Abuso	Agresión
Fallo	Conde-na	Conde-na	Conde-na	Conde-na	Conde-na	Conde-na	Conde-na	Conde-na	Absolu-ción	Conde-na	Conde-na	Conde-na	Conde-na	Conde-na
Género V.	Mujer	Mujer	Mujer	Mujer	Mujer	Mujer	Mujer	Mujer	Mujer	Mujer	Mujer	Mujer	Mujer	Mujer

Edad V.	Mayor	Mayor	Mayor	Menor	Menor	Menor	Menor	Mayor	Mayor	Mayor	Menor	Mayor	Menor	Mayor
Edad año V.	19	-	44	13	11	14	9	-	-	-	3	-	14	-
Nacionalidad V.	-	Española	Marro-quí	Española	Española	Española	Española	-	-	-	Española	Española	Española	Española
Sadmva V.	-	Regular	Irregular	Regular	Regular	Regular	Regular	-	-	-	Regular	Regular	Regular	Regular
Discapacidad V.	No	Sí	No	No	No	No	No	-	No	No	No	No	No	No
Recurrencia	No	No	No	No	No	No	No	-	No	No	No	No	No	No
Género A.	Hombre	Hombre	Hombre	Hombre	Hombre	Hombre	Hombre	Hombre	Hombre	Hombre	Hombre	Hombre	Hombre	Hombre
Edad A.	Mayor	Mayor	Mayor	Mayor	Mayor	Mayor	Mayor	Mayor	Mayor	Mayor	Mayor	Mayor	Mayor	Mayor
Edad año A.	-	38	42	35	30	20	-	57	44	50	53	41	44	19
Nacionalidad A.	Venezo-lana	Española	Española	Española	Bolivia-na	Española	Española	Española	Española	Italiana	Española	Española	Chilena	Marro-quí
Sadmva A.	Regular	Regular	Regular	Regular	Regular	Regular	Regular	Regular	Regular	Regular	Regular	Regular	Regular	Regular
Discapacidad A.	No	Sí	No	No	No	No	No	No	No	No	No	No	No	No
Reincidencia	No	No	No	No	No	No	No	No	No	No	No	Sí	No	No
Otros antecedentes	Sí	No	No	No	No	No	No	Sí	Sí	No	No	No	No	No
Vestimenta	No	No	No	No	No	No	No	No	No	No	No	No	No	No
Relación o parentesco	No	No	No	Sí	Sí	No	Sí	No	Sí	Sí	Sí	No	No	No
Drogas antes	No	No	No	No	No	No	No	No	No	No	No	Sí	Sí	No
Historial sexual	No	No	No	No	No	Sí	No	No	No	No	No	No	No	No
Conducta sexual	Resist.	Resist.	Anul. + Resist.	Anul.	Anul.	Anul. + Activa	Anul. + Resist.	Resist.	-	Resist.	Anul.	Resist.	Anul. + Activa	Anul.
Lugar	E. Público	E. Privado	E. Privado	D. Agresor	D. Víctima	E. Privado	D. Común	D. Agresor	D. Agresor	D. Agresor	D. Agresor	E. Público	E. Privado	E. Público

Mes H.	8	11	-	-	2	1	-	9	10	11	-	6	9	3
Año H.	2013	2013	-	-	2014	2013	-	2013	2012	2013	-	2014	2012	2006
Duración	0	0	0	0	0	0	3	0	0	0	9	0	0	0
Drogas durante	No	No	No	No	No	No	No	No	Duda	No	No	Sí	No	No
Consentimiento	No	No	No	No	No	No	No	No	No	No	No	No	No	No
Lesiones	Sí	Sí	No	No	No	No	No	No	No	Sí	Sí	No	No	No
Trauma	No	No	No	No	No	No	Sí	No	No	No	Sí	No	Sí	No
Tiempo para denunciar	0	0	0	0	0	0.33	6	0	0	0	11	0	0	0
Act.ante profesionales	Nerviosa	-	-	-	-	-	-	-	-	-	-	-	-	-
Cond. afectivo-sexual	No	No	No	No	No	No	Sí	No	No	No	No	No	No	No
Coherencia	Sí	Sí	Sí	Sí	Sí	Sí	Sí	Sí	No	Sí	Sí	Sí	Sí	Sí
Cuestiona-miento	No	No	No	No	No	No	No	No	Sí	No	Sí	No	No	No
Tiempo transcurrido	1.58	1.33	6.5	2.83	1.08	1.75	9	1.41	2.33	1.16	14	1	2.66	1.33
Indemnización	No	Sí	Sí	No	No	Sí	No	Sí	No	Sí	No	Sí	Sí	Sí
Testificales	Sí	No	No	No	Sí	No	No	No	No	No	No	Sí	No	Sí
G. defensa	Hombre	Mujer	Mujer	Hombre	Hombre	Hombre	Hombre	Mujer	Hombre	Hombre	Mujer	Hombre	Hombre	Hombre
G. acusación	-	Mujer	Hombre	Hombre	Mujer	Hombre	Hombre	Hombre	Mujer	Mujer	Mujer	Mujer	Mujer	Mujer
Favorable	No	No	No	No	No	No	No	No	No	No	No	No	Sí	No
Procedencia F.	No	No	No	No	No	No	No	No	No	No	No	No	Magis-trado	No
Perjudicial	No	No	No	No	No	Sí	No	No	No	No	No	No	2	No

Procedencia P.	No	No	No	No	No	Defensa	No	No	No	No	No	No	Magistrado	No
Existencia	No	No	No	No	No	Sí	No	No	No	No	No	No	Sí	No

Número	1137/ 2007	1154/ 2007	62/ 2007	129/ 2007	118/ 2007	96/ 2007	1594/ 2007	471/ 2007	331/ 2007	2570/ 2016
Género P.	Mujer	Hombre	Hombre	Hombre	Hombre	Hombre	Hombre	Hombre	Hombre	Hombre
Delito	Agresión	Agresión	Agresión	Agresión	Agresión	Agresión	Agresión	Agresión	Abuso	Abuso
Fallo	Absolución	Absolución	Condena	Condena	Absolución	Condena	Absolución	Condena	Condena	Absolución
Género V.	Mujer	Mujer	Mujer	Mujer	Mujer	Mujer	Mujer	Mujer	Mujer	Mujer
Edad V.	Mayor	Menor	Mayor	Mayor	Mayor	Mayor	Mayor	Mayor	Menor	Menor
Edad año V.	31	14	-	-	49	21	-	-	7	12
Nacionalidad V.	Española	Española	Española	Española	Española	-	Española	Marroquí	Española	Boliviana
Sadmva V.	Regular	Regular	Regular	Regular	Regular	Regular	Regular	Regular	Regular	Regular
Discapacidad V.	No	No	No	No	No	No	No	No	No	No
Recurrencia	No	No	No	No	No	No	No	No	No	No
Género A.	Hombre	Hombre	Hombre	Hombre	Hombre	Hombre	Hombre	Hombre	Hombre	Hombre
Edad A.	Mayor	Mayor	Mayor	Mayor	Mayor	Mayor	Mayor	Mayor	Mayor	Mayor
Edad año A.	26	34	26	32	23	25	31	25	27	39
Nacionalidad A.	Española	Española	Española	Rumana	Colombiana	Ecuatoriana	Española	Marroquí	Española	Boliviana
Sadmva A.	Regular	Regular	Regular	Irregular	Irregular	Regular	Regular	Regular	Regular	Regular
Discapacidad A.	No	No	No	No	No	No	No	No	No	No
Reincidencia	No	No	No	No	No	No	No	No	No	No
Otros antecedentes	No	No	No	Sí	No	Sí	No	No	No	No

Vestimenta	No	No	No	No	No	No	No	No	No	No
Relación o parentesco	Sí	Sí	No	No	No	No	Sí	No	Sí	No
Drogas antes	No	No	No	No	No	No	No	No	No	No
Historial sexual	No	No	No	No	No	No	No	No	No	No
Conducta sexual	-	Anul.	Anul. + Resist.	Anul. + Resist.	-	Anul. + Resist.	Anul. + Resist.	Resist.	Anul.	Activa + Resist.
Lugar	D. Común	D. Común	E. Privado	D. Agresor	E. Público	E. Privado	D. Víctima	E. Privado	D. Común	E. Privado
Mes H.	10	-	5	7	8	8	1	11	-	-
Año H.	2002	-	2004	2005	2004	2006	2002	2005	-	-
Duración	0	6	0	0	0	0	0	0	4	2.33
Drogas durante	No	No	No	No	No	No	No	No	No	No
Consentimiento	No	No	No	No	No	No	No	No	No	Sí
Lesiones	Sí	No	No	Sí	No	Sí	No	Sí	No	No
Trauma	No	No	Sí	Sí	No	No	No	No	No	No
Tiempo para denunciar	0	6	0	0	0	0	0.75	0	4	2.33
Act.ante profesionales	-	-	-	-	-	Asustada	-	-	Callada	-
Cond. afectivo-sexual	No	No	No	No	No	No	No	No	-	-
Coherencia	No	No	Sí	Sí	No	Sí	No	Sí	Sí	Sí
Cuestiona-miento	Sí	Sí	No	No	Sí	No	Sí	No	No	No
Tiempo transcurrido	4.6	8	3	1.66	2.58	0.58	5	1.16	8	3.083

Indemnización	No	No	Sí	Sí	No	Sí	No	Sí	Sí	No
Testificales	Sí	Sí	No	No	No	No	No	Sí	No	No
G. defensa	Hombre	Mujer	Mujer	Hombre	Mujer	Hombre	Mujer	Hombre	Hombre	Hombre
G. acusación	Mujer	Mujer	Hombre	Mujer	Hombre	Mujer	Mujer	Hombre	Mujer	Mujer
Favorable	No	No	No	No	No	Sí	No	No	No	No
Procedencia F.	No	No	No	No	No	Magistrado	No	No	No	No
Perjudicial	4	2	No	Sí	2	Sí	2	No	No	2
Procedencia P.	Magistrado	Magistrado	No	Defensa	Magistrado	Defensa	Magistrado	No	No	Magistrado
Existencia	Sí	Sí	No	Sí	Sí	Sí	Sí	No	No	Sí

ANEXO 2. SUBGRUPOS DE VARIABLES PARA EL ENTRENAMIENTO DE IA

Grupo: *AllVar* (Empleando todas las variables)
Input: G. Ponente, Delito, Fallo, Mes, Año, Edad V, Edad año V, Nacionalidad V, Sadmva V, Discapacidad V, Recurrencia V, Edad A, Edad año A, Nacionalidad A, Sadmva A, Discapacidad A, Reincidencia A, Otros antecedentes A, Vestimenta, Relación o parentesco, Drogas antes, Historial sexual, Conducta sexual, Lugar, Mes H, Año H, Duración, Drogas durante, Consentimiento, Lesiones, Trauma, Tiempo para denunciar, Actitud ante profesionales, Conducta afectivo-sexual, Coherencia, Cuestionamiento, Tiempo transcurrido, Indemnización, Testificales, G. defensa, G. acusación.
Output: Perjudicial, Favorable y Existencia

Grupo: *RepVar* (Empleando el subconjunto de variables habiendo descartado las que tienen poca información)
Input: G. Ponente, Delito, Fallo, Mes, Año, Edad V, Discapacidad V, Recurrencia V, Edad A, Discapacidad A, Reincidencia A, Otros antecedentes A, Vestimenta, Relación o parentesco, Drogas antes, Historial sexual, Lugar, Duración, Drogas durante, Consentimiento, Lesiones, Trauma, Tiempo para denunciar, Conducta afectivo-sexual, Coherencia, Cuestionamiento, Tiempo transcurrido, Indemnización, Testificales, G. defensa, G. acusación.
Output: Perjudicial, Favorable y Existencia

Grupo: *SterVar* (Variables directamente relacionadas con estereotipos)
Input: Vestimenta, Relación o parentesco, Drogas antes, Historial sexual, Conducta sexual, Duración, Drogas durante, Consentimiento, Lesiones, Trauma, Tiempo para denunciar, Actitud ante profesionales, Conducta afectivo-sexual, Coherencia, Cuestionamiento, Indemnización, Testificales.
Output: Perjudicial, Favorable y Existencia

Grupo: *Not SterVar* (Variables no relacionadas con estereotipos)
G. Ponente, Edad A, Reincidencia A, Fallo, Delito, Edad V, Mes H, Recurrencia V, Año, Sadmva V, Otros antecedentes A, Mes, Discapacidad V, G. defensa, Sadmva A, Tiempo transcurrido, Lugar, Edad año V, Nacionalidad A, Edad año A, Nacionalidad V, G. acusación, Año H, Discapacidad A.
Output: Perjudicial, Favorable y Existencia

Grupo: *PreVar* (Variables que se conocen antes de la celebración del juicio)
Input: G. Ponente, Delito, Edad V, Edad año V, Nacionalidad V, Sadmva V, Discapacidad V, Recurrencia V, Edad A, Edad año A., Nacionalidad A, Sadmva A, Discapacidad A, Reincidencia A, Otros antecedentes A, Relación o parentesco, Lugar, Mes H, Año H, Duración, Tiempo para denunciar, Actitud ante profesionales, Testificales, G. defensa, G. acusación.
Output: Perjudicial, Favorable y Existencia

Grupo: *NotPreVar* (Variables que se conocen durante el juicio)
Input: Lesiones, Drogas después, Año, Vestimenta, Consentimiento, Trauma, Fallo, Cuestionamiento, Tiempo transcurrido, Coherencia, Conducta afectivo-sexual, Drogas antes, Conducta sexual, Indemnización, Historial sexual.
Output: Perjudicial, Favorable y Existencia